TRANSTORNOS

ALIMENTARES

Publicado mediante acordo com a Oxford University Press, 198 Madison Avenue, New York, NY 10016, EUA.

Este livro foi anteriormente publicado por Pearson Education, Inc.

Título original: *Eating Disorders*

EDITOR
Marcelo Amaral de Moraes

ASSISTENTE EDITORIAL
Julia Sousa

PREPARADOR DE TEXTO
Marcelo Barbão

REVISÃO TÉCNICA
Prof. Dr. Amanda Márcia dos Santos Reinaldo
Doutora em Psiquiatria – 78605-ENF

REVISÃO
Luiza Cordiviola

PROJETO GRÁFICO DE CAPA E MIOLO
Diogo Droschi

CAPA
Alberto Bittencourt (sobre imagem de Motortion / Adobe Stock)

DIAGRAMAÇÃO
Guilherme Fagundes

Dados Internacionais de Catalogação na Publicação (CIP)
(Câmara Brasileira do Livro, SP, Brasil)

Keel, Pamela K.
Transtornos alimentares / Pamela K. Keel ; [tradução Luis Reyes Gil]. -- 1. ed. -- Belo Horizonte, MG : Autêntica Editora, 2025. (Coleção Aprendendo a Viver , v. 5)

Título original: Eating Disorders

Bibliografia.
ISBN 978-65-5928-609-6

1. Distúrbios alimentares 2. Transtornos alimentares 3. Anorexia nervosa 4. Bulimia nervosa 5. Transtorno da compulsão alimentar periódica (CAP) 6. Outros transtornos específicos de alimentação ou ingestão de alimentos 7. Imagem corporal 8. Saúde mental I. Título II. Série.

25-282622 CDD-616.8526

Índices para catálogo sistemático:
1. Distúrbios alimentares : Tratamento : Promoção da saúde 616.8526

Cibele Maria Dias - Bibliotecária - CRB-8/9427

GRUPO **AUTÊNTICA**

Belo Horizonte
Rua Carlos Turner, 420
Silveira . 31140-520
Belo Horizonte . MG
Tel.: (55 31) 3465 4500

São Paulo
Av. Paulista, 2.073 . Conjunto Nacional
Horsa I . Salas 404-406 . Bela Vista
01311-940 . São Paulo . SP
Tel.: (55 11) 3034 4468

www.grupoautentica.com.br
SAC: atendimentoleitor@grupoautentica.com.br

Dra. Pamela K. Keel, PhD

TRANSTORNOS ALIMENTARES

- O que são **transtornos alimentares** e como reconhecer os sintomas
- **Obesidade, bulimia, anorexia** e outros transtornos alimentares
- **Causas, prevenção** e **tratamentos** para o corpo e a mente

TRADUÇÃO: Luis Reyes Gil

APRENDENDO A VIVER

autêntica

SUMÁRIO

SOBRE A COLEÇÃO "APRENDENDO A VIVER"

Todos nós sonhamos, fazemos planos e, de repente, somos interpelados pelo imperativo da realidade da vida, que nos revela surpresas diversas. Então somos impactados, ficamos atônitos e muitas vezes nos imobilizamos diante do desconhecido.

Os transtornos e as doenças mentais são elementos que mudam definitivamente as nossas vidas e a de todos que estão por perto. Pode ser uma filha com TDAH, o amigo com depressão, a avó com doença de Alzheimer, o tio com esquizofrenia, o colega autista, o cônjuge bipolar, o pai alcoólatra ou o neto viciado em drogas. Não importa onde você nasceu, sua classe social, etnia ou gênero; fatalmente você ou alguém próximo será acometido por algum desses (ou outros) transtornos, e isso o afetará.

Diante de fatos como esses, cada pessoa reage de uma forma. Muitas simplesmente ignoram ou negam o problema, postergando a intervenção, o que contribui para o aumento dos desafios e do sofrimento. Outras se afastam, rejeitam ou discriminam, se recusando a ajudar ou a participar dos cuidados e da promoção de uma convivência social mais harmônica. Algumas, mesmo bem-intencionadas e sensíveis em relação ao outro, se imobilizam por não saberem o que está acontecendo e como podem ajudar. E, claro, há aquelas que, diante dos desafios, arregaçam as mangas e dão o melhor de si para aliviar a dor e o sofrimento, tanto daqueles que sofrem do transtorno quanto dos que fazem parte do contexto em que o portador está inserido.

Foi pensando em tornar a vida mais leve e mais equilibrada para todas as pessoas que sofrem, direta ou indiretamente, com transtornos e doenças mentais que nós, do Grupo Editorial Autêntica, idealizamos a coleção "Aprendendo a Viver". Acreditamos que os conhecimentos e as informações que você encontrará nas publicações dessa coleção o ajudarão a lidar com as surpresas da vida de uma maneira mais assertiva e produtiva. Cremos que é possível ter qualidade de vida e satisfação, apesar das dificuldades, limitações e decorrências que cada um desses transtornos traz para seus portadores, seus familiares e outras pessoas com as quais convivem.

A coleção "Aprendendo a Viver" tem a pretensão de aliviar o sofrimento e a dor causados pela falta de conhecimento, pela ignorância, pelo preconceito e pela segregação que quase sempre acompanham aqueles que já sofrem demasiadamente com seu próprio transtorno ou doença. "Aprendendo a Viver" é um soro de lucidez para que você aprenda a lidar com todos os desafios que um transtorno acarreta e a ter a maior qualidade de vida possível.

Leia, aprenda, aplique e compartilhe.

Marcelo Amaral de Moraes
Editor

PREFÁCIO

Escrevi a primeira edição de *Transtornos alimentares* para resolver um problema que enfrentei ao ministrar um curso de formação sobre o tema. Depois de dois anos utilizando um livro de referência revisado por pares com artigos de revistas, constatei que meus alunos, antes de avançarem para uma literatura básica, precisavam de um texto que resumisse e sintetizasse a pesquisa existente. O problema é que não havia um texto assim. Minha solução foi escrever o livro que eu precisava e esperar que fosse útil a outros professores e estudantes que enfrentassem o mesmo problema. Isso significa que sou ao mesmo tempo a autora deste livro e uma professora que o utiliza em seus cursos. Conforme o tempo passou, fui ganhando mais consciência (e às vezes ficando desconfortável) com a lacuna entre o que a primeira edição cobria e o que já se sabia no momento sobre transtornos alimentares. De início, essa lacuna me deu a oportunidade de apresentar novas e estimulantes descobertas nas minhas palestras, a fim de suplementar a leitura. No entanto, à medida que o tempo foi passando e a lacuna cresceu, decidi que a única maneira de efetivamente ensinar meus alunos era escrever uma segunda edição.

Desde a publicação da primeira edição deste livro em 2005, surgiram na área muitas descobertas novas e importantes. A nova edição de 2005 do DSM, *Diagnostic and Statistical Manual of Mental Disorders*, alterou as definições dos transtornos alimentares existentes e incluiu novos. Na realidade, meu próprio programa de pesquisa tem focado definir e caracterizar a nova síndrome do transtorno purgativo – uma condição que sequer foi mencionada na primeira edição deste livro!

Para incorporar esse e outros avanços na área, foram acrescentadas à segunda edição as informações sobre a síndrome do transtorno purgativo e a síndrome do comer noturno, junto com novos estudos de caso para cada uma, e incluí novo capítulo para tratar das condições relacionadas a transtornos de ingestão e obesidade. O livro foi também atualizado com novas descobertas sobre a epidemiologia dos transtornos alimentares, para refletir a replicação da Pesquisa Nacional de Comorbidade e vários estudos epidemiológicos focados em transtornos alimentares em grupos raciais e étnicos minoritários. Outras mudanças são um foco maior nos transtornos alimentares em garotos e homens, uma discussão mais ampla sobre a influência dos pares e das mídias sociais no risco de desenvolver um transtorno alimentar e descrições de novas descobertas a partir de estudos de neuroimagem. Um dos aspectos mais estimulantes de trabalhar na segunda edição foi a oportunidade de revisar novos estudos de programas de prevenção para reduzir o risco de transtornos alimentares em sua fase precoce, pois tais estudos alteram de modo fundamental as conclusões sobre o sucesso dos esforços de prevenção nessa área.

Embora a esta edição tenha atualizado totalmente o que há de mais atual sobre transtornos alimentares, o tópico dos transtornos alimentares continua relevante pelas mesmas razões apresentadas na edição anterior. Transtornos alimentares oferecem uma ótima oportunidade para examinar as intersecções entre cultura, mente e corpo. Para poder apreciar de fato as causas e consequências desses transtornos, é preciso se dispor a considerar tópicos que abrangem humanidades (história, arte e literatura), ciências sociais (psicologia, antropologia, estudos sobre a mulher e economia) e ciências naturais (anatomia, fisiologia, farmacologia e genética). Consequentemente, há algo para todos no estudo dos transtornos alimentares. Poucos tópicos de investigação permitem aos indivíduos envolvidos em tantas disciplinas darem contribuições significativas.

Transtornos alimentares estão presentes à nossa volta. Quase todo mundo que escolhe ler este livro conhece alguém que sofre de transtorno alimentar. Ao contrário de outros temas de estudo acadêmico, os transtornos alimentares costumam fazer parte de nossas vidas pessoais. Mesmo indivíduos que felizmente não tiveram um transtorno alimentar ou convivido com um familiar afetado por isso provavelmente conhecem alguém nessa situação.

Transtornos alimentares são muito comuns. Muitas pessoas famosas reconheceram o impacto deles em suas vidas. Assim, mesmo quem não conhece pessoalmente alguém com um transtorno alimentar tem a sensação de familiaridade com o problema. Essa presença tem duas consequências. Primeiro, as pessoas sabem mais a respeito de transtornos alimentares do que sobre muitos outros assuntos que poderiam ser cobertos por um texto de referência. Segundo, provavelmente têm mais informações incorretas sobre transtornos alimentares do que a respeito de outros tópicos de manuais. Assim, os transtornos alimentares podem ao mesmo tempo ser familiares e desafiadores (em vez das combinações mais comuns entre algo ao mesmo tempo familiar e tedioso ou desafiador e intimidante).

O campo de transtornos alimentares ainda é jovem. Algumas seções deste livro foram difíceis de escrever porque ainda resta muita coisa que simplesmente não conhecemos a respeito desses transtornos. Essa limitação, porém, representa também uma oportunidade. Pelo fato de haver ainda muito a aprender, existem várias maneiras pelas quais as pessoas podem dar uma importante contribuição ao conhecimento de base desses transtornos. Jovens pesquisadores têm realizado estudos fascinantes e esclarecedores na área de transtornos alimentares. Este livro inclui vários estudos realizados por alunos de graduação, em razão das importantes conclusões que podemos extrair deles.

ESTUDOS DE CASO

Como a maioria dos livros sobre psicopatologia, este usa estudos de caso para ajudar a dar vida ao assunto. Estudos de caso são particularmente importantes para ilustrar transtornos alimentares, pois estes nunca existem no vácuo, ocorrem no contexto de vida do indivíduo. Para equilibrar as demandas concorrentes de amplitude e profundidade, são acompanhados ao longo do livro cinco estudos de caso. Em vez de apresentar 25 casos distintos de maneira breve, o livro integra os tópicos dos diferentes capítulos às vidas desses cinco indivíduos, fornecendo um insight adicional em cada um. Por esse motivo, é melhor que os capítulos sejam vistos na sequência apresentada. Ler primeiro o Capítulo 1 valerá a pena mesmo para indivíduos que estejam intimamente familiarizados com as definições de transtornos alimentares, pois é onde apresento os casos que guiarão o leitor ao longo do texto. Da mesma forma, mesmo que as restrições de tempo, sempre presentes em todos os cursos, signifiquem que os capítulos finais não são parte da leitura obrigatória, ainda assim vale a pena lê-los para ver como as coisas aconteceram para os indivíduos apresentados no Capítulo 1.

RECURSOS PARA ESTUDANTES

Termos que são novos para estudantes estão definidos dentro dos capítulos e incluídos num glossário no final do livro. Os termos do glossário aparecem em **negrito** no texto e são listados no final do capítulo em que desempenham papel-chave. O *itálico* é usado para outros termos importantes, chamando a atenção dos alunos para tópicos cruciais nos capítulos. Quadros e figuras também foram incluídos como apoio ao estudo. Enquanto as figuras reforçam as informações descritas no texto, os quadros costumam oferecer informações adicionais. Assim, as figuras são ilustrativas, e os quadros mostram revisões concisas de informações que muitas vezes não foram apresentadas em outras partes do livro. Cada capítulo é acompanhado por uma breve conclusão. A conclusão não tem a intenção de servir como um resumo do capítulo inteiro. Busca fornecer os pontos principais, como apoio empírico, sobre o assunto do capítulo (quando tais conclusões são possíveis).

Este livro inclui um capítulo dedicado à metodologia de pesquisa (Capítulo 4), com exemplos de estudos de transtornos alimentares. O capítulo busca permitir que estudantes que não completaram sua formação em métodos de pesquisa avaliem criticamente os pontos fortes e fracos das conclusões extraídas da literatura empírica. O capítulo também serve como um recordatório para estudantes de cursos de psicologia avançada que já tenham concluído sua formação em métodos de pesquisa.

AGRADECIMENTOS

Quero começar agradecendo aos professores e alunos que usaram a edição anterior de *Transtornos Alimentares*. Escrever só é uma forma importante de comunicação quando alguém lê o que você escreveu. Sem esses leitores, não haveria uma nova edição. Quero agradecer aos revisores dos esboços dos capítulos, que me deram um feedback excepcionalmente útil quanto às oportunidades de melhorar a cobertura dessa área em expansão, de modo que o livro permanecesse útil a um público amplo. Quero agradecer também aos alunos que assistiram às minhas aulas sobre transtornos alimentares, porque me deram um feedback valioso (tanto positivo quanto negativo).

Sou profundamente grata aos esforços de vários membros da equipe da Oxford University Press, entre eles Sarah Harrington e Andrea Zekus.

Finalmente, quero agradecer a você pelo seu interesse por esse assunto.

Dra. Pamela K. Keel, PhD

Motortion/Adobe Stock

TRANSTORNOS ALIMENTARES

CAPÍTULO 1

Introdução: O que são transtornos alimentares?

Este livro oferece uma visão geral completa, baseada em pesquisa, do atual conhecimento a respeito de transtornos alimentares como anorexia nervosa, bulimia nervosa, compulsão alimentar periódica e outros transtornos alimentares específicos. Além disso, o livro vê a alimentação desordenada como o resultado patológico de um processo contínuo com a alimentação considerada normal. Os tópicos são tratados partindo de pontos de vista diversos, a fim de representar as diferentes orientações teóricas na área. Dentre os tópicos cobertos estão exemplos daqueles que sofrem de transtornos alimentares, incluindo casos históricos e de várias culturas referentes a patologias alimentares; bases psicossociais de transtornos alimentares; e seu tratamento e prevenção. Essa exploração integra descobertas de publicações teóricas e empíricas e revisões de literatura de artigos científicos publicados em revistas. O texto também apresenta o entendimento atual das causas, das correlações e dos resultados da patologia alimentar, e igualmente cobre a complexidade e as controvérsias em torno desses tópicos. Em vez de apontar para uma causa subjacente a todos os transtornos alimentares, este livro se esforça para revelar o quanto múltiplos fatores conspiram para produzir esses transtornos debilitantes e às vezes mortais.

Antes de embarcar nessa exploração detalhada dos transtornos alimentares, é importante defini-los – assunto deste capítulo. Transtornos alimentares são uma forma de transtorno mental reconhecida em psicologia e em assistência social, nutrição e medicina. De modo consistente com os métodos usados para definir outros transtornos mentais, foram estabelecidos critérios de diagnóstico para transtornos alimentares, que constam em textos amplamente utilizados, como o *Diagnostic and Statistical Manual of Mental Disorders* (DSM, publicado pela Associação Americana de Psiquiatria) e o *International Classification of Diseases* (*Classificação Estatística Internacional de Doenças e Problemas Relacionados com a Saúde* – CID, publicado pela Organização Mundial da Saúde). Três transtornos alimentares – anorexia nervosa, bulimia nervosa e compulsão alimentar periódica – receberam maior atenção nas esferas de pesquisa e clínica. Além disso, há transtornos alimentares especificados de outro modo, como o transtorno purgativo e a síndrome do comer noturno, que foram menos estudados, mas têm recebido maior atenção. Este capítulo descreve essas síndromes e apresenta casos que exemplificam pacientes que sofrem de cada um desses transtornos. As definições desses transtornos não são rígidas. Têm mudado e continuarão mudando à medida que formos aprendendo mais sobre eles. Assim, em vez de representar necessariamente a descoberta de uma "ordem natural" de doença mental, as definições que se seguem são descrições atuais desses transtornos que permitem reconhecê-los em ambientes clínicos e estudá-los em contextos de pesquisa.

ANOREXIA NERVOSA

A anorexia nervosa (AN) pode ser caracterizada como uma síndrome de inanição autoinduzida. O principal sinal da síndrome é o definhamento causado pela proposital restrição de ingestão de alimentos. Além disso, há um intenso medo de engordar ou ganhar peso, que aquele que sofre de AN pode descrever explicitamente ou expressar de modo implícito como um comportamento voltado para impedir o ganho de peso. Por fim, há distúrbios relacionados à imagem corporal, que podem incluir uma falsa percepção de se estar acima do peso, apesar de se estar muito magro, ou uma influência indevida do peso ou da forma corporal na autoavaliação, ou ainda um escasso reconhecimento das sérias consequências médicas de um peso muito baixo. Os critérios de diagnóstico para AN foram publicados na quinta edição do DSM (DSM-5; Associação Americana de Psiquiatria, 2013) e na 10ª edição da CID (CID-10; Organização Mundial da Saúde, 1998). O Quadro 1.1 destaca as diferenças na maneira pela qual esses dois sistemas definem a síndrome, demonstrando em que medida as definições não são nem universais, nem estáveis ao longo do tempo. Na realidade, a CID-10 está sendo atualmente revisada para ser publicada como CID-11.

Não há critério específico de duração para um diagnóstico de AN, e não há um limiar universalmente aceito para definir o que se considera um peso baixo. Em vez disso, o médico determina se um paciente alcançou um peso baixo em relação à idade, ao gênero, ao histórico de peso e à função médica. O DSM-5 se refere a um **índice de massa corporal** (IMC) menor que 18,5 kg/m² como um guia para reconhecer peso baixo com base na definição desse limiar da Organização Mundial da Saúde e dos Centros para Controle de Doenças como limite mais baixo de uma faixa de peso saudável para adultos.

QUADRO 1.1 Diferenças nas definições de anorexia nervosa do DSM-5 e da CID-10

	DSM-5	CID-10
Critério de peso	Inclui o descritor qualitativo "peso significativamente baixo" e um guia de IMC < 18,5 kg/m² para avaliar se o peso adulto está abaixo do limiar.	Incluem orientações para peso corporal de "no mínimo 15% abaixo do esperado" ou IMC < 17,5 kg/m².
Comportamento	Especifica restrição de ingestão de comida em relação ao que o corpo requer.	Descreve a combinação de evitar comidas que engordem e purgação (autoindução de vômito ou uso de laxantes ou diuréticos), excesso de exercício, ou uso de supressores do apetite.
Função endócrina	Não requer perda do ciclo menstrual (amenorreia) nas mulheres.	Inclui amenorreia nas mulheres e perda de interesse ou potência sexual nos homens, e cita outros distúrbios endócrinos que podem estar presentes (como alterações no hormônio do crescimento, cortisol, hormônio da tiroide e insulina).
Desenvolvimento	Não faz comentários sobre anormalidades do crescimento	Nota que o desenvolvimento da puberdade é retardado ou detido se o início se dá na pré-puberdade.

(O IMC é calculado dividindo o peso do indivíduo pelo quadrado de sua altura.) Para crianças e adolescentes, o IMC que fica abaixo do quinto percentil para a idade indica peso baixo, segundo a orientação do DSM-5. No entanto, um indivíduo com um peso acima desses limites pode ainda assim ser considerado como tendo um peso significativamente baixo, a depender de outros indicadores.

Existem dois subtipos de AN, o tipo restritivo (ANR) e a anorexia nervosa *binge*-purgativa (ANBP), caracterizada pelos atuais aspectos comportamentais da doença [o termo *binge* se refere à ingestão compulsiva de grande quantidade de comida]. O tipo restritivo de AN representa a doença como é retratada na maioria das descrições mais popularizadas. Indivíduos com ANR perdem peso por restringir a ingestão de comida, confiando que seus corpos, e não a comida, fornecerão o combustível necessário para sustentar seu nível de atividade, que com frequência é muito alto. Como o nome implica, indivíduos com ANBP interrompem sua dieta restritiva envolvendo-se em compulsão alimentar periódica, purgativa, ou em ambos os comportamentos. Embora uma pessoa com ANBP possa atender a quase todos os critérios diagnósticos para bulimia nervosa (BN), definidos mais adiante neste capítulo, a presença de AN impede um diagnóstico de BN no DSM-5. Pesquisas dão apoio à hierarquia de diagnosticar ANBP em vez de fornecer diagnósticos duais de AN e BN. Mulheres com ANBP demonstraram mais similaridades com mulheres com ANR, em resposta ao tratamento e em resultados a longo prazo, que mulheres com BN (ver Capítulos 9 e 11). Além disso, como pacientes com ambos os subtipos de AN são caracterizados por peso baixo em termos médicos, os tratamentos devem atender às suas necessidades médicas.

Também foram verificadas diferenças entre os grupos ANR e ANBP. Comparada à ANR, a ANBP é associada a uma idade mais velha, a maior impulsividade, mais transtornos por uso de substâncias e mais comportamentos suicidas. Em geral, essas diferenças apoiam as distintas apresentações comportamentais dos dois subtipos. Indivíduos com o subtipo ANR têm uma alimentação mais perfeccionista e contida e outros comportamentos, enquanto os do subtipo ANBP têm uma alimentação mais impulsiva e fora de controle, bem como outros comportamentos (ver Capítulo 7). No entanto, dados longitudinais (Eddy *et al.*, 2002, 2008; Strober, Freeman, & Morrell, 1997) sugerem que uma alta proporção de mulheres com ANR desenvolvem episódios de compulsão alimentar periódica mais tarde no curso da doença. Assim, para muitos indivíduos, os dois subtipos podem refletir diferentes estágios da mesma doença.

A anorexia nervosa afeta predominantemente as mulheres. Ao longo dos estudos, a proporção de AN entre os que procuram tratamento para a doença é de cerca de 10:1 entre mulheres e homens. A porcentagem de mulheres que apresentaram AN ao longo de um período de 12 meses (**prevalência de 12 meses**) é de 0,4% (Associação Americana de Psiquiatria, 2013). A proporção de mulheres que sofrem de AN aumentou ao longo do século XX (Keel & Klump, 2003), com os maiores aumentos observados em garotas adolescentes. A anorexia nervosa costuma desenvolver-se do meio para o final da adolescência (dos 14 aos 18 anos).

ESTUDO DE CASO: EMILY

Emily, aluna do segundo ano de uma grande universidade estadual americana, aos 19 anos, declarou sem rodeios ter sido "obrigada a entrar em tratamento" pela sua escola. Emily deixou claro que se ressentia muito da interferência da universidade em sua vida privada, pois tinha ótimas notas em todas as matérias e estava claramente bem. Emily não via razão para fazer terapia ou qualquer tipo de tratamento. Com 1 metro e 78 centímetros de altura e pesando 49 quilos, Emily tinha um IMC de 15,7 kg/m^2, bem abaixo do quinto percentil para alguém com a mesma idade, e na faixa severa para um adulto com AN. As colegas de faculdade de Emily estavam muito preocupadas, porque ela precisou ser levada à sala de emergências ao desmaiar um dia no refeitório. Quando questionada sobre o incidente, Emily disse que não havia se dado conta das horas, não comera o dia inteiro e ficara zonza depois de correr à tarde. No entanto, Emily afirmou que esse era um comportamento muito incomum e que sempre fazia um lanche que lhe dava muita energia antes de se exercitar. Na realidade, disse que sempre levava comida com ela pois tendia a ser hipoglicêmica e que, ao contrário do que as pessoas achavam, ela comia o tempo todo.

Quando perguntaram o que comia durante o dia, disse que comia cereais no café da manhã, petiscava alguma coisa ao longo do dia, almoçava uma salada, comia alguns petiscos à tarde e depois fazia um jantar completo. Quando pediram detalhes, reportou que comia um pacote de aveia integral com água mineral no café da manhã no quarto dela. Os petiscos consistiam em talos de aipo, filetes de cenouras ou balas de goma sem açúcar. O almoço era um "imenso" prato de salada verde sem tempero, do bufê de saladas do refeitório. O jantar era a única refeição que variava de um dia para ou outro. Emily podia comer um peito de frango sem pele com metade de uma batata cozida e uma verdura ou legume. Às vezes, comia meia xícara de macarrão com molho de tomate, mais alguns legumes do bufê de saladas. Nos dias em que o refeitório não servia nada que ela gostasse, comia duas fatias de pão com requeijão e fatias de tomate por cima – associava isso a uma pizza –, junto com uma grande porção de salada. Com base nesse relato, a média diária de ingestão de calorias de Emily era estimada em menos de 500 quilocalorias (kcal). Em comparação, a média diária de necessidade energética para uma mulher da mesma idade fica entre 1.500 e 1.800 kcal, a depender do nível diário de atividade.

Emily declarou que não comia carne vermelha porque não gostava da ideia de comer animais felpudos e fofinhos. Na realidade, não dava importância à carne como grupo de alimentos, mas sempre incluía proteína em sua dieta, pois achava importante para o desenvolvimento muscular. Emily prezava pelo desenvolvimento muscular, pois estava sempre lutando para não ficar com o corpo "torto". Emily descreveu a si mesma como tendo um "formato clássico de pera", com ombros e braços muito finos e colados ao corpo, e quadris, coxas e bunda grandes. Para melhorar sua definição dos músculos, exercitava-se rigorosamente, correndo todas as tardes entre as aulas e o jantar. Aos fins de semana, acrescentava treinamento com pesos. Emily havia lido que o metabolismo aumentava durante e após o exercício, e sentia que esse padrão tornava mais provável que o jantar desse combustível ao seu corpo em vez de ficar armazenado como gordura. Morria de medo de engordar.

A preocupação de Emily com o peso surgira quando ela estava no ensino médio. Sempre alta para a idade, sentia-se como uma "amazona" depois que entrou na puberdade, pois era mais alta do que as colegas de classe, até mesmo do que os garotos do time de futebol. Num esforço para ficar dentro do padrão, começou a fazer dieta e perder peso. A mãe de Emily atribuía a mudança de peso a uma perda de "gordura de bebê", e os amigos expressavam admiração pelo seu autocontrole. Emily uma vez foi abordada num shopping, e perguntaram se alguma vez ela havia pensado em ser modelo e lhe deram o cartão de uma agência. Ela ficou lisonjeada, mas não foi atrás dessa oportunidade, porque seu plano era cursar uma boa faculdade de Direito e se possível prestar concurso para juíza. Sentia que uma carreira de modelo desperdiçaria seu intelecto, pois exigia que a pessoa focasse coisas mais superficiais, como a aparência.

Emily atende aos critérios de diagnóstico do DSM-5 para ANR. Ela expressa abertamente seu medo de ganhar peso, restringe deliberadamente a ingestão de comida e faz exercício para manter um peso que está bem abaixo dos limites saudáveis para alguém da sua idade. E o episódio de desmaio no refeitório é uma clara indicação de uma nutrição insuficiente para manter os processos dentro da normalidade; a perda de consciência pode ser explicada por hipoglicemia, pressão arterial baixa ou anemia.

BULIMIA NERVOSA

A bulimia nervosa se caracteriza por episódios recorrentes de compulsão alimentar periódica, acompanhados por um comportamento compensatório inadequado e com a influência indevida do peso ou da forma corporal na autoavaliação. A ingestão compulsiva de comida difere da alimentação normal por envolver o consumo de quantidades muito grandes de comida em um período limitado (tipicamente em duas horas) e pela experimentação, durante o episódio, de uma perda de controle em relação a comer. Os comportamentos compensatórios inadequados são o vômito autoinduzido, o abuso de laxantes ou diuréticos, o jejum e o excesso de exercício. Desses métodos, o mais comum na BN é o vômito autoinduzido. Os três primeiros métodos são considerados purgativos, porque todos eles envolvem a evacuação forçada de matéria do corpo. O jejum e o excesso de exercício são considerados formas não purgativas de comportamento compensatório, porque a ingestão calórica durante os episódios de compulsão alimentar é contrabalançada por não permitir que calorias "entrem no corpo" ou por se envolver em atividade física extenuante para que o corpo queime calorias a uma taxa mais alta, respectivamente. Os critérios do DSM-5 para BN, diferentemente dos relativos a AN, incluem uma frequência e duração mínimas: episódios de compulsão alimentar periódica e de comportamentos compensatórios inadequados devem ocorrer, em média, pelo menos uma vez por semana por um período de três meses. O quadro 1.2 apresenta diferenças cruciais entre os critérios de diagnóstico do DSM-5 e do CID-10 para BN.

Como a AN, a BN afeta predominantemente mulheres, com uma proporção estimada de 10:1 mulheres com essa doença em relação aos homens. A porcentagem geral de mulheres que têm BN por um período de 12 meses é de aproximadamente 1%–1,5% (Associação Americana de Psiquiatria, 2013). Assim como com a AN, a proporção de mulheres que sofrem de BN aumentou na segunda metade do século XX (Keel & Klump, 2003). A bulimia nervosa costuma se desenvolver do final da adolescência até o início da idade adulta. Assim, indivíduos com BN tendem a ser mais velhos que indivíduos com AN, e cerca de 30% das mulheres com BN têm histórico anterior de AN.

QUADRO 1.2 Diferenças nas definições de bulimia nervosa entre DSM-5 e CID-10

	DSM-5	CID-10
Compulsão alimentar	Foca a experiência subjetiva de perda do controle sobre o comer.	Descreve "preocupação com comer" e "irresistível desejo de comida".
Perturbação na imagem corporal	Foca a influência indevida do peso e da forma corporal na autoavaliação.	Descreve um impulso para um peso baixo não saudável e um provável histórico de anorexia nervosa.
Frequência do comportamento	Requer uma frequência mínima de episódios de compulsão alimentar e comportamentos compensatórios inadequados – uma vez por semana durante três meses.	Não inclui requisitos de frequência ou duração mínima.
Coocorrência com anorexia nervosa	Impede o diagnóstico de bulimia nervosa em indivíduos que também preenchem todos os critérios para anorexia nervosa.	Permite diagnóstico tanto de anorexia nervosa quanto de bulimia nervosa ao mesmo tempo e no mesmo indivíduo.

ESTUDO DE CASO: JEAN

Jean era uma secretária de 27 anos que morou por dois anos com o namorado. Media 1 metro e 62 centímetros e pesava 63 quilos. Jean veio para o tratamento por causa de um retorno de um problema de alimentação que julgava já ter terminado na faculdade. Naquela época, Jean experimentara episódios de compulsão alimentar periódica e às vezes de vômito autoinduzido. Jean passou um bom tempo tentando esconder esses comportamentos das colegas de quarto e da família, quando estava em casa. No entanto, suas colegas de quarto a questionaram após um episódio particularmente intenso, quando foi ao banheiro para vomitar quatro vezes num intervalo de duas horas.

O tratamento permitiu a Jean parar com a habitual compulsão alimentar e purgativa. Ela continuava tendo "vacilos" ocasionais – quando achava que havia comido demais e recorria à purgação para evitar ganhar peso. No entanto, isso era raro, e às vezes Jean se controlava para não vomitar depois de "comer demais". Há cerca de um ano e meio, percebeu que ganhava peso e não cabia mais no tamanho de jeans que vinha usando desde o secundário. Ela não quis comprar um jeans de número maior, porque não conseguia se sentir bem consigo mesma a não ser que coubesse naquela medida de roupa específica. Decidiu então fazer dieta e ir à academia com maior frequência. De início, a nova rotina fitness funcionou, e Jean perdeu cerca de três quilos. Pesando 56 quilos, sentia-se ótima e mais disposta a sair com amigos, flertar e receber atenções dos homens.

No entanto, quando Jean e seu namorado passaram a viver juntos, teve dificuldades para resistir às comidas tentadoras que ele guardava na cozinha. Quando morava sozinha, Jean nunca tinha cookies, sorvete ou batatinhas chips em casa, porque eram alimentos que costumavam disparar episódios de compulsão alimentar periódica. Agora essas comidas estavam sempre à mão. No começo, ela resistia a comê-las, por não fazerem parte da sua dieta. Uma noite, porém, quando o namorado saiu com amigos, Jean comeu um saco inteiro de batatas chips e acabou com um pacote de cookies e quase 3 quilos de sorvete. Desgostosa consigo mesma e chateada por ter comido tanto, Jean provocou o vômito. Depois, foi até o mercadinho para repor a comida. Para ocultar que havia ido comprar comida para repor a que havia consumido, jogou um pouco do sorvete e dos cookies recém-comprados no lixo, para dar a impressão de que estava tudo como antes. Prometeu a si mesma que não comeria mais aquelas "comidas perigosas" e tentou se convencer de que aquilo havia sido apenas um vacilo. No entanto, na semana seguinte, quando ficou de novo sozinha no apartamento, o mesmo ciclo se repetiu. Ela só incorria na compulsão alimentar e na purgação quando estava sozinha, porque era nessa hora que o impulso ficava irresistível.

Agora Jean entrava na compulsão alimentar e na purgação várias vezes por semana, e até saía mais cedo do trabalho para estar em casa e entrar na compulsão alimentar e na purgação antes que o namorado chegasse. Jean ganhou de volta o peso perdido e constatou que aos poucos ia superando o nível pré-dieta. Redobrou então os esforços da dieta e passou a recorrer ao vômito autoinduzido para contrabalançar os efeitos dos episódios de compulsão alimentar. Começou a vomitar mesmo quando comia quantidades normais de comida, porque sentia que precisava comer o mínimo possível para se livrar do peso indesejado. Ficou chateada consigo. À medida que seu peso aumentava, sentia-se desvalorizada e revoltada.

Jean atende aos critérios diagnósticos do DSM-5 para BN. Seu comportamento parece ser uma recorrência do transtorno alimentar da época da faculdade. Não fica claro se Jean chegou a se recuperar totalmente de seu transtorno anterior, pois parecia continuar a basear sua autoavaliação no peso e na forma corporal mesmo após a remissão da compulsão alimentar e purgativa. Além disso, quando morava sozinha, evitava comidas que pudessem disparar um episódio de compulsão alimentar, em vez de se sentir capaz de comer com moderação.

COMPULSÃO ALIMENTAR PERIÓDICA

A compulsão alimentar periódica (CAP) é caracterizada por episódios recorrentes de compulsão alimentar na ausência de comportamento compensatório inadequado. Os episódios de compulsão alimentar na CAP são definidos como na BN e também são caracterizados por comer mais rapidamente que o normal, ingerir alimento até ter a sensação de estar desconfortavelmente cheio, comer grande quantidade de comida sem estar com fome, comer sozinho por se sentir envergonhado com a quantidade que se come e ficar chateado, deprimido ou sentindo-se muito culpado depois de comer em excesso. Para um diagnóstico de CAP, são exigidos três desses traços característicos; no entanto, no caso de estudo de Jean, fica claro que vários desses fatores também caracterizam episódios de compulsão alimentar na BN. Além disso, indivíduos devem experimentar muita angústia em relação à compulsão alimentar. Como ocorre com a BN, os critérios de diagnóstico do DSM-5 para

CAP incluem um mínimo de frequência e duração: episódios de compulsão alimentar devem ocorrer, em média, pelo menos uma vez por semana por um período de três meses. Também como na BN, há uma hierarquia de diagnóstico, segundo a qual uma pessoa que atenda simultaneamente aos critérios para AN e CAP receberá diagnóstico apenas de ANBP [anorexia nervosa *binge*-purgativa ou anorexia nervosa com ingestão compulsiva e purgação]. Como um diagnóstico de CAP requer a ausência de comportamento compensatório inadequado, tampouco é possível a pessoa ser diagnosticada com BN e CAP ao mesmo tempo. A compulsão alimentar periódica foi incluída como uma categoria de diagnóstico provisória na quarta edição do DSM (DSM-IV; Associação Americana de Psiquiatria, 1994) e acrescentada como categoria oficial de diagnóstico ao DSM-5. A compulsão alimentar periódica não foi incluída na CID-10, mas talvez seja acrescentada à CID-11.

Como a AN e a BN, a CAP é mais comum em mulheres que em homens (Hudson, Hiripi, Pope, & Kessler, 2007); mas a diferença de gênero não é tão acentuada. Em adultos nos Estados Unidos, 1,6% das mulheres e 0,8% dos homens reportaram ter tido CAP nos últimos 12 meses (Associação Americana de Psiquiatria, 2013), sugerindo uma proporção de 2:1 de mulheres em relação aos homens. A idade dos primeiros sintomas de CAP pode ter uma distribuição bimodal, com muitos indivíduos relatando problemas com comer demais desde a infância e outros relatando significativos problemas a partir do final da adolescência ou início da fase adulta, após um período significativo de dieta (Manwaring *et al.*, 2006; Spurrell, Wilfley, Tanofsky, & Brownell, 1997). Indivíduos com CAP tendem a estar significativamente acima do peso ou ser obesos. Esse, no entanto, não é um requisito para o diagnóstico e não é válido para todos os indivíduos com CAP (Keel, Holm-Denoma, & Crosby, 2011).

ESTUDO DE CASO: JAMIE

O problema de Jamie foi declarado de maneira simples: "Eu como demais. Para algumas pessoas é o álcool; para outras é a cocaína. Para mim é a comida". Isso sempre foi verdade; mesmo quando Jamie era criança, consumia um pacote inteiro de Twinkies [pão de ló recheado com creme] de uma vez. A mãe de Jamie uma vez preparou uma torta de cereja para levar a uma atividade da escola, quando Jamie estava na sétima série. Era a sua sobremesa preferida, e Jamie a consumiu antes do início da aula daquele dia. Quando a professora perguntou pela sobremesa, Jamie mentiu para ocultar a glutonaria. Houve muitos casos desse tipo na sua infância – episódios de comer uma travessa inteira de alguma coisa em vez da porção normal. No entanto, em razão do porte alto e atlético de Jamie, esse apetite enorme costumava ser fonte de orgulho, não de vergonha. Na realidade, todos os membros de um time esportivo comem grandes quantidades de comida, então Jamie não se sentia fora do padrão a maior parte do tempo. Só percebeu que havia algum problema com a alimentação no final da faculdade, quando começaram as entrevistas de emprego. Foi a primeira vez que Jamie precisou comprar um terno, mas não coube em nenhum dos tamanhos oferecidos na loja. Jamie ficou constrangido quando foi obrigado a ir a uma loja especializada em tamanhos maiores.

Aos 35 anos, Jamie pesa hoje 163 quilos, apesar de ter encarado várias dietas e programas de perda de peso. Costumava ser capaz de perder algum peso nesses programas; a maior perda foi de 23 quilos, quando passou de 127 para 104 quilos. No entanto, todas as outras vezes o peso havia voltado ao de antes – ou ultrapassado. Jamie negou que comesse quando não tinha fome, mas admitiu que comia até alcançar o ponto de se sentir desconfortável. Achava que isso era porque, quando estava com fome ou a comida era alguma de suas favoritas, ele comia num certo ritmo: "a maior quantidade e o mais rápido possível". Jamie disse que era como se "a comida fosse um vício"; não havia jeito de parar até que toda a comida acabasse. Por exemplo, consumia três "combos" da loja de fast-food local no carro, a caminho de casa, na volta do trabalho. "Comer sozinho no carro", disse Jamie, era "o máximo", porque "posso simplesmente me desligar". Esses episódios eram seguidos por uma culpa terrível, pois Jamie sabia que comer tanta *junk food* contribuía para o problema do peso – além de poder acarretar problemas cardíacos. Mas não gostava de saladas, vegetais ou frutas, achava-os sem graça. "Eu queria sentir pela fast-food o que sinto pelas saladas, porque então seria como um palito." Ao reconhecer a existência de um problema com a alimentação, que ocorria todo dia – com frequência, o dia inteiro –, Jamie quis saber se haveria alguma medicação para perder peso ou que facilitasse comer menos. Quando via os anúncios desses produtos pela TV, sentia que era um bom candidato para essas medicações.

Jamie atende aos critérios diagnósticos do DSM-5 para CAP. Embora a aflição em relação a comer demais fosse ditada por estar acima do peso, o grau em que Jamie via que os problemas de alimentação contribuíam para as questões de peso o fez experimentar intensa aflição também pelo problema da compulsão alimentar.

OUTROS TRANSTORNOS DE INGESTÃO (*FEEDING*) OU ALIMENTARES (*EATING*) ESPECÍFICOS[1]

A categoria do DSM-5 de "*other specified feeding or eating disorders*" (OSFED) ["outros transtornos específicos de ingestão (*feeding*) ou alimentação"] se refere a outro conjunto de transtornos clinicamente significativos que não atendem aos critérios de diagnóstico específicos para AN, BN ou CAP. A sua importância clínica é definida em termos do sofrimento ou comprometimento relacionado ao transtorno da alimentação. Indivíduos que têm dificuldades em desempenhar

[1] Em termos clínicos e de classificação diagnóstica, *feeding disorders* diz respeito a transtornos ligados à ingestão, que optamos por traduzir como "transtornos de ingestão". Já o termo *eating disorders* ("transtornos alimentares") refere-se a questões psicossociais da imagem corporal. (N.E.)

obrigações em papéis importantes (por exemplo, que faltam, ou têm mau desempenho no trabalho, ou na escola) ou que experimentam problemas de socialização em consequência de sua alimentação desequilibrada podem ser diagnosticados com OSFED. As condições dentro dessa categoria têm evidências suficientes para serem nomeadas e descritas, mas é necessário mais estudo desses diagnósticos para compreender sua utilidade clínica, a fim de tornar possível prever respostas ao tratamento, seu curso e os resultados.

O Quadro 1.3 lista exemplos de OSFED do DSM-5 com breves descrições. Em alguns casos, os transtornos são caracterizados como "abaixo do limiar", porque são parecidos com os transtornos alimentares definidos, mas ficam aquém de um critério de diagnóstico pleno (por exemplo, bulimia nervosa de baixa frequência e/ou duração limitada). Outros transtornos simplesmente diferem na sua apresentação clínica dos transtornos alimentares definidos (como é o caso da síndrome do comer noturno). Embora alguns OSFEDs sejam menos severos que suas contrapartidas dentro do limiar (Garfinkel, Lin, *et al.*, 1995), isso não vale para todas as formas de OSFED. Por exemplo, uma pessoa que recorre a purgações várias vezes ao dia durante um ano sem apresentar compulsão alimentar teria o OSFED de transtorno purgativo, e ninguém argumentaria que esse indivíduo tem um transtorno alimentar menos severo do que alguém que atenda aos critérios de BN e compulsão alimentar e purgativa uma vez por semana por três meses.

QUADRO 1.3 Outros transtornos alimentares ou de ingestão específicos no DSM-5

Transtorno	Descrição
Anorexia nervosa atípica	Os indivíduos não estão abaixo do peso, apesar da significativa restrição de ingestão de comida, da perda de peso e das perturbações com a imagem corporal que caracterizam a AN.
Bulimia nervosa de baixa frequência e/ou duração limitada	Os indivíduos têm episódios de compulsão alimentar e comportamento compensatório inadequado menos de uma vez por semana, por menos de três meses, ou ambos. Indivíduos também experimentam influência indevida do peso e da forma corporal na autoavaliação.

Transtorno	Descrição
Compulsão alimentar periódica de baixa frequência e/ou duração limitada	Os indivíduos têm episódios de compulsão alimentar menos de uma vez por semana, por menos de três meses, ou ambos. Apresentam pelo menos três dos cinco aspectos que constituem um critério para CAP associada ao seus episódios de compulsão alimentar, assim como acentuada angústia em relação à sua compulsão alimentar.
Transtorno purgativo	Os indivíduos recorrem a vômito autoinduzido ou laxantes, diuréticos ou outras medicações para purgar após o consumo de quantidades normais de comida, mas não estão abaixo do peso.
Síndrome de comer noturno	Os indivíduos experimentam recorrentes episódios de comer noturno (acordar no meio do sono para comer à noite ou ter sensação de ingestão excessiva de comida após a refeição), dos quais lembram e que contribuem para sua aflição ou trazem comprometimento funcional.

Em edições anteriores do DSM, os OSFEDs ficavam na categoria ampla de "transtorno alimentar atípico" (Associação Americana de Psiquiatria, 1980) ou "transtorno alimentar não especificado de outra maneira" (Associação Americana de Psiquiatria, 1987; 1994). No entanto, como evidenciado no Quadro 1.3, esses rótulos faziam pouco sentido, em razão da heterogeneidade das apresentações clínicas, definidas por não serem AN ou BN. A decisão de nomear (isto é, especificar) essas síndromes visa estimular mais pesquisa, considerando que há a tendência de "estudar aquilo que definimos" (Walsh & Kahn, 1997).

ESTUDO DE CASO: VALERIE

Valerie não tinha certeza se tinha um transtorno alimentar "real". Ela não se identificava com as histórias de revistas a respeito de atrizes esqueléticas que morriam de medo de engordar ou com filmes de TV sobre adolescentes desesperadas que parecem ter vidas perfeitas, mas secretamente se empanturram de comida para abafar seus sentimentos e depois vomitam para aliviar a dor emocional. Valerie sabia que o que ela fazia não era "normal" e entendia que talvez fosse perigoso – o sangue em seu vômito a preocupava –, mas não estava certa de ter um "transtorno alimentar." O momento em que ela de repente tomou consciência disso foi quando teve sua atenção chamada por um link sobre "transtorno purgativo" enquanto fazia buscas na internet por informações sobre vomitar sangue. Ao ler o artigo associado ao conteúdo e ver um vídeo curto, Valerie constatou que correspondia ao que vinha fazendo nos últimos oito anos. Passou então a procurar mais informação na internet e acabou encontrando um endereço de e-mail da pessoa que aparecia no vídeo e mandou uma mensagem – que confirmava que o transtorno era real e lançava um pedido de ajuda. Valerie hesitou e ficou em dúvida se realmente queria associar seu nome a uma confissão do que vinha fazendo e se a pessoa no clipe chegaria a ler ou responder àquela mensagem. Finalmente, clicou em "enviar", exausta após oito anos tentando convencer a si mesma de que, se ninguém notasse ou perguntasse a respeito do vômito, isso não deveria ser nada muito importante.

Eis a mensagem que Valerie enviou:

> Acabei de encontrar um artigo sobre transtorno purgativo e quero saber se você precisa de alguém para a sua pesquisa. Acho que sofro desse transtorno há vários anos. Tive um episódio grave de mononucleose no ensino médio e perdi mais de 4 quilos durante a doença. Não quis recuperar o peso. Então, tentei manter apenas o que ingeria quando estava doente – sopa de macarrão com frango, bolachas de água e sal e água. Isso funcionou por um tempo, mas aí meus pais ficaram preocupados achando que havia algo errado, então passei a tentar comer normalmente quando estava com eles, para que não se preocupassem. Lembro da primeira refeição de que me livrei – era uma torta *shepherd*

da minha mãe [empadão de carne moída com purê de batata]. Fiquei muito enjoada depois disso, como se tivesse comido a travessa inteira. Sentia-me inchada e enjoada, e com a sensação de que depois de conseguir passar semanas à base apenas de sopa de macarrão e frango e bolachas de água e sal, tinha posto tudo a perder com apenas uma refeição. Então fui ao banheiro, tranquei a porta, liguei o chuveiro e vomitei na privada até sentir que meu estômago tinha ficado totalmente vazio e limpo. Senti-me aliviada e no controle de novo. Eu não vomito toda vez que como. Às vezes como e me sinto bem. Outras vezes preciso me livrar até mesmo de uma quantidade pequena de comida. Mas nunca tenho grandes compulsões alimentares, e nunca me obriguei a passar fome, nem fiquei magra demais. Estou o mais magra que já fui, e todo mundo diz que estou com boa aparência e que não devia me preocupar com meu peso. Claro que as pessoas não têm ideia do que faço para não ganhar peso. O que me assusta mais é pensar que, se eu comer normalmente e não recorrer à purgação, vou ficar de fato gorda. Mas também me assusta pensar que nunca serei capaz de comer normalmente, e não sei quando vou parar com isso. Espero que você possa me dizer o que fazer.

O padrão de alimentação de Valerie é consistente com um diagnóstico de transtorno purgativo. Embora o transtorno alimentar tenha permitido manter o peso mais baixo do que poderia ter sido, ele ainda está dentro da faixa saudável, e ela não perdeu um peso substancial. Portanto, nem uma anorexia nervosa atípica se encaixam nos sintomas. Valerie não experimenta grandes episódios de compulsão alimentar, fora do controle, portanto, não tem BN. Em vez disso, vomita após ingerir quantidades normais ou pequenas de comida. Não fica clara a frequência com que faz a purgação, mas esse comportamento tem um padrão recorrente, causa aflição e acarreta problemas médicos.

ESTUDO DE CASO: GEORGE

George originalmente buscou ajuda de uma clínica de distúrbios do sono, pois tinha dificuldades para dormir. Roncava tão intensamente, que não era mais capaz de dormir na mesma cama que a esposa. Descreveu que passava metade da noite dormindo no sofá e a outra metade acordado, e que no dia seguinte se sentia exausto. Os resultados dos exames do sono indicaram que George sofria de apneia, provavelmente agravada pelo peso: aos 45 anos, George media 1 metro e 80 e pesava 118 quilos. Deram-lhe uma máscara especial para garantir fluxo suficiente de oxigênio enquanto dormia. Além disso, o médico de George explicou que mesmo uma modesta redução de peso aliada a uma atividade física regular melhoraria o sono e a qualidade de vida. George achava que os problemas de sono contribuíam para os problemas de peso, porque com frequência, ao acordar à noite, comia alguma coisa para ajudar a dar sono. Depois de saciado, George se deitava no sofá na frente da TV e acabava dormindo ali. Na manhã seguinte, não sentia fome alguma.

O médico fez mais perguntas sobre os padrões de alimentação de George. Ele relatou que muitas vezes pulava o café da manhã para poder dormir um pouco mais antes de ir para o trabalho, e, se acabasse levantando atrasado para o trabalho, pulava também o almoço, para compensar o tempo perdido. Começava a sentir fome por volta do meio da tarde. Portanto, estava sempre faminto quando decidia jantar, e geralmente fazia uma refeição farta. George brincava, dizendo que era como se seu corpo inteiro estivesse no turno da noite. Na maioria das noites, fazia uma segunda ou terceira refeição de madrugada, quando as demais pessoas da casa dormiam. Então, comia o que restara do jantar, completava com uma tigela de cereais e então, se ainda não tivesse sono e estivesse com fome, preparava ovos mexidos e comia com torradas. Na mente de George, isso equivalia a um café da manhã antes de ir dormir, já que não teria fome para isso de manhã.

Depois de ouvir George descrever seu padrão de alimentação, o médico sugeriu que ele se consultasse com um especialista da clínica de transtornos alimentares do hospital. George ficou cético em relação a isso, afinal, não era uma daquelas adolescentes abaixo do peso. O médico, porém, explicou que alguns colegas dele estavam estudando uma condição chamada síndrome do comer noturno e que talvez conseguissem encontrar um jeito de acertar os horários da alimentação de George, enquanto a equipe da clínica de sono o ajudaria a voltar a dormir a noite inteira.

Os padrões de alimentação de George incluem o **comer noturno**: isto é, comer à noite após o jantar, especialmente depois de acordar no meio do sono, a fim de poder voltar a adormecer. Os problemas de George parecem derivar de uma disrupção no ritmo circadiano, de modo que o seu corpo fica acordado e quer comida à noite, quando deveria estar dormindo, e durante o dia ele se sente muito cansado, mas sem fome. Seria um padrão apropriado para alguém trabalhando no turno da noite, mas causa muita disrupção a qualquer um que trabalhe o dia todo. Como George não relata nenhuma sensação de perda de controle em relação ao comer noturno, os episódios de ingestão de comida não atendem aos critérios de compulsão alimentar periódica, mesmo que George consuma uma quantidade de comida maior do que a maioria de nós seria capaz de ingerir em circunstâncias similares.

Assim como a CAP, a síndrome do comer noturno parece ser mais comum entre indivíduos com sobrepeso. Nem todos os indivíduos com síndrome do comer noturno aderem à ingestão noturna de comida; alguns apenas consomem a maioria de suas calorias no final da noite. Alguns argumentam que ingerir grandes quantidades de comida no fim da noite agrava os problemas de sono. Todos os problemas de George provavelmente se agravam entre si. O sono precário contribuiu para o tipo de alimentação, que por sua vez afeta o peso, que piora a apneia e dificulta o sono.

TRANSTORNOS NÃO ESPECIFICADOS DE INGESTÃO OU ALIMENTAÇÃO

A última categoria de diagnóstico no DSM-5 é "transtornos não especificados de ingestão ou alimentação", que abrange qualquer transtorno de alimentação significativo que não atenda aos critérios para AN, BN ou CAP, mas para o qual o indivíduo diagnosticado não especifica as razões. Esse diagnóstico costuma ser dado quando o médico determina que algum transtorno alimentar está presente; que ele não se encaixa no perfil de sintomas de AN, BN ou CAP; e que não há tempo ou recursos para esclarecer a natureza do problema, mas é preciso fazer um diagnóstico para encaminhar o paciente a algum especialista. Esse diagnóstico também pode ser atribuído a indivíduos que não atendam plenamente aos critérios para um transtorno de ingestão (descritos no Capítulo 2). Os transtornos de ingestão (síndrome de PICA, transtorno de ingestão de alimentos evitativo/restritivo e ruminação) não têm variantes nomeadas na categoria OSFED.

O fato de ter sido necessário criar uma categoria não específica revela o grau em que os problemas de alimentação observados excedem o número de condições para as quais há base suficiente de pesquisa que permita nomeá-los e descrevê-los no DSM-5. Surgiram vários rótulos (principalmente na literatura popular) tentando descrever esses problemas de alimentação não especificados – como "ortorexia", "*drunkorexia*" e "tríade da atleta", entre muitos outros. Resumidamente, a ortorexia se refere a indivíduos que se sentem compelidos a seguir regras rígidas a respeito de um comer "certo". Na ortorexia, aquilo que conta para o comer certo costuma refletir preocupações com a saúde (por exemplo, comer alimentos orgânicos) ou algum tipo de consciência social (como comer alimentos cultivados localmente), mas o resultado é uma dieta muito restrita, que interfere na vida diária da pessoa. A *drunkorexia* tem sido caracterizada em indivíduos no final da adolescência e início da idade adulta (alunos de curso secundário e faculdade) que restringem a ingestão de comida para "poupar calorias", em razão do seu consumo excessivo de álcool. A tríade da atleta envolve: 1) insuficiente ingestão de calorias em relação à alta demanda calórica do desempenho atlético; 2) perturbações menstruais, dentre as quais a perda de ciclos menstruais (**amenorreia**);

e 3) perda óssea (osteoporose). A tríade da atleta tem forte base de pesquisa, com 239 citações emergindo de uma busca por "*female athlete triad*" no banco de dados PubMed (em comparação com 45 citações para "*purging disorder*" ["transtorno purgativo"]). Não fica claro, porém, se a tríade da atleta deve ser considerada um transtorno alimentar. Talvez seja melhor encará-la como uma condição relacionada, que pode ou não ser acompanhada por transtorno alimentar. O Capítulo 2 trata de outras condições relacionadas a transtornos alimentares, mas que não são especificamente transtornos alimentares, como os transtornos de ingestão e a obesidade.

TRANSTORNOS ALIMENTARES COMO PROCESSO CONTÍNUO DE PROBLEMAS

Definir AN, BN e CAP e descrever suas prevalências é uma abordagem de categorização dos transtornos alimentares; isto é, voltada a definir se um indivíduo tem ou não um desses transtornos. Muitos especialistas preferem ver os transtornos alimentares como existentes em um processo contínuo. Em uma das pontas desse processo contínuo estão os transtornos alimentares diagnosticáveis, e na outra as atitudes e os comportamentos saudáveis de alimentação. Esse ponto de vista parece corresponder ao que sabemos a respeito da presença de atitudes e comportamentos desordenados na população em geral e no decorrer da vida dos indivíduos. Também elimina a necessidade de estabelecer categorias separadas para BN e bulimia nervosa de baixa frequência e/ou duração limitada e pode ainda permitir colocar a anorexia nervosa atípica num processo contínuo com a sua contrapartida, que é definida por estar dentro do limiar.

Muitas pessoas experimentam uma alimentação desequilibrada em algum ponto de suas vidas. Algumas experimentam e não desenvolvem nenhum problema significativo. Outras, porém, provavelmente têm problemas genuínos com a alimentação e com a imagem corporal que não se enquadram em nenhuma dessas definições mais rigorosas dadas para os transtornos, como caracterizadas no DSM ou na CID. Por exemplo, a perturbação com a imagem corporal pode estar presente em muitas mulheres que não atendam aos critérios para AN ou BN. E esse problema pode estar conjugado com dietas severamente restritivas e excesso de exercício, contribuindo para diminuir a autoestima. Embora tal padrão não seja suficiente para justificar um diagnóstico de transtorno mental, provavelmente merece atenção clínica assim como pesquisa. Compreender os fatores que levam a uma alimentação desequilibrada ajuda a revelar as causas de AN, BN, CAP e de OSFEDs relacionadas.

É muito provável que pessoas com transtornos alimentares (definidos como categorias) experimentem uma alimentação desequilibrada antes de desenvolverem síndromes que se encaixem inteiramente no limiar. Por exemplo, parece altamente improvável que uma adolescente repentinamente abandone hábitos totalmente saudáveis de alimentação e passe a uma BN que se encaixe plenamente no limiar. Portanto, encarar os transtornos alimentares como um processo contínuo ajuda a compreender a progressão desses problemas dentro da vida do indivíduo.

Coincidindo com a publicação do DSM-5 pela Associação Americana de Psiquiatria, o Instituto Nacional de Saúde Mental introduziu uma abordagem alternativa à classificação dos transtornos mentais, focada nas dimensões de comportamento, afeto e processos de pensamento, que podem revelar vínculos mais fortes com a biologia do cérebro do que as categorias do DSM-5. Essa alternativa, chamada de Research Domain Criteria (RDoC), busca explicar a gama inteira da função mental que vai da saudável à patológica (Cuthbert & Insel, 2013). A meta é criar novos sistemas de classificação dos transtornos mentais que possam traduzir a pesquisa neurobiológica e comportamental em uma melhor compreensão e tratamento das doenças psiquiátricas. Buscando esse fim, a abordagem RDoC aceita o conceito de doença mental, mas ignora em grande parte as categorias diagnósticas que evoluíram a partir de consensos de especialistas e de subsequentes pesquisas.

A abordagem RDoC difere de várias maneiras da adotada pelo DSM-5. Primeiramente, abandona a noção de transtornos mentais como categorias discretas, passando a encarar a doença mental como residente de um processo contínuo com o comportamento saudável, mais ou menos como a pressão sanguínea alta está num processo contínuo com a pressão sanguínea saudável. Em segundo lugar, ela enfatiza a função do cérebro na contribuição para a doença mental e recorre a modernas técnicas de neurociência para uma melhor compreensão da psicopatologia, identificando circuitos cerebrais ligados às diferentes maneiras pelas quais as pessoas pensam, sentem e se comportam.

Em terceiro lugar, a abordagem RDoC define construtos biocomportamentais (isto é, modelos exploratórios), que, no sentido ascendente, conectam as funções dos circuitos cerebrais ao nível de comportamentos observáveis e de sintomas autorreportados, e, no sentido descendente, conectam esses construtos ao nível dos genes (ver Quadro 1.4).

QUADRO 1.4 Matriz do Research Domain Criteria (RDoC).

	Unidades de análise							Paradigma
Domínios/sistemas	Genes	Moléculas	Células	Circuitos	Fisiologia	Comportamento	Autoreportar	
Negativo								
Positivo								
Cognitivo								
Social								
Excitação/regulatório								

Adaptado de: http://www.nimh.nih.gov/research-priorities/rdoc/research-domain-criteria-matrix.shtml.

Embora reconhecendo as limitações dos critérios arbitrários de frequência ou duração para distinguir transtornos alimentares da alimentação normal, uma abordagem puramente "dimensional" faria equivaler a diferença entre 500 e 501 episódios de compulsão alimentar periódica durante a vida à diferença entre 0 e 1 episódio de compulsão alimentar periódica durante o tempo de vida, embora esse último caso estabeleça uma distinção entre alguém que nunca recorreu à compulsão alimentar e alguém que recorre.

Independentemente de os transtornos alimentares se situarem ou não em um processo contínuo, muitas das decisões práticas requerem uma abordagem de categorização. Por exemplo, a decisão de fornecer ou não tratamento é categórica. Incluir ou não uma pessoa em um estudo de pesquisa também é uma decisão categórica. Além disso, uma abordagem categórica permite ocasionalmente detectar diferenças que levam a uma melhor compreensão ou a um melhor tratamento. Por exemplo, a BN responde a tratamento com inibidores seletivos da recaptação da serotonina (ver Capítulo 9), mas a AN não. Se não tivesse sido feita distinção entre AN e BN em estudos de tratamento, essa descoberta poderia não estar disponível a pesquisadores de transtornos alimentares.

CONCLUSÃO

Existem três formas de transtornos alimentares atualmente reconhecidas: AN, BN e CAP. Adicionalmente, foi incluído outro conjunto de condições na categoria OSFED ["outros transtornos específicos de ingestão ou alimentação"]. A melhor maneira de resumir a anorexia nervosa é como uma síndrome de inanição autoinduzida. A bulimia nervosa é, com a maior frequência, uma síndrome de compulsão alimentar–purgação. Tanto a AN quanto a BN envolvem uma significativa perturbação em relação à imagem corporal. A compulsão alimentar periódica (CAP) envolve episódios recorrentes de compulsão alimentar na ausência de comportamento compensatório inadequado. Não requer perturbação relacionada à imagem corporal, mas é com frequência associada a significativo sobrepeso ou obesidade. A categoria diagnóstica OSFED inclui o transtorno purgativo (purgação na ausência de episódios de compulsão alimentar periódica) e a síndrome do comer noturno (consumir a maior parte da comida à noite), assim como síndromes parecidas com AN, BN ou CAP, mas que não conseguem atender plenamente ao critério diagnóstico. Além dos indivíduos que atendem aos critérios do DSM-5 para um transtorno alimentar, há muitos outros que experimentam comportamentos alimentares disfuncionais ou atitudes alimentares desequilibradas, mas que não desenvolvem um transtorno diagnosticável. Esses indivíduos podem ser conceitualizados como posicionando-se num processo contínuo com os que sofrem de transtornos alimentares reconhecidos.

Grosso modo, um terço deste livro foca descrever transtornos alimentares – o que são, o que não são, quem eles afetam, e sua história. Outro terço é dedicado a entender a **etiologia** dos transtornos alimentares: o que faz com que essas condições ocorram. O último terço deste livro diz respeito a tratamento, prevenção e consequências dos transtornos alimentares.

Um aspecto importante para compreender o que são transtornos alimentares é examinar o que eles não são. O Capítulo 2 foca condições de transtornos da ingestão e obesidade que às vezes são confundidos com transtornos alimentares em razão da sobreposição de seus comportamentos (excesso ou escassez de ingestão de comida) e resultados (excesso ou escassez de peso). O capítulo revê suas similaridades e as suas distinções em relação aos transtornos alimentares, para esclarecer o foco do livro nas patologias de alimentação.

A mídia popular tem promovido uma associação particular entre transtornos alimentares e garotas e mulheres brancas que fazem parte da moderna cultura do Ocidente. O Capítulo 3 examina a **epidemiologia** de transtornos alimentares, incluindo diferenças entre gêneros e grupos étnicos e raciais ao longo das culturas e da história. Investigações epidemiológicas permitem identificar quando, onde e para quem o risco de transtornos alimentares é mais elevado, sendo cruciais para revelar as causas dos transtornos alimentares.

O Capítulo 4 introduz abordagens para compreender essas causas. Trata da lógica dos métodos de pesquisa usados em estudos abordados em capítulos subsequentes. O Capítulo 4 discute alguns fatores de risco para transtornos alimentares, ao passo que os Capítulos 5 a 8 apresentam revisões mais completas dos fatores de risco sociais, psicológicos e biológicos.

Os fatores de risco sociais para transtornos alimentares incluem tanto alguns ideais sociais quanto os ambientes imediatos da família e dos pares. O Capítulo 5 discute a idealização social da magreza e a depreciação da obesidade, os papéis dos gêneros e o impacto das mensagens sociais relativas à imagem corporal das mulheres, e o empenho em ser magra. As associações entre imagem corporal, comportamentos voltados ao controle de peso e transtornos alimentares são revistas nesse capítulo. O Capítulo 6 trata do papel da família e dos pares. Tendo em conta que a influência das famílias pode ser interpretada nos níveis social, psicológico e biológico, este capítulo introduz um modelo biopsicossocial da causalidade dos transtornos alimentares, que é elaborado em capítulos posteriores.

O Capítulo 7 trata dos fatores psicológicos que contribuem para o risco de transtornos alimentares, além das influências da família exploradas no Capítulo 6. Dentre esses fatores estão a personalidade e os processos cognitivos e afetivos. Também se discute a extensão em que tais fatores constituem causas ou consequências de uma alimentação desequilibrada.

O Capítulo 8 introduz fatores biológicos que contribuem para o risco de transtornos alimentares. Além disso, faz uma revisão dos correlatos biológicos e das consequências das patologias alimentares. Este capítulo marca a transição do exame da etiologia dos transtornos alimentares à discussão dos resultados, incluindo tratamento e prevenção de resultados.

O Capítulo 9 aborda o tratamento de transtornos alimentares. Explora o papel dos diferentes modelos teóricos em moldar as abordagens de tratamento. Também se comenta a **eficácia** das intervenções.

O Capítulo 10 discute teorias de prevenção e evidências do impacto de medidas preventivas nos desequilíbrios alimentares e nos transtornos. O capítulo dá exemplos de programas de prevenção voltados aos três níveis de intervenção: a população geral de ensino médio, a população mais específica formada por mulheres universitárias (que correm maior risco de transtornos alimentares do que homens universitários) recrutadas de associações universitárias femininas, e o grupo ainda mais específico de mulheres em idade universitária que mostram altos níveis de insatisfação com o próprio corpo. São descritos os resultados de estudos sobre programas de prevenção, incluindo as promissoras descobertas de esforços para reduzir os riscos de transtornos alimentares e obesidade em crianças em idade escolar.

O Capítulo 11 revê os resultados associados a transtornos alimentares. São apresentadas estatísticas de mortalidade, recuperação, recaída e *crossover* para AN, BN e CAP, assim como para formas de OSFED, quando disponíveis. Discutem-se os preditores de resultados, com particular atenção ao impacto do tratamento no resultado a longo prazo.

O Capítulo 12 conclui o livro resumindo informações no contexto dos históricos de casos apresentados neste capítulo. Além disso, o Capítulo 12 introduz debates atuais em torno de vários tópicos vistos no livro. O capítulo termina com uma discussão das direções futuras da pesquisa na área de transtornos alimentares.

TERMOS-CHAVE

Amenorreia
Comer noturno
Eficácia
Epidemiologia
Etiologia
Índice de Massa Corporal
Prevalência de 12 meses

CAPÍTULO 2
Condições relacionadas que não são transtornos alimentares

O Capítulo 1 definiu o que são transtornos alimentares. Este capítulo trata das condições relacionadas que não são transtornos alimentares, focando as duas mais associadas a transtornos alimentares: os transtornos de ingestão e a obesidade. Diferentemente de AN, BN e CAP, a síndrome de PICA, o transtorno de ruminação e o transtorno de ingestão de alimentos evitativo/restritivo são transtornos de ingestão. Há relativamente pouco tempo, quando da revisão da terceira edição do DSM (DSM-III-R; Associação Americana de Psiquiatria, 1987), a AN e a BN eram agrupadas à síndrome de PICA e ao transtorno de ruminação na categoria de "transtornos usualmente evidenciados inicialmente na primeira e segunda infância ou na adolescência", sem uma distinção entre transtornos de ingestão e transtornos de alimentação. No DSM-IV (Associação Americana de Psiquiatria, 1994), AN e BN passaram a ter capítulos próprios, e a categoria de transtornos alimentares foi oficialmente diferenciada dos transtornos de ingestão. A fim de reconhecer uma perspectiva de desenvolvimento ao longo da vida em psicopatologia, o DSM-5 (Associação Americana de Psiquiatria, 2013) eliminou a categoria ampla (e em grande medida sem sentido) de "transtornos usualmente diagnosticados inicialmente na primeira e segunda infância ou na adolescência" e transferiu os diagnósticos que faziam parte dessa seção a capítulos com os quais tinham relação mais estreita. Assim, transtornos alimentares e transtornos de ingestão foram reunidos em um capítulo no DSM-5, mas a distinção entre ambos foi mantida.

A justificativa para combinar transtornos de ingestão e alimentares num mesmo capítulo foi que todos eles podem se apresentar ao longo da vida (Bryant-Waugh, Markham, Kreipe, & Walsh, 2010). Ou seja, crianças podem ser diagnosticadas com AN, e adultos podem sofrer de síndrome de PICA. No entanto, os transtornos de ingestão e os alimentares têm sido historicamente diferenciados pelas idades dos indivíduos que eles afetam predominantemente. Como refletido no DSM-III-R, quando este coloca os transtornos de ingestão na categoria diagnóstica dos transtornos diagnosticados inicialmente na primeira e segunda infâncias ou na adolescência, os de ingestão aparecem tipicamente na infância, quando os pais são os principais responsáveis pela ingestão nutricional das crianças. Os transtornos alimentares, em contrapartida, surgem tipicamente na adolescência, à medida que as crianças começam a ter controle (ou falta de controle) sobre a própria ingestão de comida.

Além disso, os transtornos de ingestão carecem das perturbações com a imagem corporal que caracterizam a AN e a BN e da aflição que caracteriza a CAP, visto que essas condições emergem numa época em que as crianças não têm conceitos abstratos sobre como seus corpos deveriam parecer em termos de peso ou forma. Portanto, crianças geralmente não veem seu comportamento de ingestão como motivado por preocupações com a imagem corporal ou como algo particularmente problemático. Ao contrário, costumam ser os pais, professores ou médicos que ficam preocupados com o comportamento e com o estado nutricional precário de crianças com transtornos de ingestão. Quando chega a haver aflição acompanhando transtornos de ingestão, ela costuma estar relacionada a conflito entre a criança e os pais ou outros cuidadores. Pode haver estresse no relacionamento pais-filhos quando a criança experimenta uma compulsão irresistível a consumir substâncias que não são alimentos (como veremos com a síndrome de PICA) ou a regurgitar comida (como no transtorno de ruminação), ou quando ela tem intenso medo das consequências de comer (como no transtorno de ingestão de alimentos evitativo/restritivo). O adulto pode então tentar convencer, insistir ou de algum outro modo coagir a criança a comer normalmente, tornando o momento das refeições estressante para todos.

Assim, os transtornos de ingestão, diferentemente dos transtornos alimentares, são diagnosticados principalmente com base em comportamentos de alimentação observáveis e na ausência de cognições associadas. Faremos agora uma descrição das definições dos transtornos de ingestão no DSM-5 e de suas definições na CID-10 (Organização Mundial da Saúde, 1998) quando disponível.

SÍNDROME DE PICA

O aspecto definidor da síndrome de PICA no DSM-5 é o consumo de substâncias que não são alimentos e que não dispõem de valor nutricional, por um período de no mínimo um mês. Itens típicos podem ser papel, tecido, giz, tinta, terra ou cinzas. Embora esses itens não tenham valor nutricional, vários deles podem ter qualidades benéficas a um organismo. Por exemplo, crianças com deficiência de cálcio podem ser atraídas pelo giz num esforço de compensar o que lhes falta. No entanto, na síndrome de PICA, os indivíduos mantêm o consumo de itens que não são alimentos por razões não relacionadas a necessidades nutricionais. É importante destacar que o consumo desses itens pode ser perigoso à saúde quando as substâncias ingeridas contêm toxinas (como ocorre com tinta à base de chumbo) ou bactérias (que podem ser encontradas na terra).

A síndrome de PICA costuma ser observada em indivíduos com atraso no desenvolvimento, caracterizado por deficiência intelectual, e o diagnóstico deve ser feito apenas quando a severidade da perturbação alimentar exigir atenção clínica. Como crianças pequenas frequentemente exploram os ambientes à sua volta colocando na boca itens que não são alimentos, a síndrome de PICA é diagnosticada apenas se o consumo de não alimentos se mostrar inadequado à faixa de idade da criança. Além disso, consumir não alimentos não é algo que faça parte de tradições apoiadas por uma cultura. As orientações da CID-10 para a síndrome de PICA diferem das do DSM-5, pois recomendam que a condição seja diagnosticada apenas quando o consumo de itens que não são alimentos ocorrer como "comportamento psicopatológico relativamente isolado", em vez de como parte de outro transtorno psiquiátrico, como o autismo.

ESTUDO DE CASO: TOBY

No check-up anual de Toby, sua mãe, Angela, compartilhou com o pediatra sua preocupação com o fato de Toby estar comendo coisas que não deveria. Quando questionada sobre o que ele vinha comendo, disse ter visto Toby lamber a sola dos sapatos e que também o pegara comendo terra enquanto brincava no quintal da casa. Ela então disse a Toby "pare com isso", porque a sola dos sapatos é "suja", mas não estava segura se Toby havia entendido, pois ele tinha dificuldade de entender a diferença entre o fato de estar comendo terra (que era "suja") e a ideia de "suja" como algo nojento. Ela tentou observá-lo mais de perto para se certificar de que não estava fazendo algo prejudicial, mas pela sua avaliação ele provavelmente vinha consumindo terra vários dias da semana, principalmente quando estava na escolinha. Toby frequentava uma pré-escola especial para crianças com atraso no desenvolvimento, na qual a proporção aluno-professor era melhor do que na escola convencional, embora a proporção ainda não chegasse a ser de um professor por aluno. Além disso, Angela percebeu que Toby estava comendo terra "de forma sorrateira". Ela achava que o menino tinha entendimento suficiente para saber que ela não queria que comesse terra, mas não para compreender por que razão isso a deixava brava.

O doutor perguntou se o intestino de Toby vinha funcionando bem ou se ele mostrava algum sinal de doença, como febre ou náuseas. Angela disse que Toby se queixara de dor de barriga e às vezes ficava com o intestino preso. Ela atribuiu esse último problema em parte à relutância do menino em parar com o que estivesse fazendo para se sentar na privada. O médico informou à Angela que a principal preocupação de saúde em relação a comer terra era consumir as bactérias e parasitas presentes em fezes animais. Além disso, se ingerida em grande quantidade, a terra poderia contribuir para a constipação intestinal e a dor abdominal, bem como causar náusea, vômito e diarreia. O médico solicitou uma avaliação médica geral, com exames de sangue e raio-X, para ver se havia anemia e toxinas e eventuais bloqueios no trato intestinal de Toby. E encaminhou a criança a um psicólogo especializado em tratamento de comportamentos em crianças com atraso no desenvolvimento.

Este estudo de caso ilustra vários aspectos que tornam a síndrome de PICA uma condição bem distinta dos transtornos alimentares descritos no Capítulo 1. Primeiramente, Toby pode ter ou não controle sobre seu comportamento. Em segundo lugar, mesmo que Toby não sinta que controla seu comportamento, não sente aflição por causa dele. Finalmente, nenhum aspecto do comportamento de Toby está relacionado a preocupações com seu peso ou forma corporal; especificamente, ele não está comendo terra por considerá-la um substituto de baixa caloria da comida.

TRANSTORNO DE RUMINAÇÃO

O aspecto central do transtorno de ruminação é a regurgitação da comida já deglutida. Esse comportamento ocorre sem nenhuma razão médica – ao contrário, por exemplo, do refluxo gastroesofágico –, e se dá sem náusea, espasmo de vômito ou asco. A comida, que pode estar parcialmente digerida, é mastigada de novo e engolida, ou simplesmente cuspida. O diagnóstico de transtorno de ruminação não é dado quando há presença de outro transtorno de ingestão ou de alimentação; e se houver transtorno psiquiátrico, como transtorno de desenvolvimento intelectual, o diagnóstico é feito apenas se for determinado que a regurgitação requer atenção clínica à parte. Diferentemente da síndrome de PICA, o transtorno de ruminação não está incluído como diagnóstico separado no CID-10. Em vez disso, é descrito dentro da categoria mais ampla de transtorno da primeira e segunda infâncias e incluído como um aspecto associado de outras condições.

O transtorno de ruminação difere da BN, na qual os indivíduos consomem grande quantidade de comida e sentem uma perda de controle sobre o ato de comer antes de regurgitarem a comida. O transtorno de ruminação também difere do transtorno purgativo, porque os indivíduos com transtorno purgativo não engolem de novo a comida que expelem. Além disso, indivíduos com BN e aqueles que têm transtorno purgativo experimentam significativas preocupações com a imagem corporal, e estas estão ausentes no transtorno de ruminação.

ESTUDO DE CASO: SALLY

Sally havia permanecido sentada, tranquila, num grupo de Comedores Compulsivos Anônimos, duvidando se estava mesmo no lugar certo. As pessoas descreviam seus problemas em controlar o quanto de comida ingeriam e o ciclo vicioso em que se viam aprisionadas: sentiam-se infelizes, comiam para aliviar sua dor emocional, sentiam-se mal consigo depois, o que as levava a comer para lidar com esse sentimento, e assim por diante. Sally sentia ter relação com esse sentimento de autoaversão. Sentia isso todo dia. No entanto, o problema dela não envolvia comer em excesso. Em vez disso, estava presa a um padrão de comer de novo a mesma comida. Desde tenra idade, Sally trazia de volta à sua boca um pouco da comida que havia ingerido e mastigava-a de novo, para então degluti-la outra vez. Não tinha muita certeza da razão que a levava a fazer isso, e na infância isso não a incomodava. Às vezes pensava que talvez tivesse sido mais fácil parar se houvesse obtido tratamento quando era mais nova. Agora sentia que mastigar e engolir comida sem depois ruminá-la era algo anormal. Seu comportamento de ruminação causava-lhe muita aflição e interferia nos relacionamentos. Especificamente, Sally evitava comer junto com outras pessoas por medo de regurgitar a comida sem sequer perceber o que estava fazendo. Uma vez, quando saiu para comer com outra pessoa, tentou se restringir a comidas que não exigissem muita mastigação, como sopa, e esforçou-se para focar "comer como uma pessoa normal". Ela tinha decidido comparecer à reunião dos Comedores Compulsivos Anônimos por ser algo anônimo e gratuito e porque esperava entender melhor o que estava fazendo e como parar. No entanto, não se identificava com o que os outros estavam relatando, o que a fez se sentir ainda mais sozinha e isolada do que antes de comparecer à reunião.

Embora o estudo de caso de Sally tenha foco em seus sintomas de pessoa adulta, ela começou com seu padrão de ingestão na primeira infância. Em bebês e crianças jovens, a ruminação costuma ser associada a um trato digestivo imaturo, que facilita o retorno da comida pelo esôfago. Não ficou claro se Sally teve algum atraso no desenvolvimento de seu trato digestivo que a colocasse no caminho do transtorno de ruminação. No entanto, ela provavelmente precisará retreinar sua ingestão para superar a compulsão de ruminar.

CAPÍTULO 2

TRANSTORNO DE INGESTÃO DE ALIMENTOS EVITATIVO/RESTRITIVO

Como o nome indica, o aspecto central do transtorno de ingestão de alimentos evitativo/restritivo [*avoidant/restrictive food intake disorder*, ARFID] é restringir ou evitar a ingestão de comida, o que acarreta uma alimentação insuficiente do ponto de vista nutricional. O DSM-5 especifica que a ingestão deve ser insuficiente por meio de "ingestão oral de comida" (Associação Americana de Psiquiatria, 2013, p. 334), para possibilitar diagnóstico de ARFID em crianças que recebem suplementação dietética por meio de alimentação por sonda (ver Capítulo 9). Em contraste com a síndrome de PICA e o transtorno de ruminação, ambos incluídos em edições anteriores do *DSM*, o transtorno de ingestão de alimentos evitativo/restritivo foi introduzido no DSM-5 em uma tentativa de padronizar um grupo heterogêneo de condições, identificadas predominantemente em crianças, que haviam sido categorizadas como "transtornos de ingestão da primeira e segunda infâncias" na revisão do texto do DSM-IV (Associação Americana de Psiquiatria, 2000) e na CID-10 (Bryant-Waugh *et al.*, 2010). O grupo de trabalho do DSM-5 sobre transtornos alimentares reconheceu que a literatura-base para o ARFID era escassa, mas atribuiu essa escassez em parte à falta de um conjunto uniforme de critérios ou de definições com o qual fosse possível estudar clinicamente deficiências significativas na ingestão de comida em crianças.

Para atender aos critérios do DSM-5 para ARFID, os indivíduos devem demonstrar uma gestão inadequada de comida relacionada com falta de interesse em comida ou em comer, e um comportamento de recusar comida em razão de características sensoriais específicas (por exemplo, sabor, cor ou textura) ou por medo das consequências negativas da ingestão de comida (como sufocar ou se engasgar). Esta última razão para evitar comida muito provavelmente ocorre após algum incidente traumático de sufocação. O transtorno de ingestão de alimentos evitativo/restritivo também pode aparecer em crianças cujas mães têm excessiva preocupação quanto à sufocação (Bryant-Waugh *et al.*, 2010). Nessas situações, as mães às vezes continuam cortando a comida em pequenos pedaços depois da idade em que as crianças tipicamente desenvolvem a habilidade oral-motora de mastigar a comida o suficiente para permitir uma deglutição segura. Então, a falta de experiência das crianças em morder e mastigar alimentos pode contribuir para os seus medos de não serem capazes de lidar com certas comidas. Seja qual for a causa subjacente, a ARFID resulta em uma incapacidade de atender às necessidades nutricionais e é caracterizada por significativa perda de peso, deficiências nutricionais (como deficiência de cálcio), necessidade de ser nutrida por sonda ou de recorrer a suplementos nutricionais (por exemplo, refeições líquidas), ou por interferência acentuada de relacionamentos sociais.

O ARFID não pode ser diagnosticado em indivíduos que atendem a critérios diagnósticos de AN ou BN, nem em indivíduos que experimentam a perturbação com a imagem corporal observada em AN ou BN. Como ocorre com a síndrome de PICA e com o transtorno de ruminação, se houver outro transtorno psiquiátrico presente, o diagnóstico de ARFID requer que a evitação de comida seja severa o suficiente para garantir uma atenção clínica em separado. Finalmente, não deve haver uma justificativa cultural ou explicação médica para a evitação de comida.

ESTUDO DE CASO: JACKSON

Kimberly levou seu filho Jackson, de 3 anos, ao médico porque estava preocupada com sua alimentação e seu peso. Jackson era pequeno em relação à idade desde o nascimento, mas nos últimos tempos havia desenvolvido regras muito rígidas a respeito do que comia ou não comia. Kimberly entendia que muitas crianças de 3 anos são muito "exigentes" com a comida, mas o comportamento de Jackson parecia ir bem além disso. Ele comia nuggets de frango, mas só se fossem do McDonald's, rejeitando se fossem do Wendy's ou de qualquer outro restaurante. Comia bananas, mas só se estivessem no grau perfeito de maturação e fossem fatiadas do jeito "certo". Rejeitava qualquer comida de cor verde ou laranja, ou que fosse "grudenta" ou "pontuda", ou que ele achasse difícil de mastigar. Enquanto Kimberly tentava descrever ao médico todas as regras que vinha tentando seguir, via que isso era impossível, pois parecia que a comida que um dia era aceitável de repente passava à lista dos "Não!". No início, Kimberly e o marido combinaram que não atenderiam aos caprichos de Jackson. Mas como Jackson começou a perder peso, Kimberly passou a ir a toda hora ao McDonald's para garantir que houvesse alguma proteína na dieta do filho. Quando o médico perguntou a Jackson por que ele não comia gomos de laranja, ele respondeu simplesmente: "Não gosto. São cor de laranja e grudentos".

Embora Jackson possa parecer um típico "exigente" com comida, seus comportamentos se tornaram uma preocupação médica em razão da sua significativa perda de peso. Além disso, suas regras rígidas criam ansiedade nos pais e conflito no relacionamento deles com Jackson. Os constantes embates a respeito de comida fazem da alimentação um desafio, em vez de algo saudável que poderia ser uma fonte de prazer.

OBESIDADE

Ao contrário tanto dos transtornos alimentares quanto dos transtornos de ingestão, a obesidade é diagnosticada com base no peso corporal em relação à altura, sem considerar comportamentos, cognições ou emoções. Para adultos (a partir dos 19 anos), a obesidade tem sido definida como um IMC ≥ 30 kg/m², e o IMC ≥ 40 kg/m² equivale a obesidade severa ou mórbida (http://www.cdc.gov/obesity/adult/defining.html). Para crianças e adolescentes (idade de 2-19 anos), a obesidade é definida por um IMC igual ou acima do percentil 95 para a idade e o sexo do indivíduo (http://www.cdc.gov/obesity/childhood/basics.html), isto é, quando se situa nos cinco valores mais altos de IMC em 100 crianças da mesma idade e sexo. Segundo essas definições, em 2011 e 2012, 34,9% (ou 78,6 milhões) dos adultos dos Estados Unidos e 16,9% (ou 2,7 milhões) das crianças e adolescentes estadunidenses eram obesos (Ogden, Carroll, Kit, & Flegal, 2014). Os pesos corporais nos Estados Unidos e ao redor do mundo aumentaram consistentemente no século XX, e há um número crescente de indivíduos com peso na faixa da obesidade. Essa tendência parece ter diminuído na última década: o estudo mais recente da população americana não constatou nenhum aumento significativo da obesidade entre 2003-2004 e 2011-2012 (Ogden *et al.*, 2014). No entanto, os padrões dentro de subgrupos específicos divergem dessa tendência geral. Especificamente, a porcentagem de crianças de 2 a 5 anos que eram obesas diminuiu significativamente de 2003-2004 a 2011-2012, enquanto a porcentagem de mulheres com 60 anos ou mais obesas aumentou significativamente no mesmo período. Não fica claro o que apoia esses padrões.

O uso do IMC para definir excesso de peso não leva em consideração a composição do corpo (a extensão em que o peso se deve a gordura, músculos, ossos etc.). Alguns atletas de elite em modalidades que exigem alto grau de massa muscular podem ser identificados como obesos por essa abordagem. Como alternativa a confiar apenas no IMC, a circunferência da cintura tem sido usada como uma medida de gordura abdominal entre indivíduos com um IMC entre 30 e 35 kg/m². Circunferências de 102 cm para homens e 88 cm para mulheres têm sido identificadas como limites a partir dos quais o risco de doença aumenta (Expert Panel on the Identification, Evaluation, and Treatment of Overweight in Adults, 1998).

A obesidade foi identificada como "doença" pela Associação Médica Americana e pela Organização Mundial da Saúde. Essa decisão reflete evidências de associação entre a obesidade e o risco elevado de doenças cardíacas, infarto, diabetes tipo 2 e algumas formas de câncer em adultos (http://www.cdc.gov/obesity/adult/defining.html), assim como de elevada pressão arterial, diabete tipo 2, asma, e apneia do sono em crianças (http://www.cdc.gov/obesity/childhood/basics.html). Em decorrência da proporção da população estadunidense afetada por obesidade e das consequências para a saúde a ela associadas, boa parte da pesquisa a esse respeito tem se dedicado a compreender os fatores que contribuem para o excesso de peso; algumas dessas pesquisas são examinadas no Capítulo 5.

Antes da publicação do DSM-5, havia considerável atenção em definir se a obesidade deveria ou não ser incluída como transtorno mental, e, em caso afirmativo, se poderia representar uma forma de adicção ou transtorno alimentar (Marcus & Wildes, 2009). O grupo de trabalho do DSM-5 sobre transtornos alimentares defendeu a inclusão da obesidade em suas deliberações em razão da expertise dos membros na desregulação do comportamento de ingestão e do peso. Na realidade, muitos pesquisadores de transtornos alimentares também estudam a obesidade.

A obesidade é uma adicção a comida?

Alguns pesquisadores têm defendido que a obesidade compartilha aspectos com a adicção a drogas, e que a comida cumpriria o papel da droga. O apoio a essa posição vem de evidências de que as regiões do cérebro que mostram atividade aumentada após o uso de drogas reagem de modo similar ao consumo de comida (Avena, Bocarsly, Hoebel, & Gold, 2011; Volkow, Wang, Tomasi, & Baler, 2013). Alguns indivíduos obesos descrevem se sentir dependentes de comida (Davis *et al.*, 2011). Além disso, num subconjunto de indivíduos obesos que descrevem a si mesmos como adictos a comida, o forte desejo de comida que é reportado em reação a referências ao ato de comer (como anúncios na TV) faz prever um aumento do consumo de comida mesmo quando tais indivíduos não estão com fome (Veilleux & Skinner, 2015).

O Comedores Compulsivos Anônimos, grupo de autoajuda que segue os moldes da Alcoólicos Anônimos, usa a adicção a comida como modelo explicativo do comportamento de seus membros. O principal desafio dessa abordagem é que as pessoas podem facilmente sobreviver sem drogas e álcool; assim, um modelo no qual a abstinência permite se libertar da adicção pode ser viável para o tratamento do abuso de álcool e drogas, mas não para problemas com comida. O Comedores Compulsivos Anônimos tem, portanto, adaptado a abordagem para focar aspectos específicos da comida que a tornam "viciante", como a presença de açúcar refinado e farinha processada. Os carboidratos simples encontrados nessas substâncias têm alta densidade calórica e influenciam a glicose do sangue mais rapidamente, estimulando a liberação de insulina, em comparação com os carboidratos complexos. O consumo excessivo de açúcar refinado e farinha processada pode, portanto, contribuir facilmente para o ganho de peso.

De um ponto de vista evolutivo, faz sentido que as pessoas sejam atraídas a consumir em excesso alimentos que facilitem o ganho de peso. Nossos corpos evoluíram quando a comida era escassa. Assim, os mecanismos biológicos integrados que levaram nossos ancestrais a preferir e consumir comida densamente calórica teriam aumentado a probabilidade de sobrevivência e reprodução. Refletindo esse impulso, a comida é um fortalecedor natural – é inerentemente uma gratificação –, e ativa regiões do cérebro que nos ajudam a procurar e obter gratificações. No entanto, também há *loops* de feedback negativo nesse sistema, pelos quais o valor de recompensa da comida tende a diminuir durante seu consumo. Um exemplo simples é a extensão em que a primeira mordida de uma barra de chocolate é mais deliciosa e gratificante do que a quinta. Defensores desse ponto de vista evolucionário defendem que indivíduos obesos experimentam menor gratificação da comida e aumentam seu consumo buscando uma sensação de satisfação que não conseguem obter com as quantidades normais (Stice, Spoor, Bohon, & Small, 2008). Esse comportamento é próximo do padrão de tolerância à droga, segundo o qual são necessárias quantidades cada vez maiores para se ter o efeito desejado.

Apesar da natureza contundente de tais modelos e do apoio em dados de estudos com animais e humanos, todas as descobertas indicam que o modelo de dependência é adequado apenas a uma pequena proporção dos indivíduos com obesidade. Na realidade, a maioria das pessoas que atende a critérios de obesidade não demonstra reações alimentares patológicas à comida. Em vez disso, parece que uma elevação relativamente modesta na ingestão de comida em relação às necessidades de energia contribui para a obesidade na maioria das pessoas com obesidade. Por exemplo, consumir 100 calorias adicionais acima das necessidades calóricas (digamos, dez batatas fritas a mais do que o necessário) ingeridas todo dia durante um ano produziriam um ganho de peso de 4,5 quilos. Levando em consideração todos os fatores sociais que estimulam a ingestão excessiva de comida (como a campanha FourthMeal da Taco Bell), uma questão principal é se a tendência atual de obesidade deve ser atribuída a comportamento individual ou ao ambiente, ou no mínimo a uma combinação de ambos. Pode-se argumentar que as mesmas tendências que ajudaram os humanos a sobreviver em um ambiente histórico no qual a comida era escassa (como acabamos de ver) acabaram se tornando prejudiciais no nosso ambiente moderno, no qual o alimento é abundante.

A obesidade é um transtorno alimentar?

Como observamos acima, o grupo de trabalho sobre transtornos alimentares do DSM-5 teve a tarefa de determinar se a obesidade deveria ou não ser definida como transtorno alimentar. Visto que os transtornos alimentares são formas de transtornos mentais (ver Capítulo 1), a primeira questão que o grupo precisou definir foi se a obesidade equivalia a um transtorno mental. Marcus e Wildes (2009) fornecem uma revisão abrangente das deliberações a respeito desse tópico, focando duas questões-chave para a definição de um transtorno mental: primeiramente, a obesidade causa danos? Em segundo lugar, a obesidade é resultado de uma disfunção de processos mentais – isto é, será que reflete problemas no modo como os indivíduos pensam, sentem ou se comportam?

No que se refere a ser prejudicial, Marcus e Wildes (2009) concluíram que a obesidade de fato resulta em danos aos indivíduos que afeta, por aumentar o risco de doenças físicas e de sofrimento. Os autores notaram a relação entre obesidade e o maior risco de doença cardiovascular, diabetes, hipertensão, apneia do sono e câncer de cólon, seio e pâncreas, entre outras formas de câncer. Além disso, a obesidade tem sido associada a um risco maior de transtornos psiquiátricos, como transtornos de humor, de ansiedade e de personalidade. Por fim, a obesidade aumenta o risco de morte prematura.

Quanto à questão de se a obesidade surge de um transtorno mental, Marcus e Wildes (2009) concluíram que ela pode estar associada a uma ingestão de comida disfuncional em um subconjunto de indivíduos obesos. Em particular, indivíduos que sofrem de CAP têm maior probabilidade de sofrer de sobrepeso e obesidade. No entanto, a CAP já está incluída no DSM-5 como transtorno alimentar. Além disso, múltiplos fatores dão origem à obesidade, a maioria dos quais não representa aberrações de pensamentos, sentimentos ou comportamentos. Marcus e Wildes concluíram que, embora certos subtipos de obesidade possam estar ligados a uma disfunção mental, a maioria dos indivíduos obesos é mentalmente saudável.

O estudo de caso a seguir exemplifica que a obesidade não representa, em si, um transtorno mental, mesmo que associada a consideráveis riscos à saúde e a sofrimento.

ESTUDO DE CASO: JOANNE

Joanne, uma garota de 10 anos na quinta série, sempre pesou mais que as amigas quando pequena. Nos dias quentes de verão, preferia ficar em casa assistindo à TV com a mãe, comendo bolachinhas e salgadinhos, em vez de ir brincar lá fora. A mãe curtia a companhia dela também, e faziam programas mãe-filha de ida ao cinema, quando compartilhavam uma pipoca amanteigada, doces de cereja e outros doces variados. Saindo do cinema, as duas iam a uma praça de alimentação do shopping e, depois de uma volta para avaliar as opções, voltavam a um restaurante e pediam um combo de frango com laranja, arroz frito e rolinhos de carne de porco e legumes, acompanhado por uma garrafa grande de refrigerante

Mountain Dew ["Orvalho da Montanha"]. Joanne gostava dos comerciais de Mountain Dew porque retratavam a "formação do orvalho" como algo estimulante – como se ela escalasse uma montanha, andasse de skate ou fizesse qualquer outra coisa ousada e cheia de aventura, em vez de ficar sentada no ar-condicionado da praça de alimentação do shopping local com a mãe.

Ao contrário do seu amor imaginário por escaladas de montanha, Joanne não curtia se exercitar e odiava particularmente as aulas de educação física. Odiava ter que trocar de roupa no vestiário com as demais garotas, porque tinha consciência da camada extra de gordura na sua cintura que as outras não tinham. Odiava ver suas coxas assadas de tanto esfregar uma na outra quando corria. Odiava ficar sem fôlego ao se exercitar. E, o pior de tudo, odiava quando a turma tinha que tentar escalar uma corda e tocar um sino lá no alto. Ela agarrava a ponta de baixo da corda, fazia o maior esforço para tentar se erguer, mas acabava só se balançando perto do chão até que seus braços desistissem ou seu professor de educação física assoprasse o apito indicando que o tempo de sua tentativa havia se esgotado. Ela sabia que o professor ficava frustrado com sua falta de progresso, embora nunca dissesse nada além de: "Continue tentando. Não desista". Também odiava o fato de ser quase sempre a última a ser escolhida quando a turma formava times de beisebol ou de queimada.

Uma vez, sua amiga Sara tentou convencer a capitã do time a escolher Joanne, porque esta havia programado uma festa de aniversário e convidara Sara para dormir na casa dela. Mas a capitã recusou, alegando que Joanne era um alvo muito fácil no jogo de queimada, por ser muito grande e não se esquivar rápido o suficiente. Em uma dessas partidas, para não ter de admitir que a capitã do time tinha razão, Joanne fingiu que torceu o tornozelo e foi até a enfermaria providenciar bandagem e gelo, sendo que na verdade não precisava. Em seguida, pediu que a mãe mandasse um bilhete ao professor de educação física dispensando-a da aula por causa da lesão. A mãe de Joanne aceitou escrever o bilhete, e os dias de dispensa da aula se estenderam por quase duas semanas, quando a mãe comentou que, se Joanne não tinha condições de se deslocar direito, então a festa do pijama não seria uma boa ideia. Joanne então enfrentou um dilema difícil: deveria aceitar que "estava plenamente recuperada" e voltar às humilhações das aulas de educação física, ou deveria desistir da festa do pijama? No final, decidiu manter a festa, porque sabia que não poderia se safar da educação física para sempre – apesar de não ver a hora de não precisar mais participar dessas aulas.

O caso de Joanne ilustra o que acontece com muitas crianças que são pegas no ciclo vicioso de consumir mais calorias e fazer menos exercício do que seus corpos necessitam. Ela não sofre de um transtorno mental, porque suas ações estão sob controle – ela come do jeito que come porque é o que ela quer, e evita exercício por não gostar de atividade física. Esses comportamentos não são os mais saudáveis, mas as pessoas têm permissão de se envolver em comportamentos que não são os melhores sem que isso justifique rotulá-las como tendo um transtorno mental. Por exemplo, as pessoas costumam atravessar um cruzamento mesmo quando veem o sinal vermelho de não atravessar aceso. Embora esse comportamento aumente o risco de ser atropelado por um carro, ele (por si só) não indica um transtorno mental. Além disso, para que um conjunto de pensamentos, sentimentos ou comportamentos represente um transtorno mental, ele deve estar associado a um sofrimento ou uma deficiência atual. Pode-se argumentar que Joanne sofre ao se perceber incapaz de ir bem na aula de educação física, como vão as demais crianças, e também pela sua aparência física. No entanto, é normal que a comparação social com os pares leve a sentimentos de inadequação. Embora Joanne tenha consciência do seu excesso de gordura corporal, garotas podem igualmente se sentir mal por terem seios pequenos, ou por tê-los grandes demais. Da mesma forma, os amigos de Joanne que têm dificuldades com matemática têm medo de serem chamados para ir até a lousa resolver um problema diante da classe. Isso não significa que tenham algum transtorno mental.

A obesidade é uma condição física com causas heterogêneas

Em última instância, a obesidade é uma condição física. Pode ser um sinal de transtorno alimentar, como se observa com frequência em indivíduos que sofrem de CAP. No entanto, tornar a obesidade em si um transtorno alimentar seria comparável a equivaler o fato de ser muito magro a um transtorno alimentar, sem considerar as várias causas que podem levar a esse estado físico. Um indivíduo que não consiga sustentar um peso minimamente saudável porque faz tratamento de câncer com quimioterapia certamente não será diagnosticado com transtorno alimentar. Da mesma forma, alguém que não é capaz de manter um peso saudável em razão de um hipertireoidismo (que leva a perder peso) ou de hipotireoidismo (que leva a ganhar peso) não será considerado como tendo um transtorno alimentar. São muitos os fatores que contribuem para que a obesidade possa igualar essa condição física a um transtorno mental.

Além da falta de evidência de que a obesidade esteja associada a uma disfunção mental (Marcus & Wildes, 2009), a atual prevalência da obesidade nos Estados Unidos sugere que essa condição é uma consequência crescentemente normativa de mudanças disseminadas no estilo de vida. Como nação (e como mundo), vivemos um período de produção e de marketing de massas para comidas altamente palatáveis e que não têm alto custo. A comida costumava representar uma proporção mais alta das despesas domésticas (Pomeranz, 2000). Como consequência, não era usada como forma de entretenimento, como é hoje. Junto com o maior acesso e estímulo que experimentamos agora para consumir grandes quantidades de comida, nossas vidas são muito menos exigentes fisicamente hoje do que já foram. As máquinas assumiram muitas formas de trabalho físico que antes eram exigidas em casa e no trabalho. Por exemplo, a mudança do trabalho agrícola manual, sem máquinas, para as condições da agricultura moderna reduz as necessidades calóricas diárias em 33% a 50% por hora de trabalho (Pomeranz, 2000). Relembrando nosso exemplo anterior do efeito de consumir apenas 100 calorias adicionais em relação às necessidades físicas diárias por um período de um ano, é possível ver como essa dramática diminuição nas necessidades físicas contribui para a maior prevalência da obesidade.

Saúde para todos os tamanhos

Embora haja clara evidência de um aumento no risco de problemas médicos, alguns pesquisadores têm defendido que são as mudanças de estilo de vida associadas à obesidade, mais que a própria obesidade, que geram os riscos à saúde. Vários fatores psicossociais relacionados à estigmatização da obesidade parecem exagerar esses riscos (um tópico discutido em maiores detalhes no Capítulo 5).

O surgimento do movimento Health at Every Size (Saúde em todos os tamanhos) enfatiza que indivíduos podem seguir um estilo de vida saudável dentro de uma gama de pesos corporais e que as decisões individuais a respeito de ingestão nutricional e nível de atividade permitem prever melhor a saúde do que um número numa balança. Por exemplo, embora as anormalidades metabólicas sejam mais comuns entre os que têm sobrepeso (47,1%) e entre as pessoas com obesidade (67,7%) do que entre os que estão na faixa de peso saudável (25,6%) (Wildman *et al.*, 2008), isso ainda significa que um terço dos indivíduos obesos é metabolicamente saudável, enquanto um quarto dos indivíduos dentro da faixa de peso saudável tem fatores de risco metabólico para doenças. Wildman *et al.* (2008) reportaram que, dentre as pessoas do grupo de peso saudável, uma circunferência de cintura maior, uma idade mais avançada e menos atividade física contribuem para aumentar o risco. Previsões similares surgiram entre aqueles que fazem parte do grupo de sobrepeso/pessoas com obesidade. Esses resultados apoiam a ideia de que a idade e os fatores de estilo de vida, além do IMC e da circunferência da cintura, contribuem para o status da saúde.

CONCLUSÃO

Transtornos de ingestão e obesidade estão relacionados a transtornos alimentares. No entanto, não são transtornos alimentares em si. Embora os transtornos de ingestão sejam transtornos mentais, falta a eles a perturbação e o sofrimento com a imagem corporal que caracterizam os transtornos alimentares. Além disso, eles afetam um segmento da população diferente do que é geralmente afetado pelos transtornos alimentares (discutidos com maior detalhe no Capítulo 3). A obesidade é um estado físico, não um transtorno mental. Embora a obesidade seja associada à presença de CAP, um diagnóstico de CAP abrange o transtorno mental que está presente nesses indivíduos. Além disso, muitos indivíduos que são obesos não se envolvem em comportamentos drasticamente diferentes daqueles de seus pares com peso saudável. Em vez disso, talvez tenham configurações genéticas que os tornam particularmente suscetíveis a viver em um ambiente que promova a obesidade.

CAPÍTULO 3

Quem sofre de transtornos alimentares?

O Capítulo 1 apresentou cinco estudos de caso de indivíduos com transtornos alimentares. Emily sofria de AN, Jean de BN, Jamie sofria de CAP, Valerie de transtorno purgativo e George sofria de síndrome do comer noturno. Ao ler esses estudos de caso, você pode ter formado uma imagem mental dessas pessoas. Talvez tenha imaginado que eram todos brancos, embora nenhuma informação específica sobre raça ou etnia tenha sido dada. Pode também ter imaginado que, à exceção de George, eram todas mulheres, embora nenhuma informação específica tenha sido dada sobre o gênero de Jamie. Se você atribuiu automaticamente raça e gênero a esses indivíduos, isso provavelmente está relacionado ao que se acredita geralmente em relação a pessoas que sofrem de transtornos alimentares – garotas brancas. Além de representar um estereótipo, essa ideia tem sido apresentada como fato por especialistas em transtornos alimentares (p. ex., Bruch, 1966; Crisp, Palmer, & Kalucy, 1976; Garfinkel & Garner, 1982).

Mas será que esse estereótipo é correto? Este capítulo examina quem realmente sofre de transtornos alimentares usando dados de amostras clínicas, estudos epidemiológicos baseados em populações e estudos de casos.

TRANSTORNOS ALIMENTARES EM AMOSTRAS DE TRATAMENTO

A crença de que os transtornos alimentares afetam predominantemente mulheres brancas corresponde a observações de amostras de demanda por tratamento. Em 2010, menos de 65% da população dos Estados Unidos era de brancos e de origem não hispânica, e cerca da metade era mulheres. Em contraste com essas estatísticas nacionais, as características demográficas dos pacientes com transtorno alimentar nos Estados Unidos têm mostrado preponderância de mulheres brancas. Muitos estudos de tratamentos controlados de transtornos alimentares incluem apenas mulheres (por exemplo, Carter *et al.*, 2011; Fichter *et al.*, 2012; Ter Huurne, Postel, de Haan, & Dejong, 2013; Walsh *et al.*, 1997). No entanto, mesmo em estudos que recrutam ambos os gêneros, mais de 90% dos participantes têm sido do sexo feminino (Goldstein, Wilson, Thompson, Potvin, & Rampey, 1995; Gowers *et al.*, 2010; le Grange, Crosby, Rathouz, & Leventhal, 2007; Lock *et al.* 2010; Schmidt *et al.*, 2007). Esse padrão contribui para a estimativa de uma proporção de 10:1 de mulheres em relação a homens afetados por AN e BN no DSM-5 (Associação Americana de Psiquiatria, 2013).

Nenhum estudo de tratamento restringe a participação com base em histórico racial ou étnico. Na realidade, antes de financiar um estudo de tratamento, os National Institutes of Health requerem que haja um plano específico de recrutar participantes de minorias étnicas e raciais, a fim de assegurar uma amostra que seja representativa da população dos Estados Unidos. Mesmo assim, em vários estudos independentes de indivíduos que buscam tratamento, mais de 90% dos participantes eram brancos (Carter *et al.*, 2011; Goldstein *et al.*, 1995; Schmidt *et al.*, 2007; Strober, Freeman, & Morrell, 1997; Sullivan, Bulik, & Kendler, 1998). Parte dessa representação aparentemente desproporcional parece estar associada à diversidade étnica das localidades nas quais os estudos foram conduzidos (Lock *et al.*, 2010). Surgiram amostras mais plurais de localidades com populações mais diversificadas. Por exemplo, num recente teste de tratamento em vários locais para AN, aproximadamente 25% dos participantes eram de grupos étnicos ou raciais minoritários, com uma amostra recrutada na área da baía de São Francisco mais diversificada do que na área da Grande Chicago (Lock *et al.*, 2010). Um estudo recente de BN incluiu 36% de participantes minoritários recrutados da área de Chicago (le Grange *et al.*, 2007). Mesmo assim, tais amostras eram menos diversificadas do que as populações das quais os participantes haviam sido extraídos.

Esses dados indicam que pacientes com transtornos alimentares têm, em relação à população geral, maior probabilidade de serem do sexo feminino e brancos, sugerindo que fatores relacionados a ser mulher e branca podem aumentar o risco de desenvolver um transtorno alimentar. No entanto, são dados que representam melhor *pacientes* com transtornos alimentares. Para que alguém se torne paciente, ele ou ela deve procurar tratamento, e um profissional de saúde precisará identificar que a pessoa sofre de um transtorno alimentar. Portanto, existem dois pontos possíveis nos quais indivíduos que sofrem de transtornos alimentares podem não receber tratamento para o seu transtorno. Como tanto o gênero quanto a etnia podem ter influência em quem procura tratamento para transtorno alimentar e em quem se identifica com um transtorno alimentar, as amostras baseadas em comunidades podem propiciar estimativas menos enviesadas quanto à representatividade de minorias de gênero e etnia cujos indivíduos realmente sofrem de transtornos alimentares.

TRANSTORNOS ALIMENTARES EM AMOSTRAS BASEADAS EM COMUNIDADES

A epidemiologia dos transtornos alimentares lida com a questão central deste capítulo, ao avaliar quem na população tem esses transtornos. A **prevalência ao longo da vida** de um transtorno é a representação estatística da proporção (ou porcentagem) da população que já teve o transtorno alguma vez na vida. O maior e mais recente estudo epidemiológico de doença mental em adultos nos Estados Unidos é o National Comorbidity Survey – Replication (Kessler *et al.*, 2004). Esse estudo pesquisou 9.282 adultos falantes de inglês de 18 anos ou mais que foram coletados para a amostra para serem representativos da população dos Estados Unidos em geral, em relação a gênero, raça, etnia, renda e grau de instrução. Desses participantes, 2.980 foram entrevistados para checar se tinham transtornos alimentares, como AN, BN e CAP (Hudson, Hiripi, Pope, & Kessler, 2007). O National Comorbidity Survey – Replication Adolescent Supplement estendeu as entrevistas a 10.123 adolescentes com idades entre 13 e 18 anos, que foram avaliados para transtornos alimentares (Swanson, Crow, le Grange, Swendsen, & Merikangas, 2011). Em nenhum dos estudos foi avaliado o transtorno purgativo e a síndrome do comer noturno. Perguntas a respeito de purgação foram feitas apenas a participantes que reportassem estar envolvidos em compulsão alimentar periódica, e as entrevistas não incluíam perguntas a respeito do comer noturno. Informações preliminares sobre a epidemiologia desses OSFEDs serão vistas mais adiante neste capítulo.

Em mulheres adultas, a prevalência ao longo da vida foi de 0,9% para AN, 1,5% para BN e 3,5% para CAP. Em homens adultos, a prevalência ao longo da vida foi de 0,3% para AN, 0,5% para BN e 2% para CAP (Hudson *et al.*, 2007). Em garotas adolescentes, a prevalência ao longo da vida foi de 0,3% para AN, 1,3% para BN e 2,3% para CAP. Em garotos adolescentes, a prevalência ao longo da vida foi de 0,3% para AN, 0,5% para BN e 0,8% para CAP (Swanson *et al.*, 2011). Embora os três transtornos alimentares fossem significativamente mais comuns em mulheres do que em homens, e tanto BN como CAP fossem mais comuns em garotas adolescentes do que nos garotos, as proporções são bem menos acentuadas do que as dos estudos de tratamento. Esses resultados sugerem que homens com transtornos alimentares são sub-representados no tratamento.

ESTUDO DE CASO: JAMIE

Jamie sentiu certo embaraço em iniciar um tratamento para transtorno alimentar, porque havia sido sempre "o cara". Além de atleta no período escolar, trabalhava num ambiente de negócios dominado por homens. Quando um conselheiro levantou a possibilidade de Jamie entrar num tratamento em grupo, ele prontamente rejeitou. Achava que se destacaria demais como o único homem do grupo. O conselheiro informou Jamie que o grupo incluía tanto homens quanto mulheres, admitindo, porém, que havia bem mais mulheres. Jamie repetiu que estava interessado na possibilidade de usar medicação para ajudá-lo a seguir um programa de perda de peso. Achou que, se entrasse no grupo de tratamento, teria dificuldade para explicar a seus amigos homens aonde ia todas as segundas-feiras à noite. Além disso, comparecer ao grupo significava perder o futebol das segundas à noite. Para Jamie, se o grupo realmente quisesse incluir homens, não deveria se reunir nesse dia e horário durante a temporada de futebol.

TRANSTORNOS ALIMENTARES E HOMENS

Como refletido no caso de Jamie, homens com transtorno alimentar podem se sentir marginalizados em relação ao seu gênero ("homens 'de verdade' não sofrem de transtornos alimentares") e em relação a quem sofre de transtornos alimentares ("transtornos alimentares 'de verdade' não ocorrem em homens"). Esses sentimentos podem reduzir a probabilidade de homens buscarem tratamento e participarem de estudos de transtornos alimentares, mesmo quando os estudos recrutam tanto mulheres quanto homens. Refletindo esse viés de autosseleção, os homens mostram probabilidade significativamente menor do que as mulheres de participar de estudos epidemiológicos de transtornos alimentares (Keel, Heatherton, Dorer, Joiner, & Zalta, 2006). Se os transtornos alimentares ocorrem com menor frequência em homens e os homens têm menor probabilidade de buscar tratamento e participar de estudos de transtornos alimentares, então cria-se um ciclo que se autoperpetua, no qual homens são ao mesmo tempo excluídos ou severamente sub-representados nas pesquisas de transtornos alimentares. Por exemplo, na edição de janeiro de 2016 do *International Journal of Eating Disorders,* oito relatos ficaram restritos a pacientes mulheres, os homens compuseram 2% dos pacientes em um estudo de tratamento e uma metanálise de intervenções baseadas na internet incluiu 17 estudos restritos a pacientes mulheres, em comparação com apenas três estudos que incluíram tanto homens quanto mulheres.

A sub-representação de homens nos estudos de transtornos alimentares levanta uma questão importante: será que os homens têm problemas com alimentação e com imagem corporal que não são detectados porque tais problemas não se enquadram nos padrões exibidos por mulheres? Essa questão reabre essencialmente aquela que foi tratada no primeiro capítulo, "O que são transtornos alimentares?". Até aqui, este capítulo tratou de transtornos alimentares em homens do modo como são definidos nas mulheres. Isso parte do pressuposto de que os transtornos alimentares são expressos pelos homens como o são pelas mulheres.

Dismorfia muscular: transtorno alimentar predominantemente masculino?

Tem sido especulado se os homens podem estar em risco de um tipo de transtorno alimentar que não é visto em mulheres. Na área de transtornos alimentares, esse transtorno tem sido descrito como "complexo de Adônis" (Anderson, 1984) ou **anorexia reversa** (Pope, Katz, & Hudson, 1993), e é oficialmente reconhecido no DSM-5 como uma forma de transtorno dismórfico do corpo – **dismorfia muscular** (Associação Americana de Psiquiatria, 2013). Os homens com dismorfia muscular, em vez de verem seus corpos como maiores do que realmente são (como pode acontecer na AN), veem seus corpos como pequenos, apesar de seus esforços e sucessos em musculação (Associação Americana de Psiquiatria, 2013; Pope *et al.*, 1993). Essa percepção distorcida contribui para os esforços extremos em aumentar a massa muscular magra e o tamanho do corpo como um todo. Entre essas medidas extremas estão o excesso de exercício, manipulações na dieta (como uma ingestão extremamente alta de proteína) e uso de esteroides anabolizantes. Na medida que esse padrão clínico envolve alteração nos padrões de alimentação, comportamentos extremos de controle de peso e perturbação na imagem corporal, muitos pesquisadores têm argumentado que ele representa um transtorno alimentar (Andersen, 1984; McCabe & Ricciardelli, 2001; Murray, Rieger, Hildebrandt *et al.*, 2012; Pope *et al.*, 1993), embora raramente seja visto em mulheres.

Do mesmo modo que há uma idealização cultural da magreza entre as mulheres, existe uma idealização cultural da muscularidade entre os homens. Pope, Olivardia, Gruber e Borowiecki (1999) examinaram mudanças ao longo do tempo nas proporções de personagens de ação masculinos, como G. I. Joe e os brinquedos que representam os personagens Luke Skywalker e Han Solo de *Guerra nas Estrelas* (ver Figura 3.1). Nas últimas décadas, a proporção dos ombros em relação ao peito aumentou drasticamente. Os atuais personagens de ação mostram uma distorção nas proporções corporais masculinas equivalente às distorções apresentadas pelas bonecas Barbie para mulheres. Segundo Pope *et al.*, os músculos desses personagens de ação – grandes, saltados e bem-definidos – só podem ser obtidos na vida real com um treino profissional de peso e com o uso de esteroides anabolizantes. Essas mudanças nos ideais de corpo para os homens também são evidentes no físico de atores que retratam super-heróis como Batman e Super-Homem.

Homens que querem perder peso têm maior probabilidade de apresentar sobrepeso do que as mulheres que também se sentem assim, o que resulta em uma diferença de gênero entre os que querem perder peso (Calzo *et al.*, 2012; Keel, Baxter, Heatherton, & Joiner, 2007). No entanto, estudos que demonstram essa diferença de gênero (Calzo *et al.*, 2012; Cohn *et al.*, 1987; Fallon & Rozin, 1985) detectaram que garotos e homens abaixo do peso reportam insatisfação com o próprio corpo em razão do desejo de serem maiores. Assim, a caracterização de mulheres como tendo mais insatisfação com seu corpo do que os homens poderia ser formulada de maneira mais apropriada, dizendo que as mulheres sentem maior insatisfação quando se acham grandes demais.

FIGURA 3.1 Luke Skywalker e Han Solo, 1978 (esquerda); Luke Skywalker e Han Solo, 1998 (direita). Fonte: Pope, H. G., Olivardia, R., Gruber, A. e Borowiecki, J. (1999), Evolução nos ideais de imagem corporal de homens como sugerida por brinquedos de personagens de ação. *International Journal of Eating Disorders*, 26, 65–72, p. 70. © 1999 by John Wiley & Sons, Inc. Reimpresso com permissão da John Wiley & Sons, Inc.

Refletindo essa diferença, garotos adolescentes têm probabilidade bem maior do que garotas adolescentes de se envolverem com o uso de esteroides anabolizantes e com comportamentos relacionados a aumentar a massa muscular (Bahrke, Yesalis, & Brower, 1998; Drewnowski, Kurth, & Krahn, 1995; Eaton *et al.*, 2006; Eisenberg, Wall, & Neumark-Sztainer, 2012; Field *et al.*, 2005; Irving, Wall, Story, & Neumark-Sztainer, 2002; Johnston, O'Malley, Bachman, & Schulenberg, 2005; Neumark-Sztainer, Story, Falkner, Beuhring, & Resnick, 1999). Nesses estudos, as taxas de uso de esteroides anabolizantes oscilaram de 1,3% a 12% entre garotos adolescentes e de 1% a 5,7% entre garotas adolescentes. Quando pensamos nos efeitos dos esteroides anabolizantes no fígado, no coração e na função reprodutiva, essas taxas são alarmantemente altas. Uma pesquisa recente sugere que o uso de esteroides anabolizantes pode se tornar menos comum entre adolescentes, mas pode ter maior probabilidade de ocorrer em adolescentes mais jovens do que nos mais velhos (Van den Berg, Neumark-Sztainer, Cafri, & Wall, 2007), com cerca de 5% de garotos de 13 anos relatando uso de esteroides para promover ganho de peso, em comparação com cerca de 1% de garotos de 20 anos. Essa mudança pode refletir mudanças no desenvolvimento do tamanho do corpo.

Conforme as garotas entram na puberdade, sua porcentagem de gordura corporal aumenta; essa gordura corporal se distribui no desenvolvimento dos seios e em aumentos no tamanho dos quadris e das coxas. Assim, a puberdade leva as garotas a se afastarem ainda mais do ideal feminino retratado na mídia popular (ver Capítulo 4). Inversamente, à medida que os garotos entram na puberdade, sua porcentagem de massa muscular magra aumenta. Tanto garotos quanto garotas se tornam mais altos durante a puberdade, mas surgem diferenças sexuais na altura, que tornam os garotos mais altos do que as garotas. Além disso, eles experimentam aumento na largura dos ombros em relação aos quadris. Portanto, a puberdade aproxima mais os garotos do ideal masculino retratado na mídia popular.

No entanto, o ideal masculino dentro de uma cultura obcecada por peso pode oferecer aos homens dois ideais potencialmente opostos e desencadear preocupações extremas com peso e forma corporal: um focado na magreza, que pode empurrar alguns homens para a AN, e outro focado na muscularidade, que pode levá-los em direção à dismorfia muscular (Field *et al.*, 2014). Num estudo comparando 24 homens com AN, 21 homens com dismorfia muscular e 15 homens saudáveis que iam regularmente à academia, Murray *et al.* (2012) descobriram que, apesar de terem ideais de corpo diferentes, homens com AN e aqueles com dismorfia muscular tinham níveis similares de insatisfação com o corpo, preocupações com peso/forma corporal, desequilíbrio na alimentação e comportamentos relacionados ao exercício. Além disso, a severidade da dismorfia muscular estava significativamente associada à severidade do desequilíbrio alimentar.

É preciso realizar mais pesquisas para compreender o relacionamento entre transtornos alimentares e dismorfia muscular. Atualmente, a dismorfia muscular é incluída como um especificador nos critérios de diagnóstico do DSM-5 para transtorno dismórfico corporal, e não como uma forma de transtorno alimentar (Associação Americana de Psiquiatria, 2013). Em contraste, o DSM-5 considera a preocupação a respeito de ficar gordo em um indivíduo com AN como sintoma do transtorno alimentar, não como uma forma de transtorno dismórfico corporal.

Resumo dos transtornos alimentares em homens

Transtornos alimentares são mais comuns em mulheres do que em homens. Isso foi confirmado em estudos epidemiológicos baseados na população, em estudos de tratamento e em investigações em escolas sobre insatisfação com o corpo, desequilíbrio da alimentação e transtornos alimentares plenamente inseridos no limiar. Feita a ressalva, os transtornos alimentares ocorrem com maior frequência em homens do que a maioria das pessoas imagina. Homens constituem no mínimo 10% dos indivíduos diagnosticados com AN ou BN, e cerca de 36% dos casos de CAP ocorrem com homens (Hudson *et al.*, 2007). Comparações com estimativas de transtornos alimentares em estudos epidemiológicos baseados em populações mostram que os homens têm sido sub-representados em pesquisas de transtornos alimentares.

Parte desta sub-representação pode ser reflexo de um viés de autosseleção, que leva os homens a não se disporem a participar voluntariamente de estudos (e talvez tampouco de tratamentos) sobre um transtorno fortemente associado a mulheres. Outra parte pode refletir o fato de os transtornos alimentares terem sido conceitualizados em grande medida com base em sua aparência em mulheres. Como resultado, os aspectos que passaram a definir os transtornos alimentares (como o medo de ganhar peso ou de chegar a ser gordo) podem produzir maior disparidade de gênero na prevalência do transtorno alimentar do que existiria se fosse empregada uma definição mais inclusiva da patologia alimentar.

Além disso, a Associação Americana de Psiquiatria identifica como transtorno alimentar uma síndrome caracterizada pela preocupação em estar gordo demais e por comportamentos extremos para lidar com essa preocupação, mas não identifica enquanto transtorno alimentar uma preocupação por ser pequeno demais aliada a comportamentos extremos para lidar com tal preocupação. Essa abordagem para definir o que é um transtorno alimentar (e o que não é) pode causar evidentes diferenças de gênero a respeito de quem sofre de transtornos alimentares. É necessário um trabalho adicional nos padrões clínicos que podem caracterizar os transtornos alimentares que são vistos com maior frequência em homens do que em mulheres: o desejo intenso de ter um físico maior, mais musculoso – que tem sido associado a uma influência indevida do peso ou forma corporal na autoavaliação – e os comportamentos extremos de alimentação não saudável e controle de peso voltados a alcançar esse ideal masculino.

TRANSTORNOS ALIMENTARES E RAÇA/ETNIA

Várias pesquisas apoiam a ideia de que os estereótipos a respeito de quem sofre de transtorno alimentar podem reduzir o reconhecimento desses transtornos naqueles que não se enquadram no estereótipo, mesmo quando não há diferenças nos sintomas. Em um estudo com alunos universitários, Gordon, Perez e Joiner (2002) descobriram que a raça tem significativa influência na probabilidade de um transtorno alimentar ser reconhecido. Participantes no estudo receberam um resumo escrito da alimentação e outras atividades de uma garota de 16 anos durante um período de cinco dias, que indicavam um transtorno alimentar. Quando "Mary" foi retratada como branca, 93% dos participantes concluíram que ela tinha um transtorno alimentar. Quando foi retratada como afro-americana ou hispânica, apenas 79% dos participantes identificaram nela um transtorno alimentar. Esse efeito não dependia da raça do participante. Se os profissionais da assistência médica, assim como os universitários, têm menor probabilidade de ver a presença de um transtorno alimentar quando ele ocorre em uma mulher hispânica ou não branca, isso pode contribuir para uma diferença no encaminhamento para tratamento do transtorno.

Entre os 5.787 universitários que participaram do National Eating Disorders Screen e subsequentemente tiveram entrevistas com um conselheiro, aqueles que eram latinos ou nativos americanos mostraram probabilidade significativamente menor de receber um encaminhamento para tratamento de transtornos alimentares do que os estudantes brancos, e essas diferenças não foram explicadas por diferenças na severidade dos sintomas (Becker, Franko, Speck, & Herzog, 2003). Além disso, entre os alunos do mesmo estudo que estavam preocupados com sua alimentação, os médicos mostraram aproximadamente a metade da probabilidade de fazer perguntas aos alunos de minorias étnicas a respeito de sua alimentação, em comparação com sua atitude diante de alunos brancos. Considerando esses dados, parece claro que amostras de tratamento podem refletir mais quem nós esperamos que sofra de transtornos alimentares do que mostrar quem realmente sofre desses transtornos.

Levando em conta que não cabe supor que grupos de minorias étnicas se mostrem iguais em patologias de alimentação, as seções a seguir examinam, separadamente, evidências de transtornos alimentares advindas de estudos epidemiológicos baseados em comunidades para três grupos de minorias étnicas: afro-americanos/negros, asiáticos e hispânico-latinos. As diferenças entre pessoas com históricos culturais específicos dentro desses grupos são examinadas quando possível, assim como informações a respeito de a aculturação à cultura branca dominante estar associada à prevalência de transtorno alimentar nesses grupos.

Transtornos alimentares em amostras de afro-americanos ou negros

Casos de AN e BN têm sido reconhecidos em indivíduos negros há algum tempo (Dolan & Ford, 1991; Gray, Ford, & Kelly, 1987; Johnson, Lewis, Love, Lewis, & Stuckey, 1984; Pate, Pumariega, Hester, & Garner, 1992). Na realidade, Lawlor, Burket e Hodgin (1987) descreveram um adolescente negro hospitalizado por um transtorno alimentar há mais de 25 anos. No entanto, os primeiros casos foram reconhecidos com a ressalva de que eram "raros". Costumava-se acreditar que indivíduos negros estavam "protegidos" de desenvolver transtornos alimentares porque o ideal de beleza era mais forte e mais voluptuoso nas mulheres negras do que nas brancas (Williamson, 1998). Em apoio a essa crença, vários estudos detectaram que mulheres afro-americanas reportavam menos insatisfação com o próprio corpo, menos desequilíbrio na alimentação e que teriam menor probabilidade de sofrer de BN em comparação com mulheres brancas americanas (Abrams, Allen, & Gray, 1993; Chandler, Abood, Lee, Cleveland, & Daly, 1994; Edwards-Hewitt & Gray, 1993; Gray *et al.*, 1987; Rhea, 1999; E. F. Rosen *et al.*, 1991). Um estudo de transtornos alimentares com 985 mulheres brancas e 1.061 mulheres negras verificou que a AN afetava 1,5% das mulheres brancas, mas nenhuma mulher negra (Striegel-Moore *et al.*, 2003). A bulimia nervosa também era mais comum em mulheres brancas do que nas negras, afetando 2,3% das primeiras e 0,4% das últimas. A compulsão alimentar periódica mostrou diferença menos dramática, afetando 2,7% das mulheres brancas e 1,4% das mulheres negras.

Dados mais recentes, porém, indicaram que indivíduos negros e afro-americanos não estão protegidos de desenvolver transtornos alimentares. No National Survey of American Life, Taylor, Caldwell, Baser, Faison e Jackson (2007) entrevistaram 5.191 negros adultos: 3.570 afro-americanos e 1.621 negros americanos de origem caribenha. Em mulheres, a prevalência dos transtornos alimentares ao longo da vida foi de 0,1% para AN, 1,9% para BN e 2,4% para CAP. Em homens, a prevalência ao longo da vida foi de 0,2% para AN, 1,0% para BN e 0,8% para CAP. Não foram encontrados casos de AN entre negros caribenhos; no entanto, não houve diferenças entre afro-americanos e negros caribenhos quanto ao risco para BN ou CAP.

Marques *et al.* (2010) reuniram dados do National Comorbidity Survey – Replication e do National Survey of American Life para avaliar se a raça era um fator associado à prevalência de transtornos alimentares. No geral, afro-americanos tinham probabilidade significativamente *maior* de ter um histórico de BN ao longo da vida em relação a participantes brancos não hispânicos. Quando os dados foram divididos por gênero, não foram encontradas diferenças significativas para prevalência ao longo da vida de AN, BN ou CAP entre mulheres brancas e negras ou entre homens brancos e negros. No National Comorbidity Survey – Replication Adolescent Supplement, Swanson *et al.* (2011) não encontraram diferenças significativas entre adolescentes negros e brancos não hispânicos quanto à prevalência de AN, BN ou CAP.

Marques *et al.* (2011) chegaram à conclusão de que, embora adultos afro-americanos não tivessem menor probabilidade que adultos brancos de sofrer de algum transtorno alimentar, tinham menor probabilidade de procurar tratamento para saúde mental. Combinado com a menor probabilidade de afro-americanos terem sido perguntados a respeito de problemas com alimentação ou de serem encaminhados para tratamento para transtorno alimentar (Becker *et al.*, 2003), a menor probabilidade de buscar tratamento para saúde mental reduziria a representação de afro-americanos entre indivíduos em tratamento para transtorno alimentar.

Transtornos alimentares em amostras de asiáticos

O National Latino and Asian American Study avaliou a prevalência do transtorno alimentar em 2.095 adultos asiático-americanos, incluindo participantes chineses, filipinos, vietnamitas e "outros" descendentes de asiáticos (japoneses, coreanos e asiático-indianos) (Nicdao, Hong, & Takeuchi, 2007). Nas mulheres, a prevalência ao longo da vida dos transtornos alimentares foi de 0,1% para AN, 1,4% para BN e 2,7% para CAP. Nos homens, a prevalência ao longo da vida foi de 0,1% para AN, 0,7% para BN e 1,4% para CAP. A prevalência do transtorno alimentar não difere entre os subgrupos asiáticos. Além disso, não houve associação entre aculturação à cultura dos Estados Unidos e a prevalência do transtorno alimentar nessa amostra.

Comparando descobertas para brancos não hispânicos e participantes asiático-americanos do National Comorbidity Survey – Replication e do National Latino and Asian American Study, respectivamente, Marques *et al.* (2011) não encontraram diferença significativa entre os dois grupos quanto à prevalência ao longo da vida de AN, BN ou CAP. No entanto, indivíduos asiáticos com um transtorno alimentar ao longo da vida mostraram uma probabilidade significativamente menor de terem alguma vez procurado tratamento para saúde mental do que os participantes brancos não hispânicos.

Vários estudos não conseguiram encontrar uma associação significativa entre aculturação à cultura ocidental e insatisfação com o corpo ou desequilíbrio alimentar entre mulheres asiático-americanas (Gowen, Hayward, Killen, Robinson, & Taylor, 1999; Haudek, Rorty, & Henker, 1999; Jackson, Keel, & Lee, 2006; Marques *et al.*, 2011; Yoshimura, 1995). Esses resultados sugerem que fatores culturais que contribuem para transtornos alimentares podem ser nativos a algumas culturas asiáticas. Rieger, Touyz, Swain e Beumont (2001) defenderam que os valores e as práticas tradicionais em algumas culturas asiáticas idealizam a magreza. As virtudes de jejuar a ponto do emagrecimento são incluídas no texto taoísta *Sandong Zhunang* (Rieger *et al.*, 2001). As culturas asiáticas podem enfatizar a importância de ganhar aprovação de membros da família e de amigos (Mukai, Kambara, & Sasaki, 1998; Mukai & McCloskey, 1996), que talvez encorajem dietas mesmo entre garotas já abaixo do peso (Mukai, Crago, & Shisslak, 1994).

ESTUDO DE CASO: JEAN

Jean (ver Capítulo 1 para descrição da BN neste caso) tinha receio de voltar para casa nas férias porque sabia que sua mãe se queixaria de duas coisas – do fato de Jean viver com o namorado sem ter se casado e do peso dela. Ainda por cima, a mãe de Jean juntava as duas queixas num só tema. Ela advertia que se ela não perdesse peso nunca receberia uma proposta de casamento. A mãe de Jean nascera na Coreia e conhecera o pai de Jean quando ele estava na Coreia visitando seus avós. Apesar de ter passado a maior parte de sua vida adulta nos Estados Unidos, a mãe de Jean defendia valores tradicionais para sua filha, que incluíam a importância de Jean atrair um bom marido – de preferência um marido coreano. Para que essa meta fosse alcançada, a mãe achava que Jean precisava continuar magra e evitar revelar sua idade. Acima de tudo, precisaria romper com seu namorado. Estava claro para a mãe de Jean que o namorado da filha não tinha boas intenções.

Como o estudo de caso de Jean revela, em vez de todas as contribuições culturais para a patologia da alimentação se originarem na cultura branca ocidental, pode haver também fatores culturais não ocidentais que aumentam o risco de alimentação desequilibrada e de transtornos alimentares. Jackson *et al.* (2006) examinaram atitudes e comportamentos de alimentação desequilibrada em três grupos de mulheres coreanas: mulheres nascidas e vivendo na Coreia (nativas coreanas), mulheres nascidas na Coreia que haviam se mudado para os Estados Unidos (imigrantes coreanas) e mulheres que haviam nascido nos Estados Unidos de pais nascidos na Coreia (mulheres de segunda geração). Se a cultura americana fosse a fonte primária de risco para transtornos alimentares, os níveis de desequilíbrio da alimentação deveriam ser mais altos nas mulheres que haviam passado a vida inteira nos Estados Unidos e mais baixos naquelas nascidas e vivendo na Coreia. Se um conflito entre os valores culturais tradicionais coreanos e os americanos, o que foi chamado de **estresse de aculturação**, aumentasse o risco de transtornos alimentares, então o desequilíbrio da alimentação teria que ser mais alto nos imigrantes coreanos.

Contrastando com essas duas hipóteses, os níveis de desequilíbrio na alimentação eram mais baixos nas mulheres coreanas que haviam nascido nos Estados Unidos e mais altos nas mulheres nativas coreanas e imigrantes coreanas – isto é, em mulheres que haviam nascido na Coreia, independentemente de terem permanecido ou não ali. Além do mais, não havia associação entre aculturação à cultura ocidental e níveis de desequilíbrio alimentar entre as mulheres coreanas vivendo nos Estados Unidos, quer tivessem nascido ali, quer tivessem imigrado. Portanto, o transtorno alimentar de Jean pode emergir de fatores enfrentados por todas as mulheres nos Estados Unidos, assim como de fatores exclusivos daquelas com históricos asiáticos.

Transtornos alimentares em amostras de latinos-hispânicos

Uma limitação chave do estudo National Comorbidity Survey – Replication era seu requisito de que todos os participantes falassem inglês, pois nem todos os indivíduos latinos-hispânicos nos Estados Unidos o fazem. O National Latino and Asian American Study lidou com essa limitação entrevistando 2.554 adultos latinos falantes de inglês e espanhol nos Estados Unidos (Alegria *et al.*, 2007). Desses, 868 eram de descendência mexicana, 495 porto-riquenhos, 577 cubanos e 614 "outros" latinos. Quanto às mulheres, a prevalência ao longo da vida foi de 0,1% para AN, 1,9% para BN e 2,3% para CAP. A prevalência ao longo da vida entre homens foi de 0,03% para AN, 1,3% para BN e 1,6% para CAP. A prevalência de transtornos alimentares ao longo da vida não difere entre os subgrupos latinos. Ter nascido nos Estados Unidos, passar uma proporção maior da sua vida nos Estados Unidos e ter um IMC mais alto aumentavam o risco de BN.

Marques *et al.* (2011) forneceram comparações diretas de prevalência dos transtornos alimentares ao longo da vida para participantes latinos e participantes brancos não latinos a partir de dados do National Latino and Asian American Study e do National Comorbidity Survey – Replication. Homens latinos tinham uma probabilidade significativamente maior de sofrer de BN ao longo de seu tempo de vida que os homens brancos não latinos. Não foram encontradas outras diferenças na prevalência do transtorno alimentar entre adultos latinos e brancos não latinos. No National Comorbidity Survey – Replication Adolescent Supplement, Swanson *et al.* (2011) verificaram que adolescentes hispânicos tinham uma prevalência significativamente mais elevada ao longo da vida para BN do que adolescentes brancos não hispânicos. Embora indivíduos latinos tivessem tanta ou maior probabilidade de sofrer de um transtorno alimentar ao longo da vida do que os participantes brancos não latinos, eles tinham probabilidade significativamente menor de ter procurado alguma vez tratamento para saúde mental (Marques *et al.*, 2011).

Vários estudos relataram que a aculturação a valores dos Estados Unidos está associada a níveis mais altos de patologias alimentares entre indivíduos hispânicos (Chamorro & Flores-Ortiz, 2000; Gowen *et al.*, 1999; Pumariega, 1986). Em particular, a adoção disseminada de ideais de beleza americanos tem sido associada a maiores patologias alimentares (R. Lester & Petrie, 1995). Gowen *et al.* (1999) relataram que, entre garotas hispânicas aculturadas, 13,6% puderam ser diagnosticadas com um transtorno alimentar, em comparação com 0% de garotas hispânicas menos aculturadas.

Para indivíduos latinos, uma crescente representação de mulheres latinas entre artistas pop, como Selena Gomez, Demi Lovato e Christina Aguilera, podem formar uma ponte entre identidade étnica e ideias ocidentais dominantes de beleza, fama e saúde. Na realidade, tanto Aguilera quanto Lovato foram alvo de intenso escrutínio público quanto ao seu peso, e Lovato já admitiu publicamente sua luta com um transtorno alimentar.

Resumo de transtornos alimentares em minorias raciais/étnicas

A crença de que indivíduos brancos têm risco particularmente alto de desenvolver transtornos alimentares parece refletir um estereótipo mais do que uma realidade. A aparente sub-representação de indivíduos de minorias étnicas ou raciais com transtornos alimentares parece estar mais relacionada a vieses a respeito de quem procura e recebe tratamento por esses transtornos do que a qualquer proteção a patologias alimentares propiciada pelo status étnico ou racial. Mulheres de cor demonstram o mesmo risco geral de desenvolver transtornos alimentares do que mulheres brancas, e alguns homens e mulheres de cor podem ter risco maior de desenvolver BN que suas contrapartidas brancas.

Não é claro o papel da aculturação ou adoção de valores da cultura majoritária no sentido de aumentar o risco de transtorno alimentar entre minorias étnicas ou raciais. Há algum apoio à visão de que as garotas que tentam se adequar aos ideais culturais dominantes têm maior probabilidade de sofrer de transtornos alimentares; e essa evidência é especialmente forte para garotas latinas (Chamorro & Flores-Ortiz, 2000; Gowen *et al.*, 1999; Lester & Petrie, 1995; Pumariega, 1986). No entanto, fatores de risco para transtornos alimentares podem ser inerentes a certos valores culturais de grupos étnicos minoritários que emergem de tradições não ocidentais (Rieger *et al.*, 2001). A seção a seguir examina evidências de transtornos alimentares em culturas não ocidentais como uma via para compreender melhor não apenas quem sofre dessas enfermidades, mas por que razão isso ocorre.

TRANSTORNOS ALIMENTARES EM CULTURAS NÃO OCIDENTAIS

Relatos populares de transtornos alimentares, como os apresentados nas revistas *People* ou *Glamour*, extraem conexões proeminentes entre transtornos alimentares e a idealização da magreza na cultura ocidental. Além disso, alguns estudiosos (p. ex., Prince, 1985) defendem que a AN representa uma síndrome vinculada à cultura, pois alguns estudos sugeriram que a AN não ocorre fora das culturas ocidentais. O impacto dos ideais ocidentais no risco de transtornos alimentares será explorado no Capítulo 5. No entanto, como descrito acima, algumas culturas não ocidentais podem promover valores que aumentam o risco de transtornos alimentares. Compreender os efeitos desses valores culturais pode afetar significativamente nossa compreensão daqueles que sofrem de transtornos alimentares.

Anorexia nervosa em culturas não ocidentais

Tentativas de examinar evidências de AN em culturas têm sido marcadas por debates a respeito da definição da enfermidade. Embora exista uma concordância universal de que a AN representa um transtorno marcado pelo autocontrole restritivo da ingestão de alimentos, alguns especialistas (Beumont, 1988; Habermas, 1989) argumentam que o medo de engordar (obesofobia) é uma força de motivação necessária por trás da recusa de alimento na AN. Outros especialistas (Banks, 1992, 1994; M. A. Katzman & Lee, 1997; S. Lee, 1995), porém, defendem que a fobia de peso não é um aspecto essencial do transtorno. Esses especialistas argumentam que a cultura molda a experiência de quem sofre do transtorno e sua compreensão da doença. Reconhecendo o papel da diversidade cultural na maneira pela qual pacientes de AN descrevem suas experiências, o DSM-5 mudou a definição de AN para permitir seu diagnóstico em indivíduos que não relatam um medo de ganhar peso, mas se envolvem em comportamentos para impedir o ganho de peso. Como as definições de AN mudam a cada edição do DSM, são diferentes no DSM e no CID, e continuam sendo contestadas, esta seção considera as evidências de estudos que usam definições variadas de AN e destaca como essas definições diferem da definição do DSM-5 (apresentada no Capítulo 1).

Numerosos relatos de caso revelaram a presença de síndromes de autorrestrição de alimento ao redor do mundo. Foram descritos casos de AN na África do Sul, na Nigéria, no Zimbábue, no Egito e nos Emirados Árabes Unidos, no Irã, na China, no Japão, na Coreia do Sul, na Rússia, na Índia, no Paquistão e na Malásia (Keel & Klump, 2003). Em muitos desses casos, há evidência de exposição à cultura ocidental. Por exemplo, Buchan e Gregory (1984) descreveram AN em uma mulher negra do Zimbábue que morou na Inglaterra por vários anos quando criança e se lembrava de ser ridicularizada por causa de seu peso quando morou ali. No entanto, também há exemplos de AN em indivíduos que aparentemente não foram expostos a ideais ocidentais. Abou-Saleh, Younis e Karim (1998) descreveram AN em uma mulher nômade do deserto Rub' al-Khali ("A Quarta Parte Vazia") dos Emirados Árabes Unidos. Essa paciente não tivera contato prévio com a cultura ocidental e se recusava a comer por razões que não tinham a ver com seu peso. Muitos outros casos não ocidentais de AN também relatam não ter fobia de peso.

Também existiram evidências de síndrome de autoinanição na China, afetando predominantemente mulheres jovens, antes do recente aumento da influência da cultura ocidental. Em 1993, S. Lee, Ho e Hsu sugeriram que a ocidentalização e a industrialização, embora não produzam necessariamente AN, desencadeiam certos aspectos do transtorno. Assim, previram que a crescente influência ocidental na China aumentaria tanto a prevalência de AN quanto a ocorrência de AN com fobia de peso naquele país. De modo consistente com essa previsão, S. Lee e A. M. Lee constataram em 2000 que as preocupações com peso eram maiores na altamente ocidentalizada Hong Kong e menos proeminentes na província em larga medida agrícola de Hunan, sugerindo uma associação entre a ocidentalização e perturbações ligadas à imagem corporal. Além disso, S. Lee (2000) e Lai (2000) descreveram ambos uma crescente prevalência de AN caracterizada por insatisfação com o corpo no Oriente. Finalmente, comparando registros de pacientes em Hong Kong de 1987-1997 e 1998-2007, S. Lee, Ng, Kwok e Fung (2010) verificaram que o número de pacientes com transtorno alimentar havia duplicado na amostra mais recente, com um significativo aumento na proporção de pacientes de AN que relataram ter fobia de peso. Assim, o aumento da influência do Ocidente foi associado a um aumento na prevalência de AN e à maior fobia de peso entre aqueles que sofrem de AN. No entanto, casos de AN, particularmente aqueles sem fobia de peso, são anteriores a uma influência significativa do Ocidente na China.

A anorexia nervosa foi encontrada em certas culturas não ocidentais com uma frequência igual ou até superior em comparação com a cultura ocidental (Tong *et al.*, 2013). C. K. Lee *et al.* (1987) não encontraram diferença na prevalência ao longo da vida de AN entre um estudo epidemiológico de abrangência nacional na Coreia e o estudo Epidemiological Catchment Area em New Haven, Connecticut, ou em St. Louis, Missouri. Nobakht e Dezhkam (2000) relataram que a prevalência de AN ao longo da vida era de 0,9% nas garotas iranianas em idade escolar, um valor mais alto do que a prevalência ao longo da vida nos Estados Unidos, relatada no DSM-5 (Associação Americana de Psiquiatria, 2013). S. Lee, Chiu e Chen (1989) relataram que a AN em Hong Kong ocorreu com uma incidência (estatística discutida em detalhes mais adiante neste capítulo) de apenas menos de 0,4 casos por 100 mil pessoas/anos, similar às taxas de incidência que foram relatadas em nações ocidentais (p. ex., Kendell, Hall, Hailey, & Babigian, 1973; Møller-Madsen & Nystrup, 1992; Theander, 1970; Willi & Grossmann, 1983). A porcentagem de pacientes psiquiátricos tratados por AN foi observada como similar em nações não ocidentais, como a Malásia (Buhrich, 1981; Goh, Ong, & Subramaniam, 1993) e o Egito (Okasha, 1977), e em nações ocidentais, como a Noruega (Götestam, Eriksen, Heggestad, & Nielsen, 1998).

Bulimia nervosa em culturas não ocidentais

Ao contrário dos casos de AN, para os quais a emaciação severa tem probabilidade de ganhar atenção médica, independentemente de haver ou não transtornos alimentares, os casos de BN podem permanecer ocultos da atenção médica. Por exemplo, Whitehouse, Cooper, Vize, Hill e Vogel (1992) verificaram que em 50% dos indivíduos com BN, conforme determinado por uma pesquisa em comunidade da Inglaterra, seus clínicos gerais não sabiam que eles tinham o transtorno, apesar de metade desses casos ocultos terem sido encaminhados para tratamento de complicações por patologia bulímica. O mesmo estudo não constatou casos ocultos de AN, apoiando a ideia de que o peso baixo torna a AN mais fácil de detectar.

Como na BN não há sinais exteriores, caracterizar sua presença fora do contexto ocidental tem se mostrado desafiador. Em revisões de transtornos alimentares abrangendo várias culturas (Davis & Yager, 1992; Dolan & Ford, 1991; Keel & Klump, 2003; M. N. Miller & Pumariega, 2001; Pate, Pumariega, Hester, & Garner, 1992; Tsai, 2000), as referências a AN foram bem mais numerosas do que as relativas a BN. Em uma abrangente revisão de transtornos alimentares por Keel e Klump em 2003, relatos de AN foram encontradas em cinco de cinco regiões não ocidentais do mundo, enquanto a BN foi relatada em apenas três de cinco regiões não ocidentais. Subsequentemente a essa revisão, foi reportado um caso de BN na Tanzânia, na África (Eddy, Hennessey, & Thompson-Brenner, 2007), e outro foi descrito em Nova Délhi, na Índia (Mandal, Arumuganathan, Sagar, & Srivasta, 2013). Uma pesquisa de 2012 com 66 psiquiatras de Bangalore, na Índia, constatou relatos de 12 pacientes que haviam sido tratados para BN (Chandra, Abbas, & Palmer, 2012). Assim como os de AN, casos de BN foram agora relatados em todas as regiões não ocidentais do mundo. Em todos os relatos, incluindo aqueles revisados por Keel e Klump e publicados depois dessa revisão, indivíduos com BN expressaram de modo uniforme preocupações com peso, e não houve estudos que identificassem BN em um indivíduo que não tivesse sido exposto a ideais ocidentais.

Como ocorre com a prevalência de AN, o grau de ocidentalização parece responder por boa parte da variação nas estimativas de prevalência de BN ao longo de regiões não ocidentais do mundo (Keel & Klump, 2003). Ao compararem registros de pacientes em Hong Kong de 1987-1997 e 1998-2007, S. Lee *et al.* (2010) verificaram um significativo aumento no número de pacientes procurando tratamento para BN na última amostra, mais ocidentalizada. Examinando resultados de estudos publicados no século XXI, a prevalência de BN ao longo da vida em Wuhan, na China, foi comparável a estimativas relatadas na Finlândia (Tong *et al.*, 2013), e as estimativas de prevalência para BN no Irã, Japão e Estados Unidos são similares (Keel & Klump, 2003).

Compulsão alimentar periódica em culturas não ocidentais

Casos de CAP ou CAP abaixo do limiar foram relatados na China (Chen & Tao, 2010; Tong *et al.*, 2013), na Malásia (ZamZam, Thambu, Midin, Omar, & Kaur, 2009), na Índia (Chandra *et al.*, 2012), na Jordânia (Mousa, Al-Domi, Mashal, & Jibril, 2010), no Irã (Garrusi & Baneshi, 2012), no Egito (Senna, Ahmad, & Fathi, 2013) e na Tunísia (Ketata, Aloulou, Charfi, Abid, & Amami, 2009), cobrindo todas as cinco regiões não ocidentais originalmente revisadas por Keel e Klump (2003). Esses relatos são recentes, de 2009 a 2013, sugerindo que podem ter surgido casos após a exposição a influências ocidentais.

Resumo dos transtornos alimentares em culturas não ocidentais

Fica claro que a AN não se restringe a culturas ocidentais, não mais do que se restringe a mulheres brancas nos Estados Unidos. Na realidade, estudos sugerem que ela é tão comum em algumas culturas não ocidentais quanto no Ocidente. Embora a ocidentalização pareça ter contribuído para taxas maiores de AN, a exposição a ideais ocidentais não é necessária para o desenvolvimento de AN.

CAPÍTULO 3

BN e CAP também foram observadas em culturas não ocidentais. No entanto, a evidência desses transtornos em culturas não ocidentais é mais esparsa do que para AN. A cultura ocidental talvez seja necessária para a emergência de BN e CAP, já que não há evidência desses transtornos em indivíduos que não foram expostos à cultura ocidental. Além de promover um ideal de beleza apoiado na magreza (discutido em detalhe no Capítulo 5), a exposição a ideais ocidentais pode ser acompanhada por outras mudanças culturais mais cruciais para o surgimento de BN e CAP, como a crescente industrialização e urbanização. Ambas foram associadas à prevalência de BN (Van Son, van Hoeken, Bartelds, van Furth, & Hoek, 2006) e de CAP (Favaro, Ferrara, & Santonastaso, 2003), potencialmente por sua influência na disponibilidade de comida. Um aspecto-chave tanto da BN quanto da CAP são os recorrentes episódios de compulsão alimentar periódica, que requerem a disponibilidade de grandes quantidades de comida pronta para o consumo. Em muitas regiões ao redor do mundo, simplesmente não há comida suficiente para que ocorram episódios de compulsão alimentar periódica. Portanto, a modernização, mais do que a ocidentalização *per se,* pode influenciar quem sofre de transtornos alimentares ao redor do mundo. A seção a seguir explora essa questão a partir de um ponto de vista histórico, tentando entender quando emergiram os transtornos alimentares e se mais pessoas estão sofrendo de transtornos alimentares agora.

HISTÓRIA DOS TRANSTORNOS ALIMENTARES

Identificar em que momento os transtornos alimentares se tornaram síndromes definidas – quando foram nomeados pela primeira vez na literatura médica e quando esses nomes se tornaram categorias diagnósticas formais – fornece uma abordagem para compreender quando esses transtornos emergiram historicamente. No entanto, essa abordagem mostra apenas quando um transtorno alimentar foi reconhecido como doença mental, não quando começou a afetar a vida das pessoas. Assim, esta seção apresenta relatos históricos de síndromes que se parecem com cada um dos transtornos alimentares do DSM-5 descritos no Capítulo 1 e são anteriores ao seu reconhecimento oficial. Como veremos, os diversos transtornos alimentares descritos no DSM-5 tiveram trajetórias históricas muito distintas.

Relatos históricos de autoinanição em garotas adolescentes

Os primórdios do cristianismo oferecem um possível caso de AN datado do final do século IV d.C. em *Blessila,* um relato de que uma mulher de 20 anos morreu de autoinanição (Bemporad, 1996). Casos de autorrestrição alimentar atribuídos a possessão demoníaca e supostamente curados por exorcismo foram documentados nos séculos V e VIII (Bemporad, 1996). Em algum momento do século VIII ou IX, Santa Wilgefortis teria se envolvido em autoinanição, o que a deixou emaciada e a fez desenvolver lanugo (uma fina penugem pelo corpo) (Bemporad, 1996; Lacey, 1982). No entanto, esses primeiros casos são controversos (Bynum, 1987), e os detalhes sobre os casos históricos mais antigos são extremamente limitados. A restrição alimentar aguda pode ter sido causada por condições físicas ou psicológicas não relacionadas à AN. Um desafio crucial para interpretar a natureza das doenças nesses casos é a falta de um insight sobre as motivações dos indivíduos afetados.

Entre os possíveis casos de AN do século XII ao XVII para os quais há disponibilidade de algum insight quanto à natureza deliberada da autoinanição, a maior parte provavelmente do que se escreveu está relacionado ao jejum ascético da religiosidade medieval. Bell (1985) relatou que cerca de 90 santos que viviam na península itálica de 1200 d.C. em diante sofriam de "anorexia santa". A anorexia santa, como a AN, envolvia a recusa de comida que resultava em emaciação, mas era interpretada como um ato de Deus por aqueles que eram por ela afligidos. Os estudos de caso a seguir de Santa Catarina de Siena e de Santa Verônica são resumidos com base em Bell (1985).

CAPÍTULO 3

ESTUDO DE CASO: SANTA CATARINA DE SIENA

A história de Santa Catarina de Siena (Figura 3.2) começa com uma "criança robusta, feliz e obediente" (Bell, 1985, p. 52) que busca aprimoramento espiritual vencendo todos os seus impulsos corporais (fome, fadiga e desejo sexual). Ela começa a jejuar aos 16 anos. Em vários estágios de sua vida, sua dieta se restringia a vegetais crus, pão e água; vegetais crus e água; e água e sacramento [hóstia]. Ela desempenhava vigorosas atividades físicas, como longas caminhadas a passo acelerado. Constantemente mascava ervas amargas e cuspia o sumo com saliva. Santa Catarina também era conhecida por induzir o vômito. O comentário a seguir a respeito de sua vida é atribuído a um dos contemporâneos de Santa Catarina, Raimundo de Cápua: "Ela se obrigava todos os dias a vomitar o que tivesse comido. Para isso, regularmente e com grande esforço, inseria talos de erva-doce e outras plantas em seu estômago, caso contrário não conseguia vomitar" (Bell, 1985, p. 28). Segundo Bell (1985, p. 24), quando era "advertida de que com tais hábitos alimentares estaria provocando a própria morte, Catarina respondia que mesmo comendo iria morrer de qualquer modo, portanto poderia também morrer de inanição, e fazer o que desejasse até isso acontecer". Santa Catarina morreu de inanição em 1380, com cerca de 32 anos.

Santa Catarina tinha muitas características que lembram as dos pacientes modernos de AN. Ela recusava comida, exercitava-se excessivamente e autoinduzia o vômito. Seu hábito de mascar constantemente ervas amargas pode ser análogo ao moderno uso de chicletes sem açúcar para satisfazer a vontade de comer sem realmente consumir comida. Tanto a idade em que o transtorno se manifestou quanto sua morte por inanição são características típicas de pacientes com AN nos dias de hoje.

FIGURA 3.2 Catarina de Siena se recusava a comer apesar dos repetidos pedidos e ordens dos superiores da Igreja. Fonte: Coleção online do Brooklyn Museum; Foto: Brooklyn Museum. Frank L. Babbott Fund, Frank Sherman Benson Fund, Carll H. de Silver Fund, A. Augustus Healy Fund, Caroline A. L. Pratt Fund, Charles Stewart Smith Memorial Fund e Ella C. Woodward Memorial Fund.

ESTUDO DE CASO: SANTA VERÔNICA

Santa Verônica (Veronica Giuliani) iniciou um padrão de autoinanição aos 18 anos. Como Santa Catarina, comia pouco (p. ex., pão, água, "cinco sementes de laranja") ou nada, dormia pouco e era muito ativa. Quando forçada a comer, Santa Verônica também vomitava (embora sem induzir os episódios de forma óbvia). Santa Verônica, que era freira, vivia um conflito com suas irmãs: "A maior parte do tempo ela argumentava que estava em competição com todas as demais noviças para mostrar quem amava mais Deus. Ela estava perdendo, e assim, apesar de todas as suas noites sem dormir, chorando por causa de algo que ela não sabia o que era, Veronica carregava mais água e cortava mais lenha que qualquer outra noviça" (Bell, 1985, p. 71). As irmãs observavam que Verônica tinha episódios nos quais se empanturrava de comida, que ocorriam particularmente quando acreditava estar sozinha. Segundo relato da abadessa Ceoli, "as irmãs às vezes encontravam Irmã Verônica na cozinha, no refeitório ou na despensa, onde ela comia tudo que encontrasse ali" (Bell, 1985, p. 75). Verônica foi também acusada de ter relação sexual com seu confessor. A vida de Santa Verônica foi cheia de disputas entre ela e seus superiores. Cedo em sua carreira monástica, desafiava abertamente as ordens. Em resposta à ordem de um confessor de que fizesse uma confissão genuína em vez de confessar faltas triviais, replicou: "Padre, o que o senhor quer que façamos, já que estamos sempre em silêncio e enclausuradas, ou, para dizê-lo de modo mais claro, aprisionadas?" (Bell, 1985, p. 71). Santa Verônica acabou se recuperando de seu comportamento desordenado. Isso aconteceu entre seus 30 e 50 anos, e ela viveu até os 67, morrendo em 1727.

Embora o caso de Santa Verônica seja significativamente diferente do de Santa Catarina, há similaridade com pacientes de AN que se envolvem em autoinanição, excesso de exercício e episódios de compulsão alimentar periódica. Além disso, ela demonstrou o impulso competitivo de ser melhor do que suas colegas noviças e afirmou sua própria vontade quando pressionada a se adequar às expectativas dos outros. Como discutiremos no Capítulo 7, o esforço de realização é um aspecto psicológico observado com frequência em pacientes com AN, e acredita-se que ele contribui para o risco de desenvolver a doença.

Nos séculos XVII e XVIII, Bliss e Branch (1960) encontraram nove dissertações sobre casos aparentes de anorexia, escritas entre 1685 e 1770. Em 1694, Morton ofereceu o primeiro relato médico de uma síndrome de autoinanição, que descrevia a condição como uma doença. Morton descreveu a filha adolescente do Sr. Duke como tendo "atrofia nervosa" ou "comportamento alimentar nervoso" (ou anorexia alimentar nervosa), caracterizado por perda de apetite, extrema emaciação, amenorreia, excesso de atividade física e indiferença à condição.

ESTUDO DE CASO: A FILHA DO SR. DUKE

A filha do Sr. Duke, de 18 anos, experimentou amenorreia e significativa perda de peso que não podia ser atribuída a tuberculose ou clorose (uma forma de anemia), que a fazia parecer "como um esqueleto simplesmente revestido de pele" (Morton, 1694, p. 9). A paciente se envolvia em "leitura contínua de Livros, para expor-se Dia e Noite aos malefícios do Ar" (p. 8) – significando que demonstrava alto nível de atividade ao ar livre ao longo do dia e da noite. Depois de aceitar inicialmente o tratamento, ela "logo se cansou dos Remédios, suplicou que a questão toda fosse deixada de novo por conta da Natureza, e com isso foi consumindo-se cada dia mais, e depois de três Meses teve um desmaio e faleceu" (p. 9).

A causa do falecimento da Senhorita Duke não ficou esclarecida. No entanto, uma explicação plausível parece ser a de uma **síndrome de realimentação**, que é causada pela reintrodução de excesso de comida de maneira muito rápida a uma pessoa em estado de inanição. (Ver J. M. Walsh, Wheat, & Freund, 2000, para uma resenha das complicações no tratamento de AN.)

Mais ou menos na mesma época do caso da Senhorita Duke, "Donzelas Milagrosas" (predominantemente garotas entre 14 e

20 anos) que se envolviam em jejuns autoimpostos começaram a surgir na zona rural europeia; eram consideradas "milagrosas" por serem capazes de não comer nada e mesmo assim continuar saudáveis, inclusive mantendo um peso saudável (Bemporad, 1996). Nos séculos XVIII e XIX, as garotas que faziam jejum receberam grande atenção popular e dos meios acadêmicos por toda a América e Europa (Bemporad, 1996; Brumberg, 1989; Vandereycken & van Deth, 1994). Em geral, esses casos envolviam garotas adolescentes que de repente paravam de comer. Elas criaram uma mistura de admiração religiosa e preocupação médica. Ao contrário das Donzelas Milagrosas, outras garotas que faziam jejum ficaram extremamente emaciadas, e algumas morriam. Dentre elas estavam Lina Finch [1886], Kate Smulsey [1885] e Lenora Eaton [1881], todas elas mortas de inanição antes da idade de 22 anos como resultado de sua recusa em se alimentar (Brumberg, 1989). (Colchetes indicam os anos dos casos relatados que foram descritos pelas referências citadas.) Sarah Jacobs [1869], a "Garota Galesa que Jejuava", foi um caso particularmente trágico de autoinanição que levou à morte (Bemporad, 1996; Brumberg, 1989; Vandereycken & van Deth, 1994).

ESTUDO DE CASO: SARAH JACOBS

Sarah Jacobs começou a jejuar em 1867, aos 12 anos. Seus pais deram publicidade ao comportamento dela, com apoio do pároco local, que confirmou a autenticidade das alegações. Ela se tornou uma atração turística para os curiosos e uma fonte de inspiração para peregrinos religiosos. Assim como aconteceu com outras garotas que jejuavam na época, a fama de Sarah despertou preocupação e ceticismo da classe médica. Para resolver o debate em curso a respeito do caso dela, enfermeiras do Guy's Hospital foram enviadas para examiná-la. Como condição para que essa observação fosse feita, os pais insistiram que não se deveria oferecer comida a ela se não fosse solicitada. Ao longo de uma semana de observação, Sarah ficou mais fragilizada e perdeu a capacidade de regular sua temperatura corporal. As enfermeiras e os médicos que a supervisionavam tentaram encerrar a observação e recomendaram que fosse realimentada, mas seus pais se recusaram a encerrar o teste ou modificar as condições, e Sarah em momento algum pediu comida. Depois de dez dias, morreu de inanição.

Segundo Brumberg (1989), na Era Vitoriana, garotas anglo-americanas estavam bem familiarizadas com o jejum religioso dos santos medievais, e a biografia de Santa Catarina de Siena era incluída em livros inspiracionais para garotas. Na realidade, as ações dos pais de Sarah Jacobs parecem refletir uma profunda fé na existência de uma fonte divina para a recusa de se alimentar de sua filha. No entanto, o campo da psiquiatria, que estava se expandindo, encarava essas garotas como sofrendo de condições "nervosas".

Introdução da anorexia nervosa como uma síndrome nomeada

Enquanto as garotas que jejuavam nos séculos XVIII e XIX promoviam essa continuidade entre o jejum religioso dos santos medievais e seu próprio comportamento, os psiquiatras, por sua vez, viam uma continuidade entre os jejuns extremos que levavam à morte de garotas adolescentes nos Estados Unidos, na Inglaterra, na França e na Alemanha e a recém-identificada síndrome de AN. William Gull introduziu o termo *anorexia nervosa* na literatura médica em 1874, para descrever quatro garotas adolescentes com deliberada perda de peso, três das quais conseguiram uma plena recuperação do peso. Por volta da época da publicação de Gull, apareceram descrições independentes de uma síndrome similar sob rótulos como *l'anorexie hysterique* na França e *anoressia* na Itália (Keel & Klump, 2003). Um artigo lido numa reunião da unidade sul-australiana da Associação Médica Britânica em 1882 documentou dois casos de anorexia em mulheres jovens na Austrália (Vandereycken & Beaumont, 1990), e, em 1894, Kissyel (como relatado em DiNicola, 1990b) descreveu um caso de anorexia histérica severa em uma garota de 11 anos na Rússia.

Pouco antes da virada para o século XX, médicos americanos começaram a diferenciar a anorexia como uma síndrome distinta da categoria mais ampla de histeria (Vandereycken & Lowenkopf, 1990), e médicos alemães distinguiam AN da categoria mais ampla de **transtornos neurastênicos** (Vandereycken, Habermas, van Deth, & Meermann, 1991). A anorexia nervosa foi incluída em classificações oficiais de diagnóstico de transtornos mentais desde a publicação da primeira edição do *DSM* em 1952 (Associação Americana de Psiquiatria, 1952).

Apesar da repentina atenção psiquiátrica às garotas jejuadoras ao redor do mundo na última parte do século XIX, foi a caracterização da AN feita por Gull que ganhou maior destaque. As descrições de Gull (1874, 1888) fornecem os primeiros relatos do transtorno do modo como é reconhecido e definido hoje. Elas também são surpreendentemente similares aos relatos de garotas fazendo jejum, de comportamento alimentar nervoso (ou anorexia nervosa) e de anorexia santa de períodos anteriores.

ESTUDO DE CASO: SENHORITA K. R.

O seguinte estudo de caso da Senhorita K. R., uma garota de 14 anos, é apresentado literalmente como descrito por Gull (1888):

> A paciente, que era uma garota "gorducha" e saudável até o início do ano passado (1887), começou no início de fevereiro, sem motivo aparente, a mostrar repugnância em relação à comida; e logo em seguida recusou-se a ingerir qualquer alimento, exceto meia xícara de chá ou café. Em 13 de março, viajou do norte da Inglaterra e veio me visitar em 20 de abril. Estava extremamente emaciada, e insistiu em percorrer caminhando as ruas até minha casa, apesar de despertar perplexidade nos transeuntes. [...] A paciente expressou-se muito bem. Foi

CAPÍTULO 3

providenciada uma enfermeira do Guy's, e solicitada comida leve em intervalos de poucas horas. Em seis semanas, o doutor Leachman relatou que sua condição era relativamente boa; e, em 27 de julho, a mãe escreveu: "K. está praticamente curada. Não tenho mais problemas agora a respeito da alimentação dela. A enfermeira já faz três semanas que foi embora".

A Figura 3.3 mostra a aparência emaciada da Senhorita K. R. no final de abril de 1887, e a Figura 3.4 retrata sua notável melhora em meados de junho de 1887.

Resumindo o que o registro histórico nos diz, fica claro que a síndrome da autoinanição existia antes da era moderna. Como a AN, essa síndrome afetava predominantemente garotas adolescentes e mulheres adultas jovens. Como ocorre com a AN, os casos podiam terminar tanto com a plena recuperação quanto com a morte. Ao contrário da AN na Era Moderna, a inanição não era atribuída a um medo de engordar. As razões para a autoinanição incluíam a busca por uma superioridade moral ou atenção, ou o medo de algum perigo que a comida pudesse representar para o corpo – todos esses aspectos muitas vezes vistos na AN de nossos dias.

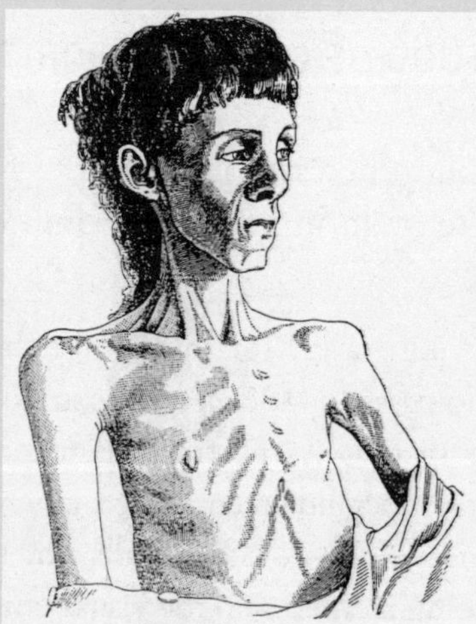

FIGURA 3.3 A Senhorita K. R. aos 14 anos, 1,62 m de altura, 28 kg, diagnosticada com anorexia nervosa. (Fotografada em 21 de abril de 1887.) Fonte: *The Lancet*, 1888, Vol. 1, p. 516–517. Reimpresso com permissão de Elsevier.

FIGURA 3.4 A Senhorita K. R. após tratamento bem-sucedido para anorexia nervosa (Fotografada em 14 de junho de 1887). Fonte: *The Lancet*, 1888, Vol. 1, p. 516–517. Reimpresso com permissão de Elsevier.

A ausência de preocupações com peso/forma do corpo na maioria dos casos históricos (embora não em todos) pode refletir a importância dos modernos ideais culturais em produzir perturbações relacionadas à imagem corporal. No entanto, as similaridades entre os casos históricos e modernos parece superar essa diferença – especialmente porque um diagnóstico de AN pelo DSM-5 tampouco implica o medo de ganhar peso ou de ficar gordo, ou influências indevidas do peso ou da forma na autoavaliação, ou uma percepção distorcida do peso ou da forma corporal. Em vez disso, um indivíduo pode ser diagnosticado com AN se ele ou ela deliberadamente consome menos comida que o exigido pelo corpo, assume comportamentos que impedem o ganho de peso e parece indiferentes às consequências médicas de uma severa perda de peso. Assim, todos esses casos históricos poderiam atender aos critérios do DSM-5 para AN.

Relatos históricos sobre síndromes de compulsão alimentar, transtorno purgativo e transtorno de compulsão alimentar-purgativa

Vários autores revisaram relatos históricos de síndromes caracterizadas por compulsão alimentar, purgação ou por ambos, antes do reconhecimento formal de BN, CAP e transtorno purgativo (Habermas, 1989; Parry-Jones, 1991; Parry-Jones & Parry-Jones, 1991; D. M. Stein & Laakso, 1988; Ziolko, 1996). Embora muitos desses casos envolvam compulsão alimentar e vômito autoinduzido, não se sabe se esses comportamentos eram acompanhados por preocupações com peso ou forma corporal. Assim como há argumentos afirmando a necessidade de haver fobia de peso para definir a AN, afirma-se que as preocupações com peso e forma são também aspectos essenciais da BN (Russell, 1979). No entanto, como ocorre com as definições de AN, as definições de BN nem sempre exigem perturbações na imagem corporal. Por exemplo, quando a bulimia foi introduzida no DSM-III (Associação Americana de Psiquiatria, 1980), não se exigia a presença de perturbações na imagem corporal. Além disso, a perturbação na imagem corporal nunca foi uma exigência para o diagnóstico de CAP. Portanto, esta seção foca as descrições históricas dos comportamentos-chave que constituem BN, CAP e transtorno purgativo.

Crichton (1996) especulou se os imperadores romanos Cláudio (41-54 d.C.) e Vitélio (69 d.C.) representaram casos de BN no início do primeiro milênio d.C. As descrições de Vitélio sugerem que a excessiva ingestão de comida pelo imperador não estava sob seu controle: "Era um homem de uma glutonaria não apenas muito extremada e impulsiva, mas também repulsiva, que ele não conseguia refrear nem mesmo durante um sacrifício ou uma viagem" (Suetônio, citado em Crichton, 1996, p. 204). A perda do controle costuma ser um critério para identificar episódios de compulsão alimentar periódica em BN e CAP. Crichton declarou que o vômito distinguia Cláudio e Vitélio de seus pares históricos que experimentavam uma síndrome apenas de compulsão alimentar, comparável à CAP. Entretanto, a compulsão alimentar e a purgação podem ter sido um padrão comportamental comum entre a elite do Império Romano; Sêneca comentou: "*Vomunt ut edant, edunt ut vomant*" ("Eles vomitam para poder comer e comem para poder vomitar"). Pelo menos no caso de Vitélio, esse padrão parece não ter sido inteiramente voluntário.

Na medicina árabe, o conhecimento de um transtorno caracterizado por comer demais e induzir o vômito remonta ao século XVIII d.C., quando o filósofo e médico Avicena prescrevia o vômito autoinduzido para desfazer os efeitos da ingestão excessiva. Ele, porém, advertia:

> Recorrer à êmese (vômito) em grau indevido é prejudicial ao estômago. Também é prejudicial ao tórax e aos dentes. O costume de algumas pessoas de comer em excesso e depois induzir a êmese... é uma das coisas que acaba produzindo transtornos crônicos (Gruner, 1930, p. 498).

Do século XII ao XVII, reportava-se que muitos dos santos que jejuavam se envolviam em compulsão alimentar (p. ex., Santa Verônica) e autoinduziam o vômito (p. ex., Santa Catarina) (Bell, 1985; Rampling, 1985). Esses casos parecem se encaixar no diagnóstico do DSM-5 para ANBP. Não fica claro se havia casos de compulsão alimentar e purgativa entre as mulheres de peso normal dessa época. Se casos deste último tipo eram comuns em conventos, não há motivos para se pensar que pudessem passar despercebidos, em razão do sentido religioso da ingestão de alimentos pelas mulheres nos tempos medievais (Bynum, 1987). Além disso, freiras em conventos compartilhavam a cozinha, o que diminuía a oportunidade de consumir grandes quantidades de comida discretamente.

No século XVII, um homem de 50 anos experimentava ingestão incontrolável seguida por vômito durante 20 dias, todo ano. Após esse ciclo de 20 dias de compulsão alimentar-purgação, o homem jejuava por 20 dias e então retomava a ingestão normal de comida pelo restante do ano (Parry-Jones & Parry-Jones, 1991; Ziolko, 1996). Robert Whytt [1764] ofereceu uma descrição de *fames canina,* ou "apetite canino", originalmente observado pelo doutor Richard Lower no século XVII (Silverman, 1987). De acordo com Whytt [1764], Lower observou "uma fome incomum" entre pacientes hipocondríacos e histéricos, que produzia "um grande desejo de comida" (Silverman, 1987, p. 145). No entanto, como relatou Whytt, Lower verificou que "em outros casos, [...] a matéria mórbida que afeta os nervos do estômago nos pacientes hipocondríacos e histéricos às vezes ocasiona uma falta de apetite e uma *náusea*" (Silverman, 1987, p. 145). De acordo com Ziolko (1996), Forestus [1602] descreveu uma freira afligida por *cinorexia*, outra forma de apetite canino, que foi milagrosamente curada após vários tratamentos malsucedidos pelos médicos. Como a *fames canina*, a *cinorexia* foi definida como apetite insaciável, ingestão descontrolada e vômito compulsivo como resultado da ingestão excessiva de comida (Stein & Laakso, 1988; Ziolko, 1996).

Parry-Jones e Parry-Jones (1991) revisaram 12 potenciais casos de BN do século XVII ao século XIX. Desses, cinco casos eram parcialmente parecidos com BN, e três envolviam compulsão alimentar sem comportamento compensatório inadequado, sugestivo de CAP.

ESTUDO DE CASO: DOUTOR SAMUEL JOHNSON

Parry-Jones (1992) detalhou como o caso do famoso escritor inglês doutor Samuel Johnson [1784] – um dos cinco casos similares a BN observados por Parry-Jones e Parry-Jones (1991) – atende aos critérios do DSM-III-R para BN (Associação Americana de Psiquiatria, 1987). Johnson era conhecido por seu comportamento de glutonaria. Em uma autobiografia, ele relatou que seus padrões de ingestão de comida começaram na infância e despertavam comentários de parentes quando ele tinha 9 anos. Numa refeição particularmente notória, o doutor Johnson consumiu grandes porções de carne de veado, aves, porco, ganso e mais sobremesa, sem interrupção. Para controlar seu peso, jejuava e usava *Senna Alexandrina Mill* [um fitoterápico] como agente purgativo. Preocupava-se muito com seu excesso de peso e sua saúde em geral. Segundo relatos da época, o doutor Johnson parecia perder a noção de seu entorno enquanto comia, e rasgava a comida com as mãos, suando profusamente, até não ter sobrado mais nada.

Como os pacientes atuais de BN, o doutor Johnson sofria de episódios de compulsão alimentar periódica e se envolvia em comportamento compensatório inadequado para controlar seu peso. Ao contrário de pacientes de BN atuais, era um homem de meia-idade obeso cujo transtorno tinha começado apenas como compulsão alimentar periódica na infância. Esse quadro clínico é mais característico de CAP.

A revisão de Briquet [1859], feita por Habermas (1989), revelou um caso de aparente BN em uma mulher que "comia bem", mas vomitava tudo que havia comido e mantinha um peso normal (p. 267). Van Deth e Vandereycken (1995) revisaram casos de *vômito histérico* e notaram que alguns ocorriam em indivíduos de peso normal que também se envolviam em comportamentos de compulsão alimentar periódica e jejum. Destaque-se que a maioria desses casos ocorria em garotas adolescentes. No entanto, pela ausência de episódios de compulsão alimentar periódica em vários outros casos, van Deth & Vandereycken os associaram mais ao atual **transtorno de conversão, com vômito psicogênico**. Casos históricos caracterizados por purgação na ausência de compulsão alimentar entre indivíduos de peso normal podem ser vistos como precursores do transtorno purgativo. Rosenvinge e Vandereycken (1994) revisaram um caso de *histeria* descrito por Selmer no qual uma garota de 12 anos se recusava a comer, mas mantinha peso normal. Essa aparente contradição foi explicada uma noite quando a mãe da garota a observou "comendo manteiga, arenques, batatas e toda comida que fosse capaz de encontrar pela casa" (Selmer, 1892, citado em Rosenvinge & Vandereycken, 1994, p. 280). Assim, essa garota parecia jejuar durante o dia e se entregar à compulsão alimentar à noite, um padrão de comportamento que pode ser de BN, CAP, ou, potencialmente, de uma síndrome do comer noturno.

Voltando-nos agora para a primeira metade do século XX, Pope, Hudson e Mialet (1985) revisaram um caso que envolvia a combinação de compulsão alimentar e purgação. Um garoto de 17 anos, "Ron", teve episódios de "apetite 'voraz'", "nunca se sentir saciado" e envolver-se em autoindução de vômito após períodos de intenso consumo de comida" (Pope *et al.*, 1985, p. 741). Habermas (1991) apresentou a descrição que Ludwig Binswanger fez de Irma, publicada em 1909, como "o primeiro relato conhecido de um caso de bulimia nervosa com peso corporal normal" (p. 361). Essa paciente de 22 anos se envolvia em compulsão alimentar recorrente e jejum, e experimentava medo de ganhar sobrepeso. Os casos de Ellen West [Binswanger, 1944] e Laura [Lindner, 1940] também foram interpretados como exemplos de BN na primeira metade do século XX (Stein & Laakso, 1988). No entanto, vários especialistas em transtornos alimentares revisaram Ellen West como representando AN, e não é claro se ela alguma vez se envolveu em compulsão alimentar e purgação tendo peso normal (DiNicola, 1990a). Casos descritos na literatura psiquiátrica alemã por Wulff [1932], Bergmann [1932] e Feuchtinger [1942] também foram caracterizados como compulsão alimentar e purgação (Habermas, 1989, 1992; Stunkard, 1990).

Segundo Habermas (1989), os casos de Wulff [1932] incluíam quatro mulheres e um homem, e todos eles experimentaram períodos de ingestão compulsiva com peso normal. Em três dos casos, o início ocorreu na puberdade. Em dois deles, havia ocorrência de vômito junto com a dieta. Finalmente, em três casos, foi registrada perturbação da imagem corporal. No entanto, um quadro diferente surge da tradução de Stunkard (1990) da obra de Wulff [1932]. Primeiro, Wulff descreveu acentuada obesidade em dois dos quatro casos (Casos A e C). Além disso, em três dos quatro casos (Casos A, B e C), compulsão alimentar ou jejum e purgação ocorreram em fases distintas, sugerindo que esses pacientes podem ter se deslocado entre CAP e transtorno purgativo. Apenas o Caso D experimentou um ciclo de compulsão alimentar-purgação dentro de um período; esses períodos se alternavam com períodos curtos de abstinência e jejum.

Em resumo, embora os relatos históricos ofereçam clara evidência de síndromes caracterizadas por compulsão alimentar, purgação e também compulsão alimentar e purgação juntos – bem antes que CAP, transtorno purgativo e BN fossem reconhecidos nos dias atuais –, essa evidência é bastante esparsa em comparação com aquela para uma síndrome de autoinanição. Além disso, diferentemente de descrições históricas de autoinanição deliberada, os relatos mais antigos de síndromes de compulsão alimentar-purgação não parecem ter ocorrido preponderantemente em garotas adolescentes. Na realidade, antes do século XIX, casos caracterizados por compulsão alimentar envolviam principalmente homens adultos. Alguns desses casos históricos, particularmente aqueles de homens de meia-idade que eram obesos e podem não ter purgado, são parecidos com CAP. Há indicações de que o transtorno purgativo e a síndrome do comer noturno podem ter existido em mulheres adolescentes e jovens adultas muito antes de seu reconhecimento oficial; no entanto, é difícil fazer um diagnóstico diferencial entre transtorno purgativo e vômito psicogênico.

Introdução de síndrome do comer noturno, compulsão alimentar periódica, bulimia nervosa e transtorno de purgação como síndromes nomeadas

Em 1955, Albert Stunkard, psiquiatra que trabalhava na Escola de Medicina da Universidade da Pensilvânia, introduziu o termo *síndrome do comer noturno* na literatura médica para nomear um subtipo de obesidade que ocorria em uma série de 25 pacientes caracterizados unicamente por um ritmo circadiano perturbado, no qual a maior parte da ingestão de comida se dava à noite (Stunkard, Grace, & Wolff, 1955). Esses pacientes relataram ausência de fome de manhã e sentimentos crescentes de depressão à noite. Quatro anos mais tarde, Stunkard (1959) introduziu o termo "síndrome alimentar periódica" [*binge eating syndrome*], mais tarde referida como "transtorno alimentar periódico" [*binge eating disorder*] por Spitzer (1991) como outro subtipo comportamental de obesidade, caracterizado por episódios recorrentes de compulsão alimentar.

Apesar dessas primeiras caracterizações de duas doenças reconhecidas pela excessiva ingestão de comida entre pessoas com obesidade, a CAP só foi incluída no DSM-IV em 1994, como um diagnóstico provisório de transtorno alimentar. Após um acúmulo de pesquisa sobre CAP (uma busca no PubMed identifica a partir de 1994 mais de 750 artigos com "compulsão alimentar periódica" [*binge-eating disorder*] no título), ele foi formalmente incluído no DSM-5 em 2013 como um transtorno alimentar oficial, em pé de igualdade com AN e BN. Em contraste com isso, a síndrome do comer noturno tem sido relativamente ignorada em pesquisas (uma busca no PubMed identifica 106 artigos sobre "síndrome do comer noturno" desde 1994) e em sistemas de diagnóstico; ela foi incluída como uma condição nomeada entre os OSFED na publicação de 2013 do DSM-5.

A bulimia nervosa foi nomeada pela primeira vez como um transtorno distinto cerca de um século após o reconhecimento da AN e mais de duas décadas depois das descrições da síndrome do comer noturno e da CAP. Gerald Russell usou o termo em 1979 para nomear um transtorno de compulsão alimentar-purgação em uma série de 30 pacientes examinados num período de 6,5 anos. Em forte contraste com a demora em introduzir a síndrome do comer noturno e a CAP como síndromes nomeadas na literatura e incluí-las nos esquemas diagnósticos, a BN foi incluída sob o nome de *bulimia* no DSM-III em 1980 e depois renomeada como *bulimia nervosa* na publicação em 1987 do DSM-III-R. Essa rápida adoção da BN como transtorno alimentar oficial refletiu uma crescente sensação de que a doença se tornara epidêmica entre as mulheres jovens, com os casos de BN ultrapassando de longe os casos de AN nos programas de tratamento de transtornos alimentares.

Por fim, Pamela Keel introduziu o termo *transtorno purgativo* na literatura médica em 2005 (Keel, Haedt, & Edler, 2005) para descrever indivíduos que recorrentemente purgam por meio de vômito autoinduzido ou por meio de abuso de laxantes ou diuréticos após consumo de quantias normais ou pequenas de comida, e que se mostravam extremamente preocupados com seu peso e forma corporal, mas não estavam nem abaixo do peso, nem experimentavam grandes episódios de compulsão alimentar periódica. Indivíduos com essa apresentação clínica haviam previamente sido descritos por Mitchell numa série de casos de transtornos alimentares atípicos – isto é, transtornos que não atendiam aos critérios diagnósticos para AN ou BN (Mitchell, Pyle, Hatsukami, & Eckert, 1986) – e descritos usando outros termos em outros relatos (Keel & Striegel-Moore, 2009). Como a síndrome do comer noturno, o transtorno purgativo foi acrescentado enquanto uma condição nomeada dentro da categoria mais ampla de OSFED no DSM-5 em 2013, em razão da evidência de sua prevalência e relevância clínica.

MODERNAS TENDÊNCIAS NA INCIDÊNCIA E PREVALÊNCIA DE TRANSTORNOS ALIMENTARES

Um benefício importante de nomear e definir transtornos alimentares é que isso permite examinar a epidemiologia do transtorno. Esta seção discute dados epidemiológicos, que verificam se transtornos alimentares específicos estão afetando uma porção crescente da população. Ao avaliar tais mudanças, é importante vincular a identificação de casos ao fator tempo. A prevalência ao longo da vida nem sempre é útil para esse propósito, porque uma doença pode ocorrer a qualquer momento ao longo da vida do indivíduo; como resultado, sua prevalência ao longo da vida tende a aumentar com a idade. Em contraste com esse padrão, os transtornos alimentares têm demonstrado um efeito de coorte para prevalência ao longo da vida, de modo que atualmente são mais comuns em coortes de indivíduos mais jovens que em coortes de sujeitos mais velhos (Hudson *et al.*, 2007). Esse efeito sugere que os transtornos alimentares se tornaram cada vez mais comuns nos tempos atuais. Também é possível, porém, que indivíduos mais velhos tenham esquecido dos padrões de alimentação de fases anteriores de suas vidas ou que neguem uma história de problemas de saúde mental em razão de medos de estigmatização (Moffitt *et al.*, 2010).

Usar **prevalência pontual** evita o problema da recordação retrospectiva. Essa estatística avalia a porcentagem de uma população que tem um transtorno em determinado ponto do tempo. A prevalência pontual pode ser comparada em coortes da mesma população (p. ex., estudantes universitários em 1982, 1992 e 2002; Keel *et al.*, 2006) para avaliar se uma doença está se tornando mais comum. No entanto, a prevalência pontual junta pessoas que têm um transtorno sem considerar quando o desenvolveram, se foi há anos ou pouco antes do momento da avaliação. Essa prevalência pontual ao longo do tempo é influenciada por dois fatores – a proporção de população afetada por uma doença e a cronicidade dessa doença.

Uma terceira abordagem para avaliar as mudanças nas taxas de transtornos alimentares ao longo do tempo é examinar sua **incidência**. A incidência representa o número de novos casos de uma doença por 100 mil pessoas por ano. Assim, se há 360 novos casos de um transtorno durante um ano em uma população de 2,5 milhões, a incidência é de 14,4 por 100 mil da população por ano. Como a incidência considera apenas novos casos e identifica esses casos pelo ano em que seu início foi reconhecido, examinar as taxas de incidência ao longo do tempo permite um exame preciso para concluir se os transtornos alimentares estão afetando mais pessoas agora do que antes.

Uma **metanálise** (Keel & Klump, 2003) e uma revisão sistemática (Hoek & van Hoeken, 2003) verificaram aumentos estatisticamente significativos na incidência de AN no século XX. No entanto, esse aumento teve efeito modesto no porte (Keel & Klump, 2003), indicando que, embora o aumento da incidência fosse confiável, não era dramático. Além disso, Hoek e van Hoeken (2003) relataram que o aumento foi evidente até a década de 1970, e que em seguida as taxas de incidência mostraram relativa estabilidade. Outros dois estudos epidemiológicos publicados apoiam a estabilidade das taxas de incidência da AN entre 1994 e 2000 no Reino Unido (Currin *et al.* 2005) e de 1985-1989 a 1995-1999 na Holanda (Van Son *et al.*, 2006). Embora a incidência geral de AN pareça ter se nivelado, há evidência sugerindo aumento das taxas no grupo de mais alto risco, o das mulheres entre 15 e 19 anos, com a incidência praticamente dobrando de 56,4 para 109,2 por 100 mil pessoas ao ano no estudo da Holanda (Van Son *et al.*, 2006). Esses resultados fazem eco a descobertas dos Estados Unidos (Lucas, Crowson, O'Fallon, & Melton, 1999), em que as taxas de incidência mostraram um aumento linear de 1935 a 1989 em mulheres com idades entre 15 e 24 anos. Portanto, o retrato popular da mídia de que existe uma AN "epidêmica" em mulheres jovens tem algum fundamento, pois as taxas da doença cresceram ao longo do tempo, especialmente entre garotas adolescentes e mulheres jovens adultas.

Uma metanálise de estudos sobre incidência da BN (Keel & Klump, 2003) apoiou um aumento grande e estatisticamente relevante na BN durante a última metade do século XX; este aumento foi particularmente evidente em estudos que rastrearam registros de pacientes da década de 1970 até meados e final da década de 1980. Não há dados de incidência para BN anteriores à década de 1970, o que apoia a afirmação de Russell (1997) de que a BN é um transtorno novo. Embora pareça ter havido um repentino surto e rápido aumento em BN por um breve período no século XX, dados epidemiológicos mais recentes coletados na Inglaterra, na Holanda e nos Estados Unidos sugerem que a BN pode ter experimentado um pico na década de 1980 em nações ocidentais e que gradualmente recuou para as atuais estimativas de prevalência (Smink, van Hoeken, & Hoek, 2013). Currin *et al.* (2005) relataram um aumento na incidência de BN em mulheres inglesas com idade de 10 a 39 anos, passando de menos de 25 por 100 mil pessoas ao ano em 1988 a mais de 50 por 100 mil pessoas ao ano em 1996, mas isso foi seguido por um decréscimo de quase 40% na incidência por volta de 2000. Van Son *et al.* (2006) relataram um declínio de 29% na incidência de BN na Holanda de 1985–1989 a 1995–1999; essa diminuição tornou-se estatisticamente significativa quando foi acrescentada a incidência de BN de 2005 a 2009 (Smink *et al.*, 2013). Finalmente, Keel *et al.* (2006) relataram um declínio significativo (perto de 60%) na prevalência pontual de BN ao longo de coortes de universitários dos Estados Unidos avaliadas em 1982, 1992 e 2002. Em contraste com isso, Crowther, Armey, Luce, Dalton e Leahey (2008) não relataram mudanças significativas na prevalência pontual de BN em coortes de universitários de 1990 a 2004 nos Estados Unidos; no entanto, seu estudo teria observado taxas mais altas a partir do início da década de 1980 se tivesse incluído essa coorte.

Embora alguns estudos tenham avaliado a prevalência e incidência da CAP, nenhum deles examinou as tendências no tempo usando prevalência pontual ou incidência (Keel, 2010; Smink *et al.*, 2013), o que dificulta avaliar se o transtorno se tornou mais comum ou não. No entanto, a prevalência ao longo da vida de CAP nos Estados Unidos aumentou em sucessivas coortes de nascimentos de 1944 a 1985 (Hudson *et al.*, 2007), fornecendo evidência indireta de que a CAP se tornou mais comum nas últimas décadas.

Estudos sobre a prevalência da síndrome do comer noturno têm se restringido a determinadas coortes, e não há estudos da incidência da síndrome do comer noturno ao longo do tempo. Em uma pequena amostra de 68 indivíduos com sobrepeso ou obesidade diagnosticados com alguma doença mental severa e buscando perder peso, 25% atenderam aos critérios de pesquisa propostos para a síndrome do comer noturno (Lundgren, Rempfer, Brown, Goetz, & Hamera, 2010). Em uma amostra com 395 famílias no Canadá nas quais um dos pais era obeso, a síndrome do comer noturno foi encontrada afetando 0% dos filhos, 0,5% das mães e 0,3% dos pais (Lundgren *et al.*, 2012). Em estudo *multi-site* de

845 pacientes diagnosticados com diabetes tipo 2, 3,8% foram diagnosticados com a síndrome do comer noturno (Allison *et al.*, 2007). Diferenças no tamanho da amostra e nos critérios de inclusão são, sem dúvida, responsáveis por essa faixa muito ampla de estimativas de prevalência. Portanto, é necessária mais pesquisa para entender quem sofre de síndrome do comer noturno. Um desafio nos estudos já realizados tem sido que os critérios para a síndrome do comer noturno diferem qualitativamente dos definidos para transtornos alimentares, o que torna irrelevantes os dados da maior parte dos estudos epidemiológicos sobre transtornos alimentares.

Como ocorre com a síndrome do comer noturno, estudos sobre a incidência do transtorno purgativo se restringiram a determinadas coortes, sem uma avaliação das mudanças baseadas na população ao longo do tempo. Estimativas sobre prevalência ao longo da vida para o transtorno purgativo em mulheres têm variado de 1,1% (Favaro *et al.*, 2003) a 5,3% (Wade, Bergin, Tiggemann, Bulik, & Fairburn, 2006). Essas estimativas não incluem indivíduos com um histórico ao longo da vida de AN, BN ou CAP. Em adolescentes, a prevalência ao longo da vida tem variado de 2% (Field *et al.*, 2012) a 3,4% (Stice *et al.*, 2013), com uma incidência relatada de 447 por 100 mil pessoas ao ano (Stice *et al.*, 2013). A prevalência pontual relatada do transtorno purgativo tem variado de 0,3% a 1% em mulheres (Crowther *et al.*, 2008; Gauvin, Steiger, & Brodeur, 2009; Haedt & Keel, 2010; Hay, Mond, Buttner, & Darby, 2008). A maioria dos estudos examinou o transtorno purgativo apenas em mulheres, e um estudo mostrou que esse transtorno é significativamente mais comum em mulheres (0,9%) do que em homens (0,1%) (Haedt & Keel, 2010). Embora nenhum estudo tenha examinado a incidência do transtorno purgativo ao longo do tempo, estudos de coortes sucessivas de estudantes universitários não verificaram mudanças significativas na prevalência pontual ao longo do tempo (Crowther *et al.*, 2008; Haedt & Keel, 2010). Não foram publicados dados sobre a prevalência do transtorno purgativo antes de 1982. Assim, não fica claro se o transtorno purgativo se tornou cada vez mais comum durante o período que levou ao seu reconhecimento no século XXI ou se foi simplesmente esquecido porque ninguém pensou em perguntar a respeito de purgação na ausência de peso baixo ou de compulsão alimentar (Swanson, Brown, Crosby, & Keel, 2014).

CONCLUSÃO

A resposta à questão "Quem sofre de transtornos alimentares?" é que *qualquer um* pode sofrer desses transtornos. Embora os transtornos alimentares afetem mais as mulheres que os homens, estes não estão imunes a desenvolver AN, BN, CAP, síndrome do comer noturno ou transtorno purgativo. Além disso, homens podem ter risco maior de alguns transtornos alimentares que não sejam de momento reconhecidos como tal e que se caracterizem por um desejo de ter um físico maior e de adotar comportamentos extremos, não saudáveis, para alcançar esses ideais. Em contraste com o estereótipo de que transtornos alimentares afetam apenas garotas brancas, dados epidemiológicos indicam que indivíduos e grupos minoritários étnicos e raciais têm a mesma probabilidade geral de sofrer de AN, BN e CAP quanto indivíduos não hispânicos brancos, e que alguns grupos minoritários étnicos podem na realidade ter risco maior de BN do que seus pares brancos.

Embora a aculturação à cultura ocidental dominante tenha sido associada a um risco maior de transtornos alimentares em indivíduos latinos, parece não haver associação entre aculturação a ideais ocidentais e risco de transtornos alimentares entre indivíduos asiáticos. Esta última descoberta reflete evidência de que a AN existe em culturas não ocidentais que não foram expostas a valores ocidentais. Por outro lado, enquanto BN e CAP foram relatadas em regiões não ocidentais do mundo, seu surgimento parece estar intimamente ligado à ocidentalização. Essa descoberta pode refletir a importância do ideal de magreza para o desenvolvimento de sofrimentos relacionados à compulsão alimentar periódica ou a reagir a episódios de compulsão alimentar por meio de purgação. Por outro lado, pode refletir a extensão em que a crescente exposição a ideais ocidentais tem ocorrido simultaneamente à crescente industrialização e a mudanças econômicas no acesso à comida – já que ambos podem contribuir com padrões multiculturais e históricos observados em quem sofre de transtornos alimentares caracterizados por compulsão alimentar periódica.

Ao contrário da autoinanição, que pode ocorrer em qualquer contexto, a compulsão alimentar requer grandes quantidades de comida pronta para o consumo. Portanto, casos de BN e CAP podem estar limitados a indivíduos com acesso a abundância de comida. Em locais e épocas não marcados por produção em massa de comida, por uso de conservantes e refrigeração, os indivíduos podem não ter acesso suficiente a comida para suprir episódios recorrentes de compulsão alimentar. Da mesma forma, a purgação pode ser obstaculizada em indivíduos que não tenham acesso aos modernos sistemas de encanamento. A possibilidade de aproveitar a privacidade do banheiro para dar descarga e eliminar evidências de vômito autoinduzido ou de abuso de laxantes e/ou diuréticos facilita muito a purgação, ao contrário de banheiros externos ou penicos. Assim, a relativa escassez de evidências para BN, CAP e transtorno purgativo fora de seu contexto cultural corrente pode ser causado por se restringirem a indivíduos com acesso às praticidades modernas.

Lawlor *et al.* (1987) caracterizaram sua observação de um transtorno alimentar em um adolescente negro como "raro". Vendo retrospectivamente, talvez o raro fosse a apreciação de que o transtorno poderia existir em um paciente que diferisse muito da norma esperada. A pesquisa futura sobre transtornos alimentares pode se beneficiar de desafiar os estereótipos para promover o reconhecimento de transtornos alimentares e aumentar o acesso a cuidados independentemente de gênero, etnia ou raça.

TERMOS-CHAVE

Anorexia reversa
Ascéticos
Dismorfia muscular
Estresse de aculturação
Incidência
Meta-análise
Prevalência ao longo da vida
Prevalência pontual
Síndrome de realimentação
Transtorno de conversão
Transtornos neurastênicos
Vômito psicogênico

CAPÍTULO 4

Achando as causas dos transtornos alimentares

Indo além dos métodos descritivos

Antes de examinarmos as causas dos transtornos alimentares nos Capítulos 5-8, este capítulo descreve como os estudos de pesquisa são elaborados para revelar fatores causais. Uma percepção distorcida comum é a de que uma estatística pode ser levada a mostrar qualquer coisa. Isso não é verdade. Embora as pessoas acreditem que os transtornos alimentares estão limitados a garotas brancas nos Estados Unidos, dados epidemiológicos não apoiam essa percepção, como mostrado no Capítulo 3. No entanto, os dados epidemiológicos são bastante diretos. O número de pacientes com AN em Rochester, Minnesota, em 1944, e as porcentagens de mulheres brancas, hispânicas e asiáticas com transtornos alimentares são estatísticas descritivas que não exigem muita interpretação. Embora as estatísticas não possam ser conduzidas para demonstrar qualquer coisa, quando os pesquisadores passam das estatísticas descritivas para as estatísticas inferenciais, a interpretação dos resultados pode levar a conclusões muito diferentes e às vezes errôneas.

Este capítulo revisa a lógica por trás dos diferentes métodos de pesquisa usados para examinar fatores de risco nos transtornos alimentares e os limites às conclusões a respeito das reais causas dos transtornos alimentares, que podem ser extraídas dos diferentes tipos de estudos. Desse modo, o capítulo fornece um conhecimento operacional dos tipos de estudos discutidos neste livro, os quais serão referidos em capítulos posteriores.

HIPÓTESES

Do mesmo modo que há percepções comuns a respeito de quem sofre de transtornos alimentares, há também compreensões comuns sobre as causas desses transtornos. Há um modelo explanatório comum que atribui taxas crescentes de transtornos alimentares a uma maior idealização da magreza por parte da sociedade. Outro modelo atribui o desenvolvimento de um transtorno alimentar à necessidade dos indivíduos de exercer controle ou a seus esforços perfeccionistas. Esses modelos com frequência refletem uma combinação de observações reais (de um indivíduo ou de um grupo) e inferências quanto ao significado dessas observações. Assim, são mais bem descritos como hipóteses. Estudos de pesquisa são especificamente projetados para testar hipóteses.

Várias metodologias de pesquisa podem ser usadas para testar essas e outras hipóteses a respeito de transtornos alimentares. Como seria antiético causar um transtorno alimentar em uma pessoa, esses designs de estudo operam por meio de uma combinação de dedução e inferência. A dedução ocorre quando se declara uma premissa e a partir daí os pesquisadores passam a extrair consequências específicas dessa premissa. Por exemplo, se a premissa declarada é "Fazer dieta causa compulsão alimentar" (Polivy & Herman, 1985), então uma consequência que se segue é "Indivíduos que fazem dieta devem ter maior probabilidade de sofrer de compulsão alimentar do que indivíduos que não fazem". Mediante o emprego da dedução, testa-se a precisão da consequência. Essa consequência que acabamos de mencionar pode, particularmente, ser testada por meio de uma simples comparação da compulsão alimentar em quem faz dieta e em quem não faz. Se a diferença prevista é verificada, infere-se que a dieta pode causar compulsão alimentar – embora essa correlação não prove realmente a premissa original, porque há explicações alternativas para a associação entre compulsão alimentar e dieta. Por exemplo, a compulsão alimentar pode causar ganho de peso, que, por sua vez, leva à dieta. Indivíduos que recorrem à compulsão alimentar então teriam maior probabilidade de fazer dieta do que indivíduos que não recorrem. Contudo, para que essa explanação alternativa se mostrasse verdadeira, a dieta teria de vir após a compulsão alimentar, e não o inverso. **Estudos longitudinais** são usados para testar os relacionamentos temporais entre um fator de risco proposto e a manifestação de um transtorno alimentar, como primeiro passo para inferir uma associação causal. A lógica é simplesmente que, para que A cause B, A deve preceder B no tempo.

ESTUDOS LONGITUDINAIS

Há dois tipos básicos de estudos longitudinais: os retrospectivos, de investigações retroativas, e os prospectivos, de investigações que acompanham os desdobramentos possíveis. Cada um tem seus benefícios e suas limitações. Os aspectos básicos do design de cada tipo de estudo são descritos a seguir, junto com as descobertas que apareceram em pesquisas de transtornos alimentares a partir do uso dessas abordagens.

Retrospectivos, de design retroativo

Uma investigação retrospectiva, de design retroativo, começa com indivíduos cujo status de transtorno alimentar é conhecido. Um design com casos e controles inclui indivíduos com transtornos alimentares (casos) e indivíduos demograficamente compatíveis que nunca sofreram de transtorno alimentar (controles). Por exemplo, uma pessoa com transtorno alimentar pode ser comparada a um indivíduo sem histórico de transtorno alimentar em sua vida quanto a fatores como sexo, idade, histórico étnico/racial e **status socioeconômico**. O propósito de comparar esses fatores é assegurar que as diferenças encontradas entre o grupo de transtorno alimentar e o grupo controle possam ser atribuídas à presença do transtorno alimentar, e não a outros fatores que possam diferir entre os grupos. Estabelecer correspondências entre essas variáveis pressupõe que o estudo não está preocupado em investigar o papel delas no transtorno alimentar. Uma variável pode não ser de interesse quando já se sabe que é um fator de risco (p. ex., do gênero), e então não requer investigação adicional. Por outro lado, um fator pode não ser de interesse quando se julga que não há relação entre ele e o risco de transtorno alimentar (p. ex., status socioeconômico), mas poderia atuar como **variável de estorvo** no caso de diferir entre os grupos comparados. Uma variável de estorvo é qualquer coisa que crie diferença, mas que seja irrelevante para a compreensão do problema investigado.

Assim, um estudo retrospectivo, de design retroativo e que empregue caso-controle usa a manifestação do transtorno alimentar como ponto de partida. O estudo então examina potenciais diferenças entre os grupos a respeito de variáveis históricas desde antes desse ponto de partida. Fairburn *et al.* completaram uma série de estudos usando essa abordagem para compreender fatores de risco no desenvolvimento de AN (Fairburn, Cooper, Doll, & Welch, 1999), BN (Fairburn, Welch, Doll, Davies, & O'Connor, 1997) e CAP (Fairburn *et al.*, 1998). Em cada estudo, identificaram um grupo de indivíduos com o transtorno alimentar sob investigação, um grupo de indivíduos com outras formas de psicopatologia (controles psiquiátricos gerais) e indivíduos que estavam isentos de psicopatologias alimentares e gerais (controles saudáveis). Essa abordagem permitiu o estabelecimento de uma diferenciação entre fatores que pareciam aumentar o risco de uma psicopatologia em geral (fatores que eram elevados no grupo de transtorno alimentar em relação aos controles saudáveis, mas não em relação aos controles psiquiátricos em geral) e fatores que eram específicos em aumentar o risco de um transtorno alimentar (fatores que se mostraram elevados no grupo de transtorno alimentar em relação tanto aos controles saudáveis quanto ao controles psiquiátricos gerais).

O Box 4.1 lista os fatores examinados nesses estudos. Fairburn *et al.* organizaram os fatores de risco nesses três domínios de vulnerabilidade: ambiental, pessoal e de dieta. Os de vulnerabilidade ambiental são aspectos do ambiente individual que podem aumentar o risco de um transtorno alimentar, como as críticas dos pais. Fatores de vulnerabilidade pessoal são aspectos do indivíduo que podem aumentar o risco, como o perfeccionismo. Fatores de vulnerabilidade ligados à dieta são aspectos do ambiente ou do indivíduo que aumentariam a probabilidade de uma dieta, como a obesidade na infância.

BOX 4.1 Potenciais fatores de risco para transtornos alimentares examinados por Fairburn *et al.* (1997, 1998, 1999)

Domínio de vulnerabilidade ambiental

Subdomínio 1: problemas com os pais:

- Pouco contato com os pais.
- Separados dos pais.
- Discussões entre os pais.
- Críticas dos pais.
- Altas expectativas dos pais.
- Excesso de envolvimento dos pais.
- Falta de envolvimento dos pais.
- Afeto mínimo dos pais.
- A mãe cuida pouco e superprotege.
- O pai cuida pouco e superprotege.

Subdomínio 2: eventos disruptivos:

- Morte dos pais.
- Mudança da figura de um dos pais.
- Doença crônica nos pais.
- Mudanças de casa frequentes.
- Problemas pessoais severos de saúde.

Subdomínio 3: transtorno psiquiátrico nos pais (anterior à idade de início do problema):

- Depressão nos pais.
- Alcoolismo nos pais.
- Abuso de drogas nos pais.

Subdomínio 4: provocações e bullying

- Provocações (não relacionadas a peso e/ou forma corporal, aparência ou comida).
- Bullying.

Subdomínio 5: abuso sexual e físico

- Abuso sexual.
- Abuso sexual severo repetido.
- Abuso físico.

Abuso físico severo repetido.

Abuso físico ou sexual severo repetido.

Domínio da vulnerabilidade pessoal

Subdomínio 1: características da infância

- Autoavaliação negativa.
- Timidez (não incluída em Fairburn *et al.*, 1999).
- Perfeccionismo.
- Extrema condescendência.
- Ausência de amigos íntimos.
- Absenteísmo escolar por ansiedade.

Subdomínio 2: transtorno psiquiátrico pré-mórbido

- Depressão grave.
- Abuso de drogas.
- Abuso de álcool.

Subdomínio 3: problemas comportamentais

- Problemas acentuados de conduta.
- Absenteísmo escolar (evasão).
- Automutilação deliberada.

Subdomínio 4: transtorno psiquiátrico nos pais (em qualquer época):*

- Depressão nos pais.
- Alcoolismo nos pais.
- Abuso de drogas nos pais.

Domínio da vulnerabilidade na dieta

Subdomínio 1: risco de dieta:

- Membro da família em dieta por alguma razão.
- Membro da família em dieta por questão de peso e/ou forma corporal.
- Críticas da família em relação ao corpo ou à comida.
- Comentários constantes dos outros a respeito do corpo ou da comida.
- Provocações a respeito do corpo, aparência ou comida.
- Obesidade nos pais.
- Obesidade na infância.

Histórico de AN ou BN nos pais (antes da idade de manifestação do transtorno).

Subdomínio 2: risco de obesidade

Obesidade na infância.

Obesidade nos pais (em qualquer época).*

Subdomínio 3: transtorno alimentar nos pais:

Histórico parental de AN ou BN (em qualquer época).*

* "Em qualquer época" indica antes ou depois da idade de início de um transtorno alimentar.

CAPÍTULO 4

O Quadro 4.1 mostra fatores de risco específicos identificados em estudos que usam esse design para AN (Fairburn *et al.*, 1999; Pike *et al.*, 2008), BN (Fairburn *et al.*, 1997) e CAP (Fairburn *et al.*, 1998; Striegel-Moore *et al.*, 2005). Foram identificados mais fatores de risco para BN do que para AN ou CAP. Baixa autoestima e perfeccionismo aumentam o risco de desenvolver tanto AN quanto BN. É interessante notar que os fatores que poderiam contribuir para preocupações com imagem corporal e com dieta eram elevados na BN, mas não na AN (Fairburn *et al.*, 1999; Pike *et al.*, 2008). Tanto para BN quanto para CAP, ambientes familiares complicados e problemas de peso eram fatores de risco (Fairburn *et al.*, 1998; Striegel-Moore *et al.*, 2005). Por fim, expectativas muito altas dos pais podem ser fator de risco transdiagnóstico para AN, BN e CAP (Fairburn *et al.*, 1997, 1998; Pike *et al.*, 2008; Striegel-Moore *et al.*, 2005).

QUADRO 4.1 Fatores de risco específicos para transtornos alimentares

Domínio de Vulnerabilidade	Anorexia nervosa*	Bulimia nervosa**	Compulsão alimentar periódica***
Ambiental	Altas expectativas dos pais	Altas expectativas dos pais Pouco contato com os pais Discussões entre os pais Críticas dos pais Alcoolismo nos pais	Altas expectativas dos pais Pouco contato com os pais Problemas pessoais severos de saúde

Domínio de Vulnerabilidade	Anorexia nervosa*	Bulimia nervosa**	Compulsão alimentar periódica***
Pessoal	Autoavaliação negativa Perfeccionismo	Autoavaliação negativa Perfeccionismo Alcoolismo nos pais (em qualquer época)	
De dieta		Obesidade na infância Membro da família em dieta por alguma razão Comentários constantes dos outros a respeito do corpo ou do peso Obesidade nos pais (em qualquer época)	Obesidade na infância
			Família come em excesso ou recorre à compulsão alimentar Família critica o corpo ou a comida

Nota: o quadro mostra fatores de risco do Box 4.1 a respeito dos quais indivíduos com os transtornos alimentares indicados diferem significativamente dos controles psiquiátricos gerais.

* Fatores de risco de Fairburn *et al.* (1999) e Pike *et al.* (2008).

** Fatores de risco de Fairburn *et al.* (1997).

*** Fatores de risco de Fairburn *et al.* (1998) e Striegel-Moore *et al.* (2005).

Um benefício do design retrospectivo, retroativo, é a capacidade de comparar um grande número de indivíduos afetados com os controles correspondentes. Amostras grandes aumentam o poder estatístico de detectar diferenças, e usar controles elimina a necessidade de controlar estatisticamente potenciais variáveis de estorvo. Uma desvantagem do design retroativo é a potencial influência do **viés de recordação retrospectiva**. Por exemplo, indivíduos que têm um transtorno alimentar podem ter maior probabilidade de relembrar as críticas sobre seu peso ou as expectativas mais altas dos pais em comparação com indivíduos que não têm um transtorno alimentar, quando não há diferenças efetivas. Um modo de evitar esse viés de recordação é usar registros históricos objetivos (p. ex., registros médicos ou escolares). No entanto, as variáveis obtidas nesses registros tendem a ser limitadas. Por exemplo, poucos registros médicos incluem medidas válidas ou confiáveis de perfeccionismo ou de expectativas dos pais. Em razão dessas desvantagens é que os designs prospectivos, de acompanhamento dos desdobramentos, têm sido usados em pesquisa de fatores de risco.

Design prospectivo, de acompanhamento

Um design prospectivo, de acompanhamento, começa com um grande grupo de indivíduos não afetados e coleta dados tanto antes quanto depois do período de risco para a manifestação de um transtorno alimentar. Indivíduos que desenvolvem transtornos alimentares ao longo do curso do acompanhamento são comparados a indivíduos que não desenvolveram transtornos alimentares em relação aos fatores medidos antes do surgimento do transtorno. Não importa se os participantes são jovens no início do estudo (isto é, quando são avaliados pela primeira vez), é crucial medir o transtorno alimentar no início, assim como no acompanhamento, porque alguns indivíduos podem ter desenvolvido problemas com a alimentação em idade precoce. Nesse caso, as associações verificadas entre os preditores e os resultados podem não refletir uma real associação prospectiva. Vários grupos realizaram investigações prospectivas, e muitos desses trabalhos serão revisados nos próximos capítulos. O que segue é uma revisão das descobertas de grandes estudos prospectivos sobre fatores de risco para transtorno alimentar em garotas e garotos.

Leon, Fulkerson, Perry, Keel e Klump (1999) conduziram um estudo longitudinal do desenvolvimento de transtornos de alimentação em mais de 1.400 garotas e garotos da 7ª a 10ª série. Cada coorte de adolescentes foi acompanhada prospectivamente até que os alunos se formassem ou até o final dos cinco anos do estudo. Os estudantes completaram autoavaliações dos sintomas de transtorno alimentar do DSM-III-R (Associação Americana de Psiquiatria, 1987), de transtornos do humor (como depressão), autoestima, dieta, exercício, imagem corporal, aspectos de personalidade (p. ex., perfeccionismo) e de outros comportamentos de risco (a exemplo do uso de álcool), além da condição da puberdade.

O Box 4.2 mostra como os investigadores dispuseram as variáveis em domínios de vulnerabilidade. Diferentemente do arranjo de fatores feito por Fairburn *et al.* (1997, 1998, 1999) por associações hipotetizadas, Leon *et al.* (1999) definiram domínios de acordo com a maneira pela qual os fatores de risco se associavam entre eles, usando métodos estatísticos. Assim, fumar cigarros, consumir bebida alcoólica e apresentar contenção (uma medida de personalidade relacionada à impulsividade) eram fatores altamente relacionados entre si e formaram uma categoria própria: a de Impulsividade Relacionada a Substâncias. Como seria de se esperar, puberdade e série escolar eram altamente correlacionadas; esses fatores constituíam o domínio do Desenvolvimento. Finalmente, insatisfação com o corpo, depressão, emocionalidade negativa (uma tendência a se sentir infeliz ou ansioso), sensação de incompetência e baixa **consciência interoceptiva** (capacidade de reconhecer os próprios sentimentos) foram inter-relacionadas como um terceiro fator: o de Afetos/Atitudes Negativos.

BOX 4.2 Potenciais fatores de risco para transtornos de alimentação examinados por Leon *et al.* (1999)

Impulsividade Relacionada a Substâncias

Fumar cigarros

Ingerir bebida alcoólica

Apresentar contenção (medida de personalidade do controle de impulsos)

Desenvolvimento

Puberdade

Série escolar

Afetos/Atitudes Negativos

Insatisfação com o corpo (em garotas, esse fator também foi incluído no domínio Desenvolvimento)

Depressão

Emocionalidade negativa (medida de personalidade sobre a tendência de se sentir infeliz ou ansioso)
Incompetência
Consciência interoceptiva (capacidade de reconhecer e discriminar os próprios sentimentos e sensações internas)

Ao longo do acompanhamento, o fator Afetos/Atitudes Negativos foi um preditor significativo de uma nova manifestação de transtornos de atitudes e comportamentos de alimentação, tanto em garotas quanto em garotos (Leon *et al.*, 1999). Como uma **diátese**, a afetividade negativa está provavelmente associada a atitudes negativas em relação ao eu, levando a baixa autoestima e insatisfação com vários aspectos do eu, incluindo a aparência física e o peso. Leon *et al.* (1999) propõem que a afetividade negativa é uma diátese não específica para o desenvolvimento de psicopatologia e que fatores culturais, como uma idealização da magreza para mulheres, moldam a expressão dessa diátese como um transtorno alimentar.

Pearson, Combs, Zapolski e Smith (2012) examinaram preditores de compulsão alimentar periódica estabelecidos durante a transição da escola elementar para o ensino secundário em garotas e garotos adolescentes, por meio da avaliação de 1.906 crianças durante a primavera da sexta série, o início da sétima série (primeiro ano da escola secundária) e a primavera da sétima série. As principais descobertas dessa investigação foi que a urgência negativa (um traço de personalidade que representa a tendência de agir impensadamente em reação a emoções negativas) fazia prever aumentos na expectativa de que comer aliviaria emoções negativas, e que essa expectativa, por sua vez, era um preditor de aumentos na compulsão alimentar. Essas descobertas eram similares para garotos e garotas e para estudantes brancos e afro-americanos.

Neumark-Sztainer, Paxton, Hannan, Haines e Story (2006) examinaram preditores prospectivos de compulsão alimentar e de comportamentos extremos de controle de peso (uso de comprimidos de dieta, laxantes, diuréticos ou recurso a vômito autoinduzido) em 2.516 adolescentes avaliados pela primeira vez na escola secundária e no colegial, e avaliados de novo em um acompanhamento cinco anos mais tarde. Tanto para garotos quanto para garotas, a maior insatisfação com o corpo fazia prever compulsão alimentar e comportamentos extremos de controle de peso no acompanhamento. No entanto, após o controle para IMC, a insatisfação com o corpo não fazia mais prever compulsão alimentar em garotas e tampouco fazia prever mais comportamentos extremos de controle de peso em garotos. Uma maior insatisfação com o corpo não aumentava a conduta de recorrer a comportamentos saudáveis, como aumentar a quantidade de atividade física ou comer mais frutas e vegetais. Essa descoberta tem importantes implicações para compreender como a estigmatização do peso pode acarretar mais danos do que benefícios em programas para prevenção de transtornos alimentares e obesidade (discutidos no Capítulo 10).

Liechty e Lee (2013) examinaram preditores prospectivos de comportamentos extremos de controle de peso (uso de comprimidos, laxantes e autoindução do vômito) em 14.322 adolescentes estudados primeiramente na escola secundária e no colegial e posteriormente reavaliados sete anos depois, quando tinham entre 18 e 26 anos. Para ambos os gêneros, um IMC elevado aumentava o risco de recorrer mais tarde a comportamentos extremos de controle de peso, e, em garotas, a uma incidência maior depressão e recurso a dietas aumentaram o risco de transtornos de alimentação no acompanhamento.

Em estudos prospectivos, de acompanhamento, os preditores consistentes de risco para transtorno alimentar incluíram aumento dos afetos negativos (Leon *et al.*, 1999; Liechty & Lee, 2013) e insatisfação com o corpo (Leon *et al.*, 1999; Neumark-Sztainer *et al.*, 2006). Além disso, o IMC mais elevado emergiu como fator de risco tanto nos designs retrospectivos, retroativos, quanto nos prospectivos, de acompanhamento, sugerindo que indivíduos que divergem mais do ideal de magreza podem estar em maior risco de desenvolver transtornos caracterizados por compulsão alimentar ou purgação.

Uma vantagem dos estudos prospectivos, de acompanhamento, é a capacidade de testar hipóteses específicas referentes a fatores de risco para patologias de alimentação. Além disso, tais estudos eliminam preocupações a respeito do viés de recordação retrospectiva. Uma desvantagem é a necessidade de iniciar as avaliações antes que os transtornos alimentares se desenvolvam ou de controlar sua presença no início e prosseguir com as avaliações de acompanhamento ao longo de todo o período de risco. Muitos estudos prospectivos de fatores de risco são limitados pela necessidade de manter a amostra no ambiente escolar. Assim, com as principais exceções citadas acima, os estudos de adolescentes geralmente terminam quando estudantes se formam no colegial, e estudos com universitários começam bem depois da manifestação dos problemas com alimentação. Como a transição do secundário para o ensino superior reflete uma idade de pico para a manifestação de vários transtornos alimentares, o número limitado de estudos que abrangem esse período é uma restrição notável na pesquisa de fatores de risco.

Uma segunda desvantagem dos estudos prospectivos é que eles requerem amostras muito grandes, porque apenas uma porcentagem muito pequena de indivíduos desenvolverá um transtorno alimentar (ver a discussão sobre prevalência e incidência no Capítulo 3). A maioria dos estudos prospectivos não é capaz de prever a manifestação de AN ou BN, porque as taxas desses transtornos são extremamente baixas. Por exemplo, Leon *et al.* (1999) mediram as atitudes e os comportamentos de transtornos alimentares, mas não os transtornos alimentares *per se*. Mesmo estudos que abrangem a transição da adolescência para a condição de jovem adulto usam definições expandidas, focando comportamentos transtornados específicos em vez de em transtornos alimentares (Liechty & Lee, 2013; Neumark-Sztainer *et al.*, 2006). A validade dessa abordagem se apoia em duas suposições: 1) de que os transtornos alimentares existem em um processo contínuo com os transtornos da ingestão (ver Capítulo 1); e 2) que AN, BN e CAP compartilham fatores de risco. Essa última suposição é apoiada apenas parcialmente por pesquisas anteriores (Fairburn *et al.*, 1997, 1998, 1999; Tyrka, Waldron, Graber, & Brooks-Gunn, 2002).

Uma desvantagem adicional tanto dos estudos retrospectivos quanto dos estudos prospectivos longitudinais é que os primeiros não estabelecem as causas das variáveis. Por exemplo, uma dieta pode preceder e estar associada a um risco aumentado de compulsão alimentar sem que cause necessariamente a compulsão alimentar. Uma terceira variável, subjacente, poderia causar tanto a dieta quanto a compulsão alimentar mesmo que a dieta tenha surgido primeiro. Talvez perturbações do apetite ditadas biologicamente levem um indivíduo a determinar limites externos à ingestão, estabelecendo uma dieta, e esses mesmos transtornos do apetite mais tarde causem episódios de compulsão alimentar periódica. Para que demonstrem as causas, são necessários designs experimentais.

ESTUDOS EXPERIMENTAIS

Estudos experimentais identificam uma variável independente, que, quando manipulada, causa uma mudança em uma variável dependente. Logicamente, experimentos são um tipo de estudo longitudinal, porque as manipulações da variável independente sempre precedem mudanças na variável dependente. Com controles experimentais adequados, esse design pode ser muito poderoso na demonstração de que um fator é a causa de outro.

Estudos análogos

Como observado anteriormente, não seria ético tentar causar um transtorno alimentar. Portanto, a maioria dos estudos experimentais começa com uma premissa que diz respeito a um fator que causa transtornos alimentares, e depois é gerada uma hipótese que será verdadeira se a premissa estiver correta. O estudo então testa essa hipótese como uma maneira indireta de avaliar a premissa original.

Nesse caso, a hipótese específica costuma envolver algum análogo dos fatores que são imaginados como importantes em causar transtornos alimentares. Essas investigações são, portanto, chamadas de **estudos análogos.** A maioria dos estudos análogos experimentais usa como participantes de pesquisa alunos de universidade ainda não formados. Assim, o valor desses estudos depende da extensão em que padrões causais para fatores análogos demonstrados em estudantes universitários representam padrões causais para transtornos alimentares na população em geral.

Polivy e Herman (1985) e outros (ver Ruderman, 1986, para uma revisão das primeiras pesquisas experimentais) realizaram vários estudos análogos experimentais avaliando a premissa de que a dieta causa compulsão alimentar. O design clássico compara respostas a manipulações experimentais em indivíduos com resultados altos ou baixos em uma medida de restrição dietária, referidas como *dietistas* e *não dietistas*, respectivamente. Por exemplo, indivíduos foram solicitados aleatoriamente a consumir ou um milkshake, ou nada (a manipulação experimental), e então participaram de uma "degustação". Quando solicitados a não consumir nada antes da degustação, os dietistas consumiram menos durante a degustação do que os não dietistas, o que é consistente com o fato de estarem em dieta. Quando solicitados a consumir um milkshake antes da degustação, os dietistas consumiram bem mais durante a degustação do que os não dietistas. Esses efeitos foram demonstrados e replicados por vários laboratórios (Heatherton & Baumeister, 1991; Ruderman, 1986). Portanto, tais estudos mostram que um milkshake fará um dietista comer uma quantidade grande, não habitual, de comida – um dos critérios para BN. No entanto, o consumo aumentado de comida nesses estudos não constitui necessariamente um episódio de compulsão alimentar periódica, e os dietistas não sofrem necessariamente de transtornos alimentares.

Vários estudos experimentais examinaram e apoiaram uma relação causal entre a exposição a imagens da mídia e a insatisfação com o corpo. Heinberg e Thompson (1995) designaram aleatoriamente algumas mulheres para assistirem comerciais de televisão contendo imagens relacionadas à aparência e outras mulheres para verem imagens sem relação com isso. As mulheres que viram imagens relacionadas à aparência reportaram insatisfação com o corpo significativamente maior do que as do outro grupo. Stice e Shaw (1994) designaram aleatoriamente mulheres para verem imagens de modelos muito magras, de modelos com corpos medianos e de não modelos. As mulheres que viram imagens de modelos muito magras relataram insatisfação com o próprio corpo significativamente maior do que as mulheres dos outros dois grupos. Recentemente, Mabe, Forney e Keel (2014) examinaram a influência do uso do Facebook nas preocupações com o peso ou forma corporal usando um design experimental. Esse estudo buscou compreender de que modo as recentes mudanças no consumo de mídia, passando das tradicionais revistas impressas para imagens disponíveis nas mídias sociais, influenciaram ou não as preocupações com a imagem corporal. Algumas mulheres universitárias com contas no Facebook foram selecionadas aleatoriamente para passar 20 minutos no Facebook e outras para passar 20 minutos em uma condição de controle na qual liam a respeito da jaguatirica na Wikipédia e assistiam a um vídeo curto a respeito desse animal da floresta tropical. A preocupação com peso/forma corporal foi medida antes e depois da manipulação experimental. Em comparação com as mulheres na condição de controle, as mulheres que usaram Facebook relataram maiores níveis de preocupação com peso/forma após o período de 20 minutos. Essa descoberta sugere que as mídias sociais fundem influências culturais amplamente disseminadas (ver Capítulo 5) com influências dos pares (ver Capítulo 6) e influenciam o risco de transtorno alimentar ao dar às mulheres constante acesso à visão de celebridades favoritas de suas amizades, às fotos mais lisonjeantes delas mesmas e às intenções de fazer dieta e exercícios. É digno de nota que nenhum desses três estudos demonstrou que imagens da mídia causem transtornos alimentares. No entanto, os estudos oferecem, sim, evidências de que a exposição à mídia contribui para as preocupações com peso entre as mulheres.

Mills, Polivy, Herman e Tiggemann (2002) compararam reações atitudinais e comportamentais de "dietistas" e "não dietistas" à exposição a imagens de corpos representando o ideal de magreza. "Dietistas" que ficaram expostos a imagens do ideal de magreza descreveram seu tamanho corporal atual e ideal como sendo menor e aumentaram sua ingestão de comida; nenhuma dessas mudanças foi vista em "dietistas" não expostos a essas imagens, nem a "não dietistas", independentemente de terem visto ou não as imagens. Além de demonstrar uma relação causal entre exposição a imagens da mídia de corpos idealizados e comportamentos alimentares reais, esse estudo sugeriu que a dieta pode aumentar a vulnerabilidade aos efeitos da exposição à mídia.

Estudos clínicos experimentais

Estudos clínicos experimentais buscam compreender os mecanismos subjacentes à presença de transtornos alimentares comparando indivíduos diagnosticados com um transtorno alimentar e indivíduos sem esses transtornos. Portanto, não estudam experimentalmente a nova manifestação de transtornos alimentares, mas podem revelar fatores que talvez contribuam para a manutenção da doença.

Um exemplo desse tipo de estudo envolve manipular experimentalmente um fator biológico e medir seus efeitos em outras variáveis (incluindo indicadores biológicos e comportamentais). Smith, Fairburn e Cowen (1999) examinaram o efeito de consumir uma beberagem que manipulava os níveis de triptofano no sangue em dez mulheres em remissão clínica de BN e em 12 mulheres controles saudáveis. (O triptofano é um precursor biológico da serotonina, cujo papel hipotético na etiologia dos transtornos alimentares será discutido com mais detalhes no Capítulo 8.) As mulheres participaram de duas sessões: em uma delas, consumiram uma bebida nutricionalmente balanceada; na outra, consumiram uma bebida sem triptofano. Metade das mulheres de cada grupo recebeu aleatoriamente a solicitação para concluir primeiro a sessão de triptofano. As participantes forneceram autoavaliações do humor e de cognições a respeito do transtorno alimentar (por exemplo, "sentir-se gorda", ter "necessidade de comer" e experimentar "preocupação com peso") antes e depois de consumir a bebida e registraram em um diário sobre comida qualquer perda de controle a respeito de ingerir alimentos nas 24 horas seguintes de cada sessão. O consumo de uma bebida sem triptofano causou diminuição similar nos níveis de triptofano no sangue tanto nas mulheres que vinham em remissão de BN quanto nos indivíduos controles. No entanto, nas que estavam em remissão de BN, a queda na concentração de triptofano foi associada a um aumento de tristeza e de ansiedade, a maiores cognições sobre o transtorno alimentar e a aumento na perda de controle autoavaliada quanto à ingestão de alimentos (embora não tenham ocorrido objetivamente grandes episódios de compulsão alimentar de acordo com os diários sobre comida nas 24 horas seguintes). Foram relatadas diferenças similares em mulheres atualmente sofrendo de BN em comparação com controles (Weltzin, Fernstrom, Fernstrom, Neuberger, & Kaye, 1995).

Essas descobertas e outras similares apoiam um modelo para o desenvolvimento de sintomas de bulimia, no qual fazer dieta causa diminuição nos níveis de triptofano, o que contribui para o declínio da função da serotonina, que, por sua vez, favorece a aparição de episódios de compulsão alimentar periódica (Wurtman & Wurtman, 1986). Este modelo e as descobertas relevantes da pesquisa são abordados com mais detalhes no Capítulo 8.

ESTUDO DE CASO: EMILY

Durante a avaliação da ingestão de Emily, ela foi informada sobre um estudo de pesquisa que estava sendo conduzido no hospital universitário. O estudo consistia em três avaliações. A primeira envolvia o uso de questionários e entrevistas que exigiriam de duas a quatro horas para serem concluídos. A segunda avaliação envolvia coletas de sangue, uma antes e outras duas após o consumo de uma refeição líquida. A terceira avaliação envolvia um escaneamento para checar a densidade mineral óssea. Pela participação, ela receberia 150 dólares e mais os resultados de seu escaneamento ósseo. Como o médico planejava fazer esse escaneamento ósseo, Emily decidiu que ela poderia também ser paga por ter que se submeter a esse procedimento; além disso, avaliou que estaria contribuindo para a ciência. (Os resultados do exame ósseo de Emily estão descritos no Capítulo 8.) Ao ler o formulário em que ela consentia a realização do estudo, soube que a pesquisa estava destinada a responder a três questões básicas: primeira questão, se a AN está associada a aumento nos níveis de depressão, a uma reação hormonal perturbada à alimentação e ao declínio da densidade óssea. A segunda questão: os níveis de depressão na AN estão relacionados a perturbações hormonais? E a terceira: se as perturbações hormonais estão relacionadas à densidade mineral óssea. Os participantes do estudo consistiam em pacientes com AN e indivíduos sem histórico de transtornos físicos ou mentais (incluindo qualquer transtorno alimentar).

Testes com tratamentos clínicos representam um segundo design de estudo experimental – e têm implicações para compreender fatores que podem contribuir para a manutenção dos transtornos alimentares. A condição do tratamento é a variável independente, e a remissão do transtorno alimentar é a variável dependente. Se o estudo verifica que certos fatores contribuem para a remissão dos sintomas do transtorno alimentar, então podem ser feitas inferências a respeito das contribuições desses fatores para os transtornos alimentares. Por exemplo, Fairburn, Jones, Peveler, Hope e O'Connor (1993) atribuíram aleatoriamente a pacientes com BN uma dentre três condições de tratamento: terapia comportamental, terapia cognitivo-comportamental e terapia interpessoal. (A terapia para transtornos alimentares é discutida mais profundamente no Capítulo 9.) Ao final do tratamento, os pacientes designados para a terapia cognitivo-comportamental tiveram diminuição significativamente maior na compulsão alimentar e na purgação, sustentada no acompanhamento de 12 meses em comparação com o que fizeram os pacientes nas outras duas condições de tratamento. Esses resultados foram interpretados para apoiar o papel da cognição e do comportamento no desenvolvimento de transtornos alimentares (ver Capítulo 7).

Uma ressalva quanto ao uso de estudos clínicos de tratamento para compreender as causas de transtornos alimentares é que fatores curativos não estão necessariamente relacionados a fatores causais. O exemplo clássico é que a Aspirina® pode ser eficaz no tratamento de uma dor de cabeça, embora a dor de cabeça não tenha sido causada por um "déficit de Aspirina®".

ESTUDO DE CASO: GEORGE

Como George estava interessado na possibilidade de ser tratado com medicação, ele se apresentou como voluntário para um estudo de tratamento com medicação. Uma droga que havia sido bem-sucedida em tratar pacientes com diabetes tipo 2 seria examinada em pacientes com síndrome do comer noturno. George sabia que ele seria designado aleatoriamente para receber medicação ativa ou para receber placebo, e nem ele, nem o médico que administrava seu medicamento sabiam o que ele estava de fato tomando. George não se importou com essas limitações, porque sabia que contava com 50%/50% de chance de obter a medicação ativa e que ao final do estudo receberia a medicação caso ela aumentasse a remissão em comparação com o placebo. Sabia também que a medicação seria oferecida a todos os participantes se fossem detectados efeitos positivos importantes antes da conclusão do estudo. A medicação estava associada a alguns efeitos colaterais menores, que se sabia que diminuiriam com o tempo. Reações mais sérias haviam se desenvolvido em alguns casos; mas reações severas eram muito raras, e George seria monitorado bem de perto ao longo do estudo. Ele sentiu que não tinha nada a perder. Ao contrário da maioria dos demais programas de perda de peso que George havia considerado, o estudo de tratamento era gratuito – e, além disso, poderia funcionar. (Os resultados da participação de George no estudo são discutidos no Capítulo 9.)

Finalmente, um terceiro tipo de estudo clínico experimental pode demonstrar que a manipulação de um fator talvez impeça a manifestação de um transtorno alimentar. Becker, Bull, Schaumberg, Cauble e Franco (2008) recrutaram 188 mulheres em irmandades universitárias para um estudo que examinou se, ao reduzir a internalização do ideal de magreza, era possível reduzir o risco de desenvolver transtornos alimentares. As participantes foram aleatoriamente designadas a uma de duas condições: uma intervenção baseada em dissonância – voltada a ajudá-las a rejeitar o ideal de magreza –, fazendo-as desafiar pessoalmente o ideal, ou uma condição de controle com instruções sobre a mídia, com o propósito de melhorar o conhecimento a respeito do seu papel em promover o ideal de magreza sem fazer as mulheres pessoalmente desafiarem esse ideal. Os resultados indicaram que a intervenção baseada em dissonância reduzia a internalização do ideal de magreza, a insatisfação com o próprio corpo, a decisão de fazer dieta e os sintomas bulímicos, em comparação com a linha de base e em comparação com a condição de controle por meio de alfabetização sobre a mídia. Esses resultados sugerem que usar uma intervenção para manipular experimentalmente a internalização do ideal de magreza causa mudanças nos níveis dos sintomas de bulimia. No entanto, não foi demonstrado nenhum efeito significativo na prevenção de transtornos alimentares diagnosticáveis, possivelmente em função do pequeno porte desse estudo. O Capítulo 10 revisa esse e outros estudos de prevenção em detalhes.

Uma preocupação nos estudos experimentais é que os próprios controles usados para assegurar que as conclusões a respeito das causas são consistentes reduz a **validade ecológica** dos resultados, isto é, sua adequação à vida real. Por exemplo, em estudos sobre a associação entre dieta e compulsão alimentar, alguns participantes em dieta podem ser randomizados aleatoriamente para uma condição na qual são forçados a sair de sua dieta. Na "vida real", porém, indivíduos que fazem dieta podem reagir de modo diferente aos numerosos desafios que enfrentam e que os pressionam a sair da dieta, e é difícil levar em conta essas diferenças individuais dentro dos designs experimentais. Da mesma forma, a exposição ao ideal de magreza pode, de modo demonstrável, causar insatisfação com o próprio corpo num experimento, mas na "vida real", apenas uma pequena proporção de indivíduos com insatisfação corporal seguirá adiante e desenvolverá transtornos alimentares. Portanto, os fenômenos causados por estudos experimentais e que são passíveis de demonstração apoiam vínculos dentro da cadeia causal, mas raramente conectam esses fatores causais à efetiva emergência de transtornos alimentares.

INVESTIGAÇÕES NATURALISTAS

Para certos fatores causais, é possível empregar designs de estudo que tiram partido de eventos históricos ou de ocorrência natural. Essas **investigações naturalistas** tendem a ser muito poderosas, porque permitem observar relacionamentos causais na manifestação de transtornos alimentares. Por exemplo, Polivy, Zeitlin, Herman e Beal (1994) compararam a prevalência de compulsão alimentar em veteranos combatentes da Segunda Guerra Mundial e em prisioneiros de guerra em campos de concentração alemães. Se a compulsão alimentar fosse simplesmente o resultado do estresse excessivo, então seria de se esperar uma elevada prevalência em ambos os grupos. Se fosse uma consequência específica da fome, então a elevação da compulsão alimentar deveria ser esperada apenas nos ex-prisioneiros de guerra. Os resultados apoiaram uma associação entre a fome intensa e a subsequente compulsão alimentar.

Estudos de adoção e de gêmeos

Tanto os estudos de gêmeos quanto os de adoção criam a oportunidade de avaliar os efeitos de genes e de fatores ambientais. Estudos de adoção comparam as taxas de um transtorno em crianças adotadas com as de seus parentes biológicos e adotivos. Se for encontrada maior semelhança entre pais e filhos adotivos do que entre filhos e seus parentes biológicos, então infere-se um efeito do ambiente de criação sobre o risco de transtorno. Se for encontrada maior semelhança entre pais biológicos e filhos, então será inferido um efeito dos genes. Se as taxas de transtorno são elevadas apenas entre crianças cujos pais biológicos e adotivos são afetados pelo transtorno, então infere-se uma interação entre genes e ambiente.

Estudos de gêmeos usam a ocorrência natural de **gêmeos monozigóticos** (MZ) e **dizigóticos** (DZ) para comparar a contribuição dos genes e do ambiente no risco de desenvolver um transtorno. Gêmeos MZ compartilham cerca de 100% de seus genes, enquanto gêmeos DZ compartilham em média 50% de seus genes. Quando gêmeos são criados juntos, eles compartilham plenamente fatores ambientais, como os estilos de criação dos pais, o status socioeconômico e a vizinhança. Estudos de gêmeos medem o grau de semelhança entre pares de gêmeos para a ocorrência do transtorno **(concordância gêmea)**. Se gêmeos MZ criados juntos e gêmeos DZ criados juntos mostram similar concordância gêmea, então o ambiente desempenha um papel maior no risco de transtorno em comparação com os genes. Se os gêmeos MZ mostram maior concordância do que os gêmeos DZ, então os genes contribuem para o risco do transtorno. Resultados de estudos com adotados e gêmeos apoiam significativas contribuições genéticas para os transtornos alimentares e são revisados no Capítulo 8.

Estudos multiculturais e epidemiológicos

Finalmente, examinar a epidemiologia dos transtornos alimentares tanto ao longo da História quanto nas várias culturas (revisado no Capítulo 3) fornece interessantes vislumbres de sua etiologia.

As taxas de transtornos alimentares aumentaram no século XX e tendem a ser mais altas nas nações ocidentais industrializadas. Essas observações apontam para aspectos sociais dessas nações como fatores que contribuem para o risco de transtorno alimentar. No entanto, com base em informações revisadas no Capítulo 3, temos boas razões para acreditar que fatores etiológicos próprios de síndromes de autoinanição e de síndromes caracterizadas por compulsão alimentar ajudam a explicar seus padrões distintos de representação ao longo das várias culturas e da História. Essas descobertas sugerem que os fatores de risco para BN, CAP e transtorno purgativo podem estar mais limitados a contextos culturais e históricos específicos do que os fatores de risco para AN. Além disso, hipóteses a respeito de associações entre ideais de magreza da mídia e insatisfação com peso ou forma corporal (revisados no Capítulo 5) podem ser mais relevantes para a compreensão das causas da BN que da AN.

Embora observações naturalistas muitas vezes ofereçam forte evidência de fatores causais diretamente relacionados ao surgimento de transtornos alimentares, elas com frequência não apontam para fatores de risco específicos. Por exemplo, concluir que os genes contribuem para a etiologia da AN (Klump, Miller, Keel, McGue, & Iacono, 2001) não especifica quais genes aumentam o risco ou o que esses genes fazem exatamente. De modo similar, reconhecer que algo na moderna cultura ocidental aumenta o risco de BN não reduz o tamanho da lista de potenciais culpados.

CONCLUSÃO

Existem várias metodologias para examinar fatores de risco para transtornos alimentares. Em razão de considerações éticas e restrições logísticas em termos de tempo e recursos financeiros, a maioria das pesquisas sobre fatores de risco examina correlações entre os fatores de risco postulados e atitudes e comportamentos relacionados a transtornos alimentares. Tais estudos operam segundo a lógica de que, se existe algum relacionamento causal entre duas variáveis, elas estarão correlacionadas. No entanto, o inverso não é verdadeiro: uma correlação não prova a existência de uma causa. Assim, esses estudos não examinam diretamente associações causais. Os estudos que examinam relações causais geralmente não avaliam verdadeiros transtornos alimentares.

Apesar dessas limitações, surgem desses estudos certos fatores de risco. Stice (2002) conduziu uma metanálise de risco assim como de fatores de manutenção em "patologia alimentar" (não transtornos alimentares). Ele incluiu apenas estudos prospectivos e experimentais e estabeleceu diferenças entre fatores de risco (resultantes de estudos prospectivos) e fatores de risco causais (resultantes de estudos experimentais). Stice concluiu que insatisfação com o corpo, afetos negativos, perfeccionismo, impulsividade e uso de substâncias eram fatores de risco para patologias alimentares. Fatores de risco causais incluíram pressão percebida para ser magro e internalização do ideal de magreza. Resultados diferentes para fatores de risco e fatores de risco causais se deveram em grande medida aos tipos de estudos conduzidos, mais do que a diferenças demonstradas no impacto dessas variáveis nas atitudes e nos comportamentos relacionados a perturbações na alimentação. Com base nas diferenças de prevalência entre AN, BN e CAP (ver Capítulo 3), estudos que utilizam medições compostas de atitudes e comportamentos alimentares perturbados geralmente encontram preditores de sintomas bulímicos (Stice, 2002).

Os Capítulos 5 e 6 revisarão evidências sobre o papel dos fatores sociais na etiologia dos transtornos alimentares. O Capítulo 7 revisará fatores psicológicos, como personalidade e processos cognitivo–afetivos. Completando o exame da etiologia, o Capítulo 8 fará uma revisão detalhada dos fatores biológicos. Embora os fatores sociais, psicológicos e biológicos sejam revistos em capítulos separados, não devem ser encarados como se operassem independentemente ou representando modelos concorrentes, porque não há um fator único que cause todos os transtornos alimentares. Fatores socioculturais não podem ser totalmente responsáveis por transtornos alimentares, já que a maioria das mulheres em sociedades que idealizam a magreza não sofre de transtornos alimentares. Da mesma maneira, os genes não podem ser as únicas causas de transtornos alimentares, porque a concordância não é 1,0 em gêmeos MZ (isto é, gêmeos geneticamente idênticos podem diferir quanto à presença ou ausência de um transtorno alimentar). Em vez disso, vários fatores, operando em diferentes níveis, influenciam a vulnerabilidade para desenvolver um transtorno alimentar.

TERMOS-CHAVE

Concordância gêmea
Consciência interoceptiva
Correlação
Diátese
Estudos análogos
Estudos experimentais
Estudos longitudinais
Gêmeos dizigóticos
Gêmeos monozigóticos
Investigações naturalistas
Status socioeconômico
Validade ecológica
Variável de estorvo
Viés de recordação retrospectiva

CAPÍTULO 5
Imagem corporal, dieta e transtornos alimentares
Podemos culpar a mídia?

A insatisfação com o corpo é um fator de risco substancial para os transtornos alimentares (ver Capítulo 4). Mas o que leva à insatisfação com o corpo? Este capítulo explora uma grande influência: o papel da cultura na promoção de um ideal de magreza e no desmerecimento da obesidade, o que deixa muitos indivíduos, particularmente as garotas, sentindo-se insatisfeitas com seu peso e encaminhando-as para tentar controlá-lo por meio de dietas e alimentação desordenada.

O contexto cultural molda crenças e valores, que, por sua vez, influenciam comportamentos. Valores culturais podem ser comunicados por família, religião, escola, pares e, na moderna cultura, pela grande mídia. Um estudo examinou a influência da televisão ocidental nas crenças, nos valores e nos comportamentos de garotas adolescentes em Fiji (A. E. Becker, Burwell, Herzog, Hamburg & Gilman, 2002). Foi realizada uma primeira avaliação um mês após a introdução de TVs nas casas de uma coorte de garotas adolescentes. Na sequência, foram realizadas avaliações três anos depois com uma nova coorte. De início, as garotas relataram níveis baixos de insatisfação com o próprio corpo, de adoção de dietas e de purgação, e davam pouca importância a serem magras. Essas descobertas eram consistentes com um contexto cultural que celebrava a alimentação como expressão do cuidado familiar. Na cultura tradicional de Fiji, a magreza era associada com falta de amor e de cuidado por parte da família (Becker, 1995). Três anos mais tarde, porém, uma nova coorte de garotas de Fiji expressava a crença de que o sucesso, a riqueza e a independência estavam relacionadas a serem magras, de modo que elas desejavam ser magras.

De início, 0% das garotas relataram envolvimento com vômito autoinduzido para controlar o peso, em comparação com 11% das garotas três anos mais tarde. A porcentagem de garotas com elevados escores em uma medida de alimentação desordenada mais que duplicou no mesmo período. Assim, esse estudo forneceu forte evidência de que a exportação de valores ocidentais por meio da televisão pode ser acompanhada pela exportação de transtornos alimentares. Essa associação, a seu turno, fornece forte evidência do papel dos fatores culturais na emergência de patologias alimentares.

O IDEAL CULTURAL DE MAGREZA

Ao descrever a BN como um "novo transtorno", Russell (1997) atribuiu seu surgimento ao "moderno 'culto da magreza'" (p. 23). Essa explicação representa um modelo para o desenvolvimento de transtornos alimentares no qual uma supervalorização da magreza na sociedade pelas mulheres, ativamente promovida por meio de mídia impressa, televisão e cinema, causa transtornos alimentares. De acordo com esse modelo, a idealização da magreza leva garotas e mulheres a ficarem insatisfeitas com seus pesos e suas formas corporais e desejarem ter corpos mais magros. Este desejo leva à dieta. Se a dieta leva a uma perda de peso significativa e perigosa do ponto de vista médico, então o indivíduo desenvolveu AN. Se a dieta leva à compulsão alimentar, pode surgir a purgação, em um esforço para evitar ganhar peso, e então o indivíduo tem BN. Por outro lado, é possível desenvolver purgação na ausência de compulsão alimentar e sem levar a uma significativa perda de peso, e nesse caso o indivíduo tem transtorno purgativo. Esse modelo propõe que mulheres querem ter corpos mais magros porque veem modelos de beleza muito magras serem celebradas. Assim, de acordo com esse modelo a mídia desempenha um papel causal no desenvolvimento de uma perturbação na imagem corporal – um aspecto essencial da AN e da BN como definidas pelo *DSM*.

Dados epidemiológicos parecem apoiar essa visão. Como revisamos no Capítulo 3, a incidência de AN e BN aumentou nas últimas décadas. Coincidindo com as taxas crescentes, houve uma mudança nos ideais de beleza das mulheres. Garner, Garfinkel, Schwartz e Thompson (1980) avaliaram tendências de 1959 a 1978 em três representações da beleza feminina: artigos em revistas dirigidas especificamente a mulheres, modelos na página dupla central da *Playboy* e concorrentes e ganhadoras do concurso Miss América. Em seis populares revistas femininas (*Harper's Bazaar, Vogue, McCall's, Good Housekeeping, Ladies' Home Journal* e *Woman's Day*), o número médio de artigos sobre dietas para perder peso aumentou de 1,4 para 2,5 por mês entre a primeira e a segunda década da observação. As figuras das modelos nas páginas centrais da *Playboy* mudaram da ampulheta voluptuosa para uma aparência "tubular" mais esbelta, com uma proporção significativamente menor entre cintura e quadril. Os pesos das modelos das páginas centrais da *Playboy*, como uma porcentagem do peso esperado, diminuiu também significativamente ao longo do período de 20 anos.

Finalmente, Garner *et al.* (1980) verificaram que as concorrentes a Miss América se tornaram cada vez mais magras em relação ao seu peso esperado. Ao longo do período de observação, as concorrentes e vencedoras do Miss América pesavam menos do que seria esperado tendo em conta sua altura e idade (como ocorreu com as modelos das páginas centrais da *Playboy*). No entanto, até 1968, as concorrentes pesavam em média pelo menos 86% de seu peso esperado (ver Figura 5.1). Após 1968, seu peso médio caiu abaixo de 86% do esperado (exceto em 1971). A relação entre o peso das concorrentes e o peso da vencedora foi inconsistente até 1970. Depois de 1970, todas as vencedoras tinham peso mais baixo para a sua altura do que a média das concorrentes do mesmo ano (exceto em 1977, quando os valores foram praticamente idênticos). A partir de 1970, todas as vencedoras do Miss América, sem exceção, pesaram menos de 85% do que seria esperado para sua altura. Esse padrão indica um alarmante ideal para a beleza feminina, pois pesar menos de 85% do que se espera levando em conta a altura era o limite para diagnosticar AN no DSM-IV (Associação Americana de Psiquiatria, 1994). As concorrentes e vencedoras do Miss América ficaram cada vez mais magras em relação às normas populacionais durante décadas a partir do artigo de 1980 (Owen & Laurel-Seller, 2000; Rubinstein & Caballero, 2000; Wiseman, Gray, Mosimann, & Ahrens, 1992), e então as tendências não puderam mais ser rastreadas porque os dados de altura e peso das concorrentes não foram mais disponibilizados ao público.

Pacientes com transtornos alimentares, como Jean e Valerie, frequentemente apontam para esses ideais para explicar por que estão tão insatisfeitas com seus corpos.

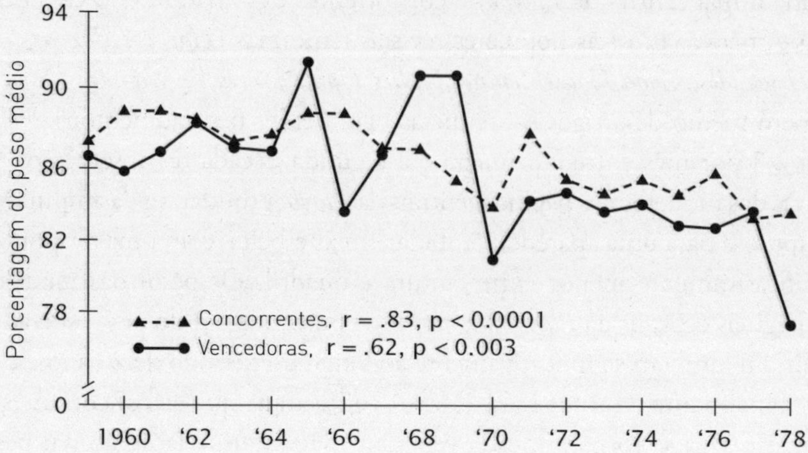

FIGURA 5.1 Porcentagem do peso médio para as concorrentes e vencedoras do concurso Miss América ao longo de 20 anos. Fonte: D. M., Garfinkel, P. E., Schwartz, D., & Thompson, M. Cultural expectations of thinness in women. Psychological Reports, 1980, 47, 483-491. © Psychological Reports 1980. Reimpresso com permissão da Ammons Scientific Ltd.; permissão transmitida por meio do Copyright Clearance Center, Inc.

ESTUDO DE CASO: JEAN

Quando perguntaram a Jean por que era importante para ela caber no mesmo tamanho de jeans que usava no colegial, ela respondeu que era a única maneira de saber que não estava ficando gorda. Embora com 1,62 m ela fosse mais alta do que a média das mulheres coreanas, isso apenas contribuía para que se sentisse "grande". Quando via mulheres nas revistas, na realidade nunca via a si mesma. As modelos eram altas, magras e loiras, ou então tinham uma aparência muito exótica. Jean sentia que era baixinha demais e que mesmo uma pequena quantidade de peso extra a faria parecer muito gorda, especialmente porque tendia a acumular peso no rosto. Na realidade, o aspecto que mais odiava nela era sua "cara grande, redonda". Ela sabia que nunca teria maçãs do rosto proeminentes como as mulheres nos filmes e nos programas de TV, mas sentia que o mínimo que podia fazer era ter um rosto agradável, em forma de coração. Achava sua aparência asiática demais para ser uma beleza americana e grande e "atarracada" demais para ser uma beleza asiática.

Fazendo eco às observações do Capítulo 3, ser asiática não protege Jean do ideal de magreza. Em vez disso, as imagens de beleza da mídia apenas aumentam sua sensação de que elas são tudo o que ela não é. No entanto, de todos os atributos que não tem, um corpo magro parece ser algo que está a seu alcance.

ESTUDO DE CASO: VALERIE

Em resposta ao e-mail que Valerie enviou, ela recebeu informações sobre os recursos de tratamento em sua área. Ela procurou ajuda de um terapeuta que se especializara em transtornos alimentares em Sydney, Austrália, a cerca de 45 minutos de sua casa. Nas sessões, o terapeuta incentivara Valerie a parar de purgar; Valerie, porém, ficava preocupada, achando que, se parasse, ganharia peso e ficaria gorda. O terapeuta garantiu que era improvável que ela engordasse, pois ela não tinha um histórico familiar de obesidade e não tinha sobrepeso antes de começar a purgar. O terapeuta concordou que seu peso provavelmente aumentaria se ela parasse de purgar, porque a purgação causa desidratação. O terapeuta perguntou a Valerie se quatro quilos basicamente de água chegariam a compensar o dano que ela estava fazendo ao seu corpo e as mentiras que tinha que contar à família e aos amigos para manter seu transtorno alimentar. Valerie respondeu: "Eu não sei. Sei que pareço maluca, mas simplesmente me sinto melhor comigo quando estou magra".

Para Valerie, o medo de ganhar quatro quilos mantém seu comportamento de purgação. Embora ela não se esforce para ficar emaciada, tem uma definição muito precisa de um peso aceitável para si mesma e uma forte conexão entre ser magra e sentir que tem valor.

Por que magra = bom?

Há várias explicações para a atual ênfase na magreza em nossa cultura. A historiadora Joan Jacobs Brumberg (1989) observou uma associação entre a magreza como ideal estético e períodos em que as mulheres foram encorajadas a adotar responsabilidades fora de casa, além de seu papel de esposa e mãe. Por exemplo, os Loucos Anos 20 representaram uma época de liberdade sem precedentes para as mulheres após a ratificação da 19ª Emenda, que deu às mulheres americanas o direito de votar. Nesse período, a moda era composta de bainhas cor de rosa e melindrosas de peito achatado. A figura pré-adolescente das melindrosas fazia contraste direto com a silhueta de ampulheta produzida pelos espartilhos vitorianos da virada do século. Durante a Grande Depressão da década de 1930, muitas mulheres passaram a trabalhar fora para ajudar a alimentar suas famílias, e, durante a Segunda Guerra Mundial, muitas foram solicitadas a assumir empregos tradicionalmente exercidos por homens. O ideal de beleza feminina nesse período era a magreza (como exemplificado por atrizes como Katharine Hepburn e Claudette Colbert). Com o fim da Segunda Guerra Mundial e a volta dos soldados para casa e para seus empregos, esperava-se que as mulheres retomassem seus papéis de mães e esposas. A silhueta ideal voltou a ser a de ampulheta, que enfatizava a presença dos seios e dos quadris (como a atriz Jane Russell). A Figura 5.2a mostra o símbolo sexual dessa era, Marilyn Monroe, em maiô; sua figura contrasta fortemente com a de Cameron Diaz quatro décadas mais tarde, na Figura 5.2b. A fase seguinte da revolução para a independência das mulheres veio na década de 1960 com a pílula anticoncepcional, a revolução sexual e o surgimento da "segunda onda" do movimento feminista. Coincidindo com as demandas pelos direitos e liberdade das mulheres surgiu um ideal de magreza (exemplificado pela modelo Twiggy), que parecia exigir que as mulheres se libertassem de suas formas tradicionalmente femininas.

(a) 

(b) 

FIGURE 5.2 (a): Marilyn Monroe. Fonte: George Barris, 1962. Licenciada sob Domínio Público por Wikimedia Commons. (b): Cameron Diaz em *Charlie's Angels* ["As Panteras"]: Full Throttle, 2003.

Hsu (1990) argumenta que a prosperidade financeira após a Revolução Industrial trouxe uma abundância de comida que causou disrupção na tradicional correlação positiva entre riqueza e peso (Nasser, 1988). Ele observou que, em sociedades nas quais a riqueza é associada à obesidade, a beleza é associada também à obesidade. Inversamente, em sociedades em que a riqueza é associada à magreza, a beleza segue também esse padrão. Em nações industrializadas, há uma significativa associação negativa entre o status socioeconômico e o peso (Morgenstern, Sargent, & Hanewinkel, 2009; Rahkonen, Lundberg, Lahelma & Huuhka, 1998; Stunkard, 1996; Wardle, Waller & Jarvis, 2002): a obesidade fica super-representada entre os pobres e pessoas de pouca instrução, e a magreza é mais comum entre os ricos e mais instruídos. Porém, à medida que a obesidade se tornou cada vez mais prevalente nas últimas décadas, a associação entre status socioeconômico e obesidade ficou mais fraca (Zhang & Wang, 2004). De acordo com os Centros para o Controle de Doenças (Ogden, Lamb, Carroll, & Flegal, 2010), essa associação depende do sexo, da raça e da etnia: a obesidade é menos comum entre homens e mulheres com educação universitária. Além disso, para as mulheres, a renda mais alta está associada a um risco menor de obesidade. Nos termos da teoria de Hsu (1990), a associação particularmente forte entre magreza e riqueza nas mulheres pode explicar a maior prevalência geral de transtornos alimentares (especialmente de BN) em mulheres nas nações industrializadas, em comparação com as não industrializadas, e por que as taxas de patologias alimentares aumentam conforme as culturas se tornam mais ocidentalizadas (ver Capítulo 3). Em contraste com os padrões para mulheres, tanto homens negros quanto hispânicos mostram uma associação positiva entre obesidade e renda.

Kilbourne (1987) defendeu que uma economia movida pelo consumidor requer a constante revigoração da compra. O único propósito do multibilionário negócio da propaganda é incentivar as pessoas a gastarem dinheiro. Uma maneira altamente bem-sucedida de fazer isso é convencê-las de que existe alguma coisa que elas *precisam* ter. No entanto, as necessidades humanas básicas continuam limitadas – comida, abrigo e filiação. Assim, constroem-se novas "necessidades", as quais se sobrepõem às básicas, e a necessidade de filiação é uma base particularmente profícua para gerar novas necessidades. Embora ser bonita não seja um pré-requisito para viver ou procriar, os anúncios publicitários e a mídia podem gerar uma necessidade de se subscrever a certos ideais de beleza, criando a impressão de que alguém é deficiente de algum modo e que isso limitará suas perspectivas de afiliação. Estabelecer um ideal físico inatingível cria um mercado constante para produtos. Essa comercialização da beleza trata os corpos das mulheres como objetos – um processo referido como **objetificação**, no qual o valor das mulheres é reduzido à sua aparência e não ao que elas são capazes de fazer. Segundo Kilbourne (1987), a presença de insatisfação com o corpo na maioria das garotas adolescentes e mulheres adultas jovens é necessária para transformar essas mesmas mulheres em boas consumidoras. Destaque-se que a busca por cílios mais grossos, cabelos exuberantes ou dentes mais brancos não parece ter consequências psiquiátricas significativas. No entanto, a busca por um corpo perfeito, sim. Assim, os negócios optam por usar modelos jovens e magras porque usar modelos mais velhas ou mais pesadas faz as vendas caírem. Se uma revista coloca na capa uma mulher menos que "perfeita", os editores podem achar que mesmo as mulheres cuja autoimagem seria favorecida por representações mais diversificadas da beleza não comprarão a revista. Portanto, esforços de promover um ideal mais saudável talvez sejam vistos como sem propósito e como autopunição.

As últimas décadas viram crescer um ideal magro e muscular para os homens retratados na mídia popular. Como revisado no Capítulo 3, Pope *et al.* (1999) examinaram figuras de ação comercializadas para garotos pré-púberes (mais ou menos como se comercializa a boneca Barbie, com sua altura e magreza irrealistas, para as garotas pré-púberes) e verificaram significativo aumento na proporção entre peito e cintura ao longo do tempo. A Figura 5.3 oferece uma comparação "antes e depois" de atores que representaram o Super-Homem. De 1948 a 2013, o físico do Super-Homem foi ganhando maior definição muscular nos ombros, nos braços, no peito e no abdome. Pope *et al.* argumentam que ideais musculares irrealistas incentivam o excesso de exercício e o abuso de esteroides em homens, assim como os ideais não realistas de magreza contribuem para os transtornos alimentares nas mulheres. Embora esses dois ideais levem um gênero a procurar reduzir o tamanho geral do corpo e o outro a aumentá-lo, ambos promovem tentativas de reduzir a gordura corporal e contribuem para o multibilionário setor do controle de peso. A busca de "abdomes tanquinho" e peitos depilados para exibir melhor a definição muscular tem feito os homens aumentarem o consumo de produtos para perda de peso e remoção de pelos, e a internalização do ideal do homem moderno tem sido associada a patologias alimentares nos homens (Tylka, 2011).

Essa linha de investigação sugere que a mídia desempenha papel proativo na concepção de ideais estéticos, em vez de simplesmente acompanhar as preferências do público. É difícil acreditar que garotos pré-adolescentes se recusariam a comprar brinquedos de ação que tivessem uma proporção normal entre peito e cintura. Da mesma forma, o fato de os homens constituírem um forte mercado para comprar revistas antes do surgimento do ideal enxuto e muscular reduz a plausibilidade dos editores de revistas simplesmente reagirem aos mercados consumidores, em vez de assumirem uma atitude ativa em moldá-los.

FIGURA 5.3 No *Super-Homem* de 1948, o personagem tem bem menos definição muscular (a) do que no lançamento de 2013 de *Man of Steel* ["O Homem de Aço"] (b).

Uma última possível explicação de por que "magro é bom" surge dos riscos à saúde associados à obesidade. Segundo essa visão, magro é bonito porque representa saúde e juventude – qualidades associadas a maior aptidão reprodutiva. No entanto, essa explicação não parece ser particularmente atraente, porque o ideal de magreza nas mulheres promove uma figura associada à perda da função reprodutiva (isto é, à amenorreia). De fato, há mais espaço para o corpo ultrapassar o peso esperado em relação à altura e continuar saudável do que espaço para reduzir o peso e continuar saudável. Por exemplo, pode-se esperar que uma mulher com 1,62 m de altura e estrutura mediana pese 54 quilos (Bray, 1986). O IMC para uma mulher que esteja 20% acima do peso esperado seria de 24,8 kg/m^2 – valor dentro da faixa considerada normal. No entanto, uma mulher da mesma altura cujo peso caia 20% do nível esperado terá um IMC de 16,5 kg/m^2 – valor que a coloca numa faixa de severidade moderada para AN e pode exigir tratamento com internação hospitalar. O grau em que se deprecia o sobrepeso parece ir muito além de preocupações associadas às consequências para a saúde e pode refletir uma elaboração da idealização da magreza, como discutido a seguir.

DEPRECIAÇÃO DO SOBREPESO E DA OBESIDADE PELA SOCIEDADE

Além de valorizar a magreza, a cultura ocidental deprecia a condição de gordo. Ou seja, não só ser magro é bom, como ser gordo é ruim.

Piadas a respeito de pessoas com excesso de peso são toleradas em uma sociedade que evita a maioria das outras formas de preconceito em relação ao físico. De fato, no remake de Eddie Murphy do filme de Jerry Lewis *O Professor Aloprado*, a obesidade tomou o lugar da condição de nerd e passou ser a piada central do filme (ver Figura 5.4). Em parte, estar com excesso de peso é visto como algo ruim porque a obesidade é associada a riscos significativos à saúde; no entanto, quando olhamos para as atitudes em relação a indivíduos com sobrepeso – comparando-as às atitudes de indivíduos com outros riscos à saúde –, fica claro que a sociedade imbui o peso de qualidades morais. No nosso estudo de caso sobre Emily, a "condição de gorda" significa uma perda do controle e uma fraqueza; no caso de George, a dificuldade de perder peso representa uma falha de caráter.

ESTUDO DE CASO: EMILY

Emily negou ter qualquer interesse por imagens de beleza que aparecem em revistas, TV ou cinema. Como entretenimento, ela lê romances, e gosta particularmente da literatura russa. Ela se recusa terminantemente a aceitar a ideia de que seu desejo de ser magra esteja relacionado a qualquer ideal pré-embalado pela mídia a respeito de beleza. Em vez disso, aponta para os riscos à saúde associados à obesidade e destaca o contraste entre a preferência universal da cultura por traços físicos simétricos e seu próprio corpo "assimétrico". Além disso, Emily se vê se esforçando por um ideal que vai além de qualquer mera imagem hollywoodiana. Ela procurava equilíbrio na comida que consumia, nas dimensões de seu corpo e em seu sistema de valores. Emily costumava declarar que se contentaria em ganhar peso se pudesse fazer isso apenas na parte superior de seu corpo. Por essas razões, não acreditava que tivesse um transtorno alimentar: "Garotas com transtornos alimentares", dizia ela, "querem simplesmente ser magras para ficarem parecidas com as modelos da moda", e não era assim que Emily se via. Apesar de sua aparente indiferença em relação a ser magra apenas pela magreza em si, Emily relatou um intenso medo de engordar. Afirmava que preferiria morrer a perder o controle sobre a ingestão de comida e sobre seu corpo. Quando lhe perguntaram o que achava das pessoas obesas, disse que sentia pena daqueles que eram obesos por razões médicas, porque não havia maneira de saber por que uma pessoa era obesa simplesmente olhando para ela. Mas sentia repulsa por pessoas que eram obesas porque não conseguiam parar de comer; elas representavam tudo o que ela tinha medo de poder se tornar.

(a)
(b)

FIGURA 5.4 (a): Jerry Lewis em *O Professor Aloprado*, 1963. (b): Eddie Murphy em *O Professor Aloprado*, 1996.

ESTUDO DE CASO: GEORGE

Antes de George ingressar no estudo de tratamento para síndrome do comer noturno, ele havia tentado uma série de dietas para perda de peso. Ele e a esposa haviam frequentado os Vigilantes do Peso e seguido o sistema de pontos da organização. Ele tinha tentado o Nutrisystem, em que pedia refeições pré-embaladas. Recorreu ao programa Optifast, seguindo a orientação de tomar um shake líquido em lugar de duas refeições e depois consumir um jantar normal. Tentou a dieta Atkins e depois a South Beach, na qual podia comer o quanto quisesse desde que evitasse carboidratos. Nada funcionou, e toda vez que tentava e falhava, ficava conjeturando o que poderia haver de errado com ele, já que não conseguia os resultados prometidos pelos testemunhos. Toda a dieta que falhava o fazia com que se sentisse preguiçoso e fraco – e, ainda por cima, com fome.

Os estudos sobre fatores de risco revisados no Capítulo 4 indicavam que indivíduos com BN e CAP tinham maior probabilidade do que os controles de apresentar sobrepeso quando crianças e de ter sido alvo de comentários negativos sobre seu peso (Fairburn *et al.*, 1997, 1998; Striegel-Moore *et al.*, 2005). No nível cultural, pessoas gordas são vistas como preguiçosas, estúpidas, solitárias, ineptas, fracas e dependentes (Dejong & Kleck, 1986; Puhl & Heuer, 2010; Tiggemann & Rothblum, 1997). A crença de que as pessoas podem controlar seu peso contribui para a tendência de culpar indivíduos com sobrepeso por terem sobrepeso (Crandall & Martinez, 1996; Crandall *et al.*, 2001; Paxton & Sculthorpe, 1999). Embora Emily reconheça que não há como determinar por que razão as pessoas têm sobrepeso ao olhar para elas, sente repulsa de pessoas obesas que não conseguem controlar sua ingestão. Assim como é considerado virtuoso resistir à tentação de ingerir comidas que engordam, o sobrepeso parece denotar uma fraqueza moral ao indicar uma incapacidade de resistir à tentação. As mulheres tendem mais que os homens a virar estereótipos negativos do sobrepeso e da obesidade (Tiggemann &

Rothblum, 1988), e participantes de pesquisa veem as mulheres obesas de maneira mais crítica do que encaram os homens obesos (M. B. Harris, Walters, & Waschull, 1991).

Essas atitudes parecem ser de certo modo automáticas (Grover, Keel, & Mitchell, 2003; Teachman & Brownell, 2001). Um aspecto alarmante é que as atitudes negativas em relação ao sobrepeso são sustentadas por pessoas independentemente do seu próprio peso (Grover *et al.*, 2003; Latner, Stunkard, & Wilson, 2005), como visto no caso de George e por profissionais médicos responsáveis por cuidar de indivíduos com sobrepeso (Teachman & Brownell, 2001; Puhl & Heuer, 2010). Em comparação a pacientes normais ou abaixo do peso, os pacientes com transtornos alimentares que tinham sobrepeso (definido por um IMC > 25 m/kg^2) despertavam em seus terapeutas mais medo, mais distanciamento emocional, mais confrontação, menos cuidados e menos senso de responsabilidade para com a terapia (Toman, 2002). Diferentemente da reação a estereótipos para outros aspectos da aparência física (p. ex., raça), tem havido pouca tentativa de desafiar, alterar ou censurar essas crenças (Puhl & Heuer, 2010). Além disso, pesquisas apoiam que as tentativas de reduzir o preconceito contra pessoas com obesidade são bem menos poderosas em alterar atitudes do que as típicas mensagens que culpam as pessoas gordas por terem sobrepeso (Teachman, Gapinski, Brownell, Rawlins, & Jeyaram, 2003).

Pesquisas longitudinais sugerem que o viés gordofóbico e a ativa discriminação contra indivíduos com sobrepeso podem contribuir para a associação entre obesidade e status socioeconômico descrita antes neste capítulo (Crocker & Major, 1989; Puhl & Heuer, 2010; Roehling, 1999; Rothblum, Brand, Miller, & Oetjen, 1990). Pessoas com obesidade têm menor probabilidade de serem contratadas (Roe & Eickwort, 1976) e menor probabilidade de serem promovidas (Larkin & Pines, 1979) do que indivíduos de peso normal com igual qualificação. Uma explicação adicional para a associação entre obesidade e status socioeconômico vem de um estudo que encontrou mais restaurantes de fast-food em bairros pobres do que em bairros ricos (Reidpath, Burns, Garrard, Mahoney, & Townsend, 2002). Como a fast-food, que tem muitas gorduras e calorias, é barata, pode compor uma alta proporção da ingestão alimentar de pessoas pobres. Destaque-se que essas duas explicações não se excluem. É possível tanto que o fato de ter sobrepeso contribua para um status socioeconômico mais baixo como que esse status socioeconômico mais baixo contribua para o risco de obesidade.

O preconceito contra pessoas gordas também pode ser encontrado em crianças de pré-escola (Spiel, Paxton & Yager, 2012; Worobey & Worobey, 2014). Garotas com 3,5-5 anos que receberam bonecas representando corpos magros, de peso mediano, e bonecas com corpos pesados avaliaram as bonecas magras como tendo as características mais positivas e as bonecas "gordas" como tendo as mais negativas (Worobey & Worobey, 2014). Da mesma maneira, pré-adolescentes avaliam que seus pares com sobrepeso são menos simpáticos e menos desejáveis como parceiros para brincar (Strauss, Smith, Frame, & Forehand, 1985). O estigma do peso não parece ser uma mera rejeição dos pares que têm aspecto diferente (Puhl & Latner, 2007). Crianças de 10-11 anos mostram ter mais preconceito contra crianças com sobrepeso do que contra crianças com outras diferenças físicas, como as que usam cadeiras de rodas ou as que têm um rosto desfigurado (Latner & Stunkard, 2003; Richardson, Goodman, Hastorf, & Dornbusch, 1961). Mais alarmante é que, à medida que a prevalência da obesidade entre crianças cresce, o estigma do peso entre crianças também aumenta (Latner & Stunkard, 2003). Dentre alunos da escola elementar, a natureza do viés de peso parece depender do gênero da criança sendo julgada. Verificou-se que tanto meninos quanto meninas veem fotos de crianças com sobrepeso de modo menos positivo do que fotos de crianças com peso normal ou magras (Kraig & Keel, 2001). Meninos e meninas têm opiniões significativamente mais positivas de fotos de garotas magras do que de fotos de garotas de peso normal ou com sobrepeso. Meninos viram fotos de meninos magros e de peso normal de modo similar, mas mostraram baixa consideração por meninos com sobrepeso. Essas descobertas sugerem que a magreza pode ser a propriedade destacada para julgar o quanto as meninas são "boas", enquanto, para julgar meninos, talvez o importante seja simplesmente não ser gordo. Essa diferença nos padrões explicaria as diferenças de gênero quanto a desejar a magreza e sentir insatisfação com o corpo.

Ironicamente, em forte contraste com o crescente valor atribuído à magreza e o crescente preconceito contra pessoas gordas, a população dos Estados Unidos com sobrepeso tem aumentado (Flegal, Carroll, Ogden, & Johnson, 2002; Flegal & Troiano, 2000; Kuczmarski, Flegal, Campbell, & Johnson, 1994). Como descrito no Capítulo 3, dados recentes sugerem que essa tendência pode estar se nivelando nos últimos anos (Flegal *et al.*, 2010). Mesmo assim, a prevalência da obesidade alcançou 34% da população dos Estados Unidos em 2007-2008 (Flegal *et al.*, 2010) e permaneceu nesse nível em 2011–2012 (Ogden *et al.*, 2014). Tendo em vista as consequências sociais negativas de ter sobrepeso, não é de se admirar que iniciar uma dieta ou um programa de exercícios tenha se tornado a norma nas resoluções de Ano-Novo das sociedades ocidentais. Acredita-se que a grande e crescente discrepância entre o peso ideal e o real para as mulheres produza significativas perturbações na imagem corporal.

IMAGEM CORPORAL

Antes de ver o que os estudos mostram a respeito do impacto da idealização da magreza pela sociedade na imagem corporal, é importante discutir o que se entende por imagem corporal. Cash e Deagle (1997) caracterizaram a imagem corporal como abrangendo aspectos de percepção, cognição e afeto. O aspecto de percepção envolve ver e sentir dimensões corporais como peso e forma [p. ex., "Pareço gordo(a)" ou "Sinto-me gordo(a)"], independentemente do peso ou da forma real. A perturbação na percepção do peso e da forma é incluída como possível sintoma de AN (ver Capítulo 1), mas não de BN, mesmo que os estudos não tenham encontrado diferenças significativas nas perturbações da percepção entre os dois transtornos (Cash & Deagle, 1997). Deve-se notar que a percepção não requer nenhum julgamento específico. Uma pessoa pode se perceber gorda sem fazer nenhuma declaração que envolva uma avaliação a respeito do que isso significa.

O aspecto de cognição da imagem corporal envolve avaliações e pensamentos relacionados ao tamanho do corpo (p. ex., "Peso mais do que deveria" ou "Eu deveria perder peso"). Assim como ocorre com a percepção, as cognições não precisam estar relacionadas ao peso real. Mulheres com transtornos alimentares relatam maior insatisfação com o corpo do que mulheres sem transtornos alimentares, embora o peso seja mais baixo na AN e não difira entre controles com peso equivalente e mulheres com BN (Keel, Haedt, & Edler, 2005), transtorno purgativo (Keel, Haedt, & Edler, 2005) ou CAP (Lewer, Nasrawi, Schroeder, & Vocks, 2016). Na realidade, os fatores que melhor diferenciam mulheres com e sem transtornos alimentares são os níveis de preocupação a respeito de peso e da forma e a importância dada ao peso e à forma na autoavaliação. A influência indevida do peso e da forma na autoavaliação é incluída como possível sintoma de AN e como um sintoma necessário para BN (ver Capítulo 1).

O aspecto do afeto na imagem corporal envolve emoções relacionadas a peso ou forma [p. ex., "Preciso ser magro(a) para me sentir feliz" ou "Quando estou infeliz, sinto-me gordo(a)"]. Uma pesquisa longitudinal sugere que o vínculo entre aspectos de afeto e cognitivos da imagem corporal pode ser bidirecional, quando a insatisfação com o corpo contribui para o sofrimento e o sofrimento geral é canalizado para a insatisfação corporal (Keel, Mitchell, Davis & Crow, 2001). Essa associação é uma das razões que contribuem para vincular a imagem corporal à afetividade negativa no estudo de Leon *et al.* (1999) descrito no Capítulo 4.

Uma associação entre ideais estéticos da sociedade e imagem corporal em mulheres foi demonstrada em vários estudos (Grabe, Ward, & Hyde, 2008; Groesz, Levine, & Murnen, 2002; Hausenblas *et al.*, 2013). Em uma revisão de 141 estudos examinando associações entre uso da mídia (incluindo assistir à televisão, ver filmes e ler revistas) e a imagem corporal em pessoas do sexo feminino, Grabe *et al.* (2008) verificaram uma consistente associação entre a exposição ao ideal de magreza na mídia e a insatisfação corporal, a internalização do ideal de magreza e atitudes e crenças ligadas à ingestão desordenada. Por exemplo, Tiggemann e Pickering (1996) verificaram significativa associação em garotas adolescentes entre a insatisfação corporal e o tempo gasto vendo vídeos de música, novelas e filmes. Como observado no Capítulo 4, uma desvantagem desse e de outros estudos correlatos é sua incapacidade de determinar a direção da associação entre imagens da mídia e insatisfação corporal. Potencialmente, garotas que estão mais preocupadas com seu peso têm maior probabilidade de gastar tempo buscando informações que reforcem essa preocupação (Joiner, 1999).

Além disso, a presença de preocupações com a imagem corporal pode afetar o modo como as garotas percebem imagens da mídia. Por exemplo, King, Touyz e Charles (2000) investigaram o impacto das preocupações com a forma corporal nas percepções a respeito de celebridades. Fotos de celebridades femininas magras e de celebridades pesadas foram alteradas para produzir seis fotos distorcidas (três delas em que a celebridade aparecia mais magra do que realmente era e três nas quais aparecia com maior peso). Pediu-se às participantes que escolhessem a foto que acreditavam ser a que mostrava o verdadeiro tamanho da celebridade. Para as celebridades magras, as mulheres universitárias com nível mais alto de preocupação com o corpo selecionaram fotos que mostravam corpos mais magros do que o real, enquanto mulheres com níveis mais baixos de preocupação com o corpo selecionaram fotos mais precisas. Essa descoberta sugere que as preocupações com a imagem corporal contribuem para uma percepção enviesada das imagens da mídia, forçando um ideal ainda mais magro do que o apresentado de fato pelas celebridades. É interessante ressaltar que as universitárias, seja qual for seu nível de preocupação com a forma do corpo, selecionaram as fotos de celebridades pesadas que mostravam corpos mais pesados que o real como sendo as verdadeiras. Essa descoberta sugere que, quando as imagens da mídia não retratam o ideal de magreza, as mulheres podem exagerar o desvio do ideal em suas percepções.

Estudos experimentais, nos quais as participantes podem ser aleatoriamente designadas para condições de exposição à mídia, fornecem a melhor evidência de um vínculo causal entre imagens da mídia e imagem corporal. Dentre os 141 estudos revisados por Grabe *et al.* (2008), 80 empregaram designs experimentais e mostraram apoiar significativas associações entre exposição à mídia e aumento da insatisfação com o corpo, internalização do ideal de magreza e atitudes e comportamentos de ingestão desordenada. Em uma revisão subsequente de estudos experimentais examinando o efeito da exposição à mídia na insatisfação com o corpo, Hausenblas *et al.* (2013) relataram que os efeitos eram significativamente mais acentuados entre indivíduos que já demonstravam maior internalização do ideal de magreza e tinham peso elevado (o que produziria maior discrepância entre as imagens de beleza da mídia e a aparência pessoal). Portanto, ideais culturais de beleza promovidos pela mídia podem influenciar e realmente influenciam o nível de insatisfação com o corpo experimentado por garotas e mulheres, e a internalização desses ideais afeta a vulnerabilidade das garotas a essas mensagens culturais.

As diferenças de gênero nas preocupações com a imagem corporal representam uma das descobertas mais consistentes na pesquisa sobre imagens corporais. Mulheres com ensino fundamental, secundário, superior e além relatam maior insatisfação com seu peso e sua forma e um desejo maior de perder peso do que os homens (Barnett, Keel & Conoscenti, 2001; Keel, Fulkerson *et al.*, 1997; Keel, Baxter, *et al.*, 2007; Leon, Fulkerson, Perry & Cudeck, 1993; Striegel-Moore *et al.*, 2009). Associações entre o peso real e a insatisfação com o corpo também diferem entre garotas e garotos. Em garotas com idade entre 9 e 18 anos, aquelas acima do 50º percentil para IMC relataram maior insatisfação com o corpo do que as garotas abaixo do 50º percentil (Calzo *et al.*, 2012). Em contraste, entre meninos da mesma idade, aqueles acima do 75º percentil e aqueles abaixo do 10º percentil expressaram a maior insatisfação com o corpo (Calzo *et al.*, 2012). À medida que as garotas vão envelhecendo, tornam-se cada vez mais insatisfeitas com seu peso e sua forma, a ponto de até garotas com pesos saudáveis começarem a expressar insatisfação com o corpo. O aumento da insatisfação com o corpo nas mulheres ajuda a explicar as discrepâncias de gênero nas taxas de transtornos alimentares quando a imagem corporal se traduz em comportamentos alimentares desordenados. A próxima seção discute descobertas sobre uma consequência comportamental do desejo de perder peso – a dieta.

DIETA

Como o corpo feminino idealizado é muito mais magro do que o da maioria das mulheres, não surpreende que a maioria das garotas e mulheres tenha tentado perder peso por meio de dieta (Neumark-Sztainer, Wall, Larson, Eisenberg & Loth, 2011). Refletindo diferenças de gênero na insatisfação com a imagem corporal, os homens têm menor probabilidade de realizar dieta para perder peso que as mulheres (Keel, Baxter *et al.*, 2007; Neumark-Sztainer *et al.*, 2011). Garotas do ensino secundário tentando perder peso tinham em média o peso normal, e os meninos dessa mesma faixa de idade tentando perder peso estavam, na média, com sobrepeso (J. C. Rosen, Gross, & Vara, 1987). Além disso, a porcentagem de estudantes universitários que querem perder peso excede a porcentagem daqueles que descrevem a si mesmos como tendo sobrepeso (Heatherton *et al.*, 1995). Além disso, a porcentagem daqueles que descrevem a si mesmos como tendo sobrepeso excede de longe a porcentagem daqueles que realmente têm sobrepeso (Heatherton *et al.*, 1995). Portanto, muitas pessoas que têm peso normal – mesmo muitos dos que veem seu peso como normal – tentam perder peso fazendo dieta.

A fisiologia do controle de peso é um equilíbrio entre a ingestão de energia (comer) e o gasto de energia (**taxa metabólica de repouso** mais o nível de atividade). Portanto, a perda de peso deve ser eminentemente alcançável por meio da redução da ingestão de comida e do aumento do exercício. De programas organizados a dietas líquidas disponíveis comercialmente e a regimes alimentares específicos (a dieta Zone, dietas de alta proteína etc.), o setor multibilionário da perda de peso faz promessas que são aceitas todo ano por indivíduos tentando alcançar o corpo "certo". O montante de dinheiro gasto em perda de peso aumentou de modo constante nos últimos anos, sem evidências de que as taxas de obesidade estejam declinando (Engle, 2014). Embora uma perda de peso inicial pareça alcançável com numerosos programas de perda de peso, manter o peso perdido é muito mais difícil.

Como vimos no Capítulo 4, uma possível explicação para o fracasso da maior parte das dietas em produzir uma perda de peso duradoura é que a dieta pode contribuir para a compulsão alimentar, que então favorece o ganho de peso. Na primeira metade do século XX, Ancel Keys *et al.* (Keys, Brozek, Henschel, Mickelsen & Taylor, 1950) realizaram um estudo sobre as consequências da fome extrema e examinaram métodos para uma realimentação segura, como parte dos preparativos para o retorno dos prisioneiros de guerra após a Segunda Guerra Mundial. Foram recrutados para o estudo homens jovens, física e psicologicamente saudáveis, que haviam feito objeção de consciência para não ir à guerra. Eles foram colocados em dieta e regime de exercício a fim de reduzir seu peso a 75% do peso inicial.

Os resultados desse estudo (conhecido como Conscientious Objectors Study ou Minnesota Starvation Study, isto é, Estudo dos Objetores de Consciência e Estudo de Minnesota sobre Fome Extrema) forneceram importantes *insights* sobre as consequências da restrição de comida e perda de peso significativa.

De início, os participantes perderam peso rapidamente. No entanto, conforme o estudo prosseguiu, a perda de peso desacelerou e as análises do funcionamento fisiológico dos homens revelaram uma significativa queda em sua taxa metabólica basal, que responde por cerca de 70% a 75% do gasto de energia (a depender da idade, gênero, peso corporal, massa muscular e nível de atividade). A diminuição da taxa metabólica basal foi associada a desaceleração do pulso, diminuição da respiração, queda da pressão sanguínea e baixa da temperatura, entre outras mudanças físicas (todas elas também consequências fisiológicas observadas na AN – o Capítulo 8 fornece uma descrição detalhada das consequências médicas da AN). Com a diminuição da quantidade de energia gasta para manter o corpo, os homens se tornaram mais eficientes em seu uso das calorias. Além dessas mudanças fisiológicas, os homens experimentaram aumentos em depressão, introversão, apatia e obsessões, bem como em rituais relacionados à comida. Quando a dieta se encerrou, 29% dos homens relataram ter iniciado episódios de compulsão alimentar periódica; isto é, tiveram episódios nos quais consumiam grandes quantidades de comida e experimentavam perda de controle sobre a sua alimentação. Para alguns, esse consumo exagerado levou ao vômito, e um homem precisou ser hospitalizado após excessiva ingestão de comida.

Essas observações mostraram evidência de mecanismos fisiológicos que impedem a perda de peso e contribuem para a hipótese de que a compulsão alimentar talvez represente um mecanismo comportamental para impedir a perda de peso. Após uma série de estudos com animais, emergiu uma **teoria do ponto de ajuste** para explicar por que os organismos resistem à mudança de peso (Keesey, 1986). De acordo com essa teoria, nossos corpos evoluíram mecanismos de defesa do peso a fim de suportar períodos de fome extrema. Tais mecanismos podem ser disparados por uma dieta e dificultar ainda mais a perda de peso do que é retratado pelos programas.

Embora esse modelo tenha bastante apelo, ele recebeu apenas apoio parcial de pesquisas que examinaram perda de peso entre indivíduos com sobrepeso. O surgimento de compulsão alimentar pode ser específico de indivíduos que vão de um peso normal a um peso muito baixo e talvez não se estenda a indivíduos que vão de sobrepeso a um peso normal. Muitas garotas adolescentes começam uma dieta tendo peso essencialmente normal, e o fazem em um período de seu desenvolvimento em que o corpo está ainda crescendo. Assim, a perda de peso a partir de um peso normal durante um período em que se supõe que deva ocorrer um ganho de peso pode favorecer o disparo dos mesmos mecanismos de defesa do peso observados no Estudo dos Objetores de Consciência. Em apoio a um vínculo entre a perda de peso e a compulsão alimentar, verificou-se que uma maior supressão de peso (a diferença entre o maior peso que já foi atingido na vida e o peso corrente) fazia prever o início de uma síndrome bulímica num acompanhamento de dez anos de homens e mulheres originalmente avaliados na faculdade (Keel & Heatherton, 2010).

Foi demonstrada associação entre dieta e atitudes e comportamentos alimentares desordenados em estudos prospectivos longitudinais (Stice, 2002). Por exemplo, Patton, Johnson-Sabine, Wood, Mann e Wakeling (1990) constataram que garotas que estavam em dieta tinham em uma avaliação inicial oito vezes maior probabilidade de desenvolver um transtorno alimentar nos 12 meses do acompanhamento do que garotas que não estivessem em dieta. A maior parte dos casos atuais de AN em culturas ocidentais começa quando a pessoa inicia uma dieta de perda de peso. Estudos têm dado apoio a um vínculo específico entre dieta e compulsão alimentar periódica. Em estudos longitudinais, a dieta com maior frequência precede e faz prever a compulsão alimentar entre garotas adolescentes (Patton *et al.*, 1990; Stice, 2002). A maioria dos pacientes com BN relembra que começou uma dieta antes de experimentar seu primeiro episódio de compulsão alimentar (Bulik, Sullivan, Carter, & Joyce, 1997; Mussell *et al.*, 1997). No Capítulo 4, foram descritos estudos experimentais que demonstraram associação entre status de dieta e propensão a comer grandes quantidades de comida.

Em contraste com estudos sugerindo que a dieta contribui para a patologia alimentar, Presnell e Stice (2003) verificaram que indivíduos com sintomas bulímicos colocados em dieta não só perdiam peso como também mostravam uma diminuição nos sintomas bulímicos. Além disso, Lowe, Gleaves e Murphy-Eberenz (1998) descobriram que, entre pacientes com BN, uma maior restrição dietária estava associada a menor frequência de episódios de compulsão alimentar. Esta última descoberta faz algum sentido, porque episódios recorrentes de compulsão alimentar periódica reduzem a restrição dietária geral. De fato, mulheres com ANR por definição mostram altos níveis de restrição dietária sem experimentar episódios de compulsão alimentar periódica (Associação Americana de Psiquiatria, 2013). (Isso, porém, não significa que fazer dieta não esteja contribuindo com sua patologia alimentar.) Entre mulheres e homens com CAP, 55%-81% relataram que o início da compulsão alimentar ocorreu antes de sua primeira dieta (Manwaring *et al.*, 2006; Spurrell *et al.*, 1997), em comparação com apenas 9%-17% de mulheres com BN (Bulik *et al.*, 1997; Mussell *et al.*, 1997). Portanto, alguns indivíduos desenvolvem compulsão alimentar periódica na ausência de dieta. Entretanto, isso não significa que a dieta não aumente o risco de compulsão alimentar. Simplesmente destaca a existência de fatores de risco adicionais para episódios de compulsão alimentar periódica (Grilo & Masheb, 2000), especialmente em indivíduos com CAP.

Para os meninos, preocupações a respeito de "serem pequenos demais" não os levam a fazer dieta para perder peso e podem protegê-los de desenvolver AN e BN em relação às garotas. No entanto, a exposição dos meninos a revistas que retratam um ideal de homem esguio e musculoso foi associada a um maior desejo de ganhar peso e de aumentar a definição muscular e ao desejo de se engajar em comportamentos para aprimorar os músculos, incluindo o uso de esteroides (Field *et al.*, 2005). Nos garotos, a exposição à mídia, com seus ideais musculares, também foi associada a maior frequência de pesagens e maior insatisfação com o corpo (Quick, Larson, Eisenberg, Hannan, & Neumark-Sztainer, 2012). Além disso, um estudo longitudinal de cinco anos verificou que o desejo de ganhar peso era um fator de risco prospectivo para uso de esteroides nos garotos (Van den Berg *et al.*, 2007).

CONCLUSÃO

A crescente idealização da magreza em mulheres fornece uma explicação para a elevação das taxas de transtornos alimentares como AN e BN nas culturas ocidentais na segunda metade do século XX. O ideal de magreza contrasta fortemente com a aparência dos corpos da maioria das mulheres, levando a maioria delas a querer perder peso. O marketing promete que o peso corporal pode ser controlado, então ter sobrepeso parece ser um sinal de fraqueza pessoal. O passo final na cadeia de explicações é vincular as dietas de perda de peso ao aspecto essencial da AN – uma significativa perda de peso –, ao aspecto essencial da BN – compulsão alimentar – e ao aspecto essencial do transtorno purgativo – purgação. Um ideal masculino cada vez mais muscular e esguio pode proteger os homens de desenvolver doenças como a AN, mas aumenta sua insatisfação corporal e seu risco de adotar comportamentos não saudáveis de controle do peso. Finalmente, entre indivíduos que tenham uma predisposição genética para obesidade em uma sociedade **obesogênica**, pode haver perda de controle da ingestão e compulsão alimentar periódica como reação ao sofrimento causado pela depreciação da condição de gordo e pelo estigma social associado à obesidade (Puhl & Brownell, 2010).

Apesar de sua coerência e da evidência em seu apoio, a reação das pessoas a ideais da mídia e a pressões sociais está longe de ser uma explicação completa da etiologia dos transtornos alimentares. Primeiro, a evidência de AN fora do contexto da moderna idealização da magreza (ver Capítulo 3) sugere que há algo além do ideal de magreza que pode contribuir para o desenvolvimento dessa doença. Em segundo lugar, a compulsão alimentar periódica precede a primeira dieta em uma porcentagem pequena, mas confiável, de mulheres com BN e na maioria dos indivíduos com CAP (como a Jane de nosso estudo de caso). Finalmente, embora o ideal de magreza leve à insatisfação com o corpo e a tentativas de perda de peso em boa parte das mulheres americanas, os transtornos alimentares afetam apenas uma minoria muito pequena.

Portanto, uma explicação baseada em ideais culturais não parece ser nem necessária, nem suficiente para compreender a etiologia dos transtornos alimentares. Tais ideais fornecem uma importante parte da explicação para o surgimento desses transtornos, mas são apenas uma parte do quadro geral. O Capítulo 6 examina como as esferas mais imediatas de influência social – a família e os pares – podem contribuir para o risco de transtornos alimentares. Como revisado no Capítulo 4, altas expectativas parentais podem representar um fator de risco transdiagnóstico para AN, BN e CAP. Além disso, o Capítulo 6 discutirá como indivíduos que têm risco crescente de transtornos alimentares podem moldar ativamente seu ambiente social imediato de maneiras que aumentem ainda mais esse risco. Portanto, o Capítulo 6 oferece uma transição, passando do exame de influências ambientais para o exame de diferenças individuais que influenciam o risco de desenvolver transtornos alimentares.

TERMOS-CHAVE

Obesogênica
Objetificação
Taxa metabólica de repouso
Teoria do ponto de ajuste

CAPÍTULO 6

Família e pares são fatores para o desenvolvimento de patologias alimentares

Transtornos alimentares muitas vezes começam na adolescência, quando famílias e pares formam o ambiente social imediato da pessoa. As primeiras hipóteses sobre a etiologia dos transtornos alimentares focavam quase exclusivamente as famílias dos pacientes. Chipley (1860) atribuía a autoinanição a um desejo de ganhar atenção da família, e, no final do século XIX, uma recomendação terapêutica comum era que indivíduos afligidos fossem removidos de seu ambiente familiar. Gull (1874) recomendava que pacientes fossem rodeados por "pessoas que tivessem controle moral sobre eles; parentes e amigos costumam ser os piores assistentes" (p. 26). Também havia foco no ambiente familiar nos modelos teóricos dominantes para transtornos mentais quando a AN emergiu – ou seja, o modelo psicanalítico e, mais tarde, o psicodinâmico.

Tendo em vista que diferentes orientações teóricas têm contribuído com diferentes explicações para a etiologia dos transtornos alimentares, este capítulo revisa modelos históricos de influência familiar junto com dados que aprimoraram nossa compreensão de como o contexto social imediato, incluindo famílias e pares, pode influenciar o desenvolvimento de transtornos alimentares.

MODELO PSICANALÍTICO DE INFLUÊNCIA DA FAMÍLIA

Historicamente, os **modelos psicanalíticos** fornecem a primeira descrição de como os pais contribuem para o desenvolvimento de transtornos alimentares nos filhos. Embora os dados em grande medida não tenham apoiado esses modelos como originalmente apresentados, o impacto dessas primeiras explicações pode ser visto em escalas desenvolvidas para medir fatores associados a transtornos alimentares e que, em algumas situações, têm sido identificados como fatores de risco para esses transtornos.

A teoria psicanalítica, com base no surgimento de sintomas de AN perto do início da puberdade e em uma visão das doenças neuróticas como decorrentes de conflitos sexuais inconscientes, interpretou a AN como reflexo de um medo da maturidade sexual. Segundo o modelo psicanalítico (ver Figura 6.1), esse medo surgiu em famílias nas quais o pai era bondoso, mas passivo, e a mãe, agressiva e "castradora" – um termo psicanalítico referente a uma atitude dominadora e controladora. Como as mães nessas famílias forneciam modelos inadequados de feminilidade, as garotas temiam se tornar mulheres iguais às mães. Esse medo ficou simbolizado como um medo de impregnação oral (engravidar pela boca). Szyrynski (1973; citado em Boskind-Lodahl, 1976) oferece o seguinte resumo dos medos que eram vistos como subjacentes à AN:

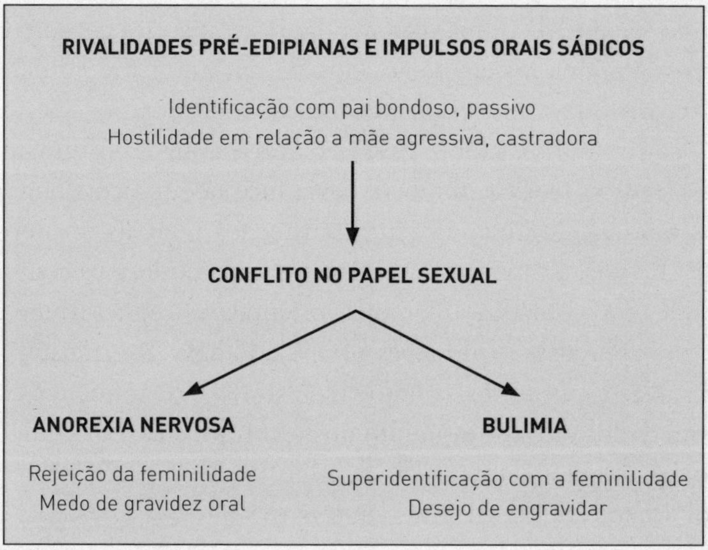

FIGURA 6.1 Modelo psicanalítico de anorexia nervosa e bulimia. Fonte: Boskind-Lodahlm M. (1976). Cinderella's Stepsisters: A Feminist Perspective on Anorexia Nervosa and Bulimia Signs. *Journal of Women in Culture and Society*. 2, p. 342-356. Copyright © The University of Chicago. Reimpresso com permissão da University of Chicago Press.

> O medo de engravidar frequentemente domina o quadro; com a gravidez sendo simbolizada pela comida – engordar significa engravidar. Tais fantasias são também muitas vezes formuladas como impregnação oral. A garota, após beijar um rapaz pela primeira vez, fica em pânico achando que pode ter engravidado. Ela presta particular atenção ao seu ganho de peso, e não é infrequente que um comentário casual de uma visita, parente ou amigo de que ela está com bom aspecto e parece ter engordado um pouco desencadeie um desastroso ritual de autoinanição.

Portanto, garotas que sofriam de AN eram vistas como tendo ódio inconsciente da feminilidade, decorrente de seu conflito inconsciente pré-edipiano com a mãe. A anorexia nervosa era interpretada como uma tentativa de regressar à segurança da infância. Os sinais físicos de AN pareciam confirmar essa interpretação, já que a inanição levava a uma perda tanto das características sexuais secundárias como da função menstrual. Para as garotas, o tratamento envolvia (como ocorria na atenção psicanalítica à maioria das mulheres que sofriam de transtornos mentais) "colocar um fim a esse ódio à feminilidade ajudando a mulher a aprender a aceitar o papel tradicional da mulher e agir de acordo" (Boskind-Lodahl, 1976, p. 345).

Consistentemente com esse modelo, Medos da Maturidade é uma subescala do Inventário de Transtornos Alimentares (Eating Disorders Inventory, EDI; Garner, Olmstead, & Polivy, 1983), uma medida frequentemente utilizada de atitudes e comportamentos característicos de pacientes com AN e BN (Clausen, Rosenvinge, Friborg, & Rokkedal, 2011). Os *Lower Maturity Fears* [Medos Menores da Maturidade] prediziam recuperação dos pacientes com AN (Fassino *et al.*, 2001; van der Ham, van Strien, & van Engeland, 1998), e os *Higher Maturity Fears* [Medos Maiores da Maturidade] prediziam a manifestação de um transtorno alimentar em dez anos após a faculdade (Holland, Bodell, & Keel, 2013). Esses estudos longitudinais sugerem que um medo de virar adulto pode contribuir para a presença de transtornos alimentares. No entanto, não é claro se esse medo representa um fator de risco específico para transtornos alimentares ou um fator de risco geral para uma gama de transtornos mentais (Hurley, Palmer, & Stretch, 1990; K. S. Mitchell, Wells, Mendes, & Resick, 2012).

MODELO PSICODINÂMICO DE INFLUÊNCIA DA FAMÍLIA

Bruch (1978) propôs que as mães de garotas que mais tarde desenvolveram AN tinham dificuldade em identificar com precisão e reagir adequadamente às necessidades delas quando pequenas. Por exemplo, uma mãe pode ter reagido à fome do bebê segurando-o nos braços, à sonolência dele dando-lhe comida e ao próprio desconforto tirando uma soneca. Essa discrepância entre as necessidades das crianças pequenas (ou impulsos) e as reações de suas mães, de acordo com Bruch, comprometeu nas garotas o desenvolvimento da capacidade de identificar e interpretar os próprios estados internos, redundando no que Sifneos (1972) chamou de ***alexitimia*** (das raízes gregas para "incapacidade de ler estados emocionais") e o que outros (p. ex., Garner *et al.*, 1983) chamaram de escassa *consciência interoceptiva*. Em uma tentativa de se ajustar a um ambiente que não refletia seus estados internos, essas garotas aprenderam a adaptar suas necessidades ao que percebiam como sendo fornecido por seus ambientes – e com isso tornavam-se filhas "perfeitas". No entanto, seus ambientes ou falharam em perceber, ou reagiram de modo inadequado às dicas fornecidas pela criança, e essas garotas sofreram com sentimentos de profunda ineficácia (Bruch, 1978).

Pais de garotas com AN com frequência relatavam a Bruch que suas filhas haviam sido especialmente bem-comportadas ao longo da infância e nunca haviam desafiado as limitações parentais (Bruch, 1978). Portanto, a repentina recusa em comer representava um acentuado desvio em relação às filhas dóceis e complacentes que os pais se congratulavam de ter criado. Bruch acreditava que a adolescência desencadeava essa rebeldia porque era um estágio de desenvolvimento crucial para o surgimento da autonomia. Uma garota incapaz de identificar as próprias necessidades e os próprios desejos estaria mal equipada para as demandas desse estágio. A crise emocional resultante contribuía para uma rebelião centrada em uma rejeição simbolicamente significativa da fonte primária de nutrição maternal – a comida. A recusa de comida também oferecia a única arena na qual a filha podia exercer completo controle e combater seus sentimentos de inadequação.

Descobertas de estudos prospectivos têm confirmado a importância da escassa consciência interoceptiva na produção dos sintomas de transtorno alimentar em adolescentes (Gustafsson, Edlund, Kjellin, & Norring, 2010; Killen *et al.*, 1996; Leon *et al.*, 1993, 1999; Leon, Fulkerson, Perry, & Early-Zald, 1995). Um segundo componente da teoria de Bruch (1978), de que as garotas tentavam lidar com a confusão a respeito de seus estados internos reagindo de modo perfeito aos seus ambientes – isto é, com alto perfeccionismo –, também recebeu considerável apoio como fator de risco para transtornos alimentares (Boone, Soenens & Braet, 2011; Mackinnon *et al.*, 2011). Estudos longitudinais verificaram que o perfeccionismo acentuado prevê a manifestação de síndromes anoréxicas (Tyrka *et al.*, 2002), sintomas bulímicos (Boone *et al.*, 2011; Killen *et al.*, 1996; Vohs, Bardone, Joiner, Abramson, & Heatherton, 1999) e compulsão alimentar periódica (Bardone-Cone, Abramson, Vohs, Heatherton, & Joiner, 2006; Mackinnon *et al.*, 2011). Embora haja estudos apoiando a escassa consciência interoceptiva e o perfeccionismo como fatores de risco para transtornos alimentares, outros componentes da teoria de Bruch (p. ex., sentimentos de ineficácia) receberam bem menos apoio (Leon *et al.*, 1993, 1995, 1999; Lilenfeld, Wonderlich, Riso, Crosby, & Mitchell, 2006) ou parecem afetar o risco apenas quando combinados a outros fatores de risco, como o perfeccionismo e as preocupações com o peso (Bardone-Cone *et al.*, 2006). Portanto, a pesquisa empírica apoia alguns pontos, mas não todos, da teoria de Bruch (1978).

Além disso, a evidência de que esses fatores de risco são resultantes de experiências infantis é limitada. A evidência de Bruch veio da ausência de conflito a respeito da alimentação na infância, segundo o que as mães relembravam: "As primeiras histórias sobre alimentação de muitos pacientes anoréxicos, quando reconstruídas em detalhe, costumam ser conspicuamente amenas" (Bruch, 1978, p. 43). Tampouco fica claro que as primeiras experiências de criação de garotas que seguem adiante para desenvolver AN sejam diferentes daquelas das garotas que não desenvolvem. Esse aspecto da teoria de Bruch é difícil de testar com estudos retrospectivos, porque pacientes com transtornos alimentares seriam incapazes de se lembrar de tais experiências antigas, e os pais não teriam consciência de não estarem reagindo adequadamente às necessidades das crianças.

Vários estudos examinaram os padrões emocionais e comportamentais dos pais em relação à alimentação em populações de alto risco e de baixo risco – ou seja, em crianças de mães que sofreram de transtornos alimentares e crianças de mães que nunca sofreram de transtornos alimentares, respectivamente (Agras, Hammer, & McNicolas, 1999; Russell, Treasure, & Eisler, 1998; A. Stein, Woolley, & McPherson, 1999; Waugh & Bulik, 1999). Muito desse trabalho decorreu da observação de que crianças de mulheres que haviam sofrido de AN tinham risco maior de **insuficiência de desenvolvimento não orgânica** – uma condição na qual crianças pequenas não ganham peso adequado, sem que se encontre razão médica para seu baixo peso (Brinch, Isager, & Tolstrup, 1988; van Wezel-Meijler & Wit, 1989). Verificou-se que mulheres com histórico de transtornos alimentares têm mais ansiedade, rigidez e conflito a respeito de alimentar seus filhos do que mulheres que nunca sofreram de transtorno alimentar. Esse padrão estava relacionado a peso menor em crianças de mulheres no primeiro grupo (A. Stein, Murray, Cooper, & Fairburn, 1996; A. Stein, Woolley, Cooper, & Fairburn, 1994; A. Stein *et al.*, 1999).

A. Stein *et al.* (1994) filmaram interações mãe-bebê durante a hora das refeições e nas brincadeiras. "Mães índice", que haviam experimentado um transtorno alimentar parcial ou pleno no ano seguinte ao nascimento de seus filhos (bebês índice), foram comparadas a mães controle saudáveis da mesma comunidade, que eram compatíveis com mães índice de renda e grau de instrução equivalentes. Avaliadores que não sabiam do status de transtorno alimentar das mães codificaram vídeos para vários fatores, incluindo conflito entre mãe e filho e como o conflito foi resolvido. Nos momentos de brincadeiras, não foi observada nenhuma diferença entre mães índice e mães controle em sua interação com os bebês. Nas refeições, porém, as mães índice eram mais intrusivas, faziam mais críticas e comentários depreciativos, além de estarem mais preocupadas em evitar a bagunça do que as mães no grupo controle. Um conflito significativamente maior durante as refeições entre mães índice e seus bebês resultava em uma ingestão de comida significativamente menor: bebês índice pesavam significativamente menos do que bebês controle, e o peso tinha significativa associação inversa com o conflito – isto é, maior conflito durante a refeição foi associado a peso menor do filho.

Em um estudo relacionado, A. Stein *et al.* (1999) examinaram potenciais antecedentes específicos de conflitos e reações maternais e infantis a esses antecedentes. Os pesquisadores identificaram três tipos de antecedentes, que foram codificados por avaliadores "cegos":

1. O bebê indicou desejo de se alimentar enquanto a mãe indicou desejo de alimentá-lo.
2. A mãe expressou preocupação com a maneira de o bebê se alimentar (geralmente com a bagunça que o bebê estava aprontando).
3. O bebê recusou a comida oferecida.

Três potenciais reações que poderiam impedir o conflito foram também codificadas:

1. A mãe reconhece os sinais do bebê.
2. A mãe deixa de lado seus próprios desejos.
3. O bebê se dispersa.

Finalmente, três tipos de episódios foram codificados:

1. Antecedentes terminam em conflito no grupo índice.
2. Antecedentes *não* terminam em conflito no grupo índice.
3. Antecedentes *não* terminam em conflito no grupo controle.

Episódios de antecedentes que levam a conflito não foram codificados no grupo controle por serem de ocorrência extremamente rara.

A seguir, um trecho de uma descrição de uma refeição no estudo:

CAPÍTULO 6

A mãe está dando comida ao seu bebê, segurando o prato fora do alcance dele. O bebê chora e tenta pegar a comida no prato, indicando que quer se alimentar ele mesmo. A mãe então afasta o prato e diz, "Epa, não é pra você pegar comida do prato". O bebê choraminga e tenta de novo pegar a comida. A mãe reage em tom crítico, "Não, você vai derrubar a comida no chão" (evitar bagunça).

A mãe agora oferece ao bebê outra colherada de comida e o bebê recusa e tenta de novo colocar a mão no prato.

A mãe, ignorando os sinais do bebê, continua mantendo o prato fora de seu alcance e então coloca uma colherada de comida nos lábios do bebê, que recusa; ele também chora.

A mãe diz, "Ah, tá, não quer comer mais, é isso?" (descrevendo a recusa como saciedade).

Após uma breve pausa, a mãe continua a oferecer comida, que o bebê recusa. A mãe então tenta distrair o bebê com uma brincadeira, equiparando a colher a um aviãozinho aterrissando na boca do bebê. Ele continua recusando as tentativas da mãe, chorando cada vez mais, e a mãe fica desnorteada e zangada. Nessa refeição foi consumida bem pouca comida.

A. Stein *et al.*, *1999, p. 458;*
Reimpresso com a gentil permissão
do Royal College of Psychiatrists

Dentro do grupo índice, os antecedentes tinham menor probabilidade de levar a conflito quando as mães reconheciam as dicas dos bebês, ou quando deixavam de lado as próprias preocupações, ou os bebês se dispersavam (A. Stein *et al.*, 1999). As mães índice tinham menor probabilidade do que as mães controle de reconhecer as dicas dos bebês ou de colocar de lado as próprias preocupações. Os bebês índice tinham probabilidade significativamente maior de se dispersar do que os bebês controle. Na realidade, nenhum bebê controle se dispersava reagindo a um antecedente.

A. Stein *et al.* (2006) realizaram avaliações de acompanhamento por cinco e dez anos das crianças e mães incluídas em seu estudo original (A. Stein *et al.*, 1994). O conflito relacionado à refeição foi codificado em uma escala de um a cinco, baseada em refeições filmadas, não só quando as crianças eram bebês, mas nas refeições do acompanhamento de cinco anos, e a patologia alimentar foi medida no acompanhamento de dez anos, tanto nas crianças como nas mães. Na comparação com os controles, as crianças das mães índice tinham níveis de descontrole alimentar significativamente mais elevados no acompanhamento de dez anos, além de elevação nas preocupações com peso e forma e com restrições dietárias , embora crianças controle e crianças índice não mostrassem diferenças no IMC. O nível de conflito relacionado à refeição no acompanhamento de cinco anos e a duração do transtorno alimentar da mãe faziam prever níveis de descontrole alimentar no acompanhamento de dez anos. Embora nenhuma das crianças atendesse aos critérios de AN ou BN, várias das crianças índice pareciam crianças sofrendo de ARFID, um novo transtorno alimentar no DSM-5.

Considerados em seu conjunto, esses dados fornecem evidência de que os bebês podem evitar conflito se tornando passivos quando as mães falham em reconhecer ou em reagir às suas dicas e que essa reação pode contribuir para um peso inferior durante a infância. A continuidade do conflito relacionado à refeição aumenta o risco de alimentações desordenadas conforme a criança chega à puberdade. Um padrão de evitar passivamente o conflito contribui para a ilusão de um "bebê perfeito" e serve como um sinal de risco aumentado de emergência de um transtorno alimentar durante a adolescência, observado por Bruch (1978).

MODELO DE SISTEMAS FAMILIARES NA INFLUÊNCIA FAMILIAR

Por volta da mesma época em que Bruch (1978) publicava as teorias dela sobre o desenvolvimento da AN, Minuchin, Rosman e Baker (1978) desenvolveram um **modelo de sistemas familiares**, que explicava os transtornos alimentares como uma manifestação de relacionamentos familiares conturbados. Segundo esse modelo, todas as famílias são compostas de subsistemas (p. ex., esposos, pais e mães, irmãos) envolvendo diferentes papéis e responsabilidades. Os limites entre os subsistemas podem variar de enredados a desengajados. O **enredamento** se refere a uma escassa diferenciação de limites. Por exemplo, os filhos podem ser convidados a fazer parte de transações que tipicamente permaneceriam entre marido e mulher (subsistema esposos), como quando um dos pais procura conselho de um filho a respeito de como lidar com a frustração em relação ao comportamento do cônjuge. O **desengajamento** se refere à existência de limites que criam isolamento entre os membros da família. Por exemplo, os filhos podem se sentir como uma preocupação secundária no contexto da vida agitada dos pais. A clareza de limites pode ser diferente entre os membros da família e mudar dentro da família ao longo do tempo. Na realidade, os sistemas familiares precisam mudar reagindo aos processos normais de desenvolvimento (isto é, conforme os filhos crescem e se tornam adultos) e reagindo a eventos externos (p. ex., mudanças de residência da família).

Minuchin *et al.* (1978) propõem que famílias nas quais tenha surgido AN são marcadas pelas seguintes características: enredamento em seu interior; superproteção dos filhos, que criava limites rígidos e isolava os membros da família de relacionamentos extrafamiliares; busca por evitar conflitos; e preocupação com as funções corporais, como sintomas físicos, alimentação e dietas. Segundo o modelo de Minuchin *et al.*, a ausência de limites entre os membros dessas famílias desencadeava conflito quando as garotas chegavam à adolescência. No entanto, o conflito nessas famílias não era um canal de vazão, pois a tensão era ocultada por uma fachada de proximidade. As garotas em famílias enredadas eram reprimidas ao tentar obter independência e estabelecer relacionamentos fora da família. Como não havia opção viável para expressar conflito interpessoal, os conflitos eram **somatizados**; isto é, expressos como condições físicas. Dentro dessa estrutura de Minuchin *et al.* (1978), o conflito podia se manifestar em uma variedade de enfermidades em qualquer membro da família. Aplicado à AN, esse modelo via os sintomas da filha como evidência não de um conflito **intrapsíquico**, como proposto por Bruch (1978), mas de um conflito intrafamiliar. Portanto, o tratamento precisaria focar sanar as interações familiares.

Vários estudos examinaram a qualidade dos relacionamentos familiares de indivíduos com transtornos alimentares. Esses estudos geralmente indicam que as famílias desses indivíduos mostram maior disfunção do que as famílias de controles saudáveis (Holtom-Viesel & Allan, 2013). Porém, em uma revisão sistemática de literatura, Holtom-Viesel e Allan (2013) concluíram que não havia um padrão típico de disfunção familiar caracterizado ou diferenciado entre os transtornos alimentares. Por exemplo, os estudos têm apoiado, de forma variada, maior conflito, menor conflito e não encontrar diferenças significativas de conflito em famílias de indivíduos afetados por transtornos alimentares quando comparadas com famílias controle. Deve-se destacar que os estudos revisados por Holtom-Viesel e Allan (2013) examinaram associações concorrentes entre patologia alimentar e relacionamentos familiares. Portanto, as implicações casuais de quaisquer associações significativas não são claras. As interações em família disfuncional podem ser reações a transtornos alimentares, em vez de uma contribuição ao seu desenvolvimento.

Shoebridge e Gowers (2000) usaram um design retrospectivo para examinar se a atuação superprotetora dos pais favorecia a manifestação de AN. Na comparação com mães dos controles emparelhados, mães índice tinham maior probabilidade de afirmar que ofereciam cuidado à criança de maneira praticamente exclusiva (definida como 95% ou mais de cuidado com a criança com exclusão de cuidados pelos pais) e que os bebês tinham dificuldades com o sono; havia sofrimento da mãe na primeira separação, maior ansiedade maternal característica e uma idade mais avançada para a primeira festa do pijama da filha. Ao procurarem explicar as ansiedades maternas, Shoebridge e Gowers verificaram que os registros obstétricos revelaram que 25% das mães índice havia experimentado uma severa perda obstétrica (p. ex., aborto espontâneo) antes do nascimento do filho no estudo, em comparação com apenas 7,5% das mães controle. Em 90% dos casos de perda obstétrica em mães índice, a filha com AN era a próxima criança do sexo feminino a nascer. Como seria de se esperar, mais mães índice que mães controle relataram significativa preocupação com um possível aborto durante a gravidez que havia levado ao nascimento da criança em estudo. É interessante observar que não houve diferenças significativas entre o relatado por mães índice e por mães controle a respeito de dificuldades para alimentar a criança nos primeiros cinco anos de vida dela.

Taborelli *et al.* (2013) estenderam a abordagem de Shoebridge e Gowers (2000) e compararam as experiências maternais de ansiedade em relação às filhas com AN e às suas irmãs saudáveis. As mães relataram experimentar maior ansiedade na gravidez com as filhas que mais tarde desenvolveram AN e também relataram aguardar até uma idade mais avançada para permitir que essas filhas ficassem sob cuidados de outro adulto. Taborelli *et al.* (2013) não encontraram diferenças na ansiedade maternal ou atitude superprotetora entre filhas com BN e suas irmãs saudáveis.

Byely, Archibald, Graber e Brooks-Gunn (2000) usaram um design prospectivo para avaliar a relação entre as percepções que as garotas tinham dos relacionamentos familiares e as mudanças na dieta e no transtorno dismórfico corporal. Ao longo de um período de acompanhamento de um ano, garotas com idade entre 10 e 14 anos relataram crescentes problemas nos relacionamentos familiares. Relacionamentos familiares negativos faziam prever dieta no acompanhamento, mesmo após controle de dieta na fase inicial. No entanto, os relacionamentos familiares não prenunciavam mudanças na imagem corporal. Byely *et al.* (2000) também avaliaram a modelagem maternal de comportamentos alimentares como um potencial preditor de dieta e de perturbações na imagem corporal nas garotas, e não encontraram nenhuma associação.

Laliberte, Boland e Leichner (1999) examinaram os efeitos dos relacionamentos familiares em termos de duas categorias de variáveis: "variáveis do processo familiar tradicional (conflito, coesão, expressividade)" e "'clima familiar para transtornos alimentares'... Satisfação da Família com o Corpo, Orientação da Aparência Social da Família e Ênfase nas Realizações da Família" (p. 1.021). Ambos os tipos de variáveis do relacionamento familiar faziam prever significativamente atitudes e comportamentos alimentares desordenados em mulheres universitárias, com o clima familiar para transtornos alimentares demonstrando um relacionamento mais forte. Em comparações de pacientes com transtorno alimentar, controles deprimidos e controles saudáveis, as variáveis do processo familiar distinguiam ambos os grupos de pacientes dos controles, mas não um do outro. O clima familiar para transtornos alimentares, no entanto, diferenciava o grupo de transtornos alimentares tanto dos controles deprimidos quanto dos saudáveis.

Portanto, o exame do papel dos fatores familiares no desenvolvimento de transtornos alimentares demonstra muito bem algumas similaridades entre as teorias. Primeiro, a maioria das teorias sugere um papel para as altas expectativas dos pais na forma de uma reatividade reduzida às dicas dos bebês, o que pode contribuir para um ambiente familiar mais crítico. Em segundo lugar, a maioria das teorias reconhece que as preocupações familiares com comida, alimentação e peso podem moldar o conteúdo das interações difíceis. A seção a seguir examina a extensão em que as crianças podem aprender atitudes e comportamentos alimentares desordenados com base nas atitudes e nos comportamentos desordenados de suas famílias. Esse modelo de aprendizagem social é consistente com o achado de A. Stein *et al.* (2006), de que a duração da exposição a transtornos alimentares maternos fazia prever a severidade do descontrole alimentar dos filhos.

MODELO DE APRENDIZAGEM SOCIAL NA INFLUÊNCIA FAMILIAR

De um ponto de vista de aprendizagem social, atitudes e comportamentos alimentares desordenados podem ser aprendidos de membros da família, da mesma forma que muitas outras atitudes e muitos outros comportamentos são aprendidos. Sem dúvida, preferências de comida que podem ter consequências para o descontrole alimentar são altamente influenciadas pela cultura e pelo ambiente de criação, como pode ser visto no caso de Jamie.

ESTUDO DE CASO: JAMIE

Um problema que Jamie teve com todas as suas dietas para perder peso foi sua ênfase em comer mais frutas e vegetais frescos. Ele sentia que, se o número de calorias que podia comer era restrito, queria usar o maior número possível de calorias com comidas de que gostasse, em vez de gastar calorias em comidas que não eram do seu agrado. As comidas favoritas de Jamie eram as que o faziam lembrar das habilidades culinárias da mãe. Ela fora criada no Sul dos Estados Unidos e fazia um maravilhoso filé de frango frito com molho de carne, biscuits e quiabo frito. Como quiabo era um vegetal que ele apreciava, Jamie uma vez tentou preparar quiabo cozido em uma dieta. No entanto, a consistência do quiabo era de "meleca com caquinha de nariz". Era viscoso, grudento, e as sementes do quiabo eram como pequenas bolhas sem gosto suspensas no meio da gosma. O pai de Jamie também tinha um papel em suas atitudes em relação à comida: ambos achavam que uma refeição sem carne vermelha não era uma refeição "de verdade".

Em apoio ao modelo de aprendizagem social, verifica-se que os transtornos alimentares percorrem as famílias (Ferreira, de Souza, da Costa, Sichieri, & da Veiga, 2013; Lilenfeld *et al.*, 1998; Strober *et al.*, 1990). Woodside *et al.* (2002) constataram preocupações significativamente elevadas com peso e forma entre os pais de sujeitos com descontrole alimentar em comparação com controles. Gershon *et al.* (1983) descobriram que mães de adolescentes com alimentação desordenada tinham históricos de fazer dieta com maior frequência do que as mães de controles. Vários estudos transversais apoiam a ideia de que famílias podem prover um contexto para aprendizagem social de atitudes e comportamentos alimentares desordenados (Quiles, Quiles, Pamies, Botella, & Treasure, 2013).

Agras *et al.* (1999) realizaram um estudo prospectivo longitudinal com 41 mães com transtornos alimentares atuais ou passados (mães TA) e 153 mães controle sem TA, junto com seus filhos, começando quando os filhos eram bebês. Surgiram várias diferenças que pertenciam especificamente a filhas de mães TA. Na infância, filhas de mães TA vomitavam com maior frequência do que filhas de mães não TA. Também foi constatada uma significativa associação entre sintomas de transtorno alimentar em mães TA e suas atitudes em relação ao peso ou à forma de suas filhas, mas não de seus filhos. Independentemente do gênero do filho, mães TA relataram maior frequência no uso de comida para recompensar ou acalmar crianças, e que alimentaram seus filhos segundo esquemas menos regulares, e seus filhos demoravam mais para comer do que o relatado por mães não TA. Stice, Agras e Hammer (1999) examinaram taxas de preditores de perturbações alimentares na infância com base nos dados coletados por Agras *et al.* (1999). Surgiram perturbações alimentares na infância no decorrer do acompanhamento de cinco anos em 34% dos participantes. Dentre os comportamentos relevantes, foram citados comer com inibição, comer em segredo, comer em excesso e induzir vômito por ter comido em excesso. Fato interessante é que não foram encontradas diferenças significativas de gênero para as taxas de padrões de alimentação perturbada, com a exceção de que o vômito induzido por ter comido demais era mais comum em garotos que em garotas. Os distúrbios alimentares em crianças foram previstos por diversas variáveis maternas, como o IMC da mãe, sua insatisfação corporal, sintomas bulímicos e restrições dietéticas.

Em um estudo longitudinal de três anos com garotas adolescentes, a extensão em que mães haviam internalizado o ideal de magreza foi um preditor de sintomas bulímicos em suas filhas (Linville, *et al.* 2011). Em um estudo de acompanhamento de dez anos com universitários, o fato de ter uma mãe que fazia dieta com frequência era preditor de um impulso maior para sintomas de magreza e bulímicos em mulheres, mas não em homens (Keel, Forney, Brown, & Heatherton, 2013). Esses resultados, diferentemente daqueles de Stice *et al.* (1999), apoiam um relacionamento prospectivo entre atitudes e comportamentos de alimentação desordenados dos pais e a aparição de transtornos alimentares em filhas, mas não em filhos.

Uma alternativa para uma explicação de aprendizagem social para associações entre preocupações dos pais com alimentação e peso e alimentação desordenada em filhas é que os parentes biológicos compartilham não apenas seus ambientes, mas sua configuração genética. Klump *et al.* examinaram escores em uma medida baseada no Inventário de Transtornos Alimentares (Eating Disorders Inventory, EDI) em 680 pares de gêmeas de 11 anos e 602 de 17 (Klump, McGue, & Iacono, 2000c) e reavaliaram a alimentação desordenada nas gêmeas de 11 anos quando elas tinham 14 e 18 anos (Klump, Burt, McGue, & Iacono, 2007). Na coorte de 11 anos, as correlações de escores baseados no EDI entre pares de gêmeas eram similares para gêmeas MZ e DZ. No entanto, as correlações EDI foram significativamente mais altas para gêmeas MZ em comparação com gêmeas DZ na coorte de 17 anos. Além disso, o acompanhamento para as gêmeas de 11 anos mostrou correlações EDI significativamente mais altas para gêmeas MZ do que para DZ quando elas tinham 14 anos e de novo quando tinham 18. Refletindo esses padrões, fatores ambientais compartilhados (p. ex., ambiente de criação da família) explicam significativamente os escores EDI nas gêmeas de 11 anos, enquanto os fatores genéticos explicam significativamente os escores EDI nas gêmeas com idades de 14, 17 e 18 anos. Esses resultados sugerem que o ambiente de criação pode afetar significativamente atitudes e comportamentos alimentares disfuncionais em garotas pré-púberes, mas que, na adolescência, a configuração genética é mais decisiva. O papel dos fatores genéticos nos transtornos alimentares será visto em profundidade no Capítulo 8.

INFLUÊNCIA DA MODELAGEM PARENTAL *VERSUS* COMENTÁRIOS DIRETOS DOS PAIS

Contrastando com os estudos que acabamos de discutir, vários estudos não conseguiram encontrar associações significativas entre os níveis de distúrbio alimentar reportados pelos pais e aqueles presentes nas filhas (Byerly *et al.*, 2000; Eisenberg & Neumark-Sztainer, 2010; Keel, Heatherton, Harnden, & Hornig, 1997; Ogden & Steward, 2000; Sanftner, Crowther, Crawford, & Watts, 1996; Steiger, Stotland, Ghadirian, & Whitehead, 1995). Uma variável oculta nos estudos que encontraram essa associação pode ser a extensão em que os membros da família fizeram comentários diretos às suas filhas relacionados a peso e alimentação. Tais comentários podem vir na forma de conselhos ("Você precisa cortar a sobremesa se quiser perder peso"), críticas ("Você poderia se esforçar para perder alguns quilos"), incentivo ("Você tem um rostinho tão bonito; se perdesse alguns quilos, todo mundo veria o quanto você é bonita") e provocações ("É, você tem ossos grandes... e uma bunda grande e um barrigão – brincadeira!").

Striegel-Moore e Kearney-Cooke (1994) encontraram uma forte relação entre mães que fazem dieta e o grau em que elas incentivaram seus filhos a fazerem também. Keel, Heatherton, *et al.* (1997) relataram que garotas adolescentes tinham maior probabilidade de fazer dieta quando suas mães comentavam a respeito de seu peso, especialmente quando as mães descreviam as filhas como acima do peso, e que a insatisfação dessas garotas com seu corpo estava relacionada aos comentários que seus pais faziam a respeito de seu peso. Portanto, o simples fato de observar um pai ou mãe preocupado com o próprio peso talvez não seja crucial para aumentar o risco de alimentação disfuncional, mas, se um dos pais incentiva a criança a fazer dieta, isso pode aumentar nela o risco de sofrer perturbações na imagem corporal e de ter uma alimentação disfuncional.

Smolak, Levine e Schermer (1999) examinaram a influência dos comentários diretos dos pais a respeito do peso de seus filhos e de os pais funcionarem como um modelo das preocupações com o próprio peso que leve os filhos a comportamentos de insatisfação com seu corpo e de perda de peso. Para as garotas, comportamentos de insatisfação com o corpo e de perda de peso estavam correlacionados a comentários das mães sobre o peso das filhas, a queixas das mães com o próprio peso, a tentativas de perder peso e a queixas dos pais quanto ao próprio peso. Para os garotos, o único preditor consistente para comportamentos tanto de insatisfação corporal quanto de perda de peso eram os comentários das mães sobre o peso dos filhos. No geral, comentários diretos dos pais tiveram um efeito maior que o modelo fornecido pelos pais, e as mães tiveram maior efeito que os pais nos comportamentos dos filhos quanto à insatisfação corporal e à perda de peso.

Os resultados desses estudos sugerem que o simples fato de seguir um modelo não pode explicar a agregação familiar de transtornos alimentares. Mas as críticas sobre o peso ou forma corporal dos filhos podem ser um fator ambiental de risco particularmente pernicioso para o desenvolvimento de patologia alimentar. Essa conclusão é consistente com as descobertas de Fairburn *et al.* (1997, 1998), revisadas no Capítulo 4. O caso de Jean demonstra o quanto tais críticas podem coincidir com o estresse gerado pelo desenvolvimento da puberdade e criar embaraço com o próprio corpo.

ESTUDO DE CASO: JEAN

Jean sabia que muitas das suas preocupações com o peso vinham de sua mãe. Quando Jean chegou à puberdade, a mãe expressou choque e decepção. O ciclo menstrual de Jean começou quando ela tinha 11 anos. A mãe não esperava que a filha começasse a menstruar antes dos 13 anos, que foi a idade em que ela mesma teve a primeira menstruação. A mãe achava que Jean começara a menstruar já aos 11, por ser "gorda demais". Como acontece com todas as garotas, Jean ganhou peso durante a puberdade. No entanto, a mãe se recusou a comprar roupas novas para a filha até o início do novo ano letivo. Portanto, Jean foi obrigada a usar camisetas e calças apertadas demais. Os meninos na escola começaram a comentar o desenvolvimento dela, e um menino ficava tentando pôr a mão nos seios e na bunda dela. Jean passou a usar um casaco o dia inteiro na escola para esconder seu corpo.

O caso de Jean ilustra como o papel da mãe e do ambiente dos pares contribuiu para que sentisse vergonha do próprio corpo. Em um estudo longitudinal de garotas e garotos adolescentes, provocações baseadas em peso – seja por membros da família, seja por pares – foram preditores de aumento da compulsão alimentar e de comportamentos extremos de controle de peso em garotos e de aumentos em dieta nas meninas, em um acompanhamento por cinco anos (Haines, Neumark-Sztainer, Eisenberg, & Hannan, 2006).

É importante destacar que o ambiente familiar, ao que parece, não explica a continuidade do risco de alimentação desordenada após a puberdade em garotas, e que a configuração genética não explica 100% o risco de transtorno alimentar. Assim, é importante examinar o impacto de fatores ambientais não compartilhados – isto é, fatores ambientais fora da família que podem ser exclusivos de cada membro da família – como grupos de amigos específicos formados durante a adolescência. A próxima seção foca a influência social dos pares no desenvolvimento da patologia alimentar.

INFLUÊNCIA DOS PARES NA PATOLOGIA ALIMENTAR

Embora as famílias representem uma parte central do ambiente social imediato quando surgem transtornos alimentares, a adolescência marca uma importante transição social de afastamento da família imediata em direção aos pares. Com isso, os valores e os comportamentos dos pares se tornam parte cada vez mais destacada do ambiente social durante o período de pico do risco para transtornos alimentares. Vários estudos apoiam a significativa influência dos pares nos comportamentos e nas atitudes de alimentação disfuncional durante a adolescência e na fase de jovens adultos. A frequência reportada de amigos que faziam dieta tem sido positivamente associada a comportamentos não saudáveis de controle de peso em adolescentes (Clemens, *et al.*, 2008; Eisenberg, *et al.*, 2005) e a um impulso para emagrecer em adultos (Gravener, *et al.*, 2008).

Em estudos longitudinais, a exposição a dietas dos pares faz prever maiores ocorrências de alimentação disfuncional alguns anos mais tarde. Em um acompanhamento por cinco anos, a existência de amigos fazendo dieta fez prever significativamente o uso de comportamentos de controle de peso prejudiciais à saúde e extremos (p. ex., jejuar e induzir o vômito) e de compulsão alimentar ou perda do controle para comer em garotas (Eisenberg & Neumark-Sztainer, 2010; Neumark-Sztainer *et al.*, 2007). Entre as mulheres (não entre homens), a frequência de dieta entre colegas de universidade fez prever o impulso para emagrecer, sintomas de bulimia e uso do vômito autoinduzido para controlar o peso em um acompanhamento por dez anos (Keel *et al.*, 2013).

A influência social dos pares pode contribuir para diferenças de gênero no risco de transtornos alimentares. O grau em que garotas adolescentes têm maior probabilidade do que os garotos de expressar preocupações por estarem gordas, de se envolverem em "papos de gorda" (observações depreciativas sobre o próprio corpo feitas aos pares, discutidas em detalhe mais adiante), de tratar do assunto "dietas" para perder peso e passar mais tempo socializando com outras garotas e não com os garotos, tudo isso faz as garotas terem maior exposição ambiental ao ideal de magreza dentro de seus grupos de pares em comparação com os garotos. Além disso, dados longitudinais sugerem que as garotas podem ser mais sensíveis do que os garotos a influências sociais a respeito do impulso para emagrecer e a sintomas de bulimia (Keel *et al.*, 2013). Essa diferença de sensibilidade é vista mesmo quando homens e mulheres têm uma exposição comparável a tais influências: na faculdade, homens e mulheres relataram que proporções similares de suas mães faziam dieta com frequência; em acompanhamentos por dez anos. Porém, o status de dieta das mães fazia prever o impulso para emagrecer apenas em mulheres (Keel *et al.*, 2013).

Socialização entre pares *versus* seleção de pares

Designs prospectivos longitudinais controlam os níveis de alimentação disfuncional na fase inicial ao examinarem os preditores de alimentação disfuncional (ver Capítulo 4). Esse aspecto desses designs é importante porque a similaridade entre pares com respeito a preocupações com peso e alimentação disfuncional podem refletir a socialização (a difusão de sintomas de um indivíduo a outro dentro de um grupo de pares) ou refletir a seleção de pares com preocupações de peso e comportamentos alimentares similares ("Pássaros de mesma plumagem acabam se juntando"). Sem realizar esse controle dos níveis de alimentação desordenada na fase inicial, os pares podem parecer similares entre si no acompanhamento, porque selecionam uns aos outros a partir desse aspecto na fase inicial. Outra maneira de capturar os processos pelos quais os pares se influenciam quanto à alimentação disfuncional é examinar as mudanças dentro e entre os grupos de pares ao longo do tempo.

No processo de socialização, as atitudes e os comportamentos se difundem entre os membros do grupo. Surgem normas sociais para aspectos que são importantes para o grupo. Indivíduos obtêm recompensas sociais, como um aumento de popularidade, quando atendem às expectativas dos pares, e, inversamente, recebem punições sociais, como uma diminuição na popularidade ou mesmo uma rejeição, quando se desviam das expectativas dos pares. Essas consequências criam pressões dos pares em direção a uma uniformidade de comportamento. Com isso, à medida que membros do grupo passam mais tempo juntos, suas atitudes e seus comportamentos se tornam similares.

A primeira evidência de socialização de sintomas de bulimia veio de um estudo de Crandall (1988) de grupos de amigos em irmandades universitárias. Garotas morando em uma de duas casas de irmandades preencheram questionários sobre suas próprias compulsões alimentares e seus grupos de amizades no outono e na primavera de um ano escolar. Crandall lançou a hipótese de que a socialização durante o ano levaria a uma similaridade nos padrões de compulsão alimentar periódica dentro dos grupos de pares na primavera. Crandall verificou que as práticas de compulsão alimentar periódica das amigas ficavam mais similares no semestre que ia do outono à primavera. Em ambas as irmandades, a popularidade de uma garota individual estava relacionada à extensão em que sua compulsão alimentar era similar ao nível médio de compulsão alimentar periódica da irmandade. No entanto, os padrões de compulsão alimentar periódica diferiam entre as duas irmandades, sugerindo que o nível "certo" de compulsão alimentar dependia das normas sociais de cada irmandade, em vez de refletir normas que abrangessem a universidade.

Em uma extensão desse trabalho, Zalta e Keel (2006) realizaram um estudo longitudinal de similaridades entre participantes universitárias em relação a: pares selecionados (amigas que haviam sido aleatoriamente designadas a morar na mesma casa de alto padrão como um grupo fechado), pares não selecionados (estudantes de outros grupos fechados que haviam sido escolhidas aleatoriamente para a mesma casa das participantes e com as quais as participantes comiam com igual frequência que com os pares selecionados) e não pares (membros de outras casas de alto padrão com as quais as participantes não comiam regularmente). Zalta e Keel avaliaram como o grau de similaridade em autoestima, perfeccionismo e sintomas de bulimia variava com a exposição a pares selecionados e não selecionados. Com relação à autoestima e ao perfeccionismo, as participantes eram mais similares a seus pares selecionados que aos pares não selecionados e aos não pares. Nem a extensão do contato, nem o período de separação (durante a pausa do verão) influenciaram o grau em que as participantes foram mais similares a seus pares selecionados. Essas descobertas, portanto, apoiaram um efeito das variáveis de personalidade na seleção dos pares, mais do que um efeito da socialização sobre as variáveis de personalidade. Para sintomas de bulimia, por outro lado, a maior similaridade das participantes com pares selecionados variou com a extensão de seu contato com aqueles pares e desapareceu após a pausa de verão. As participantes não apresentaram uma similaridade com pares não selecionados ou não pares quanto aos sintomas de bulimia maior do que seria esperado que ocorresse por acaso, independentemente do grau de exposição. Esses resultados sugerem que pares selecionados exercem uma influência social nos sintomas de bulimia. Consistentemente com as descobertas de Zalta e Keel (2006), a seleção de pares foi verificada como sendo um importante preditor de similaridade entre os pares quanto à insatisfação com o corpo e aos sintomas de bulimia em um estudo longitudinal com garotas adolescentes (Rayner, *et al.*, 2013).

ESTUDO DE CASO: VALERIE

Um fator que contribuiu para a confusão de Valerie a respeito de ter ou não um transtorno alimentar "real" foi que um bom número de garotas que ela conhecia recorriam à purgação para ficarem prontas para ir à praia. Na realidade, ela havia feito purgação pela primeira vez aos 13 anos, antes de uma dessas viagens à praia. As amigas dela revezavam-se em idas à farmácia para pegar "suprimentos", que geralmente consistiam em loção bronzeadora, comprimidos para dieta, diuréticos e laxantes. Ninguém escondia esse comportamento, e todas o levavam na brincadeira – nada sério, vergonhoso ou preocupante. Valerie se lembrava claramente de sua amiga Diana declarando com naturalidade: "Bem, acho melhor me livrar dessa barriguinha antes de tentar vestir um biquini. Posso pegar uns comprimidos para você quando for à farmácia?". Como Diana tinha 1 metro e 70 de altura e pesava não mais de 59 quilos, Valerie pensou que se Diana via a si mesma como tendo barriguinha, deveria achar que ela, Valerie, era uma baleia horrorosa.

As atitudes de Valerie a respeito do próprio transtorno alimentar são influenciadas não apenas pelos comportamentos de suas amigas, mas pela maneira como elas se referem a si mesmas. Saber que suas amigas lançam mão da purgação para controlar seu peso a leva a encarar esse comportamento como potencialmente normal, e ouvir os comentários depreciativos de Diana sobre o próprio peso deixam Valerie mais insegura e preocupada a respeito de parecer gorda para os outros. Embora o fato de acreditar que a purgação seja uma norma entre suas amigas e de ouvir as conversas a respeito de estar gorda não contribuam diretamente para a manifestação do transtorno alimentar de Valerie, esses fatores podem ter contribuído para sua manutenção ao longo do tempo.

O "*fat talk*" (papo de gorda) e o risco de transtorno alimentar

A expressão *papo de gorda* foi criada em meados da década de 1990 para descrever um padrão de declarações depreciativas que garotas e mulheres fazem a respeito de seus próprios corpos quando estão com seus pares, a fim de criar solidariedade em torno de uma preocupação compartilhada (Nichter & Vuckovic, 1994). Diferentemente de provocações baseadas no peso, o papo de gorda é geralmente direcionado não ao peso de outra mulher, mas ao próprio ("Será que esse jeans me faz parecer mais gorda?"). Se o papo de gorda é direcionado ao peso ou ao hábito alimentar de outra pessoa, é apresentado como uma combinação de elogio e humor autodepreciativo ("Isso é que é um almoço saudável – gostaria de ter o seu autocontrole em vez de ser gorda como uma pipa"). O papo de gorda é comum entre garotas adolescentes e entre mulheres (Sharpe, Naumann, Treasure, & Schmidt, 2013) e pode ter a função de despertar apoio ou tranquilização dos pares. Por exemplo, reagindo à pergunta "Será que esse jeans me deixa mais gorda?", uma amiga poderia responder: "Não! Fico até com inveja vendo como você fica bem nele. Eu nunca conseguiria me enfiar nessa calça com essas minhas coxas imensas".

No entanto, o papo de gorda tem alguns efeitos potencialmente perniciosos. Primeiro, quando o papo de gorda desperta tranquilização, o reforço positivo aumenta a probabilidade de um papo de gorda futuro e de busca de tranquilização, e a pessoa que usa esse discurso passa a depender das opiniões dos outros para se sentir bem. Em segundo lugar, quando quem fala está claramente dentro de uma faixa de peso saudável, o papo de gorda comunica que um peso saudável equivale a estar gorda e, portanto, dá forte endosso a um ideal de magreza não saudável ("Se *ela* se acha gorda, como é possível que ache que eu fico bem nesse jeans"). Assim, o papo de gorda contradiz quaisquer declarações de tranquilização feitas durante a conversa.

Estudos longitudinais apoiam que a exposição ao papo de gorda é um fator de risco para a alimentação desordenada (Sharpe *et al.*, 2013). Estudos experimentais têm examinado os efeitos causais da exposição ao papo de gorda na insatisfação corporal e nas preocupações com o peso. Nesses estudos, os participantes acreditam que estão simplesmente interagindo com outro participante da pesquisa quando na realidade estão interagindo com um assistente de pesquisa que segue um roteiro para assegurar que a exposição dos participantes ao papo de gorda possa ser manipulada experimentalmente dentro do estudo. Stice, Maxfield e Wells (2003) usaram uma cúmplice magra que falava a respeito do quanto era gorda e de seus planos de perder peso na condição de alguém produzindo um "papo de gorda" experimental e falando a respeito de um tópico neutro na condição de controle. Assim, todos os participantes eram expostos a um par magro; no entanto, metade deles eram expostos a um par magro que, além disso, produzia um papo de gorda. Após essas interações, estudantes universitárias colocadas aleatoriamente na situação de papo de gorda expressaram maior insatisfação corporal do que as mulheres na situação de controles. Tucker, Martz, Curtin e Bazzini (2007) estenderam essas descobertas ao randomizar mulheres a uma de três condições: papo de gorda, autoaceitação ou autoexaltação (o oposto do papo de gorda, quando a cúmplice assistente de pesquisa fazia observações especialmente positivas a respeito de sua aparência). Portanto, em todas as três condições, a cúmplice falava a respeito de seu corpo em vez de tratar de um tópico neutro, mas o teor de seus comentários variava de altamente negativo a altamente positivo. Embora não houvesse diferenças entre as situações no grau em que as participantes percebiam a cúmplice como alguém que despertasse simpatia, as que participavam da situação de papo de gorda tinham maior probabilidade do que as participantes das outras duas situações de fazer declarações negativas posteriores sobre o próprio peso e a própria forma: papo de gorda gera papo de gorda.

O papel emergente das mídias sociais

O Capítulo 5 revisou o papel da mídia em reforçar o ideal de magreza, quando retrata de modo não realista mulheres magras como ideais de beleza. Desde a publicação da primeira edição deste livro em 2005, as mídias sociais tiveram crescente importância na vida diária das mulheres jovens. Por exemplo, um estudo recente de Mabe *et al.* (2014) constatou que universitárias relataram usar o Facebook aproximadamente quatro vezes ao dia por cerca de 20 minutos a cada vez, e a maioria (87%) acessava o site pelo aplicativo do celular. Mais de dois terços das universitárias prefere olhar as fotos, em vez de lidar com outras atividades do Facebook.

CAPÍTULO 6

A capacidade de postar fotos cuidadosamente selecionadas, às vezes modificadas digitalmente usando ferramentas on-line, como "Plump-&Skinny Booth", permite que os usuários do Facebook apresentem e vejam imagens que mostram ideais de beleza não realistas. Com isso, as mídias sociais criam uma oportunidade de reforçar esse ideal de magreza por meio de posts e "likes", além de comentários sobre imagens idealizadas. Na realidade, as participantes que têm uma alimentação mais desordenada davam maior importância a receber comentários e "likes" sobre suas atualizações de status e a receber comentários sobre suas fotos do que os participantes com alimentação menos desordenada. As mídias sociais também constituem uma mídia basicamente visual, que enfatiza a capacidade de as mulheres fazerem de si mesmas e de seus pares um objeto, e de entrarem em comparações sociais de si mesmas em relação a seus pares. Mabe *et al.* verificaram que participantes com alimentação mais desordenada "desmarcavam" fotos suas e as comparavam com aquelas de suas amigas com maior frequência do que as participantes com alimentação menos desordenada. Por fim, níveis mais elevados de alimentação desordenada foram associados a passar mais tempo no Facebook.

Pelo fato de a correlação entre níveis mais elevados de alimentação desordenada e maior uso do Facebook não constituir uma causa, Mabe *et al.* (2014) usaram um design experimental para determinar se o uso do Facebook causava mudanças no risco de patologia alimentar. As participantes foram aleatoriamente distribuídas por uma de duas situações. Na situação experimental, as participantes completaram medidas de risco de transtorno alimentar antes e depois de passar 20 minutos usando o Facebook como elas normalmente fariam. Na situação de controles, as participantes completaram medidas de risco de transtorno alimentar antes e depois de passar 20 minutos lendo um artigo da Wikipédia sobre a jaguatirica e vendo um vídeo curto do YouTube sobre esse animal. Essa situação de controle foi escolhida para corresponder à situação experimental na exposição a imagens, mas evitando quaisquer referências a comida, alimentação ou peso. Em comparação com as mulheres na situação de controle, as mulheres que usaram Facebook experimentaram maior reforço das preocupações com peso ou forma corporal e aumento na ansiedade – ambos fatores de risco associados ao desenvolvimento de transtornos alimentares (ver Capítulo 4).

Em resumo, tanto estudos longitudinais quanto experimentais indicam que o ambiente dos pares é uma potente fonte de influência social em fatores de risco para transtornos alimentares. Os indivíduos têm maior probabilidade de comparar a si mesmos com seus pares do que com indivíduos aleatórios em seu ambiente, pois veem os pares como mais similares a si mesmos e como modelos para metas alcançáveis. Além disso, a seleção dos pares é influenciada por traços de personalidade que podem ser, eles mesmos, fatores de risco para transtornos alimentares, como o perfeccionismo (discutido em detalhes no Capítulo 7). Portanto, ao considerar a influência do ambiente social, é importante levar em conta de que maneira os indivíduos escolhem seus ambientes, à medida que vão ficando mais velhos, com base em seus traços de personalidade. Esses fatores de personalidade podem contribuir para que os indivíduos assumam atividades, como fazer balé ou atletismo, que os exponham a ambientes sociais que reforcem a importância do peso e da forma e contribuam para o risco de patologia alimentar. A manipulação das imagens que as pessoas postam delas mesmas nas mídias sociais pode também estabelecer as bases para um aumento do risco de transtornos alimentares. Amigos que veem imagens postadas podem não ter conhecimento do grau em que essas imagens podem não refletir a realidade, como quando veem, por exemplo, imagens de celebridades em capas de revistas. Além disso, a auto-objetificação durante o ato de postar uma imagem pode também ser danosa a um indivíduo, pois, no próprio ato de uma mulher alterar sua foto antes de postá-la, ela comunica a si mesma que de alguma maneira não é boa o suficiente.

CONCLUSÃO

Embora seja fácil colocar foco nas diferenças entre as diversas teorias a respeito do papel dos fatores familiares no desenvolvimento de transtornos alimentares, pode ser mais útil focar as similaridades. Famílias de indivíduos com transtornos alimentares têm mais problemas do que famílias de indivíduos sem transtornos alimentares. Podem ser problemas gerais em termos do estilo de interação e problemas específicos relacionados com atitudes e comportamentos ligados a alimentação disfuncional.

Ambientes de criação nos quais as dicas que as crianças enviam não são reconhecidas ou não há uma reação adequada a elas podem aumentar a pressão sobre as crianças para que se amoldem às demandas externas. Consequentemente, esses indivíduos podem ser particularmente vulneráveis a mensagens que digam respeito a como devem se comportar e como deve ser sua aparência, mensagens que eles encontram em influências amplamente disseminadas pela sociedade, como as transmitidas pela mídia ou por familiares ou pares. O ambiente de criação também contribui às vezes, ao criar dificuldades para identificar e diferenciar os próprios impulsos internos e reforçar que é inútil tentar fazer isso. No início da adolescência, o ideal de magreza fornece um roteiro para alcançar aceitação social, principalmente se membros da família e pares subscrevem atitudes que contribuam para a patologia alimentar.

Uma revisão dos fatores familiares no desenvolvimento de transtornos alimentares mostra que famílias de indivíduos com esses transtornos não fazem seus filhos passarem fome, nem os forçam a comer compulsivamente. Em vez disso, as famílias influenciam os pensamentos das crianças, seus comportamentos e estilos de personalidade, de maneiras capazes de aumentar o risco de transtornos alimentares. Tais pensamentos, comportamentos e traços de personalidade influenciam a escolha de amigos pelas crianças, e os grupos de pares resultantes podem tanto aumentar o risco de transtornos alimentares como fornecer proteção e evitar que se desenvolvam esses transtornos. Assim, a vulnerabilidade ambiental influencia a vulnerabilidade pessoal, e a vulnerabilidade pessoal influencia a ambiental. O próximo capítulo discute fatores psicológicos que exercem influência na escolha pelo indivíduo de ambientes sociais com risco alto ou baixo, assim como a maneira pela qual os indivíduos reagem aos seus ambientes.

TERMOS-CHAVE

Alexitimia
Desengajamento
Enredamento
Insuficiência de desenvolvimento não orgânico
Intrapsíquico
Modelo de sistemas familiares
Psicanalítico
Somatizar

CAPÍTULO 7

Fatores psicológicos no desenvolvimento de transtornos alimentares

As contribuições da personalidade e dos processos cognitivo-afetivos

Os Capítulos 5 e 6 cobriram duas esferas de influência social no desenvolvimento de transtornos alimentares: sociedade e família/pares. Embora outras esferas de influência social (p. ex., participação em esportes específicos) possam também ter um efeito, este capítulo enfoca fatores psicológicos que contribuem para a etiologia do transtorno alimentar. Fatores psicológicos ocorrem no interior do indivíduo e explicam diferenças individuais quanto à suscetibilidade em desenvolver um transtorno alimentar em reação a influências sociais. O Capítulo 4 introduziu alguns fatores psicológicos no contexto da pesquisa de fatores de risco, e o Capítulo 6 considerou os fatores psicológicos no contexto de modelos psicanalíticos, psicodinâmicos e de aprendizagem social. Este capítulo foca os papéis dos processos de personalidade e cognitivo-afetivos no risco para desenvolver e manter transtornos alimentares.

PERSONALIDADE

Personalidade foi definida como uma maneira estável pela qual indivíduos percebem, reagem e interagem com seus ambientes, sendo influenciada tanto pela biologia quanto pela experiência (Phares, 1988). **Temperamento** tem sido definido como uma predisposição de base biológica para experimentar certas reações emocionais e comportamentais (Cloninger, Svrakic, & Przybeck, 1993). Temperamento é a base sobre a qual a personalidade se desenvolve. Mesmo reconhecendo que há considerável debate em torno das definições de temperamento e personalidade (Craik, Hogan, & Wolfe, 1993), esta seção revisará modelos que vêm sendo aplicados à compreensão do desenvolvimento de transtornos alimentares.

Cloninger descreveu quatro dimensões do temperamento: **buscar novidades, evitar danos, depender de recompensas** e **persistente** (Cloninger, 1987; Cloninger *et al.*, 1993). Essas dimensões têm sido examinadas em relação aos transtornos alimentares. Buscar novidades é a tendência a perseguir recompensas. O temperamento de evitar danos é a tendência a evitar punições inibindo comportamentos. Depender de recompensas é o temperamento que tende a dar continuidade a um comportamento recompensado. O temperamento persistente é o que tende a dar continuidade a um comportamento que não é imediatamente recompensado e que tem a ver com ambição, obstinação e traços obsessivo-compulsivos.

Em medições autorreportadas, a AN foi associada a uma baixa busca por novidades, a um elevado grau de evitar danos e à alta persistência (Amianto, Abbate-Daga, Morando, Sobrero, & Fassino, 2011; Bulik, Sullivan, Weltzin, & Kaye, 1995; Fassino, Abbate-Daga, *et al.*, 2002; Fassino, Amianto, & Abbate-Daga, 2009; Klump, Bulik, *et al.*, 2000), mesmo quando indivíduos com AN são comparados com seus irmãos saudáveis (Amianto *et al.*, 2011). A bulimia nervosa foi associada a um elevado grau de evitar danos, mas também a alto grau de buscar novidades (Bulik *et al.*, 1995; Fassino, Abbate-Daga, *et al.*, 2002; Fassino *et al.*, 2009). Em uma revisão de estudos que examinaram diferenças autorreportadas entre pacientes com transtornos alimentares e controles saudáveis, Harrison, O'Brien, Lopez e Treasure (2010) verificaram que pacientes de transtorno alimentar, independentemente do diagnóstico, eram mais sensíveis à punição do que os controles. No entanto, o subtipo restritivo de AN era caracterizado por menos sensibilidade a recompensa em comparação com os controles, enquanto os subtipos compulsão alimentar periódica/purgação de AN e BN eram caracterizados por maior sensibilidade à recompensa em comparação com os controles.

Essas descobertas mapeiam os comportamentos típicos desses transtornos. Na ANR, a baixa sensibilidade à recompensa poderia contribuir para uma diminuição da ingestão de alimento, e o alto grau de evitação de danos poderia contribuir com comportamentos voltados a impedir ganho de peso – por exemplo, o excesso de atividade. A alta persistência permitiria que mulheres com AN alcançassem e mantivessem pesos extremamente baixos. Para ANBP e BN, a combinação de alta sensibilidade tanto à recompensa quanto à punição captura o conflito entre envolver-se em comportamento de recompensa (aumento da ingestão durante os episódios de compulsão alimentar) e tentar evitar a punição refletida em ganhar peso (envolver-se em comportamentos compensatórios inadequados).

Os dados referentes a diferenças de temperamento que podem contribuir para a CAP são menos claros. Em comparação com controles saudáveis, indivíduos com CAP têm maior grau de busca de novidades e de evitar danos (Fassino, Leombruni, *et al.*, 2002), o que é consistente com padrões observados na BN. No entanto, não emergiram diferenças quando pacientes de CAP foram comparados com controles obesos que não tinham CAP (Dalle Grave, Calugi, Marchesini, *et al.*, 2013; Fassino, Leombruni, *et al.*, 2002).

Tellegen (1982) descreveu três dimensões da personalidade: **emocionalidade positiva, emocionalidade negativa e restrição**, que também foram examinadas em relação a transtornos alimentares. A emocionalidade positiva é a tendência a desfrutar e se envolver ativamente no trabalho e em interações sociais. Baixa emocionalidade positiva é caracterizada por altos níveis de introversão ou por uma tendência a se manter à margem. A emocionalidade negativa é a tendência a experimentar estados de humor negativos (p. ex., tristeza, ansiedade e raiva). A baixa emocionalidade negativa é caracterizada por uma tendência a ser calmo e imperturbável. A restrição é a tendência a inibir impulsos e a demonstrar prudência, contenção e convencionalismo. Baixa restrição é caracterizada por uma tendência a agir por impulso.

De modo consistente com os resultados relativos a temperamento, a AN tem sido associada a altos níveis de restrição, baixos níveis de emocionalidade positiva e altos níveis de emocionalidade negativa em comparação com controles (Casper, Hedeker, & McClough, 1992; Pryor & Wiederman, 1996). Mulheres com BN também têm baixos níveis de emocionalidade positiva e altos níveis de emocionalidade negativa (Casper *et al.*, 1992; Peterson *et al.*, 2010; Pryor & Wiederman, 1996), mas a BN é associada a uma restrição mais baixa em relação àquela vista na AN (Casper *et al.*, 1992; Pryor & Wiederman, 1996). Em contraste com isso, não surgiram diferenças nessas dimensões básicas de personalidade entre mulheres com CAP e participantes tanto de peso normal quanto obesos sem CAP (Peterson *et al.*, 2010).

Descobertas de pesquisa sobre temperamento e personalidade em pacientes com transtornos alimentares remetem a descrições clínicas anteriores de pacientes sofrendo de transtornos alimentares. Bruch (1978) caracterizou pacientes com AN como tendo alto nível de perfeccionismo. As pacientes dela tendiam a ser as melhores alunas da classe, com muitas realizações. Além disso, tinham menor probabilidade que seus pares de tomar bebida alcoólica, usar substâncias ilícitas ou de serem sexualmente ativas – sugerindo níveis mais elevados de restrição. Antes da manifestação de sua doença, tendiam a esconder emoções negativas. Em contraste com sua aparência exterior de pessoas felizes, as pacientes de Bruch experimentavam significativos níveis de ansiedade, tristeza e preocupação com a possibilidade de desapontar os outros (alta emocionalidade negativa). Finalmente, tendiam a se isolar dos demais e evitar se envolverem socialmente (baixa emocionalidade positiva). Vários desses aspectos podem ser vistos no estudo de caso de Emily.

ESTUDO DE CASO: EMILY

O transtorno alimentar de Emily causou um choque para a sua família, pois ela sempre pareceu ter muito controle sobre sua vida e seu destino. Diante disso, ela ter um problema que fugia ao seu controle não fazia sentido para eles, ou para a própria Emily. Mesmo quando criança, Emily sempre conseguia manter as coisas em perfeita ordem. Ela tinha organizado seus livros por autor e depois por título assim que aprendeu o alfabeto. Organizava suas gavetas de roupas de modo que as meias brancas com caneluras ficassem separadas das meias brancas felpudas, e ambas ficassem separadas das meias coloridas. Emily relembrava que sempre quis que as coisas fossem perfeitas. Disse lembrar até que, no seu primeiro dia de escola, havia decidido fazer sempre tudo exatamente como deveria ser feito. Na escola elementar, chorou na primeira vez que recebeu uma nota abaixo da máxima. Era uma aluna modelo na escola. Esse desempenho consistente, porém, era alcançado com um custo. Por receio de comprometer sua média de notas altas, Emily começou a evitar aulas nas quais achava que não iria bem. Matriculou-se em cursos mais avançados de inglês e história, mas decidiu não fazer os de biologia e matemática. Embora tivesse se interessado em se tornar médica, tinha receio de que aquelas aulas pudessem ser muito difíceis para ela e tirasse notas mais baixas. Em contraste com sua aparência exterior de confiança e sucesso, Emily tinha um medo constante de que as pessoas pensassem que na realidade ela não era tão inteligente assim. Sua necessidade de ter as melhores notas era ao mesmo tempo uma defesa para evitar ser "desmascarada" e um meio de conseguir entrar numa boa universidade.

CAPÍTULO 7

A história de Emily fornece um quadro clássico de ANR. Muito antes de seu transtorno alimentar se manifestar, Emily dava grande importância a alcançar a perfeição e evitar o fracasso, como se perfeição e fracasso fossem as duas únicas alternativas na vida. Seu transtorno alimentar parece refletir outra manifestação de um impulso incansável de alcançar e ultrapassar todos os padrões externos. Se a capacidade de controlar a ingestão de alimentos e o peso é vista como evidência de virtude (ver Capítulo 3), então o comportamento de Emily afirmava sua superioridade moral em relação a todos os demais. Esse impulso se reflete no caso de Santa Verônica (ver Capítulo 3), que "carregava mais água e cortava mais lenha do que qualquer outra noviça" por acreditar que "estava numa competição contra todas as outras noviças para mostrar qual delas amava mais a Deus" (Bell, 1985, p. 71).

Em contraste com descrições clínicas mais antigas de AN, Russell (1979) caracterizou seus pacientes com BN como se envolvendo em comportamentos antissociais – abuso de drogas, furtos e promiscuidade sexual (sugerindo baixa restrição) –, assim como tendo ansiedade social, depressão (sugerindo alta emocionalidade negativa) e ajustamento social precário (sugerindo baixa emocionalidade positiva). As observações clínicas pioneiras de Bruch (1978) e Russell (1979) indicavam que pacientes tanto de AN quanto de BN têm alta emocionalidade negativa, mas diferem na restrição.

Em vez de procurar identificar diferenças de personalidade entre pacientes de AN e BN, outros pesquisadores associaram a função personalidade mais intimamente a restrição *versus* comportamento de compulsão alimentar periódica/purgação do que ao peso, relatando que uma personalidade restringida/supercontrolada é característica da ANR enquanto uma personalidade impulsiva/emocionalmente desregulada é característica da ANBP e da BN (Steiger, Puentes-Neuman, & Leung, 1991; Westen & Harnden-Fischer, 2001). A heterogeneidade entre pacientes de AN quanto a traços de personalidade apoia essa visão (Lavender *et al.*, 2013). Recentemente, Wildes, Forbush e Markon (2013) identificaram fobia de peso como um traço adicional associado a diferenças de personalidade na AN, e a sua ausência, a menos emocionalidade negativa. Westen e Harnden-Fischer (2001) relataram que uma personalidade com estilo de alto funcionamento/perfeccionista estava presente tanto na AN quanto na BN. Portanto, o perfeccionismo pode aumentar o risco de desenvolver ambos os transtornos alimentares. O perfeccionismo combinado com alta restrição pode contribuir para o desenvolvimento e manutenção da ANR (Wildes *et al.*, 2013). O perfeccionismo combinado com baixa restrição pode contribuir para o desenvolvimento de sintomas de bulimia (Westen & Harnden-Fischer, 2001).

Uma preocupação ao interpretar resultados de estudos correlacionais (como nas comparações da personalidade de mulheres com e sem transtornos alimentares) é que o estado da doença pode afetar as medições de personalidade (Vitousek & Manke, 1994). Como discutido no Capítulo 5, a inanição impacta o funcionamento da personalidade. No estudo de inanição de Keys *et al.* (1950), os escores dos participantes em uma medição de patologias de personalidade mudou em consequência da perda de peso. Vários participantes mostraram significativos desvios de sua personalidade normal e do funcionamento comportamental. Alguns, por exemplo, exibiram comportamentos impulsivos que nunca haviam demonstrado antes da inanição (p. ex., furtar comida). Outros participantes ficaram preocupados com comida e desenvolveram rituais de alimentação que nunca haviam tido antes (ver Figura 7.1). No exemplo mais extremo de perturbação induzida por inanição, o participante n.º 20 se envolveu em automutilação e amputou três dedos de sua mão esquerda com um machado. Na maioria dos participantes, a personalidade normalizou-se após o ganho de peso, e mesmo o n.º 20 mostrou um "lento retorno à normalidade" por volta do final da reabilitação nutricional (Keys *et al.*, 1950, p. 897). Essas observações destacam a importância de ser prudente ao interpretar a função personalidade entre indivíduos com transtornos alimentares correntes como tendo influência na doença, em razão das limitadas inferências que podem ser extraídas de um design de corte transversal (ver Capítulo 4).

CAPÍTULO 7

FIGURA 7.1 Rituais de alimentação, como lamber um prato, podem ser consequência da inanição, como demonstrado por um participante do estudo de Keys *et al.* (1950). Fonte: fotografia de Wallace Kirkland, licenciada pela Getty Images.

No que concerne às preocupações com a potencial influência dos transtornos alimentares na função personalidade, os resultados de estudos longitudinais são particularmente valiosos. Como revisado no Capítulo 4, o perfeccionismo tem emergido como fator de risco para transtornos alimentares tanto nos designs retrospectivos como nos prospectivos. Estudos constataram que um elevado perfeccionismo também reduz a probabilidade de recuperação da AN (Nilsson, Sundbom, & Hägglöf, 2008; Rigaud, Pennacchio, Bizeul, Reveillard, & Vergès, 2011). Em contraste com o perfeccionismo, a alta urgência negativa – a tendência a agir impulsivamente quando sob pressão – é um fator de risco prospectivo para compulsão alimentar periódica (C. M. Pearson, Combs, Zapolski, & Smith, 2012).

Em resumo, pesquisas que examinam o temperamento e a personalidade de pacientes com AN apoiam as descrições clínicas mais antigas. Mulheres com ANR parecem ser caracterizadas por altos níveis de perfeccionismo e restrição. Essas qualidades aparentam ser consistentes com comportamentos ostensivos de pacientes de AN – uma incessante busca pela magreza por meio de autonegação de comida na era moderna e uma incessante busca pela pureza moral por meio da autonegação de comida em períodos do passado histórico (ver Capítulo 3). Além disso, essas características prenunciam tanto a manifestação da doença quanto sua manutenção. Em contraste com as descobertas para ANR, a pesquisa verificou que ANBP e BN estão associadas a altos níveis de impulsividade e pouca regulação emocional. Dificuldades para controlar impulsos foram vistas nos caóticos sintomas de mulheres com sintomas de bulimia – a oscilação entra a restrição dietética e os episódios de compulsão alimentar seguidos por purgação.

Pacientes com transtornos alimentares experimentam altos níveis de depressão e ansiedade. Como descrito no Capítulo 4, níveis mais altos de emocionalidade negativa prenunciaram o desenvolvimento de nova manifestação de patologia alimentar em um estudo prospectivo longitudinal (Leon *et al.*, 1999). Embora emoções negativas tendam a ser mais atenuadas em pacientes com AN do que em pacientes com BN, a intensidade de afeto com frequência aumenta à medida que pacientes de AN ganham peso, o que levou alguns especialistas a especular que a perda de peso serve como um mecanismo eficaz de entorpecimento (Kaye, Wierenga, Bailer, Simmons, & Bischoff-Grethe, 2013). Da mesma forma, entre pacientes com BN, episódios de compulsão alimentar periódica parecem produzir uma temporária protelação das emoções negativas intensas ao permitir que as mulheres "relaxem" (Heatherton & Baumeister, 1991). Uma tendência a experimentar cada vez mais emoções negativas poderia aumentar a probabilidade de usar métodos extremos para regular emoções. Além disso, uma tendência a sentir as mudanças como algo particularmente estressante poderia explicar por que transtornos alimentares começam com maior frequência na adolescência (Leon *et al.*, 1999; Leon, Keel, Klump, & Fulkerson, 1997).

Desse ponto de vista psicológico, personalidade e temperamento explicam as tendências de indivíduos com transtornos alimentares de experimentarem certos estados emocionais, ao mesmo tempo que os sintomas de transtorno alimentar representam reações aprendidas a essas experiências.

PROCESSOS COGNITIVOS E AFETIVOS

Processos de aprendizagem e transtornos alimentares

O Capítulo 6 discutiu como a alimentação desordenada pode ser aprendida por meio de modelos ou de instrução direta dentro das famílias. Essa abordagem de explicação se assenta na ideia de que o fato de um indivíduo desenvolver ou não um transtorno alimentar depende daquilo a que fica exposto em seu ambiente. Mas, considerando a presença amplamente disseminada de mensagens reforçando o ideal de magreza, por que apenas alguns indivíduos desenvolvem transtornos alimentares? Esta seção examina ambos os processos básicos de aprendizagem e como as diferenças individuais nesses processos podem contribuir para a vulnerabilidade de desenvolver transtornos alimentares.

Um tipo de aprendizagem, o **condicionamento operante,** pode desempenhar um importante papel na aquisição e manutenção de comportamentos de alimentação desordenada. No condicionamento operante, associações aprendidas entre comportamentos e suas consequências emocionais influenciam a probabilidade de que esses comportamentos se tornem recorrentes. A evidência revisada acima indica que indivíduos com transtornos alimentares têm sensibilidade alterada a recompensas e punições (Harrison *et al.*, 2010). Seria de se esperar que essas diferenças influenciassem a aquisição e manutenção de comportamentos, incluindo comportamentos como restrição dietária, compulsão alimentar e purgação.

No condicionamento operante, ocorre **reforço positivo,** quando as consequências desejáveis de um comportamento aumentam a probabilidade de que esse comportamento se torne recorrente. Na maioria dos indivíduos, a dieta é acompanhada por um sucesso inicial em perda de peso. Essa mudança pode resultar em considerável reforço positivo social, na forma de elogios e de atenção. Branch e Eurman (1980) realizaram uma pesquisa com amigos e parentes de pacientes com AN para compreender as atitudes sociais em relação à aparência e aos comportamentos de pacientes. Embora todos os respondentes expressassem preocupação com os pacientes, 50% relataram inveja do autocontrole e da disciplina dos pacientes em relação à comida. Além disso, amigos e parentes tinham maior probabilidade de endossar as declarações positivas em vez das negativas relacionadas à aparência das pacientes, concordando com maior frequência com descrições delas como "esguias" (58%), "bem arrumadas" (83%), "bem cuidadas" (100%), e "na moda" (100%), e com menor frequência com descrições como "magricelas" (8%), "macilentas" (8%), e "esqueléticas" (8%). Branch e Eurman concluíram que mesmo em seu estado emaciado, pacientes com AN experimentaram mais aprovação do que desaprovação. Portanto, tanto a atenção quanto a admiração podem servir como reforços positivos de uma restrição alimentar continuada.

Do mesmo modo que a perda de peso, a alimentação por compulsão alimentar pode ser também um grande reforço positivo. Na realidade, as comidas tipicamente consumidas durante os episódios de compulsão alimentar (p. ex., sorvete, cookies e doces) costumam ser usadas pelos pais como recompensas por bom comportamento. Embora os pacientes encarem os episódios de compulsão alimentar periódica como muito perturbadores, no tratamento eles também expressam uma sensação de perda quando veem que talvez nunca mais possam ter esses episódios após o tratamento. Jamie experimenta os episódios de compulsão alimentar como altamente prazerosos.

ESTUDO DE CASO: JAMIE

Jamie desejava poder tomar um comprimido em vez de ingerir comida. Reclamava dos comprimidos para dieta, por serem eficazes para conter o apetite, mas dizia que um comprimido perfeito substituiria de vez a comida, de modo que, além de não sentir mais fome, não precisaria mais comer. Esse seria um comprimido perfeito para dieta, porque ele não conseguia imaginar que seria algum dia capaz de parar de comer depois que começasse. A comida sempre tinha um gosto bom demais para que fosse possível parar. A moderação também estava ausente em outras áreas da vida de Jamie. Como atleta na escola, ele sempre tinha treinado com maior esforço e por mais tempo do que qualquer outro da sua equipe. Adorava o "barato" que conseguia ao se exercitar. Em razão dessa sua ética de trabalho, acabou virando um astro do time e chegou a ser capitão. A tendência de Jamie de perseverar também foi um trunfo em seu emprego. Mais que qualquer outro funcionário, Jamie persistia com seus clientes até fechar um negócio. Os bônus que Jamie recebia por conseguir novos clientes lhe permitiram comprar novos "brinquedos" – Jamie se autodescrevia como um tecnófilo, alguém que adora computadores, jogos de computador, TVs de tela grande e DVDs. Dizia que seu apartamento era um santuário de equipamentos eletrônicos.

Sem dúvida, uma das razões pelas quais Jamie tinha episódios de compulsão alimentar era porque gostava disso. No entanto, transtornos alimentares não consistem apenas em comportamentos prazerosos, gratificantes. Para compreender a gama inteira de sintomas, é preciso examinar tanto as consequências de um dado comportamento como as consequências de *não* se envolver com ele.

Assim como o reforço positivo, o **reforço negativo** aumenta a probabilidade de um comportamento recorrente. No entanto, o reforço negativo aumenta a probabilidade de um comportamento porque o fato de *não* se envolver com ele tem uma consequência

CAPÍTULO 7

indesejável. O comportamento impede essa consequência indesejável ou põe fim a uma experiência não desejada. Por exemplo, a autorrestrição alimentar pode ter reforço negativo se ela contribui para um entorpecimento emocional e reduz a aflição (Kaye *et al.*, 2013). De forma semelhante, a compulsão alimentar pode ser reforçada negativamente se oferecer um alívio mesmo que temporário a emoções negativas (Heatherton & Baumeister, 1991). Embora não sentir nada não seja necessariamente agradável, é preferível a sentir aflição. Em uma metanálise de estudos que examinaram mudanças emocionais ocorridas imediatamente antes de episódios de compulsão alimentar, Haedt-Matt e Keel (2011) verificaram evidência consistente de que um aumento no afeto negativo prenunciava a compulsão alimentar. No entanto, quando um episódio de compulsão alimentar periódica termina, surge tipicamente uma ansiedade a respeito de como a compulsão alimentar afetará o peso individual, e a aflição após um episódio de compulsão alimentar é ainda maior do que antes do episódio (Haedt-Matt & Keel, 2011). A purgação oferece uma maneira de evitar essa consequência negativa. Embora a purgação não seja uma forma eficaz de controlar o peso, ela diminui a ansiedade (Haedt-Matt & Keel, 2011). Essa redução da ansiedade fornece um reforço negativo poderoso para a purgação – mesmo na ausência de um episódio de compulsão alimentar periódica.

ESTUDO DE CASO: VALERIE

O terapeuta de Valerie pediu que ela mantivesse um diário sobre a alimentação para que os dois pudessem trabalhar juntos e identificar os disparadores do comportamento de purgação dela. Ao revisar esse diário, Valerie viu que alguns dos episódios de purgação eram disparados pelo que havia comido. Por exemplo, se saísse para comer com amigos e tentasse comer "como uma pessoa normal", sem restrição, geralmente pedia licença para ir ao banheiro após o primeiro prato e purgava antes de voltar e de pedir a sobremesa, da qual também se livrava assim que chegava em casa. No entanto, não restringia sua purgação às saídas para comer com os amigos. Também purgava em casa, e nem sempre havia diferença consistente entre quais comidas mantinha e quais vomitava. Ao contrário, o padrão consistente que surgia era como se sentia antes e depois do episódio de ingestão. Toda vez que ficava muito ansiosa antes de comer, era bem provável que purgasse após a ingestão, quando então sua ansiedade diminuía. Nessas situações, era como se comesse apenas para disparar um episódio de purgação e aliviar a ansiedade. Além disso, às vezes sua ingestão disparava sentimentos de se sentir empanturrada, o que a deixava ansiosa em relação a engordar. Nesses casos, mesmo que o tipo e a quantidade de comida se encaixassem nas suas regras aceitas para o que seria "seguro", recorria à purgação para aliviar a sensação de se sentir empanturrada e aliviar a ansiedade. Em contraste com isso, alguns dias conseguia manter na barriga tudo o que havia comido. Esses dias eram marcados por níveis mais baixos de afetos negativos e por níveis mais elevados de afetos positivos, e por uma ausência geral de desconforto físico após comer.

O comportamento de purgação de Valerie parecia ser mantido pela experiência aprendida de que aliviava o desconforto físico e a ansiedade. Embora a purgação não seja inerentemente gratificante (não faz Valerie se sentir feliz), ela elimina uma gama de experiências negativas. Haedt-Matt e Keel (2015) recentemente documentaram que aumentos de afeto negativo precedem episódios de purgação no transtorno purgativo, e que o afeto negativo diminui após a purgação, apoiando o papel do reforço negativo em manter esse comportamento.

Em muitos casos, o reforço negativo é mais poderoso do que o positivo para manter um comportamento. Toda vez que alguém se envolve nesse comportamento, experimenta tanto as consequências reais quanto as percebidas. No reforço positivo, a consequência prazerosa é experimentada exatamente como ela é. No reforço negativo, a consequência é experimentada não só como a eliminação real de algo indesejável, mas como prevenção de algo que é indesejável. Por exemplo, Valerie experimenta a purgação como um reforço porque ela diminui a ansiedade e porque ela acredita que a impede de ganhar peso. Uma das consequências é de fato experimentada; a outra é apenas percebida. Assim, independentemente das reais consequências de um comportamento reforçado negativamente, cada vez que a pessoa se envolve no comportamento, ela pode concluir que teria sido pior se não o tivesse realizado. Essa suposição pode muito bem estar equivocada; Valerie, por exemplo, era bem mais feliz e saudável antes de desenvolver o transtorno purgativo. A única maneira de desafiar essa suposição é parar com a purgação, para a pessoa aprender que ela não torna a vida melhor. No entanto, quando há intenso medo de ganhar peso, evitar purgar pode parecer um risco excessivo.

A **punição** é uma consequência negativa que inibe o comportamento. Comer, por exemplo, pode ser muito punitivo para pacientes com AN e transtorno purgativo. Pode disparar ansiedade, desconforto gastrintestinal e retenção de água. Da mesma maneira, comer diante de outras pessoas ou usar roupa que revele peso e forma corporal (p. ex., shorts ou maiô) pode disparar sentimentos de vergonha. Esses sentimentos então inibem pacientes com transtornos alimentares, que então evitam comer na presença de outros e realizar atividades nas quais seus corpos fiquem expostos. Nos transtornos alimentares, costuma ser fácil perceber os comportamentos com os quais os pacientes se envolvem. Mas os comportamentos com os quais eles não se envolvem permanecem geralmente ocultos, e muitos desses comportamentos inibidos contribuem para um desajuste psicossocial significativo.

ESTUDO DE CASO: JAMIE

Com sua ingestão excessiva de comida, Jamie ia ganhando peso adicional. Além disso, era bem menos ativo fisicamente do que na juventude. Ele atribuía essa mudança principalmente à sua rotina de trabalho muito intensa. No entanto, seu terapeuta observou que ele parecia dedicar bastante tempo a jogos on-line. Jamie reconheceu que uma das coisas de que ele gostava nos jogos de computador era que seu avatar podia ser musculoso e magro e exibir a força física e vigor que ele sentia ter perdido ao longo do tempo. Embora tivesse vontade de ir jogar basquete ou futebol com os amigos aos fins de semana, sabia muito bem como estava seu peso e não se sentia confortável usando shorts e correndo pela quadra ou pelo campo. Também se matriculava em academias, mas acabava não indo porque sentia vergonha demais de seu corpo para ficar malhando na frente dos outros.

Como ocorre com o reforço negativo, as reações comportamentais à punição são movidas por um desejo de evitar consequências negativas. A diferença básica é que um reforço negativo intensifica um comportamento (p. ex., purgação), ao passo que a punição reduz sua frequência (p. ex., exercitar-se no caso de Jamie). Em ambas as situações, um estilo de temperamento ou de personalidade que predisponha o indivíduo a experimentar emoções negativas aumenta o poder dessas consequências, e uma sensibilidade aumentada à punição inibe uma ampla gama de comportamentos (Harrison *et al.*, 2010).

Correr

Nós
Ele
Ela
Eu
Você
Eles

FIGURA 7.2 Descrição do cartão usado no estudo de Farmer *et al.* (2001).

Farmer, Nash e Field (2001) examinaram a associação entre sensibilidade à recompensa e sintomas específicos de bulimia (compulsão alimentar periódica, vômito autoinduzido e purgação) em 13 indivíduos com BN e 21 indivíduos com um "transtorno alimentar não especificado de outro modo", segundo o então vigente DSM-IV. Para medir a sensibilidade à recompensa, os participantes se envolveram em uma tarefa de aprendizagem verbal. Um experimentador apresentava 80 cartões. Um verbo (p. ex., *correr*) aparecia no alto de cada cartão, e seis pronomes (*eu, nós, ela, ele, eles* e *você*) apareciam no canto à esquerda (ver Figura 7.2). A ordem dos pronomes em cada cartão era aleatória. Para cada cartão, os participantes compunham uma frase usando o verbo e um dos seis pronomes. Para os primeiros 20 cartões, os experimentadores não faziam nenhum comentário às frases. Após o 20º cartão, o experimentador recompensava o participante pelas sentenças que usassem qualquer dos dois primeiros pronomes listados no cartão anterior. As recompensas consistiam em dar ao participante cinco centavos e dizer "muito bem". A sensibilidade à recompensa era medida pelo aumento do uso das palavras recompensadas em relação ao uso básico dessas palavras (medido durante os primeiros 20 cartões). Os resultados mostraram uma significativa associação positiva entre a sensibilidade à recompensa e a frequência de vômito e purgação, mas não com a frequência de episódios de compulsão alimentar periódica. Esses resultados foram de certo modo surpreendentes, já que sugeriam que o vômito e a purgação estariam vinculados ao reforço positivo, enquanto a compulsão alimentar periódica não, mas esses resultados aguardam uma replicação.

Esse tipo de distinção clara entre recompensas e punições é um produto artificial de um ambiente de laboratório. Na vida real, as coisas boas têm algumas consequências negativas, e as coisas ruins têm algumas consequências boas. Além disso, um paciente com AN pode receber reforço positivo por perda de peso, mas também suporta várias consequências negativas de seu baixo peso. Da mesma forma, pacientes que fazem purgação experimentam alívio de uma gama de experiências negativas, mas a purgação em si contribui para a vergonha e para uma série de problemas médicos (discutidos no Capítulo 8). Finalmente, evitar situações sociais por receio de comer em público ou de vestir roupas reveladoras faz com que os indivíduos com transtornos alimentares se sintam sozinhos e isolados – o oposto exato do que esperam alcançar ao controlar sua ingestão e seu peso. Assim, uma questão importante é como a combinação de recompensas e punições influencia a decisão de se envolver ou de inibir um dado comportamento nos transtornos alimentares.

O Iowa Gambling Task ["Tarefa de Apostas de Iowa"] (IGT; Bechara, Damasio, Damasio & Anderson, 1994) foi desenvolvido para avaliar a tomada de decisões em reação a recompensas e punições. No IGT, eram apresentados aos participantes quatro montes de cartas, rotulados como A, B, C e D, numa tela de computador. Os participantes extraíam livremente uma carta por vez de qualquer um dos montes numa série de tentativas, com o objetivo de ganhar o máximo de dinheiro possível. A maioria das cartas permitia ganhar algum dinheiro, mas algumas cartas implicavam perdas. Os montes A e B tendiam a dar maiores recompensas, mas também maiores perdas. Os montes C e D tendiam a oferecer recompensas pequenas, mas implicavam punições ainda menores. Como resultado, a longo prazo, compensava mais tirar mais cartas dos montes C e D que dos montes A e B. Os participantes demonstravam aprendizagem pela extensão em que tiravam mais cartas dos montes C e D que dos montes A e B no decorrer da tarefa.

Em numerosos estudos, pacientes com AN demonstram pior nível de aprendizagem no IGT do que os controles saudáveis participantes, pois tomam decisões que não maximizam a recompensa em relação à punição (Abbate-Daga *et al.*, 2011; Bodell *et al.*, 2014; Brogan, Hevey, & Pignatti, 2010; Cavedini *et al.*, 2004, 2006; Danner *et al.*, 2012; Tchanturia *et al.*, 2007). Um estudo sugere que esse problema não melhora com a restauração do peso (Bodell *et al.*, 2014). Pacientes com BN também têm desempenho pior no IGT em comparação com controles saudáveis (Boeka & Lokken, 2006; Brogan *et al.*, 2010; Garrido & Subirá, 2013; Liao *et al.*, 2009). Finalmente, pacientes com CAP têm pior desempenho no IGT em comparação com controles saudáveis, de peso normal (Davis, Patte, Curtis, & Reid, 2010), mas não diferem de controles obesos sem transtorno alimentar (Brogan *et al.*, 2010; Davis *et al.*, 2010).

Como os transtornos alimentares geram aflição e deficiências e um risco maior de complicações médicas, pode ser difícil compreender por que aqueles que sofrem deles prosseguem com seus comportamentos autodestrutivos. Resultados usando o IGT sugerem que indivíduos com transtornos alimentares podem ser mais sensíveis do que indivíduos saudáveis às imediatas consequências de comportamentos e menos sensíveis às consequências a longo prazo. Portanto, muitos dos sintomas de transtornos alimentares podem ser explicados por suas consequências imediatas ou percebidas. Transtornos alimentares se tornam uma armadilha para muitos indivíduos em razão das danosas consequências a longo prazo que ficam encobertas pelas consequências imediatas. À medida que os transtornos levam a problemas e aflições, os pacientes podem ser empurrados ainda mais para comportamentos de alimentação desordenada em sua tentativa de lidar com eles. Diferenças em vulnerabilidade para desenvolver transtornos alimentares poderiam, portanto, estar relacionadas à importância das consequências imediatas, o que, por sua vez, está relacionado às dimensões psicológicas de atenção, percepção e avaliação.

Atenção

A pesquisa cognitiva sobre transtornos alimentares demonstrou que mulheres com AN ou BN mostram um viés de atenção associado a dicas sobre comida e corpo. Isto é, mulheres com transtornos alimentares prestam mais atenção a informações sobre comida e peso ou forma corporal do que mulheres sem transtornos alimentares. Embora algumas dessas diferenças poderiam ser deliberadas (p. ex., mulheres que estão preocupadas em ficar gordas demais podem escolher se pesar com maior frequência do que mulheres sem preocupação com seu peso), informações relacionadas à comida e ao corpo poderiam também ser mais salientes para mulheres com transtornos alimentares, mesmo em um nível inconsciente. Esse viés de atenção inconsciente poderia ajudar a explicar suas preocupações com comida, peso e forma corporal e por que razão as consequências negativas relacionadas a peso e forma parecem tão mais importantes para elas do que as consequências negativas em outros aspectos da vida.

O teste Stroop tem sido usado para avaliar os processos de atenção em mulheres com transtornos alimentares. No teste Stroop clássico, pede-se ao participante que diga o nome da cor da tinta em que estão impressas as palavras que são nomes de cores. Por exemplo, se a palavra *verde* está impressa com tinta vermelha, a resposta correta é "vermelho". Essa tarefa é mais difícil quando a cor da tinta difere da cor expressa pela palavra do que quando há concordância, porque, no primeiro caso, a cor informada pela palavra compete por atenção com a informação transmitida pela cor da tinta. O teste Stroop foi modificado para avaliar o quanto se sobressaem as palavras relacionadas com comida e corpo. Palavras como *coxas, quadris, estômago, doces* e *chocolate* são impressas em cores diferentes, e então se avalia a velocidade com que os participantes conseguem nomear as cores. Embora os resultados desses estudos sejam variados (Van den Eynde *et al.*, 2011), eles sem dúvida fornecem evidências de desvios de atenção (M. Cooper & Todd, 1997; Flynn & McNally, 1999; Formea & Burns, 1996; Johansson, Ghaderi, Hällgren, & Andersson, 2008; Jones-Chesters, Monsell, & Cooper, 1998; Lokken, Marx, & Ferraro, 2006; Lovell, Williams, & Hill, 1997). Em comparação com os controles, mulheres com transtornos alimentares são mais lentas em nomear a cor da tinta quando se trata de nomes de comidas ou partes do corpo em comparação com nomes de objetos neutros.

Em um estudo recente, Blechert, Ansorge e Tuschen-Caffier (2010) examinaram desvios de atenção não apenas em relação a dicas gerais de peso/forma, mas especificamente a imagens do próprio corpo. Pegaram imagens das mulheres participantes vestindo uma malha de ginástica de cor neutra e cortaram as fotos para que mostrassem o corpo apenas do pescoço para baixo. Participantes com AN ou BN não mostraram diferenças em relação a controles saudáveis de peso equivalente em sua capacidade de reconhecer as fotos dos próprios corpos e de discriminar essas fotos das de outros participantes de peso similar.

Em seguida, os participantes concluíram uma tarefa de sondagem de pontos. As tarefas de sondagem de pontos envolvem olhar fixo em um ponto no meio da tela e então desviar o olhar o mais rapidamente possível para uma de duas imagens que aparecem simultaneamente de cada lado do ponto. No estudo de Blechert *et al.* (2010), caixas retangulares, uma verde e outra azul, apareciam de cada lado do ponto. Os participantes que eram designados aleatoriamente à condição do alvo azul eram instruídos a desviar o olhar em direção ao retângulo azul.

Os participantes aleatoriamente designados à condição do alvo verde eram instruídos a desviar o olhar para o alvo verde. Os pesquisadores usaram o rastreamento do olho para medir a velocidade com que os participantes conseguiam mudar seu olhar na direção da caixa definida como alvo. Não foram observadas diferenças nos grupos ou entre as condições de alvo azul e verde nessa tarefa.

Por fim, Blechert *et al.* (2010) expuseram imagens de corpos de cada lado do ponto imediatamente antes que os retângulos aparecessem. Uma imagem era do próprio corpo do participante, a outra era do corpo de outra mulher. Como antes, todos participantes foram instruídos a manter a atenção no ponto no centro da tela até que os retângulos aparecessem e então desviassem o olhar para o retângulo-alvo o mais rápido possível. Os autores colocaram como hipótese que, havendo um viés de atenção em direção ao próprio corpo, os participantes seriam mais rápidos em desviar o olhar para o retângulo-alvo quando ele aparecesse no lado em que sua própria imagem tivesse aparecido do que quando o retângulo-alvo aparecesse no lado com a foto do corpo de outra mulher. A lógica era que, se a mulher estivesse olhando furtivamente para o lado da tela com a própria imagem, teria sido capaz de reagir mais rapidamente quando o retângulo-alvo aparecesse nesse lado. Além disso, quando o retângulo-alvo aparecesse no lado oposto ao da própria foto dela, teria mais dificuldade para desviar seu olhar do lugar em que furtivamente tivesse colocado sua atenção, tornando mais lenta sua reação. Por outro lado, não havendo um desvio de atenção, as mulheres deslocariam o olhar para o retângulo-alvo com a mesma rapidez, independentemente de onde a própria imagem tivesse aparecido.

Os resultados mostraram que as mulheres com AN desviaram o olhar para o retângulo-alvo com rapidez significativamente maior quando ele correspondia à localização da foto de seu próprio corpo do que quando estava do lado oposto. Além disso, quanto mais negativamente as mulheres com AN viam os próprios corpos, maior viés de atenção mostravam em direção ao lado que exibia seu corpo. As mulheres com BN tenderam a ser *mais lentas* em desviar seu olhar para o retângulo correto quando ele aparecia no lado em que seu corpo havia sido mostrado, embora essa tendência não tenha alcançado relevância estatística. As mulheres controle não mostraram viés de atenção. Houve também significativas diferenças no viés de atenção entre mulheres com AN e em relação tanto a mulheres controle quanto a mulheres com BN.

Blechert *et al.* (2010) concluíram que o viés de atenção em direção ao próprio corpo pode ser consequência e também um fator de manutenção de uma severa perturbação da imagem corporal em mulheres com AN. Mulheres que encaram o próprio corpo de maneira muito negativa podem aumentar sua atenção ao seu aparecimento para manter vigilância sobre uma ameaça percebida à sua autoestima. Focar a própria aparência pode limitar as oportunidades de correções na imagem corporal baseadas em observar a aparência real dos corpos de outras mulheres. Esse viés de atenção pode, portanto, ajudar a manter distorções perceptuais e cognitivas que caracterizam a perturbação da imagem corporal na AN.

Distorções perceptuais e distorções cognitivas

Distorções perceptuais e **distorções cognitivas** são experiências e pensamentos que não refletem corretamente a realidade. Tanto a AN quanto a BN são caracterizadas por numerosas distorções desse tipo (Peterson & Mitchell, 2001). Na verdade, a perturbação perceptual na experiência de peso está incluída nos critérios de diagnóstico para AN (ver Capítulo 1).

O **pensamento dicotômico** (também conhecido como pensamento *preto e branco*) é uma distorção cognitiva expressa em vários fatores comuns aos transtornos alimentares. Por exemplo, indivíduos com transtornos alimentares podem ver o magro como "bom" e o gordo como "ruim". Da mesma forma, as comidas passam a ser classificadas como boas ou ruins, e os padrões de alimentação da pessoa são categorizados da mesma forma. Muitas dietas incentivam o pensamento dicotômico a respeito de comida – pizza, batata frita, cookies e sorvete podem ser todos comidas ruins para alguém interessado em perder peso. Inversamente, comidas como aipo, cenouras e refrigerantes diet são baixas em calorias e, portanto, boas. Na realidade, nenhum alimento é inerentemente bom ou ruim – como evidenciado pelo fato de que diferentes planos de dieta têm diferentes comidas ruins incluídas. Por exemplo, em uma dieta de baixa gordura, o bacon é uma comida ruim, e a toranja ou *grapefruit* é uma comida boa. No entanto, em uma dieta de baixo carboidrato, o bacon é uma comida boa e o *grapefruit* é comida ruim. (Os papéis dos diferentes nutrientes, como gorduras e carboidratos, em transtornos alimentares serão vistos com mais detalhes no Capítulo 8.)

Pensamentos dicotômicos como esses, vinculados a regras, podem ser atraentes para indivíduos com significativo grau de aflição, porque simplificam muito o mundo. Quando indivíduos experimentam aumento de estresse, sua capacidade de lidar com informações complexas diminui (Vedhara, Hyde, Gilchrist, Tytherleigh, & Plummer, 2000). Infelizmente, o pensamento dicotômico não se adapta a mudanças de contexto. Por exemplo, na AN, perder peso é bom e ganhar peso é ruim, mesmo quando a perda de peso se torna perigosa. Da mesma maneira, comidas ruins são ruins mesmo quando o contexto social e o tamanho da porção inicial tornam o consumo desses alimentos normal e desejável.

A rigidez cognitiva em indivíduos com transtornos alimentares se revela como uma abordagem perseverante dos problemas. Pacientes com AN têm uma crença rigidamente sustentada de que a perda de peso trará felicidade e os livrará do medo de ficarem gordos. À medida que perdem mais e mais peso, porém, tendem a ficar mais deprimidos e mais aterrorizados ainda com a possibilidade de ganhar peso. Portanto, pacientes com transtornos alimentares podem se envolver em comportamentos que visam alcançar um fim específico, mas acabar tendo o resultado oposto. Esses indivíduos, porém, não reavaliam a utilidade de seus comportamentos de acordo com as consequências; simplesmente persistem em acreditar que "apenas não fizeram o suficiente" ou "não fizeram direito". A rigidez cognitiva foi observada em testes neuropsicológicos de pacientes com AN (Friederich & Herzog, 2011) e BN (Van den Eynde *et al.*, 2011).

Pacientes com BN costumam vir para o tratamento na esperança de eliminar episódios de compulsão alimentar periódica, para poderem ter sucesso em perder peso por meio de dieta. Como no caso de Jean, raramente encaram a dieta como um problema.

ESTUDO DE CASO: JEAN

Jean achava que sua compulsão alimentar periódica era decorrente de sua decisão de ir morar com seu namorado e da resultante disponibilidade de comidas proibidas. Ela pensou em pedir a ele que parasse de comprar aquelas comidas, mas tinha receio de ter que explicar por quê. De início, tentou convencê-lo a fazer uma dieta com ela "para ficar mais saudável". Mas o namorado de Jean não tinha a menor preocupação com seu peso ou com seus hábitos alimentares. Conseguia comer apenas alguns cookies a cada vez, e, pelos seus padrões, um pacote de cookies durava até um mês. Jean não compreendia como ele conseguia ter tanto autocontrole. No entanto, quando perguntada a respeito, Jean disse que antes de dieta de perda de peso era capaz de comer uma sobremesa após o jantar em um restaurante sem perder o controle de sua alimentação mais tarde. Ela sempre achou que a razão pela qual demonstrava contenção nessa situação era que no restaurante havia um controle da quantidade de comida que ingeria. No entanto, admitiu que o restaurante não a impedia de passar depois em uma loja e comprar um pacote de cookies ou um pote de sorvete. De qualquer modo, ela havia sido capaz, em determinada época de sua vida, de comer uma sobremesa sem perder o controle.

A perda de controle de Jean parece estar relacionada em parte com suas crenças na própria capacidade de ter moderação em consumir comidas proibidas. Embora tivesse sido capaz de comer apenas uma sobremesa, convencera a si mesma de que não conseguia fazer isso quando sozinha. Portanto, suas únicas opções eram ou não comer nada ou comer sem limites (um caso de pensamento dicotômico). Diferentemente de pacientes com ANR, que se abstêm rigidamente de comer, pacientes com sintomas de bulimia oscilam entre não comer nada e comer sem restrições.

Como abordagem de curto prazo para perder peso, a abstinência de comidas proibidas pode ter algum sucesso, pois às

CAPÍTULO 7

vezes é mais fácil evitar totalmente algumas comidas do que comer uma pequena quantidade delas. Ainda assim, a abstinência não é uma abordagem flexível. Consistentemente com o pensamento dicotômico, a pessoa ou é abstinente, ou não é. Assim, comer um pedaço de bolo em uma ocasião especial passa a ser encarado como um fracasso. Além do potencial que a dieta tem de disparar mecanismos fisiológicos de defesa do peso que contribuem para a compulsão alimentar periódica (ver a discussão de Keys *et al.*, 1950, no Capítulo 5), é provável que os processos cognitivos envolvidos na dieta contribuam para a compulsão alimentar. Na realidade, seria possível uma pessoa experimentar uma perda de controle quanto a comer se, antes de mais nada, não estivesse já tentando controlar a ingestão?

Polivy e Herman (1985) propuseram que a regulação cognitiva da ingestão dietética (comer seguindo regras a respeito de quanto comer e do que comer em vez de comer como reação à fome) introduz oportunidades para perder o controle sobre a ingestão (desinibição). A desinibição poderia ocorrer como reação a um gatilho cognitivo, um gatilho afetivo ou um gatilho farmacológico. Um exemplo de um **desinibidor cognitivo** é comparecer à festa de aniversário de um amigo e receber a oferta de um pedaço de bolo de aniversário que não é permitido na dieta de perda de peso. Depois de consumir o pedaço de bolo, quem faz dieta pode achar que "mandou a dieta pelos ares" e então passar a comer o que lhe der vontade pelo resto da festa. Um exemplo de um **desinibidor afetivo** é uma briga com um ente querido que cause frustração e tristeza. Nesse caso, a pessoa pode usar recursos cognitivos normalmente empregados para restringir ingestão de comida para lidar com a tensão. Além disso, pode usar a ingestão como uma fonte de conforto e para justificá-la como uma ocasião especial. Um exemplo de **desinibidor farmacológico** é se embriagar e perder a noção do quanto e como comeu.

Em cada caso, há uma interrupção do controle cognitivo da ingestão de comida, resultando na perda desse controle. Polivy e Herman (1985) argumentaram que indivíduos que se tornam dietistas crônicos, ou *comedores contidos*, perdem a capacidade de determinar quando sentem fome ou saciedade. Portanto, as sensações de fome e saciedade – controladores fisiológicos da ingestão de comida – não conseguem assumir o lugar do controle cognitivo quando esse é interrompido, resultando no consumo de uma quantidade extraordinariamente grande de comida (Ruderman, 1986). De acordo com essa explicação, também conhecida como a *hipótese da contenção*, os episódios de compulsão alimentar periódica de Jean são causados por sua dieta de perda de peso. A dieta de Jean cria a regra de que ela não deve comer *junk food*. Quando ela está sozinha no apartamento e come um cookie, ela sente que falhou e não vê razão para parar de comer. Além disso, sua dieta perturbou sua capacidade de comer reagindo à fome e de parar de comer reagindo à saciedade. Assim, o que na teoria psicodinâmica era interpretado como alexitimia ou escassa consciência interoceptiva (ver Capítulo 6) é interpretado em um modelo cognitivo–comportamental enquanto a hipótese de restrição como uma consequência de uma dieta de perda de peso.

Uma série de estudos experimentais demonstrou a influência de cognições relacionadas à dieta na ingestão de comida. No estudo clás sico desse fenômeno, Spencer e Fremouw (1979) dividiram os participantes em comedores restritos e comedores irrestritos, com base em escores de uma medida autorrelatada de restrição dietética. Os participantes foram então levados a um laboratório para um teste de degustação (ver Capítulo 4 para uma descrição do design básico do estudo do teste de degustação). Antes desse teste, todos os participantes foram solicitados a consumir um milkshake. No entanto, os participantes foram colocados aleatoriamente em uma de duas condições. Na primeira, foi dito que estavam consumindo um milkshake de baixas calorias. Na outra condição, foram levados a acreditar que estavam consumindo um milkshake altamente calórico. Os milkshakes não diferiam quanto ao conteúdo nutricional real; portanto, não haveria diferenças fisiológicas na saciedade. Durante o teste de degustação, comedores restritos consumiram significativamente mais na condição de "altas calorias" do que na de "baixas calorias". Esse padrão não foi observado nos comedores irrestritos (ver Figura 7.3). Portanto, a extensão em que os comedores restritos *acreditaram* estar quebrando suas dietas prenunciou o subsequente consumo de comida durante o teste de degustação. Além disso, em vez de compensar a ingestão de um shake altamente calórico comendo menos (o que os ajudaria a aderir mais às suas dietas), os comedores restritos comeram mais.

Outro fenômeno cognitivo relevante para os transtornos alimentares é a **abstração seletiva.** A abstração seletiva ocorre quando uma parte passa a representar o todo (Beck, 1970). Por exemplo, Emily era capaz de reconhecer que várias áreas de seu corpo não eram gordas (p. ex., seus ombros e braços) e até expressou o desejo de ganhar massa muscular na parte superior de seu corpo. No entanto, percebia gordura em suas coxas, e essa única região a levou a avaliar que seu corpo inteiro corria risco de se tornar gordo. A abstração seletiva é particularmente provável entre perfeccionistas, porque, se uma coisa só não é perfeita em razão de uma falha específica, então essa única falha ganha importância indevida na avaliação do valor do todo.

Testes neuropsicológicos sugerem que a abstração seletiva em pacientes com AN pode ser vinculada a uma escassa **coerência central** – isto é, uma escassa capacidade de ver a floresta por se fixar nas árvores. Um teste de coerência central é a tarefa da Figura Complexa de Rey-Osterrieth. Nessa tarefa, os participantes são solicitados a copiar uma figura abstrata com vários detalhes em uma folha de papel em branco. Em seguida, são solicitados a desenhar a figura de memória. Embora pacientes com AN produzam excelentes cópias iniciais da figura complexa, sua capacidade de reproduzir a figura inteira "de memória" se mostra severamente comprometida (Lopez, Tchanturia, Stahl, & Treasure, 2008). Observações de como esses pacientes abordam a tarefa sugerem que, quando a figura está presente, eles conseguem maior precisão na cópia – indo de detalhe em detalhe –, mas não conseguem incorporar a forma geral da imagem ou como as partes se encaixam em um todo (Lopez *et al.*, 2008; Sherman *et al.*, 2006). Assim, pacientes com AN mostram uma tendência a focar detalhes específicos à custa do sentido global. Um aspecto de particular interesse é que esses déficits são observados tanto em pacientes que se recuperaram de AN como em suas irmãs não afetadas por isso (Roberts, Tchanturia, & Treasure, 2013), sugerindo que essa diferença na coerência central pode ser um fator de risco transmitido nas famílias, mais do que uma consequência da doença.

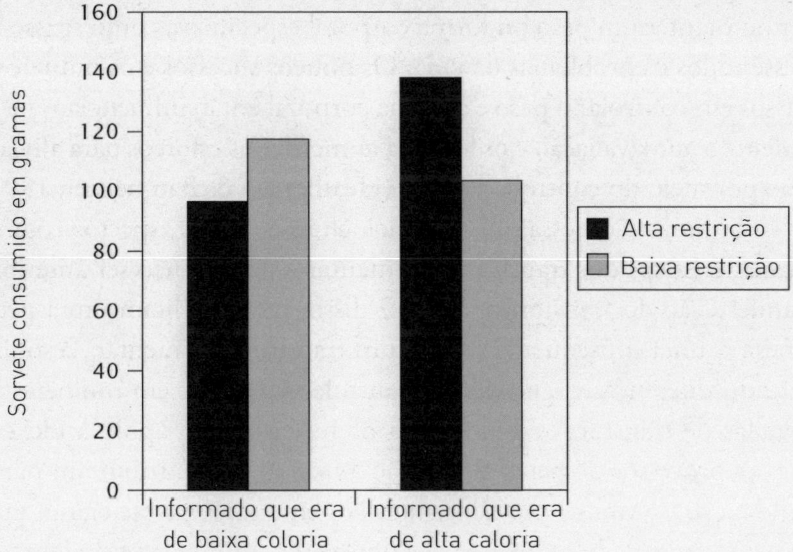

FIGURA 7.3 Média, em gramas, de sorvete consumido por sujeitos de alta e baixa restrição, quando informados de que o sorvete era de alta e baixa calorias. Fonte: Spencer, J. A., & Fremouw, W. J. (1979). Binge eating as a function of restraint and weight classification. *Journal of Abnormal Psychology*, 88, 262–267. Reimpresso com permissão da Associação Americana de Psicologia.

Juntando essas informações com as dos capítulos precedentes, as mensagens sociais que contribuem para a alimentação desordenada, como imagens que transmitem a importância de ser magro, podem se sobressair, particularmente para indivíduos que desenvolvem transtornos alimentares. Além disso, as maneiras pelas quais indivíduos usam e avaliam essas informações provavelmente contribuem para a alimentação disfuncional. Em vez de se sentirem bem a respeito de seus sucessos – grandes ou modestos –, as pessoas com transtornos alimentares têm distorções cognitivas que as deixam vulneráveis a sofrer inúmeros fracassos percebidos em relação à sua ingestão de comida, aos seus corpos e às suas vidas. Canalizar essa disforia geral em insatisfação com o peso ou a forma corporal (Haedt-Matt, Zalta, Forbush, & Keel, 2012) foi proposto como um fator etiológico no desenvolvimento de BN (Keel, Mitchell, Davis, & Crow, 2001). Para adolescentes, controlar peso e forma pode parecer uma maneira manejável de aliviar a aflição; no entanto, para muitos, isso se torna uma armadilha. Desenvolve-se um ciclo vicioso no qual as ameaças gerais a uma autoavaliação são dirigidas a uma necessidade de obter ou manter um peso ou forma corporal específicos, como se isso resolvesse todos os problemas da vida. Os poucos sucessos e os numerosos fracassos em controlar o peso e a forma corporal então influenciam negativamente a autoavaliação e os levam a aumentar os esforços para aliviar a aflição por meio do controle do peso (Heatherton & Baumeister, 1991).

Uma limitação nessa linha de raciocínio é que os aspectos cognitivos característicos dos transtornos alimentares podem não ser anteriores à manifestação do transtorno. Em vez disso, talvez reflitam um aspecto ou mesmo uma consequência de ter um transtorno alimentar. Pesquisas sugerindo diferenças cognitivas de controles saudáveis em mulheres recuperadas de transtornos alimentares oferecem algum apoio à ideia de que esses processos de pensamento são anteriores e contribuíram para a manifestação do transtorno alimentar. No entanto, esse raciocínio também pede cautela. Certos efeitos dos transtornos alimentares podem persistir mesmo após a remissão clínica do quadro, como sequelas residuais comparáveis a cicatrizes deixadas por uma lesão já curada.

CONCLUSÃO

Pesquisas revelaram um alto grau de sobreposição entre aspectos de personalidade, aprendizagem e distorções perceptuais e cognitivas associadas ao desenvolvimento de transtornos alimentares. Essa sobreposição pode ser explicada pelo papel da personalidade em moldar a maneira pela qual os indivíduos percebem, reagem a e interagem com seus ambientes. Assim, um indivíduo altamente perfeccionista e restrito e que demonstre alta persistência e busque evitar danos pode mostrar um estilo cognitivo marcado por rigidez, pensamento dicotômico e abstração seletiva, o que dificulta tomar decisões que equilibrem consequências positivas e negativas. Essa pessoa seria mais vulnerável a mensagens sociais que transmitem a importância de ser magro. Também teria maior probabilidade de persistir na busca por esse ideal, mesmo que as recompensas diminuíssem em intensidade e os custos aumentassem. Inversamente, um indivíduo impulsivo pode experimentar desinibição cognitiva mais prontamente do que outros. Ele acharia mais difícil resistir a aspectos gratificantes da comida e da ingestão. Em combinação com maior sensibilidade à recompensa e à punição, tal personalidade poderia contribuir para um ciclo vicioso de compulsão alimentar e purgação. Esses padrões oferecem uma explicação relativamente coerente para as diferenças de sintomas entre os transtornos alimentares descritos no Capítulo 1.

Altos níveis de emocionalidade negativa são característicos de todos os transtornos alimentares. Os sintomas de alimentação desordenada podem servir como uma solução mal-adaptada a problemas que geram intensos estados emocionais negativos. A falha em reconhecer que os sintomas na realidade não resolvem o problema pode resultar de uma combinação de distorções cognitivas e do maior destaque das consequências imediatas e percebidas do que das reais consequências a longo prazo. Portanto, a emocionalidade negativa pode ser um fator comum aos diferentes tipos de transtornos alimentares.

TERMOS-CHAVE

Abstração seletiva
Busca de novidades
Coerência central
Condicionamento operante
Dependência de recompensas
Desinibidor afetivo
Desinibidor cognitivo
Desinibidor farmacológico
Distorções cognitivas
Emocionalidade negativa
Emocionalidade positiva
Evitar danos
Pensamento dicotômico
Persistência
Personalidade
Punição
Reforço negativo
Reforço positivo
Restrição
Temperamento

CAPÍTULO 8

Bases biológicas, correlatos e consequências dos transtornos alimentares

Pesquisas revelaram uma variedade de diferenças biológicas entre indivíduos com transtornos alimentares e indivíduos que não os têm. Diferenças biológicas podem representar fatores de risco prévios à manifestação dos transtornos alimentares. No entanto, transtornos alimentares afetam não só a função psicológica, mas as funções biológicas, e diferenças biológicas podem acarretar consequências de transtornos alimentares. Como discutido no Capítulo 4, não seria ético testar diretamente em humanos fatores que julgamos causar transtornos alimentares, e então manipular experimentalmente esses fatores para ver se de fato causam o transtorno. Muito da pesquisa biológica sobre transtornos alimentares, portanto, não pode desenredar as causas das consequências. Assim, este capítulo revisa bases biológicas, correlatos e consequências de transtornos alimentares conjuntamente.

A primeira seção deste capítulo revisa as bases biológicas da regulação do apetite e do peso e os sistemas de recompensa no cérebro, assim como associações entre as funções de diferentes neuroquímicos que impactam esses sistemas e os transtornos alimentares. Essa revisão revela como o cérebro influencia a fome e a saciedade com base em estudos experimentais em animais. Ninguém argumentaria que comer pode ser plenamente explicado como uma mera reação à fome e à saciedade, já que as pessoas costumam comer por razões que nada têm a ver com necessidades biológicas, e este ponto será explorado na revisão dos sistemas de recompensa do cérebro. No entanto, tampouco faria sentido ignorar completamente o papel de tais mecanismos na etiologia ou manutenção dos transtornos alimentares.

A segunda seção deste capítulo discute a contribuição dos genes na etiologia dos transtornos alimentares. A seção começa com um exame dos dados de estudos genéticos comportamentais de famílias, gêmeos e de adotados *versus* irmãos biológicos. (Ver Capítulo 4 para a discussão dos métodos usados nesses estudos.) Ela, em seguida, revisa resultados de estudos genéticos moleculares designados para identificar genes específicos que aumentam o risco de transtornos alimentares.

A terceira seção revisa as consequências conhecidas dos transtornos alimentares. Uma vez que comer é uma função biológica básica necessária para manter a vida, a disrupção do comer tem profundos efeitos nos sistemas biológicos do corpo. Esse fato explica a ambiguidade associada à interpretação dos resultados de estudos que tentam revelar as bases biológicas de transtornos alimentares examinando indivíduos que sofrem atualmente desses transtornos.

FUNÇÃO CEREBRAL E TRANSTORNOS ALIMENTARES

Regulação do apetite e do peso

O **hipotálamo** (Figura 8.1) é uma estrutura no cérebro que tem um papel central no apetite e no controle de peso. Pode ser dividido em diferentes seções nomeadas por suas localizações em relação às demais (Figuras 8.1 e 8.2). Essas seções estão associadas a diferentes efeitos no apetite e no peso. Causar danos cirurgicamente no **hipotálamo ventromedial** em animais produz aumento na ingestão de comida e significativa obesidade (Hetherington & Ranson, 1942). Em contraste, causar dano cirurgicamente no **hipotálamo lateral** produz dramáticas diminuições na ingestão de comida e perda de peso (Anand & Brobeck, 1951; Teitelbaum & Stellar, 1954). A estimulação elétrica dessas regiões do cérebro produz os efeitos opostos (Kandel, Schwartz, & Jessell, 1991). Esses resultados sugerem que o hipotálamo ventromedial é responsável por inibir o apetite e a ingestão de comida e que o hipotálamo lateral é responsável por aumentar o apetite e a ingestão de comida. Em indivíduos saudáveis, essas áreas parecem trabalhar juntas para manter um equilíbrio no peso e no apetite. Acredita-se que sejam importantes para compreender a função de saciedade por estarem relacionadas à patologia alimentar.

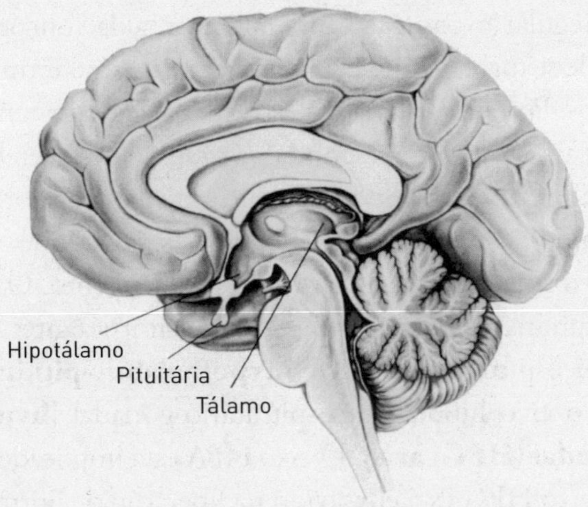

FIGURA 8.1 A localização e a estrutura do hipotálamo. Vista medial mostrando o relacionamento do hipotálamo com a pituitária e o tálamo. Fonte: Kandel, E. R., Schwartz, J. H., & Jessell, T. M. (1991). *Principles of Neural Science* (Terceira edição). Nova York, NY: Elsevier Science Publishers, 738. Reimpresso com permissão da Elsevier.

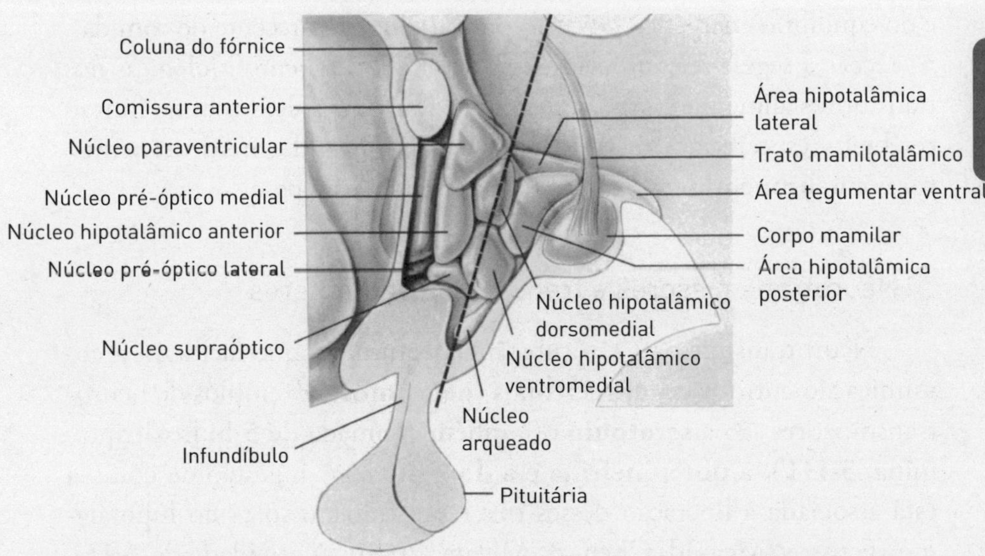

FIGURA 8.2 A localização e estrutura do hipotálamo. Vista medial mostrando posições dos principais núcleos hipotalâmicos. Alguns núcleos são visíveis apenas na visão frontal na Figura 8.3. Fonte: Kandel, E. R., Schwartz, J. H., & Jessell, T. M. (1991). *Principles of Neural Science* (Terceira edição). Nova York, NY: Elsevier Science Publishers, 738. Reimpresso com permissão da Elsevier.

Além de regular o comer, o hipotálamo regula funções corporais, como a atividade sexual, o ritmo circadiano, a regulação térmica e o equilíbrio dos fluidos. Portanto, para uma estrutura que tem o tamanho aproximado de uma amêndoa e corresponde a 1/300 do peso cerebral, o hipotálamo tem muitas funções importantes cruciais para a sobrevivência. A localização do hipotálamo é fundamental para os papéis que ele desempenha. Fica perto da glândula pituitária na base do cérebro. O hipotálamo e a glândula pituitária estão envolvidos em dois importantes sistemas – o eixo hipotalâmico-pituitário-adrenal [**hypothalamic-pituitary-adrenal (HPA) axis**] e o eixo hipotalâmico-pituitário-gonadal [**hypothalamic-pituitary-gonadal (HPG) axis**]. O eixo HPA está implicado em reações ao estresse, e o eixo HPG está envolvido na liberação de hormônios sexuais e no processo de amadurecimento. Ambas as funções estão alteradas em pacientes com transtornos alimentares. Outro aspecto fundamental para a capacidade de o hipotálamo realizar suas várias funções é sua capacidade de reagir a sinais liberados dentro do cérebro, assim como a sinais que surgem do equilíbrio energético de longo prazo do corpo (seu peso) e do equilíbrio energético de curto prazo (a ingestão recente de comida). As seções a seguir revisam evidências de alterações neurofisiológicas nos transtornos alimentares que podem contribuir para alterações na função cerebral – especificamente, evidências de disfunção dos **neurotransmissores** e **neuropeptídeos** relacionados ao apetite e ao peso.

Neurotransmissores e transtornos alimentares

Neurotransmissores são substâncias químicas que facilitam a comunicação entre as células cerebrais (**neurônios**). Exemplos de neurotransmissores são a **serotonina** (também chamada de 5-hidroxitriptamina, **5-HT**), a **norepinefrina** e a **dopamina.** A ingestão de comida está associada à liberação desses três neurotransmissores no hipotálamo (Fetissov, Meguid, Chen, & Miyata, 2000). A atividade do 5-HT no hipotálamo medial diminui a ingestão de comida (Fetissov *et al.*, 2000), sugerindo que o 5-HT é importante para o papel dessa estrutura na redução do apetite e do peso. A atividade da dopamina e da norepinefrina no hipotálamo inibe a função (Fetissov *et al.*, 2000). Especificamente, a atividade da dopamina e da norepinefrina no hipotálamo lateral diminui a ingestão de comida, enquanto a atividade da dopamina e da norepinefrina no hipotálamo medial aumenta a ingestão de comida. Entre esses neurotransmissores, o 5-HT tem recebido a maior atenção no campo dos transtornos alimentares, possivelmente porque a única medicação aprovada pela FDA americana [Food and Drug Administration] para o tratamento da BN é uma medicação que exerce influência na função do 5-HT no cérebro.

Serotonina (5-HT)

Estudos com animais e humanos demonstraram que 5-HT tem importante papel na regulação do humor, do apetite e no controle de impulsos. A diminuição da função serotonina está associada à disforia, ao aumento do apetite e à diminuição do controle do impulso. Em decorrência de o humor, o apetite e a impulsividade se mostrarem alterados em pacientes com transtornos alimentares, 5-HT se tornou um primeiro candidato nas tentativas de compreender os correlatos biológicos (e potenciais causas) dos transtornos alimentares. Especificamente, pesquisas sobre BN focaram a hipótese de que uma inadequada função 5-HT contribui para a compulsão alimentar, e uma pesquisa recente sobre AN tem focado a superfunção do 5-HT como uma potencial explicação para a autorrestrição alimentar (Kaye, 2008). Há menos pesquisas focadas na função de neurotransmissores na CAP em razão de sua introdução recente como transtorno alimentar oficial.

Uma hipótese anterior propôs que uma inadequada função 5-HT produzia "desejo por carboidratos", causando episódios de compulsão alimentar periódica (Wurtman & Wurtman, 1986). Dietas eram vistas como contribuindo para o desejo por carboidratos, porque muitas dietas para perda de peso na década de 1970 enfatizavam a restrição na ingestão de carboidratos. A serotonina não é encontrada na comida, e não consegue cruzar do sangue para o cérebro. No entanto, o **triptofano,** um aminoácido exigido para produzir o 5-HT, é encontrado na comida e consegue cruzar a barreira hematoencefálica. Portanto, dietas que diminuem a ingestão de triptofano poderiam levar a uma diminuição da produção de 5-HT, enquanto as dietas altas em carboidratos, que poderiam aumentar o triptofano, seriam capazes de enfatizar a produção do 5-HT. Assim, episódios de compulsão alimentar periódica que consistiam tipicamente em ingestão de comidas ricas em carboidratos (p. ex., cookies, bolos ou fritas) eram vistas como representando tentativas de automedicação para uma baixa função 5-HT. Uma baixa função 5-HT certamente explicaria o humor disfórico e os grandes apetites de mulheres com BN. Estudos posteriores não foram bem-sucedidos em apoiar as hipóteses-chave do modelo de desejo por carboidratos. Por exemplo, a concentração de triptofano no sangue não difere entre mulheres com BN e controles saudáveis em uma condição de jejum (Brewerton *et al.*, 1992; Lydiard *et al.*, 1988; Weltzin, Fernstrom, Fernstrom, Neuberger, & Kaye, 1995).

Mesmo assim, pesquisa sobre os cérebros de mulheres com AN e BN sugere que a função 5-HT tem um papel nos transtornos alimentares (Frank & Kaye, 2012). A **tomografia por emissão de pósitrons [Positron emission tomography, PET]** é um método de obtenção de imagens cerebrais que permite aos pesquisadores a visibilização da distribuição e densidade dos **receptores** de neurotransmissores nos cérebros de participantes vivos. Para que neurotransmissores influenciem a atividade cerebral, eles precisam ser transmitidos por um neurônio e recebidos por outro na junção entre os neurônios, a chamada sinapse. O número e a sensibilidade dos receptores para um neurotransmissor influenciam o quanto ele funciona bem no cérebro. Na comparação com sujeitos controle, indivíduos com AN ou BN presente (Bailer *et al.*, 2007; Tiihonen *et al.*, 2004) assim como indivíduos recuperados de AN ou BN (Bailer *et al.*, 2010; Galusca *et al.*, 2008) têm densidades aumentadas de um tipo de receptor de 5-HT – o receptor pós-sináptico 5-HT_{1A} (i.e., um receptor no lado de recepção do sinal da sinapse) em várias regiões cerebrais. Adicionalmente, estudos com PET verificaram densidades diminuídas de um receptor diferente, o 5-HT_{2A}, em indivíduos recuperados de AN ou BN (Bailer *et al.*, 2004; Frank *et al.*, 2002; Kaye *et al.*, 2001). No entanto, não foram constatadas densidades diferentes do receptor 5-HT_{2A} entre controles e pacientes com AN ou BN *naquele momento* (Bailer *et al.*, 2007).

O sentido desses resultados está longe de ser claro. A função do receptor depende do tipo e da localização desse receptor. Por exemplo, receptores 5-HT_{1A} localizados pré-sinapticamente (isto é, no lado do envio de sinal da sinapse) reduzem a comunicação 5-HT entre os neurônios, porque esses receptores absorvem o 5-HT liberado pelo neurônio no qual são encontrados – um processo conhecido como **recaptação** – antes que o 5-HT possa se ligar a receptores no neurônio pós-sináptico. Densidade elevada desses *autorreceptores* 5-HT reduzem, portanto, a função 5-HT. Inversamente, receptores pós-sinápticos 5-HT_{1A} e 5-HT_{2A} facilitam os efeitos do 5-HT. Assim, uma densidade reduzida desses receptores em pacientes recuperados de transtornos alimentares pode sugerir uma depleção adicional da função 5-HT em seus cérebros. No entanto, continua sendo um mistério não haver diferença na densidade do receptor 5-HT_{2A} entre pacientes no estado de doença e controles.

Jimerson, Lesem, Kaye e Brewerton (1992) introduziram um modelo que pode explicar descobertas relativas à função 5-HT na BN. Nesse modelo, episódios periódicos de compulsão alimentar periódica causam repentinos aumentos do 5-HT no cérebro. Esses aumentos tornam os receptores 5-HT pós-sinápticos menos sensíveis (um processo conhecido como **regulação negativa**). Quando um paciente com BN retoma a restrição dietética, os níveis de 5-HT se normalizam ou diminuem. Mas os receptores de 5-HT do paciente estão agora menos reativos até mesmo aos níveis normais de 5-HT. Essa situação pode ser agravada se a densidade de autorreceptores pré-sinápticos 5-HT também aumentar em consequência de surtos periódicos de concentrações de 5-HT, pois isso reduz a quantidade de 5-HT que chega aos receptores pós-sinápticos quando os níveis de 5-HT diminuem. Embora concentrações baixas sustentadas de 5-HT levem eventualmente a um aumento da sensibilidade dos receptores 5-HT (**regulação positiva**), a regulação negativa ocorre mais prontamente do que a positiva nos sistemas neurotransmissores. Por exemplo, a regulação negativa de receptores a opioides em reação ao uso de heroína (causando tolerância à droga) pode ocorrer ao longo de horas ou dias; em contraste com isso, a regulação positiva de receptores de opioides a níveis prévios da função pode demorar mais de três semanas (isto é, até o final do período de abstinência). Se os episódios de compulsão alimentar periódica ocorrem várias vezes por semana, então pode haver repetidos agravos aos receptores 5-HT que não são revertidos pelos períodos de restrição dietética entre os episódios. Portanto, a experiência desses episódios de compulsão alimentar por parte de Jamie como representando um vício pode ser precisa (ver Capítulo 1). Outras similaridades entre processos que contribuem para o vício e transtornos alimentares são revisados a seguir na seção sobre o circuito neural de recompensa.

Assim como a compulsão alimentar na BN tem sido atribuída a uma baixa função 5-HT, o jejum na AN é atribuído a uma elevada função 5-HT. Porém, como revisado a seguir, a maioria dos estudos sugere níveis diminuídos de 5-HT quando pacientes de AN estão doentes. Para explicar este paradoxo na AN, a autoinanição tem sido interpretada como uma forma de automedicação que ajuda a reduzir o 5-HT a níveis mais toleráveis (Kaye *et al.*, 2008). Segundo esse modelo, indivíduos que chegam a desenvolver AN têm inicialmente alta função 5-HT que contribui para ansiedade e rigidez e para ter sucesso em restringir a ingestão de comida. A autoinanição então diminuiu os níveis de 5-HT. Durante a doença, pacientes com AN demonstram concentrações mais baixas do principal metabólito do 5-HT, o ácido 5-hidroxiindolacético (5-HIAA), em seu fluido cerebroespinal (Frank & Kaye, 2012). O 5-HIAA é um produto restante da atividade do 5-HT que é lavado para o fluido cerebroespinal. Por exemplo, se você quiser medir quantas barras de doce uma pessoa comeu sem observar diretamente a pessoa, pode contar o número de embalagens do doce no lixo. Examinar o 5-HIAA no fluido cerebroespinal é uma abordagem muito similar. Um desafio ao testar este modelo é que não se sabe se a função 5-HT está elevada antes da manifestação da AN. Medidas da função 5-HT (p. ex., usar isótopos radiativos nos exames PET ou nas punções lombares para obtenção de fluido cerebrospinal) são caras e invasivas e não podem ser facilmente incorporadas a designs longitudinais prospectivos para prever quem irá desenvolver AN no futuro. Além disso, um potencial problema lógico com essa hipótese é que pacientes de AN, como os participantes do estudo de Keys *et al.* (1950), tendem a ficar mais rígidos e supercontrolados à medida que perdem peso. Assim, a rigidez aumentada ocorre à medida que sua extrema restrição dietética e perda de peso causam diminuição em seus níveis de 5-HT. Diferentemente da hipótese de 5-HT para BN, na qual os vacilos entre a restrição dietética e os episódios de compulsão alimentar periódica podem criar um ciclo vicioso, a restrição dietética continuada, motivada por níveis elevados de 5-HT pré-morbidade, deveria resolver-se à medida que o nível de 5-HT vai sendo normalizado.

Assim, embora a ideia de que um 5-HT diminuído contribui para os episódios de compulsão alimentar na BN e o excessivo 5-HT contribui para a autoinanição na AN tenha um apelo intuitivo, é difícil conciliar essa explicação com as descobertas de uma função 5-HT diminuída em ambas as doenças. Também seria ingênuo esperar que a função de um único neurotransmissor explicasse qualquer transtorno mental complexo.

Além disso, a função neurotransmissora dentro do cérebro depende de sinais relativos ao estado energético que o corpo envia ao cérebro. Como observado anteriormente, o 5-HT não atravessa a barreira hematoencefálica. No entanto, outros sinais do corpo o fazem. A seção a seguir revisa o papel dos neuropeptídeos em sinalizar ao cérebro as necessidades do corpo de comer e que a função dessas substâncias químicas está alterada em indivíduos com transtornos alimentares.

Neuropeptídeos e transtornos alimentares

Neuropeptídeos funcionam de modo similar aos neurotransmissores, mas são maiores. Entre os neuropeptídeos relevantes temos **leptina, neuropeptídeo Y, colecistocinina, peptídeo YY**, **grelina e peptídeo 1 similar ao glucagon**, entre outros. Leptina, colecistocinina, peptídeo YY e peptídeo 1 similar ao glucagon atuam todos na diminuição do apetite por meio da ativação do hipotálamo medial. Em contraste, o neuropeptídeo Y e a grelina aumentam o apetite estimulando o hipotálamo lateral.

Leptina

O neuropeptídeo leptina fornece um ciclo de feedback negativo no controle cerebral do peso e da ingestão de comida. Foram encontrados receptores para leptina no **núcleo arqueado** e no **núcleo paraventricular** do hipotálamo (ver Figuras 8.2 e 8.3), assim como no hipotálamo ventromedial. A leptina é produzida pelo gene *ob* e liberada no corpo a partir do tecido gorduroso. Portanto, quanto mais gordura houver no corpo, mais leptina circulará no sangue. Quando um organismo perde gordura, os níveis de leptina decrescem. Níveis mais altos de leptina diminuem a sensibilidade a sinais que normalmente levam a uma maior ingestão de comida, enquanto níveis mais baixos de leptina aumentam a sensibilidade a esses sinais.

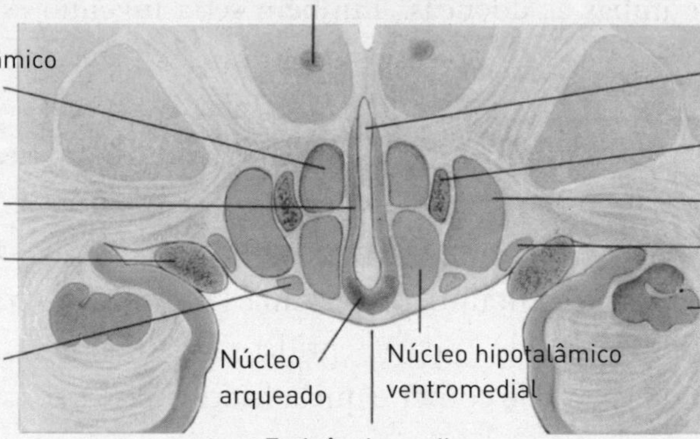

FIGURA 8.3 Localização e estrutura do hipotálamo. Vista frontal do hipotálamo (a seção plana foi mostrada na Figura 8.1). Fonte: Kandel, E. R., Schwartz, J. H., & Jessell, T. M. (1991). *Principles of Neural Science* (Terceira edição). Nova York, NY: Elsevier Science Publishers, 738. Reimpresso com permissão da Elsevier.

Ratos com um gene *ob* mutado (conhecidos como ratos *ob/ob*) são obesos, pesando três vezes mais do que os ratos normais e tendo cinco vezes a quantidade normal de gordura corporal. (Na realidade, o gene para leptina ganhou esse nome em razão de seu efeito: *ob* é abreviação de *obesidade*.) Injeções de leptina produzem perda de peso nesses ratos (Friedman & Halaas, 1998), e a leptina reduz o peso ao diminuir a ingestão de comida (Friedman & Halaas, 1998; Heymsfield *et al.*, 1999; Schwartz, Baskin, Kaiyala, & Woods, 1999). Um subtipo de obesidade em humanos é causado pela mutação da forma humana do gene *ob* e foi tratado com sucesso por meio de injeções de leptina. No entanto, a maioria dos indivíduos obesos tem alta concentração de leptina, e há evidência de sensibilidade reduzida ao receptor de leptina em obesos CAP (Monteleone, Fabrazzo, Tortorella, Fuschino, & Maj, 2002).

Não surpreende que vários estudos tenham demonstrado diminuição das concentrações de leptina em pacientes com AN em comparação com controles (Di Carlo *et al.*, 2002; Föcker *et al.*, 2011; Germain, Galusca, Le Roux, & Bossu, 2007; Hebebrand *et al.*, 1997; Lear, Pauly, & Birmingham, 1999; Mantzoros, Flier, Lesem, Brewerton, & Jimerson, 1997; Monteleone, Di Lieto, Tortorella, Longobardi, & Maj, 2000; Monteleone *et al.*, 2002; Tolle *et al.*, 2003). Essa diminuição é provavelmente uma consequência, mais do que a causa da perda de peso, porque os níveis de leptina melhoram após a recuperação da AN (de Alvaro *et al.*, 2007; Manara, Manara, & Todisco, 2005; Oświecimska, Ziora, Geisler, & Broll-Waśka, 2005; van Elburg, Kas, Hillebrand, Eijkemans, & van Engeland, 2007). Alguns estudos de mulheres que se recuperaram de AN verificaram que as concentrações de leptina se normalizam antes que o peso alcance um nível normal (Hebebrand *et al.*, 1997; Holtkamp *et al.*, 2003; Mantzoros *et al.*, 1997). Um estudo verificou que, quando os níveis de leptina nas descargas do tratamento eram maiores do que o esperado com base no IMC, os pacientes de AN tinham maior probabilidade de experimentar futura perda de peso e recaída (Holtkamp *et al.*, 2004). Assim, é possível que mulheres com AN recebam sinais fisiológicos indicando peso normal antes que realmente alcancem o peso normal. Nesse caso, esse fenômeno poderia contribuir para a sua capacidade de manter o peso abaixo do normal.

Em razão da associação entre peso corporal e concentração de leptina, seria possível esperar que mulheres com peso normal e BN tivessem concentrações normais de leptina. No entanto, vários estudos demonstraram concentrações diminuídas de leptina em mulheres com BN em comparação com controles saudáveis (Brewerton, Lesem, Kennedy, & Garvey, 2000; Jimerson, Mantzoros, Wolfe, & Metzger, 2000; Jimerson, Wolfe, Carroll, & Keel, 2010; Monteleone, Di Lieto, Tortorella, Longobardi, & Maj, 2000; Monteleone *et al.*, 2002). Em contraste com isso, alguns estudos relataram níveis de leptina em indivíduos com CAP (Monteleone *et al.*, 2000, 2002) e síndrome do comer noturno (Stunkard, 2000) em comparação com os níveis em controles de peso saudável. Surgiram resultados contraditórios nas comparações entre indivíduos com CAP e controles obesos, com a CAP sendo associada a um nível mais baixo de leptina (Brandao *et al.*, 2010), leptina mais alta (Adami, Campostano, Cella, & Scopinaro,

2002) e à ausência de diferenças significativas (Geliebter, Gluck, & Hashim, 2005). Como ocorre com a BN, os níveis de leptina são mais baixos em pacientes com transtorno purgativo em comparação com os controles (Jimerson *et al.*, 2010). Leptina diminuída em BN e sensibilidade reduzida ao receptor de leptina em CAP (Monteleone *et al.*, 2002) poderiam contribuir para episódios de compulsão alimentar periódica ao aumentar o impulso fisiológico de comer. Esse efeito pode ser mediado por influências da leptina na função do neuropeptídeo Y, o que é discutido a seguir.

Neuropeptídeo Y

O neuropeptídeo Y aumenta a ingestão de comida e é inibido pela leptina. Portanto, leptina mais baixa contribui para aumentar o nível do neuropeptídeo Y, o que ajuda a aumentar a ingestão de comida como reação à perda de peso. Estudos verificaram que as concentrações do neuropeptídeo Y são elevadas em pacientes com AN (Kaye, Berrettini, Gwirtsman, & George, 1990; Sedláčková *et al.*, 2011) e se normalizam com a recuperação (Gendall, Kaye, Altemus, McConaha, & La Via, 1999; Kaye *et al.*, 1990; Oświecimska *et al.*, 2005). Consistentemente com a descoberta de concentrações mais baixas de leptina em pacientes de BN como descrito acima, um estudo mostrou elevadas concentrações do neuropeptídeo Y em pacientes com BN (Sedláčková *et al.*, 2011).

Após um café da manhã com alta taxa de carboidratos, pacientes com AN e BN não apresentaram uma diminuição do neuropeptídeo Y como observada em controles (Sedláčková *et al.*, 2011). Essa descoberta mostra que pacientes com transtornos alimentares podem não só ter alterações em níveis de jejum dos neuropeptídeos que influenciam a fome e a saciedade, como podem ter reações alteradas à ingestão de comida que contribuem adicionalmente para um comportamento alimentar desordenado. É importante destacar que o peso corporal não muda dramaticamente ao longo do dia, e isso implica as mudanças na leptina não influenciarem diretamente o início ou a cessação da ingestão de comida em uma dada refeição ou episódio de compulsão alimentar. Para compreender as influências dinâmicas no consumo de comida durante episódios de ingestão, é importante considerar o papel dos sinais relacionados à refeição. As seções a seguir revisam neuropeptídeos que são liberados pelo intestino a depender da ingestão de comida e estão diretamente implicados no início ou cessação do comer.

Colecistocinina

A colecistocinina é liberada no intestino delgado após a ingestão de comida (Gibbs, Young, & Smith, 1972). Como o 5-HT, a colecistocinina não atravessa a barreira hematoencefálica. No entanto, ela se liga a receptores no **nervo vago** no estômago (Gibbs & Smith, 1977; Robinson, McHugh, Moran, & Stephenson, 1988). O vago é um nervo cranial que envia sinais diretamente ao cérebro, e a estimulação do nervo vago estimula neurônios que se projetam do tronco cerebral até várias partes do cérebro, entre elas o hipotálamo ventromedial (Kandel, Schwartz, & Jessell, 1991). A liberação pós-refeições de colecistocinina deve, portanto, disparar mecanismos cerebrais inibidores do apetite e da ingestão de comida. Além disso, a colecistocinina causa contração do **esfíncter pilórico**, um músculo que controla a taxa em que a comida passa do estômago para o intestino delgado (Moran, Robinson, & McHugh, 1985). À medida que a pessoa come, a comida no estômago causa uma dilatação desse órgão. Isso dispara receptores de dilatação gástrica, que também estimulam o nervo vago. A colecistocinina enfatiza esse processo ao diminuir a taxa em que a comida passa do estômago ao intestino delgado. De modo consistente com esses mecanismos, a administração de colecistocinina mostrou desencadear a saciedade em animais (Antin, Gibbs, Holt, Young, & Smith, 1975; Gibbs, Young, & Smith, 1973) e em humanos (Kissileff, Pi-Sunyer, Thornton, & Smith, 1981; Greenough, Cole, Lewis, Lockton, & Blundell, 1998) e produzir taxas de saciedade aumentada em humanos (Stacher, Bauer, & Steinringer, 1979; Greenough *et al.*, 1998).

Vários estudos demonstraram reduzida resposta da colecistocinina à comida em mulheres com BN em comparação com controles (Devlin *et al.*, 1997; Geracioti & Liddle, 1988; Keel, Wolfe, Liddle, De Young, & Jimerson, 2007; Pirke, Kellner, Friess, Krieg, & Fichter, 1994) e em pacientes com transtorno purgativo (Keel, Wolfe, *et al.*, 2007). Assim, outra razão pela qual mulheres com BN podem se envolver em grandes episódios de compulsão alimentar periódica é que elas precisam de mais comida para se sentirem saciadas. Estudos sobre a função colecistocinina na AN produziram resultados inconsistentes (A. C. Prince, Brooks, Stahl, & Treasure, 2009; Tong & D'Alessio, 2011). Estudos de CAP (Geliebter, Yahav, Gluck, & Hashim, 2004) e transtorno purgativo (Keel, Wolfe, *et al.*, 2007) indicam reação normal da colecistocinina à ingestão de comida.

Grelina, peptídeo 1 similar ao glucagon e peptídeo YY

Como ocorre com os níveis de colecistocinina, os níveis de grelina, peptídeo 1 similar ao glucagon e peptídeo YY, acompanham mudanças agudas na ingestão de comida. A grelina, que é liberada pelo estômago, mostra variação diurna, com os níveis mais altos observados de manhã, quando o corpo está em jejum. Os níveis de grelina diminuem drasticamente com a ingestão de comida e depois sobem aos poucos no período que leva à refeição seguinte durante o dia. A grelina dispara ingestão de comida em animais e humanos, e está ligada a relatos subjetivos de fome em humanos. Com base em seu curso no tempo e nos efeitos em estudos experimentais em animais, a grelina é considerada um hormônio da fome, que estimula comer.

O peptídeo 1 similar ao glucagon mostra um padrão de liberação e função muito similar ao da colecistocinina e também dispara estimulação do nervo vago para estimular os centros da saciedade no cérebro. Os níveis de colecistocinina e peptídeo 1 similar ao glucagon alcançam o pico em 30 minutos após o fim de uma refeição. A colecistocinina e o peptídeo 1 similar ao glucagon são considerados peptídeos de saciedade de curto prazo, que ajudam a sinalizar quando um episódio de ingestão deve ser encerrado.

O peptídeo YY é liberado mais adiante no trato intestinal do que a colecistocinina e o peptídeo 1 similar ao glucagon, e seus níveis sobem mais lentamente do que os níveis daqueles neuropeptídeos. Os níveis de peptídeo YY alcançam o pico cerca de 50-90 minutos após o fim de uma refeição e não recuam até cerca de duas horas depois disso. O peptídeo YY é considerado um peptídeo de saciedade, que retarda o início do episódio seguinte de ingestão (p. ex., o início do almoço após o café da manhã ou do jantar após o almoço), mais que um peptídeo de saciedade que ponha fim a um episódio atual de ingestão.

Estudos com pacientes de AN sugerem que eles têm em jejum concentrações mais altas de grelina do que os controles (A. C. Prince *et al.*, 2009; Tong & D'Alessio, 2011), o que talvez seja consequência de sua restrição dietética. Em contraste com isso, as descobertas de concentrações de grelina em jejum em BN foram variadas (A. C. Prince *et al.*, 2009). Pacientes com BN podem experimentar uma diminuição menos concentrada de grelina após a ingestão de comida do que participantes controle (Kojima *et al.*, 2005; Monteleone *et al.*, 2005). Para a AN, as descobertas sobre a reação de grelina à ingestão de comida foram inconsistentes (A. C. Prince *et al.*, 2009; Tong & D'Alessio, 2011). Estudos sobre CAP produziram também resultados variados: um estudo não verificou diferenças em concentrações de grelina em jejum ou em reação de grelina à ingestão de comida entre controles e participantes CAP (Munsch, Biedert, Meyer, Herpertz, & Beglinger, 2009), enquanto outros estudos sugerem que pacientes de CAP têm concentrações de grelina em jejum mais baixas e uma diminuição menos robusta de grelina após ingerir comida (Geliebter, Hashim, & Gluck, 2008). A perturbação no ritmo circadiano na síndrome do comer noturno está associada a disrupções na liberação circadiana de grelina (K. C. Allison *et al.*, 2005; Rosenhagen, Uhr, Schüssler, & Steiger, 2005; Goel *et al.*, 2009; Birketvedt, Geliebter, Kristiansen, Firgenschau, Goll, & Florholmen, 2012).

Pesquisas indicam níveis mais baixos do peptídeo 1 similar ao glucagon em mulheres com BN do que em controles (Naessén, Carlström, Holst, Hellström, & Hirschberg, 2011; Dossat, Bodell, Williams, Eckel, & Keel, 2015). Verificou-se também que pacientes com BN têm igualmente níveis significativamente mais baixos de peptídeo 1 similar ao glucagon do que pacientes com transtorno purgativo (Dossat *et al.*, 2015). Pacientes com AN tinham níveis mais elevados de peptídeo 1 similar ao glucagon do que controles em um estudo (Germain *et al.*, 2007), enquanto outro estudo verificou que tinham níveis mais baixos desse neuropeptídeo do que os controles (Tomasik, Sztefko, & Starzyk, 2004). Não foram relatadas diferenças nos níveis do peptídeo 1 similar ao glucagon entre controles e mulheres com CAP (Geliebter *et al.*, 2008) ou transtorno purgativo (Dossat *et al.*, 2015).

Para o peptídeo YY, dois estudos apoiaram reações atenuadas à ingestão de comida em BN em comparação com controles (Kojima *et al.*,

2005; Monteleone *et al.*, 2005), enquanto outro estudo não observou diferenças na reação do peptídeo YY (Devlin *et al.*, 2012). Em um estudo foi verificada uma reação de significativa diminuição do peptídeo YY à ingestão de comida em pacientes com AN (Stock *et al.*, 2005), uma reação de significativo aumento em outro (Nakahara *et al.*, 2007) e nenhuma diferença significativa num terceiro (Otto *et al.*, 2007). Para CAP, um estudo não encontrou diferenças em relação aos controles na liberação de peptídeo YY pós-refeição (Geliebter *et al.*, 2008), enquanto outro sugeriu uma reação maior do peptídeo YY (Munsch *et al.*, 2009).

Em seu conjunto, os resultados sugerem que a AN está consistentemente associada à baixa leptina, ao neuropeptídeo Y mais alto e a maiores concentrações de grelina do que nos controles, e que tudo isso deve promover aumento de fome e ingestão de comida. No entanto, pacientes com AN costumam negar a fome e restringir sua ingestão de comida. Embora essas diferenças talvez não expliquem a autoinanição na AN, podem contribuir para o risco de compulsão alimentar na doença (A. C. Prince *et al.*, 2009). Para outros neuropeptídeos na AN, os resultados foram variados.

Na BN, o quadro é mais claro. Embora mantenham um peso normal, indivíduos com BN têm concentrações mais baixas de leptina, concentrações mais altas de neuropeptídeo Y e mudanças menos robustas nos neuropeptídeos que aliviam a fome (grelina) e produzem saciedade a curto prazo (colecistocinina e peptídeo 1 similar ao glucagon) e saciedade a longo prazo (peptídeo YY) em comparação com controles. Embora não fique claro se essas diferenças estariam presentes antes da manifestação da BN, todas contribuem para a manutenção da compulsão alimentar no transtorno.

Surgiram poucos resultados consistentes relacionados a neuropeptídeos para explicar os padrões únicos de comportamento de alimentação desordenada na CAP, na síndrome do comer noturno e no transtorno purgativo. Para a CAP, há o desafio de distinguir alterações nos níveis de neuropeptídeo e nas reações que podem ser parte do transtorno alimentar *versus* aquelas associadas à obesidade, o que torna importante empregar um grupo controle com correspondência de peso. No entanto, fazer isso cria um limiar particularmente alto para identificar alterações associadas exclusivamente à compulsão alimentar, dado que boa parte da pesquisa sobre neuropeptídeos indica uma considerável sobreposição entre fatores que regulam o comportamento de ingestão e o peso.

Circuito neural de recompensa

Como observamos no início deste capítulo, as pessoas comem por razões que vão além da necessidade física. Um fator importante que influencia a ingestão de comida é que a comida é prazerosa. Na realidade, a comida é um reforço natural – isto é, um estímulo que se mostra gratificante sem exigir nenhum treino ou exposição prévios. Por ser a comida tão essencial à nossa sobrevivência, nascemos com uma capacidade já estabelecida que nos orienta à obtenção de comida e a aprender associações entre comportamentos que levem à comida e dicas externas. Assim como há regiões cerebrais que regulam o equilíbrio de energia e reagem a sinais internos indicando quando precisamos comer mais, há regiões cerebrais essencialmente envolvidas em nos ajudar a aprender dicas que sinalizam recompensas (a comida é uma dessas recompensas). Pesquisadores, portanto, têm proposto que diferenças individuais nesse circuito neural podem contribuir para o risco de transtornos alimentares.

A liberação de dopamina pela **área tegmental** ao **núcleo accumbens** do cérebro está centralmente envolvida na experiência de recompensa, assim como em aprender dicas que sinalizam a disponibilidade de uma recompensa. Essas regiões têm receptores para leptina e para peptídeo 1 similar ao glucagon, e ambos os peptídeos reduzem a atividade desse caminho dopaminérgico de recompensa. Além desse caminho básico, que está presente em muitas espécies, circuitos localizados ou conectados a regiões envolvidas em proeminência emocional (a amígdala), em detectar conflito (córtex cingulado anterior), integrar sentidos corporais a experiências emocionais (o córtex insular) e em tomadas de decisões (córtex pré-frontal) foram vistos como envolvidos no risco para o desenvolvimento de transtornos alimentares.

Imagens funcionais de ressonância magnética [*functional magnetic resonance imaging*, fMRI] foram usadas para examinar a ativação de regiões cerebrais e ver como as regiões atuam juntas durante a exposição a estímulos que são potencialmente relevantes aos transtornos alimentares (p. ex., fotos de comidas deliciosas *versus* objetos neutros; imagens de corpos com diferentes pesos e formas e o recebimento de um gole de milkshake de chocolate *versus* uma solução insípida). A fMRI tem sido usada também para medir a ativação durante tarefas que medem associações aprendidas entre dicas e estímulos relevantes (Frank & Kaye, 2012).

Fladung *et al.* (2010) pediram a mulheres com AN e a grupos controles saudáveis que avaliassem imagens de corpos abaixo do peso, de peso normal e acima do peso em relação ao próprio corpo, enquanto eram submetidas a fMRI. Mulheres com AN relataram uma preferência por corpos magros e mostraram maior ativação do estriado ventral (que inclui o núcleo accumbens) enquanto viam corpos magros. Em contraste com isso, controles relataram uma preferência por corpos de peso normal e mostraram a maior ativação do estriado ventral quando viam corpos de peso normal. Brooks *et al.* (2011) compararam a atividade de várias regiões do cérebro quando imagens de comida e outras que não eram de comida eram apresentadas a mulheres com AN, mulheres com BN e controles. Mulheres com BN mostraram menor ativação da ínsula em reação a imagens de comida do que controles; não foram encontradas diferenças entre controles e participantes com AN.

Em contraste com isso, Schienle, Schäfer, Hermann e Vaitl (2009) encontraram maior ativação da ínsula reagindo a imagens de comida em mulheres com BN do que em controles, assim como maior ativação do córtex cingulado anterior. No mesmo estudo, pacientes com CAP mostraram maior atividade no córtex orbitofrontal enquanto viam imagens de comida em comparação com os controles de peso normal, os controles com sobrepeso e pacientes com BN.

Usando uma tarefa de aprendizagem associativa, Bohon e Stice (2011, 2012) fizeram participantes com BN e controles desempenharem uma série de tarefas nas quais dicas eram acompanhadas pela entrega de um gole de milkshake de chocolate ou de um gole de uma solução insípida. Periodicamente, a dica para o milkshake era seguida por um gole da solução insípida e a dica para a solução insípida seguida por um gole de milkshake. Essas condições tinham por objetivo estabelecer uma distinção entre a expectativa de receber o milkshake *versus* a recepção real do milkshake. Na comparação controles, mulheres com

BN mostraram tendência a menor ativação da ínsula tanto quando tinham a expectativa de receber milkshake quanto em reação ao recebimento efetivo de milkshake (Bohon & Stice, 2011). Esse resultado sugere que indivíduos com BN têm sensibilidade reduzida às propriedades de reforço emocional da comida, o que poderia contribuir para a necessidade de comer mais a fim de produzir um nível desejado de reforço. No entanto, o efeito não foi estatisticamente significativo, e talvez não haja diferença entre mulheres com BN e controles.

Esses experimentos representam uma pequena seleção de estudos que examinam o processo de recompensa nos transtornos alimentares, e constituem um foco emergente de pesquisa neste campo.

Resumo da função cerebral e transtornos alimentares

O hipotálamo é responsável por regular a ingestão de comida e o peso. O hipotálamo lateral é associado à intensificação do comer e do peso, e o hipotálamo paraventricular e o hipotálamo ventromedial são associados à diminuição. No entanto, essas funções básicas podem ser ativadas ou inibidas a depender do neuroquímico que estiver ativo em uma determinada área. Em razão dessas complexas associações, não surpreende que tenham sido verificados tantos resultados inconsistentes nos correlatos neuroquímicos dos transtornos alimentares. Além disso, como muitas diferenças neuroquímicas observadas entre indivíduos com transtornos alimentares e indivíduos saudáveis desaparecem após a recuperação, os resultados de estudos da função neurofisiológica em pacientes de transtorno alimentar podem expressar consequências da doença, em vez de causas. Os estudos do circuito de recompensa no campo dos transtornos alimentares ainda estão na sua infância, mas sugerem que atitudes e comportamentos ostensivos expressos por indivíduos com transtornos alimentares estão associados a padrões de ativação em seus cérebros que diferem daqueles de controles saudáveis. Entretanto, como ocorre com estudos fisiológicos de transtornos alimentares, pode ser difícil desemaranhar causas de efeitos.

As limitações de comparações transversais para a inferência de causas não são um problema nos estudos genéticos dos transtornos alimentares. Embora um transtorno alimentar possa causar reduções na leptina, não pode levar alguém a ser um certo tipo de gêmeo, ou carregar uma variante genética específica. A seção a seguir, guiada por descobertas referentes a anormalidades fisiológicas em transtornos alimentares, explora se essas anormalidades têm bases genéticas que contribuam para desenvolver transtornos alimentares.

CONTRIBUIÇÕES GENÉTICAS AOS TRANSTORNOS ALIMENTARES

O Capítulo 6 discutiu como as crianças podem aprender comportamentos e atitudes de alimentação desordenada em seu ambiente de criação. As famílias, porém, compartilham não só ambientes, mas genes, e os transtornos alimentares percorrem as famílias (como descrito brevemente no Capítulo 6). Nos estudos sobre a hereditariedade dos transtornos alimentares, o indivíduo afetado pelo transtorno é referido como **probando**. Parentes biológicos de probandos de transtorno alimentar têm entre 5 e 12 vezes maior probabilidade de sofrer de um transtorno alimentar do que indivíduos da população em geral ou parentes de indivíduos sem transtornos alimentares (Lilenfeld *et al.*, 1998; A. Stein *et al.*, 1999; Strober, *et al.*, 2000; Strober *et al.*, 1990; Strober, *et al.*, 1985; Woodside, Field, Garfinkel, & Heinmaa, 1998). Parentes femininos de primeiro grau de probandos (p. ex., mães, irmãs e filhas) têm maior probabilidade de sofrer de transtornos alimentares do que parentes femininos de segundo grau (tias, avós e netas) ou parentes de terceiro grau (primas) (Strober, Freeman, Lampert, Diamond, & Kaye, 2001; Woodside *et al.*, 1998).

Estudos com gêmeos e adotados foram realizados para diferenciar a influência dos genes daquela exercida pelo ambiente no desenvolvimento de transtornos alimentares. O Capítulo 4 traz uma discussão do design básico e da lógica desses estudos.

Estudos genéticos comportamentais

Resultados de estudos de gêmeos baseados na população, realizados em Virginia, Minnesota, Austrália e Dinamarca, indicam que os genes têm importante papel no desenvolvimento de transtornos alimentares. Essas investigações constataram altas taxas de concordância para a presença de transtornos alimentares em gêmeos MZ em comparação com gêmeos DZ e também reportaram altas **estimativas de herdabilidade** (porcentagens que indicam quanto os genes contribuem para uma variação na presença de um traço em determinado grupo de pessoas) para os transtornos em questão. As estimativas de herdabilidade chegaram a 76% para AN (Klump, Miller, *et al.*, 2001) e a 83% para BN (Bulik, Sullivan, & Kendler, 1998); o limite mais baixo para herdabilidades reportado é de 50% para todos os transtornos (Baker *et al.*, 2009; Bulik *et al.*, 1998, 2006; Bulik, Sullivan, Wade, & Kendler, 2000; Javaras *et al.*, 2008; Kendler *et al.*, 1991; Klump, Kaye, & Strober, 2001). Em um estudo de gêmeos, Bulik *et al.* (2010) encontraram altas correlações genéticas entre AN e BN. Esses resultados sugerem que há uma sobreposição no risco genético para esses transtornos e oferecem uma possível explicação para o cruzamento de diagnóstico (discutido no Capítulo 11).

Foram levantadas questões sobre se os resultados de estudos de gêmeos podem ser interpretados literalmente. Fichter e Noegel (1990) propuseram que ser membro de um par de gêmeos, particularmente um par de gêmeos MZ, pode diminuir o desenvolvimento de independência e, portanto, aumentar o risco de transtornos alimentares. Sendo isso válido, então gêmeos não seriam representativos da população em geral (uma violação da **suposição de representatividade**) e os resultados de estudos de gêmeos não refletiriam com precisão como os transtornos alimentares se desenvolvem em não gêmeos. Mas os estudos que utilizam grandes amostras de gêmeos baseadas na população verificaram que gêmeos e não gêmeos têm igual risco para vários tipos de psicopatologias, entre elas os transtornos alimentares, e relataram não haver diferenças na apresentação clínica entre gêmeos e não gêmeos (Kendler, Martin, Heath, & Eaves, 1995; Klump, Kaye, & Strober, 2001).

Como descrito no Capítulo 4, uma suposição dos modelos de gêmeos é que membros de pares de gêmeos criados juntos, MZ ou DZ, compartilham 100% de seu ambiente doméstico (**suposição de ambientes iguais**). Não obstante, membros de um par de gêmeos MZ podem ser tratados de forma mais semelhante do que membros de um par de gêmeos DZ, em particular quanto a comentários a respeito de sua aparência. Maior similaridade de ambientes, mais que uma porcentagem mais alta de genes compartilhados, poderia explicar por que gêmeos MZ são mais similares em relação a transtornos alimentares do que gêmeos DZ. Apoiando essa noção, gêmeos MZ mostram maior similaridade física (Hettema, Neale, & Kendler, 1995) e socializam mais com seus cogêmeos (Kendler & Gardner, 1998) do que os gêmeos DZ, e esses fatores são preditores significativos de concordância para BN em gêmeos (Hettema *et al.*, 1995; Kendler & Gardner, 1998). No entanto, Klump, Holly, Iacono, McGue e Willson (2000) constataram que nem a similaridade física geral, nem a similaridade do tamanho ou da forma do corpo estavam significativamente associadas à similaridade nas atitudes e nos comportamentos de alimentação entre gêmeos. Assim, violações da suposição de representatividade e de ambientes iguais não dão conta plenamente de explicar a maior similaridade em transtornos alimentares entre gêmeos MZ do que entre gêmeos DZ.

Como descrito no Capítulo 4, considerando a importância do ambiente familiar em moldar o risco para patologia alimentar, os irmãos devem ser mais similares entre eles do que seria de esperar pelo mero acaso, não importa se estão relacionados biologicamente ou por adoção. Considerando-se a importância da configuração genética em moldar o risco de patologia alimentar, a similaridade será maior para irmãos biológicos do que para irmãos adotivos. Resultados do único estudo sobre adoção a respeito de transtornos alimentares realizado até agora dão apoio adicional à maior influência da genética que do ambiente familiar compartilhado para os transtornos alimentares. Klump, Suisman, Burt, McGue e Iacono (2009) estudaram similaridades nos níveis de alimentação desordenada em 152 pares de irmãs, sendo 51 irmãs biológicas e 101 irmãs adotivas. Uma preocupação nos estudos de adoção é que ser adotado pode constituir um fator de estresse que aumentaria o risco de uma psicopatologia. No entanto, Klump *et al.* (2009) verificaram que níveis gerais de alimentação disfuncional não diferiam entre filhos biológicos e adotados. Consistentemente com um significativo efeito dos genes no risco de transtorno alimentar, os níveis de alimentação disfuncional estavam correlacionados de modo significativo e positivo entre irmãs biológicas. Em contraste com isso, irmãs adotivas não eram mais similares entre elas em relação à alimentação disfuncional do que seriam em relação a uma mulher aleatoriamente escolhida. A herdabilidade estimada da alimentação desordenada nesse estudo foi de 85%, e as demais influências se relacionavam a fatores ambientais não compartilhados (isto é, fatores não genéticos que diferiam entre irmãos criados juntos).

Na tentativa de compreender qual fator herdado específico ou fatores aumentam o risco de transtornos alimentares, os pesquisadores examinaram vários traços candidatos. Estudos de família, de gêmeos e de adotados proporcionaram significativas estimativas de herdabilidade para IMC (Allison, Heshka, Neale, Lykken, & Heymsfield, 1994; de Castro, 1999; Koeppen-Schomerus, Wardle, & Plomin, 2001) e para dieta diária (de Castro, 1999). Usando um design de gêmeos, Slof-Op't *et al.* (2008) examinaram a herdabilidade do IMC e de comportamentos de alimentação disfuncional. Tanto o IMC quanto os comportamentos de alimentação disfuncional demonstraram significativa herdabilidade, e os genes compartilhados explicaram 43%-51% da associação entre IMC e comportamentos alimentares disfuncionais. No entanto, apenas uma pequena parte da influência genética nos comportamentos disfuncionais foi compartilhada com a influência genética no IMC. Esses resultados sugerem que uma maneira pela qual as famílias contribuem para o risco de transtorno alimentar é por meio de suas contribuições genéticas ao peso corporal, mas que a maior parte das influências genéticas nos transtornos alimentares é independente dos genes que influenciam o peso corporal.

Estudos sugeriram uma substancial influência genética nos traços de personalidade, incluindo os traços que por hipótese contribuiriam para o risco de desenvolver um transtorno alimentar (ver Capítulo 7). Usando uma amostra de gêmeos de base populacional, Klump, McGue e Iacono (2002) constataram que as associações entre personalidade e alimentação disfuncional podiam ser mais bem explicadas por fatores genéticos compartilhados (em oposição a ambiente compartilhado). No entanto, apenas uma proporção limitada (2%-22%) da influência genética na alimentação disfuncional foi compartilhada com a influência genética na personalidade. Assim, além de contribuírem para o IMC, as famílias podem ter influência nos transtornos alimentares por meio de suas contribuições genéticas para a personalidade. Mais uma vez, porém, a maior parte das influências genéticas na alimentação desordenada parece ser independente daquelas que atuam na personalidade.

Em resumo, estudos de gêmeos e de adoção proporcionaram impressionantes estimativas de herdabilidade para transtornos alimentares. No entanto, embora esses estudos forneçam evidência convincente de uma contribuição genética para os transtornos alimentares, eles não conseguem revelar a influência ou ação de genes específicos. Com avanços no mapeamento do **genoma humano**, os pesquisadores começaram a examinar *loci* genéticos específicos associados a maior risco de transtornos alimentares.

Estudos de genética molecular

Um gene é uma sequência de **ácido desoxirribonucleico (DNA)** transcrita em uma sequência específica de **ácido ribonucleico (RNA)** que é então usada para construir uma cadeia de aminoácidos e formar uma proteína. Por exemplo, um gene poderia codificar para um receptor de neurotransmissor, como o receptor 5-HT_{1A}. Um **alelo** é uma das várias formas do mesmo gene. Para alguns genes, há apenas dois alelos possíveis; outros genes têm numerosos alelos. As diferentes formas dos alelos de um gene são chamadas polimorfismos. Uma cadeia de DNA consiste em uma série de unidades menores, os nucleotídeos, identificados pelas diferentes bases em suas estruturas: adenina (A), citosina (C), guanina (G) ou timina (T). Quando os alelos diferem por um único nucleotídeo na sequência de DNA (como na substituição de um nucleotídeo A por um (G), isso é referido como um polimorfismo de nucleotídeo único [*single-nucleotide polymorphism*, SNP]. Quando os alelos diferem em termos da repetição de nucleotídeos, isso é referido como polimorfismo variante de número de cópias.

Para um determinado gene, um filho recebe um alelo de cada um dos pais. A combinação resultante de alelos é o **genótipo** do indivíduo para aquele gene. Quando o filho recebe o mesmo alelo de cada pai, o genótipo é **homozigoto**. Quando o filho recebe diferentes alelos dos pais, o genótipo é **heterozigoto**. Os efeitos de diferentes genótipos (isto é, diferentes combinações de alelos para um determinado gene) podem variar de diferenças na cor dos olhos (ver Figura 8.4) e se a pessoa consegue ou não dobrar a língua em formato de U (ver Figura 8.5), até diferenças no risco de desenvolver um transtorno alimentar. A manifestação observável de um genótipo é chamada de **fenótipo.** Portanto, na busca de genes específicos que aumentem o risco de um transtorno alimentar, os transtornos alimentares são fenótipos.

Ao contrário dos resultados de estudos de família e de gêmeos, os estudos que examinam genes específicos que poderiam aumentar o risco de desenvolver um transtorno alimentar ainda carecem de achados replicados. Na realidade, a principal conclusão que surgiu da pesquisa genética é que, em vez de encarar os transtornos como constituindo categorias naturais, faz mais sentido compreender que muitas variantes genéticas podem originar o mesmo conjunto de sintomas sobrepostos, de modo que as nossas definições de transtornos alimentares resultem em grupos com genótipos heterogêneos. De qualquer modo, é útil revisar alguns estudos que levaram a essa conclusão.

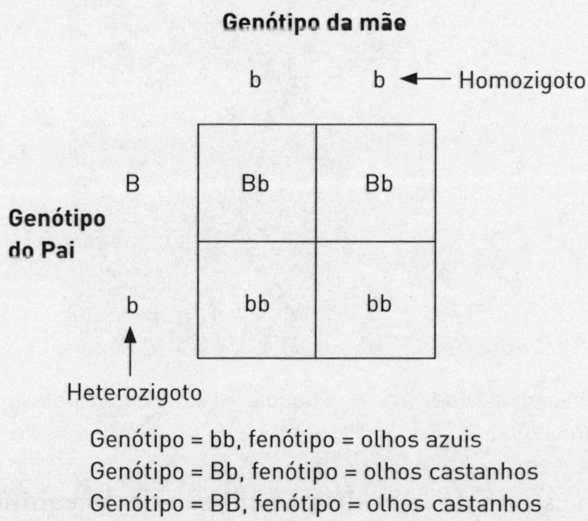

FIGURA 8.4 Quadro de Punnett para cor dos olhos. Quatro quadrados representam possíveis genótipos para filhos de uma mãe com genótipo bb e um pai com genótipo Bb.

A maior parte da pesquisa genética molecular envolve **estudos de associação,** nos quais as frequências de alelos para candidatos específicos de genes (genes que se supõe estarem envolvidos num transtorno alimentar) são comparadas entre indivíduos afetados com um transtorno e outros não afetados. Esses estudos examinam a associação entre um genótipo específico e a presença ou ausência de transtornos alimentares como um fenótipo. Por exemplo, vários **estudos de genes**

candidatos examinam as frequências de alelos para o gene que codifica para o receptor 5-HT_{2A}. Esse gene tem dois possíveis alelos SNP, chamados A e G em razão das diferentes bases presentes em uma posição no gene. Esses alelos podem ser combinados em três genótipos distintos: homozigoto A/A e G/G e heterozigoto A/G (funcionalmente o mesmo genótipo que G/A). Quando se verifica que indivíduos com transtorno alimentar têm maior probabilidade do que os controles de ter um alelo específico (p. ex., A) ou genótipo (p. ex., A/A), esse achado apoia uma associação entre a estrutura do gene receptor 5-HT_{2A} e o risco de desenvolver esse transtorno alimentar.

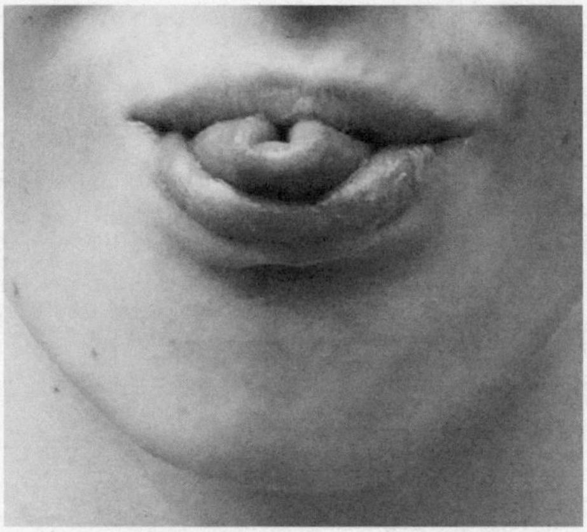

FIGURA 8.5 A capacidade de curvar a língua em forma de U é determinada por um único gene dominante.

Em um **estudo de teste de transmissão de desequilíbrio** [*transmission disequilibrium test,* TDT], a frequência de transmissão de alelos dos pais que são selecionados para ser heterozigotos para o gene correspondente dos filhos afetados é comparada com a frequência esperada quando não há associação entre o alelo e o transtorno. Por exemplo, em uma amostra de pais que têm todos eles o genótipo heterozigoto A/G para o gene receptor 5-HT_{2A}, cerca de 25% dos filhos deverão ter o genótipo homozigoto A/A, 25% deverão ter o genótipo homozigoto G/G e 50% o genótipo heterozigoto A/G por acaso (porque 25% devem receber A/G e 25% receber G/A). Ao se verificar que filhos com um transtorno alimentar têm probabilidade maior do que a esperada de apresentar um alelo específico (p. ex., A) ou genótipo (p. ex., A/A), esse achado apoia uma associação entre a estrutura do gene receptor 5-HT_{2A} e o risco de desenvolver esse transtorno alimentar.

Tanto os estudos de genes candidatos como os estudos TDT se baseiam em identificar um gene específico a ser examinado. Genes que afetam a função 5-HT são bons candidatos a compreender a etiologia genética dos transtornos alimentares. Foi dada particular atenção ao gene para o receptor 5-HT_{2A}. Estudos demonstram que o alelo A do gene receptor 5-HT_{2A} reduziu a densidade e sensibilidade desse receptor (Parsons, D'Souza, Arranz, Kerwin, & Makoff, 2004; Myers, Airey, Manier, Shelton, & Sanders-Bush, 2007; A. K. Smith *et al.*, 2008), o que é consistente com resultados em mulheres que se recuperaram de AN e BN, discutido antes neste capítulo. Portanto, a seção a seguir revisa descobertas para o gene receptor 5-HT_{2A} em estudos de AN.

O gene receptor 5-HT_{2A}

Collier *et al.* (1997) relataram que pacientes com AN tinham frequência mais elevada do alelo A e do genótipo A/A do gene receptor 5-HT_{2A} do que os controles. Vários estudos independentes replicaram esse resultado (ver a metade superior do Quadro 8.1). No entanto, um número igual de estudos não encontrou associação entre transtornos alimentares e o gene receptor 5-HT_{2A} (ver a metade de baixo do Quadro 8.1). Diferenças em fenótipos de transtorno alimentar podem justificar esses resultados inconsistentes. Por exemplo, três estudos (Nacmias *et al.*, 1999; Ricca *et al.*, 2002; Sorbi *et al.*, 1998) sugeriram que o alelo A e o genótipo A/A para o gene 5-HT_{2A} são mais comuns na ANR do que na ANBP.

Em um estudo TDT, Gorwood *et al.* (2002) examinaram a transmissão dos alelos A e G do gene receptor 5-HT_{2A} dos pais heterozigotos (genótipo A/G) do filho com AN. A distribuição dos alelos A e G não difere significativamente do que se esperaria encontrar ao acaso. Porém, uma investigação de acompanhamento de Kipman *et al.* (2002) mostrou o aumento da transmissão do alelo A em um subconjunto de pacientes com idade mais avançada de manifestação. Kipman *et al.* sugeriram que o gene receptor 5-HT_{2A} contribui para a etiologia da AN em pacientes que desenvolveram o transtorno alimentar no meio da adolescência ou mais tarde. Essa descoberta tem particular interesse em face da evidência apresentada no Capítulo 6 de que a alimentação desordenada antes da puberdade é mais bem explicada pelo ambiente familiar, enquanto a alimentação desordenada após a puberdade é mais bem explicada pela configuração genética.

QUADRO 8.1 Resultados de estudos de genes candidatos do gene receptor 5-HT_{2A}

Estudo	Frequências relativas em grupos com e sem transtornos alimentares
Associação significativa do gene 5-HT_{2A}	
Collier *et al.* (1997)	AN > controles para alelo A e genótipo A/A
Enoch *et al.* (1998)	AN > BN, controles para alelo A e genótipo A/A
Sorbi *et al.* (1998)	ANR > AN purgação apenas (ANP), controles para alelo A e genótipo A/A
Nacmias *et al.* (1999)	ANR > ANP, BN purgação (BNP), controles para alelo A e genótipo A/A
Nishiguchi *et al.* (2001)	AN compulsão alimentar apenas (ANB), BN > ANR, controles para alelo G
Kipman *et al.* (2002)	AN manifestação tardia > controles para alelo A
Ricca *et al.* (2002)*	AN, ANR, BN > controles para alelo A e genótipo A/A ANP, controles sem diferença Obesos CAP, obesos não CAP, controles sem diferença
Sem associação significativa do gene 5-HT_{2A}	
Hinney, Ziegler, Nothen, Remschmidt, & Hebebrand (1997)	AN, controles obesos, controles abaixo do peso, sem diferença
Campbell, Sundaramurthy, Markham, & Pieri (1998)	AN, controles sem diferença
Ziegler *et al.* (1999)	AN, BN, controles sem diferença
Ando *et al.* (2001)	AN, controles sem diferença
Karwautz *et al.* (2001)	AN, irmãs não afetadas, sem diferença
Fuentes *et al.* (2004)	BN (com ou sem histórico de AN), controles sem diferença
Rybakowski *et al.* (2006)	AN > controles para alelo A em nível de tendência
Martásková, Slachtová, Kemlink, Záhoráková, & Papezová (2009)	AN > controles para alelo A em nível de tendência

* Inclui participantes no estudo de Nacmias *et al.* (1999).

O gene do fator neurotrófico derivado do cérebro

O **fator neurotrófico derivado do cérebro** [*brain-derived neurotrophic fator*, BDNF] regula o crescimento e está crucialmente envolvido na regulação do apetite; a diminuição da função BDNF é associada ao aumento da ingestão de comida (Culbert, Slane, & Klump, 2008). Níveis reduzidos de BDNF foram encontrados em AN e BN (Favaro, Monteleone, Santonastaso, & Maj, 2008). Um alelo do gene BDNF, o alelo Met do polimorfismo do Val66Met, reduz a secreção do BDNF (Egan *et al.*, 2003), e constatou-se que carregar o alelo Met está significativamente associado tanto à AN (Ribases *et al.*, 2004; Rybakowski *et al.*, 2007) como à BN (Ribases *et al.*, 2004). Além disso, uma metanálise (Gratacos *et al.*, 2007) apoiou a associação entre carregar o alelo Met do gene BDNF e os transtornos alimentares amplamente definidos (incluindo ANBP, BN e transtornos da categoria que o DSM-IV chama de "transtorno alimentar não especificado"). Mas, como ocorre com as descobertas para o alelo A do gene 5-HT_{2A}, nem todos os estudos apoiaram uma associação entre o alelo Met e os transtornos alimentares (Gratacos *et al.*, 2007).

CAPÍTULO 8

Desafios em identificar contribuições genéticas ao risco de transtornos alimentares

Estudos genéticos comportamentais deram claro apoio a uma diátese genética para os transtornos alimentares, mas os estudos genéticos moleculares ainda precisam identificar claramente genes específicos que aumentem o risco. Isso talvez reflita o estágio inicial da pesquisa genética molecular na área, além da complexidade etiológica dos transtornos. Como na maioria dos transtornos psiquiátricos, a diátese genética dos transtornos alimentares provavelmente envolve **herança complexa** em vez de **herança mendeliana** (Risch & Merikangas, 1993). A herança mendeliana ocorre quando o fenótipo se deve à ação de um único gene (como no caso da cor dos olhos). Na herança complexa, a ação combinada de vários genes é responsável pelo fenótipo. Todos os estudos de genes candidatos examinam a associação entre fenótipos e um único gene, como se o risco genético para transtornos alimentares fosse transmitido à maneira mendeliana.

Dois padrões epidemiológicos sugerem que é improvável que um único gene responda pelo risco genético de transtornos alimentares. Primeiro, os transtornos alimentares têm prevalências mais altas do que as doenças mendelianas típicas. Alelos para doenças herdadas à maneira mendeliana e que diminuem a capacidade de sobreviver e ter filhos (como ocorre com os transtornos alimentares) tendem a ser removidos do *pool* de genes, resultando em baixas prevalências. Em segundo lugar, as taxas de risco reportadas para transtornos alimentares em parentes de primeiro grau de probandos com transtorno alimentar (isto é, a probabilidade de desenvolver a doença quando um parente de primeiro grau já a desenvolveu *versus* a condição de não tê-la no histórico familiar) em geral varia de 5:1 a 12:1 e cai bem abaixo do esperado para uma doença mendeliana produzida por um gene dominante (5.000:1) ou um gene recessivo (2.500:1). As taxas de risco para doenças mendelianas são menores quando há **penetrância reduzida** (o genótipo nem sempre leva ao fenótipo), **expressividade variável** (o genótipo leva a diversos fenótipos) ou **fenocópias** (o fenótipo ocorre na ausência do genótipo). Por exemplo, embora o queixo fendido seja causado por um único gene dominante, o fenótipo associado a esse genótipo varia de uma fenda nítida (Figura 8.6) a pequenas depressões. De qualquer modo, as taxas de risco de doenças mendelianas ficam bem acima das de transtornos alimentares.

Na herança complexa, cada gene tem uma pequena participação no desenvolvimento do transtorno, e é necessário um grande número de participantes da pesquisa para demonstrar um efeito confiável de um gene específico. Portanto, algumas inconsistências nos resultados de pesquisas podem ser causadas por um tamanho inadequado da amostra, assim como por não examinar todos os genes relevantes. Em razão disso, uma maneira alternativa de examinar contribuições da genética molecular aos transtornos alimentares é assumir uma abordagem completamente agnóstica em relação a quais genes poderiam ser importantes, e passar a examinar todos os genes. Com avanços em tecnologia, mapear DNA ficou mais rápido e menos caro, introduzindo a opção de realizar **estudos de associação do genoma completo** [*genoma-wide* *association studies,* GWAS]. Nos GWAS, os pesquisadores avaliam se os alelos para todos os genes no genoma são mais comuns em indivíduos com um transtorno alimentar em comparação com os controles. Mas examinar tantas possíveis diferenças cria alto risco de falsos positivos; portanto, o limiar para relevância estatística nos GWAS é colocado num nível muito rigoroso, e tais estudos exigem amostras imensas para detectar efeitos significativos.

FIGURA 8.6 O queixo fendido decorre de um único gene dominante, mas a expressão fenotípica desse genótipo varia.

O primeiro GWAS sobre AN não encontrou diferença estatisticamente significativa em frequências de alelo entre 1.033 casos de AN e 3.733 controles, mas verificou associações com nível de tendência entre polimorfismos para um receptor opioide e para o receptor 5-HT_{1D} (Wang *et al.*, 2011). Da mesma maneira, Wade *et al.* (2013) não detectaram associações significativas entre genes particulares e comportamentos de alimentação desordenada ou síndromes agrupadas como do "espectro AN", "espectro BN" e "purgação via substâncias", mas chegaram a resultados com nível de tendência para seis genes (embora nenhum relacionado a achados anteriores no campo). Nenhum estudo concluiu que o polimorfismo A do gene receptor 5-HT2A esteja associado à AN.

Um último desafio na busca de *loci* genéticos associados a transtornos alimentares é a dificuldade de definir fenótipos de transtorno alimentar. Diferentemente da cor dos olhos, quando é razoavelmente fácil concluir que castanho e azul são cores diferentes (e fenótipos diferentes), não fica claro, por exemplo, se ANR e ANBP representam um ou dois transtornos. Assim, é preciso mais pesquisa sobre a definição de transtornos alimentares para identificar fenótipos válidos. Na realidade, esse ponto se aplica à gama inteira dos estudos que buscam entender a fisiopatologia dos transtornos mentais e constitui a premissa-chave por trás da formação da iniciativa RDoC, discutida no Capítulo 1. Uma pesquisa que defina melhor os transtornos alimentares, por suas dimensões comportamentais essenciais, em vez de fazê-lo por meio de complexas coleções de sintomas, permitirá maior progresso em estabelecer as bases genéticas e neurobiológicas dos transtornos alimentares.

Em razão dos desafios com os quais a pesquisa genética molecular se defronta, as descobertas sugerindo uma associação entre o gene receptor 5-HT_{2A} e a AN são bastante promissores. Também é importante reconhecer uma vantagem que a pesquisa genética molecular tem na busca de bases biológicas para os transtornos alimentares. Ao contrário de outros potenciais contribuidores biológicos, as sequências de genes não se alteram em função da presença ou da ausência de um transtorno alimentar. Assim, é possível examinar genes candidatos entre indivíduos com transtornos alimentares sem a preocupação de que uma associação entre um genótipo específico e a presença de um transtorno alimentar possa refletir o efeito do transtorno sobre o genoma. Na próxima seção, trataremos dos profundos efeitos que os transtornos alimentares têm sobre o corpo.

CONSEQUÊNCIAS FÍSICAS DOS TRANSTORNOS ALIMENTARES

Em muitos estudos sobre as diferenças biológicas entre indivíduos com transtornos alimentares e indivíduos saudáveis, não é possível determinar se a diferença era anterior à presença do transtorno alimentar ou consequência dele. Quando o corpo tem recursos inadequados para manter o peso corporal e precisa usar suas reservas de gordura, seguem-se necessariamente outras mudanças físicas. Esta seção discute as consequências físicas conhecidas dos transtornos alimentares. Como veremos a seguir, algumas consequências podem contribuir para a manutenção do transtorno alimentar. Como uma prévia desta seção, o Quadro 8.2 mostra as complicações médicas frequentemente associadas aos transtornos alimentares, organizada pelo critério de serem consequências atribuídas à inanição, à compulsão alimentar ou à purgação.

Consequências da inanição

Mudanças neuroanatômicas

Pacientes com AN têm ventrículos cerebrais maiores do que os controles saudáveis (D. K. Katzman, Zipursky, Lambe, & Mikulis, 1997; Kingston, Szmukler, Andrewes, Tress, & Desmond, 1996; Krieg *et al.*, 1989; Roberto *et al.*, 2011; Swayze *et al.*, 1996). Os ventrículos contêm fluido cerebrospinal, e o aumento na dimensão dos ventrículos reflete diminuições da massa cerebral (perda de massa cinzenta e massa branca). Portanto, esta descoberta indica que, além de causar degradação da gordura, dos músculos e dos ossos (ver Quadro 8.1), a inanição desencadeia a degradação da massa cerebral. Parte da massa cerebral perdida é reposta com a recuperação (Kingston *et al.*, 1996; Roberto *et al.*, 2011; Swayze *et al.*, 1996). No entanto, persiste a evidência de uma diminuição da massa cinzenta após a recuperação da AN (Katzman *et al.*, 1997). McCormick *et al.* (2008) constataram que o volume do córtex cingulado anterior estava reduzido em pacientes com AN em comparação com controles, embora aumentasse significativamente com tratamento hospitalar e recuperação do peso. Pequenos aumentos no volume do córtex cingulado anterior fazem prever recidiva após a alta hospitalar (McCormick *et al.*, 2008).

Mudanças da densidade mineral óssea

Vários estudos demonstraram diminuição da densidade mineral óssea e taxas aumentadas de osteoporose em pacientes com AN em comparação com controles (Grinspoon *et al.*, 1999; Hotta, Shibasaki, Sato, & Demura, 1998; D. K. Katzman & Misra, 2013). Um estudo de mulheres com BN também detectou redução na densidade mineral óssea; no entanto, as diferenças foram totalmente atribuídas a um histórico de AN em um subconjunto de pacientes (Naessén, Carlström, Glant, Jacobsson, & Hirschberg, 2006). A perda mineral óssea foi associada à combinação de inanição e mudanças hormonais decorrentes da inanição – notadamente concentrações diminuídas de hormônios sexuais como estrógeno e progesterona e aumento na concentração de cortisol (Newman & Halmi, 1989). Além disso, as dietas de pacientes com AN costumam ter desequilíbrio nutricional, com consumo excessivo de cafeína e baixo consumo de alimentos ricos em cálcio (Newman & Halmi, 1989). Muitos pacientes com transtornos alimentares ficam sabendo dos efeitos da inanição na densidade mineral óssea por meio de sua participação em pesquisas. Emily é um exemplo.

ESTUDO DE CASO: EMILY

Quando Emily participou do estudo de pesquisa (ver Capítulo 4), os resultados de seu exame ósseo foram repassados ao seu médico, que os compartilhou com Emily. O exame indicou que a densidade mineral óssea de Emily estava 35% mais baixa do que o esperado para a idade dela. Quando Emily perguntou o que isso significava, o médico explicou que, em razão da dieta e da perda de peso dela, seu corpo começara a se alimentar de si mesmo. Este era o processo que produzia a perda de peso. No entanto, a perda de peso não se restringia à perda de gordura – incluía perda de músculo e de ossos. Uma consequência da diminuição da densidade mineral óssea foi o aumento no risco de fratura dos ossos. Em resumo, aos 20 anos, Emily tinha a estrutura óssea de uma mulher pós-menopausa. O médico de Emily prescreveu suprimentos de cálcio para ajudar a recuperar tecido ósseo. No entanto, ela foi informada de que a melhor maneira de reverter esse dano era recuperar peso.

QUADRO 8.2 Complicações médicas dos transtornos alimentares (segundo o sistema de órgãos principal)

Sistema			Complicação médica	Definição
CARDIOVASCULAR				
A	B	C	Ortostase/hipotensão	Baixa pressão sanguínea
A			Bradicardia	Ritmo cardíaco lento
A		C	Insuficiência cardíaca congestiva	Perda da função cardíaca
A	B	C	Anormalidades do ECG	Batimento cardíaco anormal
A			Cardiomiopatia de realimentação	Perda do tecido do coração
A			Edema de realimentação	Inchaço/retenção de água
		C	Arritmias	Batimento cardíaco irregular
A	B	C	Morte cardíaca súbita	Infarto repentino levando à morte
RENAL/EQUILÍBRIO DE FLUIDOS				
A	B	C	Desidratação	Fluido corporal diminuído
A	B	C	Menor filtração glomerular	Menor capacidade do rim de filtrar e remover detritos do sangue
A	B	C	Eletrólitos anormais	Concentrações anormais de substâncias eletricamente carregadas no sangue
A	B	C	Nefropatia caliopênica	Insuficiência de potássio no corpo em razão de disfunção renal
A			Edema de realimentação	Inchaço/retenção de água
		C	Edema de reflexo (após cessação de laxantes/diuréticos)	Inchaço/retenção de água
ENDÓCRINO				
A			Retardo no crescimento	Atraso no amadurecimento
A			Atraso no início da puberdade	Atraso na menstruação
A	B		Função anormal do eixo HPG	Transtorno nos hormônios sexuais
A			Função anormal do eixo HPA	Transtorno nos hormônios do estresse
A			Função da tiroide anormal	Perturbação no humor e nos hormônios do apetite
GASTROINTESTINAL				
	B		Inchaço da glândula parótida	Inchaço das glândulas salivares
	B	C	Hiperamilasemia	Elevadas concentrações de enzimas de glândulas salivares que ajudam a digerir glicogênio e amido
	B		Ruptura esofágica	Ruptura no esôfago
	B		Rupturas Mallory-Weiss	Rupturas na mucosa do esôfago entre o esôfago e o estômago
A	B	C	Retardo no esvaziamento gástrico	Digestão lenta da comida no estômago
A			Síndrome da artéria mesentérica superior	Obstrução parcial do intestino pela síndrome da artéria mesentérica superior

Sistema			Complicação médica	Definição
	B		Dilatação gástrica/ruptura	Aumento e ruptura no estômago
A			Pancreatite de realimentação	Infecção/irritação do pâncreas
A	B	C	Constipação	Incapacidade de passar resíduos sólidos
		C	Melanose coli	Escurecimento da mucosa do cólon após uso reiterado de certos laxantes
		C	Esteatorreia/gastroenteropatia	Matéria fecal espumosa, malcheirosa, que com perda de proteínas flutua pelo alto conteúdo de gordura
		C	Cólon catártico	Mudança anatômica e fisiológica no cólon associada a laxantes
A	B	C	Íleo hipocalêmico	Imobilidade temporária do intestino, Impedindo passagem de resíduos sólidos, causada por baixos níveis de potássio no sangue
METABÓLICO				
A			Osteoporose/osteopenia	Perda de massa óssea
A	B	C	Deficiências de minerais	Decréscimo de minerais
A	B	C	Deficiência vitamínica	Decréscimo de vitaminas
A			Hipercolesterolemia	Aumento do colesterol no sangue
	B	C	Obesidade	Sobrepeso
PULMONAR				
	B		Enfisema subcutâneo	Presença de ar sob a pele
	B		Pneumomediastino	Ruptura de alvéolos pulmonares
	B		Pneumonite por aspiração Infecção	pulmonar/irritação causada por inalar vômito
DERMATOLÓGICO				
A			Perda de cabelo	Calvície
A			Crescimento de cabelo similar a lanugo	Fina penugem cobrindo o corpo
A			Pele seca, cabelo e unhas quebradiços	Causados por falta de gordura na dieta
A			Petéquias, púrpura	Descolorações na pele causadas por pequenos vasos que sangram perto da superfície da pele
	B		Calosidades/escoriações nos dedos	Causadas por fricção contra os dentes ao provocar ânsias de vômito
HEMATOLÓGICO/IMUNOLÓGICO				
A			Anemia	Falta de ferro no sangue
A			Leucopenia com relativa	Diminuição de glóbulos brancos no sangue linfocitose com alto número incomum de linfócitos normais

Sistema			Complicação médica	Definição
A			Trombocitopenia	Diminuição das plaquetas no sangue, com menor coagulação e aumento do sangramento
A			Contagem anormal de CD4/CD8	Baixa contagem de glóbulos brancos com redução da função imune
A			Citocinas anormais	Transtorno na comunicação célula-célula; que se supõe agir diretamente nos neurônios hipotalâmicos
NEUROLÓGICO				
A			Ventrículos aumentados	Perda de massa cinzenta no cérebro
A	B		Transtornos do sono	Transtorno nos padrões de sono
A	B		Tomografias anormais	Perturbação no uso de glicose pelo cérebro
OUTROS				
	B		Complicações dentárias	Aumento de cáries e infecções gengivais
A			Deficiência na termorregulação	Temperatura corporal baixa
	B	C	Coagulopatia por deficiência de vitamina K	Defeito na coagulação
		C	Miopatia nos músculos esqueléticos	Perda muscular

Nota: Adaptado com permissão de "Medical Evaluation and Medical Management", de C. Pomeroy, em *The Outpatient Treatment of Eating Disorders: A Guide for Therapists, Dietitians, and Physicians* (Tabela 13.2, p. 306–318), editado por J. E. Mitchell, 2001, Minneapolis: University of Minnesota Press. Copyright 2001 da University of Minnesota Press. [a] A indica que a complicação decorre de inanição na AN; B, que a complicação surge a partir de sintomas de compulsão alimentar/purgação na BN e ANBP; C, que a complicação decorre de outros sintomas de transtornos alimentares.

Consequências da compulsão alimentar

A compulsão alimentar pode contribuir para aumentar a capacidade gástrica, o que tem sido associado a um esvaziamento gástrico retardado (Klein & Walsh, 2004). Como os peptídeos que regulam a saciedade são liberados depois que a comida passa do estômago para o intestino, os atrasos no esvaziamento gástrico podem contribuir para reações atenuadas dos neuropeptídeos à ingestão de comida, como observado na BN. A compulsão alimentar também tem sido associada a uma elevada liberação de cortisol (N. A. Lester, Keel, & Lipson, 2003), que afeta a reação de estresse do eixo HPA ao impactar o ciclo de feedback negativo que regula a reação de estresse. Cortisol elevado pode também aumentar o risco de ganho de peso, particularmente em torno do abdome, local em que o excesso de peso tem sido associado a uma baixa saúde cardíaca. Por fim, a compulsão alimentar aumenta o risco de ganho de peso e obesidade (Tanofsky-Kraff *et al.*, 2007).

Consequências da purgação

A purgação pelo vômito autoinduzido e por abuso severo de laxantes e diuréticos tem sido associada a desequilíbrios eletrolíticos na corrente sanguínea (Mitchell, Pyle, Eckert, Hatsukami, & Lentz, 1983; Mitchell, Seim, Colon, & Pomeroy, 1987). Especificamente, a perda de ácido estomacal no vômito diminui a presença de íons carregados positivamente, como o potássio (K^+). Além disso, pacientes com transtornos alimentares podem ter concentrações sanguíneas diminuídas de magnésio (Mg^+) e cálcio (Ca^+). Desequilíbrios eletrolíticos podem contribuir para retenção de fluidos **(edemas)** quando os pacientes tentam reduzir sua alimentação desordenada (Mitchell, Pomeroy, Seppala, & Huber, 1988).

O vômito autoinduzido também pode contribuir para significativos problemas dentários, porque o ácido estomacal do vômito causa erosão no esmalte dos dentes. Essa erosão deixa os dentes vulneráveis a placas e bactérias (Milosevic, 1999; Simmons, Grayden, & Mitchell, 1986). Embora esse efeito não seja uma ameaça à vida, pode acarretar perda de dentes e a necessidade de próteses dentárias em idade jovem. Rupturas no esôfago são uma consequência rara, mas grave, do uso dos dedos como instrumento para indução do vômito ao produzirem as ânsias ou engulhos (Mitchell, 1990). O uso dos dedos para induzir os vômitos pode também causar o desenvolvimento de calosidades na mão (conhecidas como *sinal de Russell*). O vômito autoinduzido também produz um inchaço das glândulas salivares (parótidas). Como essas glândulas ficam perto do rosto, os pacientes às vezes interpretam esse efeito colateral como um "rosto gordo" e aumentam a frequência de seu vômito autoinduzido. Essa consequência da purgação pode ter aumentado a insatisfação de Jean com seu rosto, descrita no Capítulo 6.

ESTUDO DE CASO: JEAN

Jean ficou surpresa quando o dentista perguntou se ela já havia tido algum transtorno alimentar. Ela mentiu, disse que não. Mais tarde, questionou o dentista de por que ele havia perguntado aquilo. Ele explicou que Jean tinha uma erosão do esmalte dentário que era consistente com purgação. Além disso, comentou que o vômito autoinduzido estava associado ao inchaço das glândulas salivares, e que notara que as maçãs do rosto de Jean pareciam um pouco inchadas. Jean disse que sempre tivera maçãs do rosto arredondadas, "de esquilo". Mais tarde naquele dia, porém, Jean olhou fotos dela em seu álbum. Percebeu que de fato seu rosto parecia agora mais arredondado do que na época em que ela não recorria à purgação.

Mortalidade

Finalmente, os transtornos alimentares podem levar à morte. A mortalidade como um resultado será revisada com mais detalhes no Capítulo 11. A anorexia nervosa pode levar à morte por inanição. A certa altura, o corpo não consegue mais funcionar sem combustível, e ocorre uma falência múltipla de órgãos. O corpo também pode ficar substancialmente enfraquecido pela inanição prolongada, e a morte ocorre então como consequência de alguma infecção que normalmente não seria uma ameaça à vida. Por exemplo, a pneumonia é uma causa rara de morte em mulheres jovens saudáveis, mas se torna uma ameaça mais significativa à vida em mulheres jovens fisicamente enfraquecidas pela AN. Consequências de sintomas específicos podem interferir na função de órgãos em nível celular. Por exemplo, baixas concentrações de potássio (a chamada *hipocalemia*) podem contribuir para a falência cardíaca e renal, particularmente em indivíduos cujos órgãos já foram enfraquecidos por uma condição sustentada de inanição.

CONCLUSÃO

A contribuição da biologia para a etiologia dos transtornos alimentares é indiscutível. Estudos de 5-HT e função intestinal de neuropeptídeos indicam várias anormalidades em indivíduos com transtornos alimentares. Muitas dessas anormalidades, porém, são normalizadas após a recuperação do transtorno. Há clara evidência em apoio ao papel dos genes em aumentar o risco de desenvolver um transtorno alimentar. Espelhando resultados de estudos fisiológicos, resultados preliminares sugerem que os genes envolvidos na função 5-HT podem aumentar o risco de transtornos alimentares.

Muitas das descobertas sobre a função biológica em pacientes com transtornos alimentares provavelmente se referem a correlatos ou consequências do transtorno em questão. Conforme a extensão em que os indicadores biológicos se correlacionarem diretamente com a severidade da perda de peso ou da frequência da compulsão alimentar, podem refletir qualidades de "estado" mais que de "traços" – isto é, aspectos da condição atual do indivíduo mais que partes permanentes da sua constituição biológica.

A influência dos transtornos alimentares na função biológica vem sendo apreciada há muito tempo. É difícil alterar drasticamente a ingestão de comida sem causar significativas alterações na função biológica. As consequências biológicas dos transtornos alimentares constituem importante área de investigação, porque compreendê-las pode nos ajudar a melhorar o tratamento e os resultados a longo prazo desses transtornos. Algumas consequências biológicas dos transtornos alimentares podem se tornar fatores de manutenção, capturando pacientes em um ciclo vicioso. Por exemplo, episódios de compulsão alimentar na BN podem causar o aumento da capacidade gástrica, o que reduz o esvaziamento gástrico, enfraquecendo a reação dos neuropeptídeos intestinais que regulam a fome e a saciedade, de modo que os indivíduos passam a precisar de quantidades maiores de comida para se sentirem satisfeitos. Assim, embora a reação dos neuropeptídeos intestinais possa ser consequência da alimentação desordenada mais do que uma causa inicial, ela contribui para manter a doença. Identificar esses fatores de manutenção é importante para um tratamento efetivo, porque o tratamento deve reduzir os fatores de manutenção a fim de ser bem-sucedido em produzir a remissão.

TERMOS-CHAVE

Ácido desoxirribonucleico (DNA)
Ácido ribonucleico (RNA)
Alelo
Área tegmental ventral
Colecistocinina
Dopamina
Edema
Eixo hipotalâmico–pituitário–adrenal [*hypothalamic–pituitary–adrenal*, HPA]
Eixo hipotalâmico–pituitário–gonadal [*hypothalamic–pituitary–gonadal*, HPG]
Esfíncter pilórico
Estimativa de herdabilidade
Estudo de associação do genoma completo
Estudo de genes candidatos
Estudo do teste de transmissão de desequilíbrio (TDT)
Estudos de associação
Expressividade variável
Fator neurotrófico derivado do cérebro
Fenocópia
Fenótipo
Genoma
Genótipo
Grelina
Herança complexa
Herança mendeliana
Heterozigoto
Hipotálamo
Homozigoto
Imagens funcionais de ressonância magnética (fMRI)
Leptina

Nervo vago
Neurônio
Neuropeptídeo Y
Neuropeptídeos
Neurotransmissores
Norepinefrina
Núcleo accumbens
Núcleo arqueado
Núcleo paraventricular
Penetrância reduzida
Peptídeo 1 similar ao glucagon (GLP-1)
Peptídeo YY (PYY)
Probando
Recaptação
Receptor
Regulação negativa
Regulação positiva
Serotonina (5-HT)
Suposição de ambientes iguais
Suposição de representatividade
Tomografia por emissão de pósitrons (PET)
Triptofano

CAPÍTULO 9

Tratamento

Este capítulo aborda as intervenções que visam remediar os transtornos alimentares. Fornece primeiro uma visão geral do porte (duração e frequência), dos tipos e dos custos de tratamentos recebidos por pacientes com transtornos alimentares. Após essa discussão do uso do tratamento, são apresentadas as razões e as técnicas associadas aos diferentes métodos de intervenção, junto com evidências de seus graus de sucesso.

USO DO TRATAMENTO

Como revisado no Capítulo 8, a AN está associada a complicações médicas severas. Portanto, muitos indivíduos com o transtorno requerem tratamento médico assim como psicológico. Essa necessidade aumenta tanto o porte quanto o custo do tratamento associado à AN. Nos Estados Unidos, Striegel-Moore, Leslie, Petrill, Garvin e Rosenheck (2000) mostraram que pacientes do sexo feminino com AN demandavam em média 26 dias de tratamento hospitalar e 17 dias de atendimento ambulatorial por ano. Os custos associados com esses cuidados eram de 19.728 dólares/ano por paciente feminino. Em contraste com isso, pacientes homens com AN demandavam em média 16 dias de tratamento hospitalar e 9 dias de atendimento ambulatorial por ano.

Embora a maioria das mulheres sofrendo de BN possa nunca buscar tratamento (Fairburn, Cooper, Doll, Norman, & O'Connor, 2000; Fairburn, Welch, Norman, O'Connor, & Doll, 1996), o uso do tratamento é alto entre aquelas que o procuram. Nos Estados Unidos, Striegel-Moore *et al.* (2000) mostraram que pacientes mulheres com

BN recebiam em média 15 dias de tratamento hospitalar e 16 dias de atendimento ambulatorial por ano. Os custos associados a esses cuidados eram de 10.970 dólares/ano para pacientes mulheres. Pacientes homens recebiam em média 22 dias de tratamento hospitalar e 9 dias de atendimento ambulatorial por ano.

Os custos associados a tratamentos de pacientes com transtornos alimentares são muito elevados. Em uma revisão dos custos de assistência médica em diferentes nações, Simon, Schmidt e Pilling (2005) verificaram que o tratamento hospitalar para AN custa 3,5 milhões de libras/ano no Reino Unido, 4,6 milhões de euros/ano na Dinamarca, e 59,1 milhões de euros/ano na Alemanha. Em todos os seus pacientes de transtornos alimentares, a Dinamarca gasta 6,4 milhões de euros e a Austrália 14 milhões de dólares australianos em tratamento hospitalar por ano. Na Alemanha a gama inteira de custos de assistência médica, incluindo atendimento básico, tratamento ambulatorial e reabilitação, totalizou 65 milhões de euros/ano para AN e 10 milhões de euros/ano para BN.

Como evidenciado por esses números, nos Estados Unidos mulheres com AN gastam significativamente mais dias e mais dinheiro em tratamento hospitalar do que mulheres com BN (Striegel-Moore *et al.*, 2000). Isso provavelmente reflete a maior necessidade de cuidados médicos para a AN. No entanto, não foram encontradas diferenças significativas em dias ou custo de tratamento ambulatorial entre mulheres com AN e mulheres com BN (Keel, Dorer, *et al.*, 2002; Keel & Herzog, 2004). A quantidade de tratamento com medicação antidepressiva ou ansiolítica também não diferiu entre AN e BN (Keel, Dorer, *et al.*, 2002). Quanto a comparações entre pacientes masculinos e femininos, a quantidade de tratamento hospitalar não diferiu no estudo de Striegel-Moore *et al.* (2000), mas as mulheres receberam significativamente mais atendimento ambulatorial do que os homens. Essa diferença pode refletir a relutância dos homens em procurar tratamento para um transtorno associado fortemente às mulheres. Pode também refletir o escasso reconhecimento de transtornos alimentares por indivíduos que não se encaixam no estereótipo para um transtorno alimentar (ver Capítulo 3).

Entre outros preditores de maior uso de tratamento para transtornos alimentares estão a maior severidade dos sintomas, pior função psicossocial e presença de transtornos de personalidade ou transtornos do humor

(Keel, Dorer, *et al.*, 2002). Assim, problemas mais severos levam a um aumento no uso de tratamento. Essa relação pode refletir o papel do sofrimento pessoal em motivar a busca de tratamento. Também pode refletir a extensão em que indivíduos com transtornos mais severos demoram mais para se recuperar, e, portanto, precisam de tratamento continuado.

Há menos dados disponíveis sobre uso de tratamento para CAP do que para AN ou BN. Fichter, Quadflieg e Gnutzmann (1998) relataram que 66% dos pacientes com CAP na Alemanha receberam tratamento hospitalar adicional após a alta de um programa de internações, refletindo o uso de tratamento similar para CAP e para AN e BN naquele país. Já Fairburn *et al.* (2000) relataram que, na Inglaterra, apenas 8% dos indivíduos com CAP chegam a receber qualquer tratamento para transtorno alimentar, em comparação com 40% de indivíduos com BN. Em um exame dos custos cobrados por uma organização de saúde dos Estados Unidos, Dickerson *et al.* (2011) verificaram que menos de 25% dos indivíduos identificados com CAP havia recebido algum serviço de assistência médica relacionado à gestão de alimentação e/ou ao peso, a um custo médio de 72 dólares/ano por paciente. Dada a prevalência da CAP entre indivíduos que buscam perder peso, parece provável que muitos indivíduos com o transtorno busquem mais tratamento para seus problemas de peso do que tratamento psicológico para seus comportamentos relacionados à alimentação.

Os estudos sobre o uso de tratamento não fornecem uma medida direta das necessidades do tratamento. Em estudo de adolescentes nos Estados Unidos, Merikangas *et al.* (2011) estimaram que apenas um de cada cinco indivíduos que sofria de transtorno alimentar usou alguma vez serviços de saúde mental. No estudo de Striegel-Moore *et al.* (2000), apenas 0,06% das pacientes mulheres no banco de dados do National Insurance Claims foram tratadas para transtornos alimentares. Essa taxa é mais baixa do que as prevalências de 12 meses de AN e BN (ver Capítulo 1), sugerindo que a maioria das mulheres com transtornos alimentares não recebe tratamento.

Indivíduos podem não receber o tratamento de que precisam por não reconhecerem o transtorno, por falta de dinheiro, falta de acesso a tratamento, falta de interesse ou qualquer combinação desses fatores. Não reconhecer que se tem um transtorno alimentar é uma grande barreira ao tratamento. Por exemplo, quando recrutavam mulheres com episódios recorrentes de compulsão alimentar ou CAP para um programa de autoajuda, Dickerson *et al.* (2011) verificaram que apenas 4% das mulheres haviam sido identificadas em seus registros de plano de saúde como tendo um transtorno alimentar. Além disso, mesmo quando um transtorno alimentar é identificado, alguns pacientes não recebem cobertura para o nível de cuidados que precisam (Klump, Bulik, Kaye, Treasure, & Tyson, 2009). A falta de cobertura dos planos de saúde tem sido associada à falsa noção de que os transtornos alimentares são uma espécie de escolha de vida, quando são doenças com uma base genética, assim como a esquizofrenia ou o transtorno bipolar (Klump *et al.*, 2009).

Portanto, a revisão dos dados sobre uso de tratamento revela que a maioria dos indivíduos com transtornos alimentares nunca recebe qualquer forma de tratamento. Em certa medida, essa deficiência reflete o desequilíbrio entre o grande número de indivíduos que sofrem de transtornos alimentares e o pequeno número de médicos disponíveis para ajudá-los (Levine & Smolak, 2001). Essa discrepância tem levado muitos pesquisadores a ressaltar a importância da prevenção dos transtornos alimentares (Austin, 2000; Levine & Smolak, 2001), que é o tópico do próximo capítulo. Para pacientes com acesso a tratamento, porém, há uma ampla gama de opções disponível. A próxima seção discute os diferentes tipos de tratamento usados para transtornos alimentares.

MODALIDADES DE TRATAMENTO

Tratamento hospitalar

O tratamento hospitalar é o mais intensivo e mais caro para transtornos alimentares. A razão principal para o tratamento hospitalar é alcançar segurança médica em um ambiente controlado. Para indivíduos que parecem incapazes de interromper seus comportamentos de alimentação desordenada apesar dos iminentes riscos à saúde, o tratamento hospitalar oferece um ambiente seguro, no qual serão impedidos de causar danos a si mesmos. Com maior frequência, o tratamento hospitalar é usado para indivíduos com AN que estão perigosamente abaixo do peso (ver Figura 9.1), em razão das severas consequências médicas da inanição (ver Capítulo 8). Muitos pacientes, no entanto, consideram o tratamento hospitalar a forma menos desejável de tratamento e resistem a aceitá-la. Foi o caso de Emily.

ESTUDO DE CASO: EMILY

Além de consultar um médico para monitorar seu quadro clínico, Emily começou a se tratar também com um psicólogo e uma nutricionista. Mesmo assim, continuou a perder peso nas quatro primeiras semanas de tratamento. Na terapia, Emily admitiu que tinha medo de engordar com o tratamento e que havia aumentado seus esforços para redução de peso a fim de se proteger contra esse possível resultado. O peso de Emily estava agora gravemente baixo, e a equipe responsável pelo tratamento temia que ela tivesse uma parada cardíaca. Informaram que precisava de tratamento hospitalar. Emily argumentou que não havia "tentado realmente" e que seria capaz de ganhar peso sozinha. No entanto, sua equipe de tratamento informou que fazer isso não seria seguro, porque o processo de recuperar peso era perigoso, já que tinha caído abaixo de certo ponto. Emily relutou, mas concordou em entrar num programa de tratamento hospitalar para transtornos alimentares. Ela odiou o programa, odiou a perda de autonomia, odiava ser acordada às 5 e meia da manhã todo dia para ter seu peso e seus sinais vitais checados, odiava a equipe de enfermeiras, os outros pacientes, ser monitorada o tempo todo, ser forçada a comer e obrigada a fazer parte de "grupos estúpidos". No entanto, Emily foi aos poucos ganhando peso. À medida que isso ocorria, percebeu que ficava mais fácil ler e se concentrar nas conversas e que alguns dos demais pacientes e membros da equipe de enfermagem eram, na verdade, pessoas "interessantes". Conforme foi se aproximando de seu objetivo de peso para receber alta, Emily sentiu uma mistura de animação em se ver livre do ambiente antisséptico e da unidade de internação e do medo de sair de um lugar que havia se tornado seguro, no qual não importava se ela queria comer ou não, porque isso não era mais uma decisão dela.

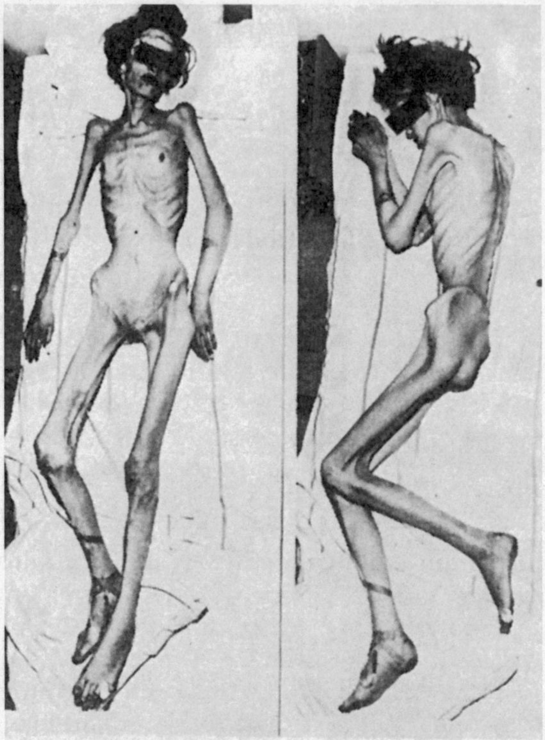

FIGURA 9.1 Paciente hospitalizada por anorexia nervosa, como tentativa de impedir sua morte. Fonte: Valanne, E. H., Taipale, V., Larkio-Miettinen, A. K., Moren, R. e Ankee, M. (1972). *Anorexia Nervosa: A follow-up study*. Psychiatria Fennica, 267.

O tratamento hospitalar também é empregado em pacientes que fazem purgação com muita frequência, em razão dos perigosos desequilíbrios eletrolíticos que acompanham esse sintoma. Por fim, o tratamento hospitalar é usado tanto para impedir tentativas de suicídio como após essas tentativas. A depender da severidade da tentativa, o tratamento hospitalar pode ser usado para alcançar uma estabilidade médica, além de garantir segurança para que não haja outras tentativas.

ESTUDO DE CASO: VALERIE

Valerie vinha trabalhando com sua terapeuta há cerca de seis meses e também tomava medicação antidepressiva. Sentia melhora durante as sessões de terapia, mas essa sensação geralmente não durava muito depois que saía da sessão. Sentia-se desconfortável em voltar semana após semana sem conseguir reduzir a frequência com que recorria à purgação. Sua terapeuta discutira com ela métodos mais saudáveis de gerir o peso, incluindo exercício. Mas Valerie achava difícil encaixar isso em sua rotina de trabalho. Também discutiram outras coisas que Valerie poderia fazer quando sentisse vontade de vomitar, como ligar e conversar com uma amiga ou tomar um banho quente – mas, quando Valerie queria purgar, sentia-se tão horrível consigo que não conseguia imaginar ninguém querendo conversar com ela e tampouco que merecesse receber mimos de alguém. Cada vez mais Valerie expressava sentimentos de desesperança a respeito de conseguir melhorar algum dia, e começou a se desculpar com sua terapeuta por estar desperdiçando o tempo dela. A terapeuta de Valerie garantiu que não estavam perdendo tempo, e a incentivou a tentar as coisas que haviam discutido a fim de extrair o melhor possível do tratamento. Um dia, Valerie faltou à sessão. Isso era muito incomum, pois ela sempre chegava cedo e comparecia às sessões mesmo quando não se sentia muito bem fisicamente. A terapeuta ligou para a casa de Valerie e deixou mensagem dizendo estar preocupada por Valerie ter faltado e não ter ligado para avisar. Mais tarde naquele dia, a irmã de Valerie retornou a mensagem e explicou que Valerie havia sido hospitalizada após tentar suicídio tomando uma overdose de medicação antidepressiva, e que ainda não tinha conseguido recuperar a consciência. A terapeuta agradeceu à irmã, que ligou para o hospital, identificando-se e pedindo à equipe que comunicasse a Valerie que ela havia ligado. A equipe respondeu que transmitiria a mensagem, mas que o acesso de Valerie ao telefone ficaria restrito por um tempo. Valerie acabou ficando internada no hospital por duas semanas após essa tentativa. Passou as primeiras 24 horas em uma unidade de terapia intensiva por ter tido taquicardia (batimento cardíaco rápido ou irregular) e não responder mais quando chamavam seu nome após a overdose. Depois das primeiras 24 horas, foi transferida a uma unidade psiquiátrica, na qual ficou três dias. Em seguida, foi transferida a um programa de internação para transtornos alimentares, depois que a equipe concluiu que seu desespero estava relacionado à sua incapacidade de controlar seu desejo de purgar e que os efeitos da overdose haviam sido exacerbados por complicações atribuídas ao seu comportamento extremo de purgação.

A fim de poder contar com um ambiente controlado, os programas de tratamento hospitalar de transtorno alimentar usam várias medidas. Entre elas, o monitoramento médico do pulso, da pressão sanguínea, da temperatura corporal e dos níveis de eletrólitos no sangue, assim como checagens diárias do peso para determinar se os indivíduos com peso muito baixo estão se recuperando. Como no caso de Emily, o ganho de peso para alcançar uma meta específica costuma ser uma das condições para a alta. Outro aspecto compartilhado pelos programas hospitalares é monitorar as refeições. Isso pode ocorrer em grupos ou, para pacientes que foram colocados em repouso no leito, com uma enfermeira presente no quarto. Pacientes podem também ser monitorados durante seu uso do banheiro para impedir a purgação; isso foi feito no caso de Valerie. Além de monitorar a alimentação, o nível de atividade e as oportunidades de purgar, os programas de tratamento hospitalar costumam incluir sessões em grupo para que os pacientes discutam seus sentimentos a respeito de comer, de seus corpos, do ganho de peso e da recuperação. Às vezes, pede-se que os pacientes mantenham um diário para ajudá-los a compreender seus sentimentos e facilitar a comunicação desses sentimentos aos demais. As sessões em grupo podem fazer uso de qualquer dos métodos descritos a seguir, na seção intitulada “Conteúdo psicoterápico e orientações teóricas”.

Os programas de tratamento hospitalar geralmente são bem-sucedidos em restaurar o peso em pacientes com AN e eliminar a compulsão alimentar e a purgação em pacientes com esses sintomas. No entanto, pacientes variam consideravelmente em sua capacidade de manter os ganhos obtidos durante o tratamento hospitalar depois que recebem alta. Um pouco dessa variação parece ser atribuível à natureza das populações de pacientes. É difícil avaliar se os resultados reportados para pacientes hospitalizados são melhores ou piores do que os que teriam se não tivessem recebido tratamento hospitalar. Dada a emergência médica representada pela maioria dos casos de hospitalização, não seria ético fazer um experimento em que alguns pacientes fossem designados aleatoriamente a tratamento hospitalar e outros como controles numa lista de espera. No limite, o tratamento hospitalar adia a morte para alguns pacientes; para vários deles, pode salvar a vida e dar a oportunidade de alcançar uma eventual recuperação.

Pelo fato de o tratamento hospitalar ser empregado para pacientes medicamente instáveis, um benefício adicional desse tratamento é o ambiente estruturado que ele propicia. Como descrito no caso de Emily, esse ambiente alivia muitos pacientes de suas batalhas interiores a respeito de comer, pois remove deles a decisão de comer ou de purgar. Entretanto, os pacientes geralmente recebem alta depois que alcançam a estabilidade médica, independentemente de terem alcançado ou não a plena recuperação, mas continuariam a se beneficiar de permanecer num ambiente estruturado. Programas de tratamento residencial oferecem os benefícios de um ambiente estruturado a pacientes que sejam estáveis do ponto de vista médico.

Programas de tratamento residenciais

O Renfrew Center of Philadelphia foi a primeira clínica de tratamento residencial para transtornos alimentares nos Estados Unidos. O programa anuncia "um ambiente seguro, não institucional, acolhedor" que proporciona terapia por médicos treinados, que se especializaram em tratamento de transtornos alimentares. Desde seu início em junho de 1985, o Renfrew Center se expandiu e agora abriga um segundo centro residencial na Flórida, assim como clínicas ambulatoriais em outras localidades. O documentário *Thin* (2006) apresenta os cursos de tratamento oferecidos a quatro pacientes pelo Renfrew Center, propiciando um insight sobre as batalhas que essas mulheres enfrentam na tentativa de superar seus transtornos alimentares, a severidade de suas doenças e as abordagens utilizadas pelo programa para ajudá-las. O Renfrew também promove conferências, com pesquisadores e médicos de renome nacional oferecendo educação continuada e treinamento clínico a profissionais de saúde que trabalham com pacientes afetados por alimentação desordenada. Além do Renfrew Center, surgiram vários outros programas de tratamento residencial nos Estados Unidos nas últimas três décadas. Esses centros tratam muitos dos casos mais severos e crônicos de transtornos alimentares.

Os programas de tratamento residencial podem ser privados, fornecidos por instituições sem fins lucrativos ou comerciais, e por empresas que dependem do lucro. São muito caros, e o acesso aos cuidados que oferecem é limitado pela disposição dos planos de saúde de cobrir os custos ou pela capacidade dos pacientes particulares de arcar com eles. Como os programas de tratamento residencial oferecem assistência médica 24 horas por dia, seus custos são similares aos do tratamento hospitalar. Frisch, Herzog e Franko (2006) estimaram que o custo de um dia de tratamento hospitalar nos Estados Unidos é de 1.000 dólares. Para o tratamento residencial o custo médio por dia era de 956 dólares e a duração média do tratamento era de 83 dias, o que dá um custo médio de 79.348 dólares por paciente para tais programas.

Outro aspecto comum a programas hospitalares e de tratamento residencial é a limitada capacidade de determinar o sucesso do tratamento em comparação com o não tratamento ou com tratamentos alternativos. Os centros de tratamento residencial estão montados para prestar um serviço. Portanto, não designam aleatoriamente pacientes a diferentes condições de tratamento. Em vez disso, tentam garantir que cada paciente receba a forma de tratamento que a equipe do programa de tratamento julgar mais necessária.

Tratamento ambulatorial

O atendimento ambulatorial é menos caro do que o hospitalar ou residencial, porque pacientes ambulatoriais não requerem quarto e alimentação. O tratamento ambulatorial tem diferentes níveis de intensidade e frequência. Há programas diurnos (também referidos como *programas hospitalares parciais*), programas de pernoite, terapia de grupo intensiva e terapia individual intensiva, com sessões semanais, quinzenais ou mensais.

Enquanto o tratamento hospitalar e o residencial envolvem passar 24 horas por dia em tratamento, os programas diurnos envolvem passar 40 horas por semana em tratamento. Nos programas de tratamento diurno, os pacientes comparecem ao tratamento de uma maneira similar a ir ao trabalho. Recebem um nível de intervenção terapêutica similar à oferecida nos programas hospitalares, bem como um ambiente controlado para fazer duas ou três refeições e mais alguns lanches durante o dia. Não recebem, porém, o mesmo nível de monitoramento médico, e passam o fim de tarde e as noites em casa. Os programas noturnos permitem que os pacientes trabalhem ou cuidem dos filhos durante o dia e depois entrem em um ambiente controlado para a refeição noturna. Para alguns indivíduos, seus empregos proporcionam um controle adequado sobre comportamentos como compulsão alimentar e purgação, e um programa de tratamento noturno ajuda a manter essa estrutura. Para muitos pacientes, entrar num programa diurno ou noturno representa uma transição do tratamento hospitalar para um apoio adicional que ajude a manter os ganhos do tratamento, em particular o ganho de peso na AN.

A terapia intensiva de grupo e individual é feita várias vezes por semana, e as sessões podem durar até duas horas. Elas não preenchem nem o dia todo, nem a noite toda. As sessões ambulatoriais semanais, quinzenais e mensais são adequadas para pacientes que alcançaram estabilidade médica e sejam capazes de modificar seus comportamentos em reação às intervenções terapêuticas. Um esquema tradicional para terapia ambulatorial seria de uma sessão semanal de 50 minutos. Independentemente da duração ou frequência do tratamento, o conteúdo das sessões depende da orientação teórica e das metas do tratamento.

Níveis de cuidados e resultados do tratamento

Não há programas especializados para transtornos mentais em várias áreas geográficas, e a sobrecarga financeira associada a um tratamento especializado, multidisciplinar, é significativo. Assim, muitos pacientes e profissionais de saúde enfrentam um dilema ao tentar identificar o melhor tratamento diante das necessidades e dos recursos disponíveis.

Gowers *et al.* (2010) realizaram um ensaio clínico controlado randomizado (ver discussão adiante) com 167 pacientes adolescentes diagnosticados com AN, comparando resultados de tratamentos em um programa hospitalar especializado, um programa ambulatorial especializado e um tratamento de rotina (não especializado), por meio do Child and Adolescent Mental Health Services da Inglaterra. Nenhum paciente que estivesse instável do ponto de vista médico foi tratado no modo ambulatorial, mas os pacientes estáveis foram designados aleatoriamente a tratamentos, de modo que a seleção para tratamento hospitalar não refletiu obrigatoriamente uma necessidade médica. Os pacientes tinham probabilidade significativamente menor de aceitar a randomização para tratamento hospitalar (49% aceitaram essa opção) em vez de aceitar tratamento ambulatorial especializado (77%) ou cuidados ambulatoriais gerais (71%). Dentre os pacientes que se engajaram no tratamento designado a eles, a satisfação foi maior tanto para tratamento hospitalar quanto para ambulatorial especializado do que para tratamento ambulatorial de rotina. No geral, houve resposta positiva, embora lenta, ao tratamento, com 19% dos pacientes tendo um bom resultado no primeiro ano, 33% bom resultado em dois anos e 64% bom resultado em cinco anos. Não houve diferenças na remissão entre as três condições de tratamento. Quanto à **relação custo-benefício**, o tratamento ambulatorial especializado foi menos caro que o ambulatorial geral, que, por sua vez, foi menos caro que o hospitalar. Uma razão dessa diferença na relação custo-benefício entre o tratamento ambulatorial especializado e o geral foi que havia menor probabilidade de futuras hospitalizações para pacientes que recebiam tratamento de clínicos com expertise em transtornos alimentares.

No conjunto, os resultados do estudo de Gowers *et al.* (2010) apoiaram a conclusão de que o tratamento ambulatorial especializado era superior, pelo fato de ser mais aceitável pelos pacientes, resultar em um alto nível de satisfação, produzir resultados comparáveis àqueles das abordagens alternativas e custar menos do que estas.

CONTEÚDO PSICOTERÁPICO E ORIENTAÇÕES TEÓRICAS

Esta seção revisa a lógica e o conteúdo das diferentes abordagens para tratar transtornos alimentares que estão à disposição dos pacientes. Diferentes orientações teóricas enfatizam diferentes metas e diferentes métodos de tratamento para alcançar essas metas. Não são orientações específicas para transtornos alimentares, nem estão relacionadas a nenhuma modalidade particular de tratamento discutida antes. Elas refletem maneiras de compreender os transtornos mentais em geral e foram aplicadas ao tratamento de uma variedade de problemas. Esta seção também revisa o sucesso demonstrado pelos tratamentos (ou o insucesso) de cada orientação teórica. O sucesso de um tratamento em produzir as mudanças desejadas é referido como *eficácia* do tratamento.

Psicoeducação

Quando pacientes procuram tratamento pela primeira vez para um transtorno alimentar, costumam ter várias questões não respondidas sobre o transtorno. Assim, a **psicoeducação** integra a maioria das formas de intervenção e modalidades de conteúdo de psicoterapia. Entretanto, a psicoeducação sozinha não costuma ser encarada como uma forma distinta de psicoterapia, e não é tida como intervenção adequada (Fairburn, Kirk, O'Connor, & Cooper, 1986).

A razão básica por trás da psicoeducação como um aspecto do tratamento é que, para os pacientes se recuperarem de transtornos alimentares, eles precisam compreender o que são os transtornos, quais fatores contribuem para causar o problema alimentar ou exacerbá-lo, quais abordagens diminuem o problema alimentar e quais as consequências de levar adiante uma alimentação disfuncional. Além disso, as abordagens psicoeducacionais costumam incluir boa dose de informação sobre regulação de peso, e isso combate a farta desinformação fornecida pela cultura popular. A psicoeducação também trata usualmente do papel da cultura popular em promover ideais estéticos específicos inatingíveis.

Há alguns itens particulares de informação que são compartilhados com pacientes com transtornos alimentares durante a psicoeducação: por exemplo, "Ser magro é lindo" é uma crença relativamente recente, que as pessoas podem escolher adotar ou não. As imagens apresentadas pela mídia popular frequentemente são alteradas por técnicas de pós-produção, de modo que não representam as pessoas como realmente são. Além da natureza arbitrária do ideal de magreza, ele não é um ideal que a maioria possa alcançar. O corpo está projetado para se defender de uma perda de peso significativa. Quando a ingestão de calorias cai e se começa a perder peso, há também uma diminuição na taxa metabólica basal, que responde pela maior parte das calorias consumidas pelo corpo. Em razão dessa diminuição, uma dieta que de início permite ao paciente perder peso acaba parando de funcionar. Evidência adicional desse processo de defesa do peso são as quedas na temperatura corporal, na pressão sanguínea e no ritmo da pulsação, assim como o crescimento de uma penugem fina (lanugo) no torso; essas mudanças são consequências médicas graves da inanição. A restrição dietética aumenta o risco de episódios de compulsão alimentar periódica. Os episódios de compulsão alimentar introduzem muitas calorias no corpo. O vômito autoinduzido e outros métodos de purgação são meios ineficazes de compensar a compulsão alimentar, porque a maioria das calorias consumidas nos episódios de compulsão alimentar é mantida. Finalmente, indivíduos que se recuperam da AN pesam mais após a recuperação, mas se sentem melhor com seus corpos. E indivíduos que se recuperam da BN não pesam significativamente mais, e sentem-se melhor com seus corpos.

Munido dessas informações, o paciente fica mais bem equipado para tentar se livrar de um transtorno alimentar. Infelizmente, compreender o que são os transtornos alimentares, os fatores que os exacerbam, as abordagens que permitem sua diminuição e as consequências da continuidade de uma alimentação disfuncional podem não fornecer aos pacientes insight, motivação, apoio ou capacidades suficientes que os levem a modificar seus comportamentos. A psicoterapia é tipicamente projetada para fornecer alguma combinação desses fatores. A primeira psicoterapia a ser revisada, a terapia psicodinâmica, coloca foco em melhorar o insight.

Terapia psicodinâmica

A **terapia psicodinâmica** busca revelar as causas subjacentes dos transtornos alimentares e foi das primeiras terapias a ser empregada regularmente em pacientes de transtornos alimentares. Ela vê os sintomas como expressões de tormento intrapsíquico do paciente, que pode não ter consciência da presença dele ou de qual seja sua fonte. Hilde Bruch, que vimos no Capítulo 6, foi pioneira na terapia de orientação psicodinâmica para transtornos alimentares, e sua abordagem teve significativo impacto na maneira como os transtornos alimentares são compreendidos e tratados. Bruch defendia um estilo de terapia voltada a encontrar fatos, que não fosse interpretativa, e, sim, colaborativa, incentivando os pacientes a reconhecerem os próprios sentimentos e as próprias motivações (Bruch, 1978). Embora no início da terapia um paciente talvez não esteja ciente das razões que o levam a se engajar em comportamentos de alimentação desordenada, ele tem um papel ativo em descobrir e compreender os processos que conduzem a esses comportamentos.

As terapias psicodinâmicas são não diretivas. Isso significa que o terapeuta não escolhe os tópicos tratados nas sessões, e estas não são organizadas em torno de metas específicas de tratamento. Em vez disso, há uma meta mais geral: fazer o paciente explorar o sentido por trás dos sintomas, a partir da suposição de que ele melhorará em decorrência disso. São os pacientes que costumam definir a agenda do que será discutido na terapia. As primeiras sessões podem ter foco em tópicos concretos de interesse do paciente, como o medo de ganhar peso, a comida, as calorias. O terapeuta de orientação psicodinâmica ouve essa informação para saber mais a respeito do paciente e construir uma conexão. Mas costuma-se considerar que o significado dos sintomas reside sob o nível superficial dos comportamentos do paciente e de seus medos conscientes. O terapeuta, portanto, esperará que o paciente se volte para os tópicos relacionados à alta importância emocional dada à comida, ao ato de comer e ao peso.

O exemplo a seguir ilustra a perspectiva psicodinâmica. Uma garota adolescente relatou que seus pais rotineiramente discutiam durante as refeições. Os sintomas dela começaram logo após seu pai levantar no meio de uma refeição e abandonar a família. Depois de 15 meses, o pai voltou, e a garota agora só consegue tolerar comer quando ele está presente. O transtorno alimentar nesse caso poderia ser interpretado como uma tentativa da paciente de congelar o jantar no tempo – isto é, não permitir que a refeição continue antes que o pai volte à mesa.

As intervenções psicodinâmicas receberam relativamente pouco **apoio empírico** na literatura sobre tratamentos. Uma das razões para essa falta de apoio explícito é que as intervenções orientadas ao insight ou as intervenções psicodinâmicas costumam ser combinadas a outros métodos de intervenção, em geral com medicações antidepressivas e com técnicas comportamentais (Brotman, Herzog, & Hamburg, 1988; Norring & Sohlberg, 1991; W. C. White & Boskind-White, 1981).

Isso dificulta o discernimento de quais aspectos do tratamento contribuem para a mudança. Além disso, como o terapeuta não se responsabiliza por dirigir o curso da terapia, as terapias psicodinâmicas não se prestam bem a uma padronização. Os tratamentos diretivos, discutidos adiante, foram padronizados por meio da criação de um manual do tratamento. Na ausência de um manual do tratamento, é difícil garantir uma aplicação consistente da terapia entre os participantes em uma dada condição de tratamento. Além disso, terapias não diretivas, de orientação psicodinâmica, podem ter metas diferentes, difíceis de serem capturadas reduzindo-as, por exemplo, ao número de episódios semanais de compulsão alimentar ou de purgação – uma métrica comumente usada para comparar a eficácia das diferentes formas de tratamento.

O projeto de estudo ideal para avaliar se um tratamento produz recuperação é o **ensaio clínico randomizado controlado.** Nesse tipo de estudo, os pesquisadores designam participantes aleatoriamente – ou a um tratamento, ou à condição de controle – e comparam a mudança das condições ao longo do tempo. A condição de controle pode consistir na ausência de tratamento ou em um tratamento alternativo. Essa abordagem permite extrair conclusões sobre o impacto do tratamento na mudança do sintoma ao longo do tempo. Usar controles que não recebam tratamento permite excluir a possibilidade de pacientes melhorarem ao longo do tempo sem o tratamento sob investigação. Ademais, um controle com tratamento ativo exclui a possiblidade de pacientes terem melhoras ao longo do tempo em razão de um **efeito placebo** (quando os pacientes melhoram por sua expectativa de que o tratamento funcione). Comparar um tratamento ativo com outro usando um ensaio clínico randomizado controlado é a melhor abordagem para definir quais aspectos específicos de um tratamento contribuem para a melhora dos pacientes.

Estudos que usam um ensaio clínico randomizado controlado verificaram que as terapias não diretivas, psicodinâmicas, não produzem tanta melhora dos sintomas quanto a terapia cognitivo-comportamental (ver a próxima seção) no tratamento de BN, tampouco propiciam, em geral, resultados diferentes dos tratamentos alternativos para AN (Brown & Keel, 2012). Mais especificamente, estudos que fazem uma atribuição randômica de condições de tratamento e aplicam consistentemente a abordagem terapêutica a cada condição verificaram que, no tratamento da BN, as intervenções cognitivo–comportamentais são superiores à terapia não diretiva (Kirkley, Schneider, Agras, & Bachman, 1985), à psicoterapia focal de curto prazo destinada a revelar "dificuldades subjacentes" (Fairburn *et al.*, 1986), à psicoterapia de apoio de orientação psicodinâmica (Garner *et al.*, 1993; B.T. Walsh *et al.*, 1997; Wilson *et al.*, 1999) e à terapia psicanalítica (Poulsen *et al.*, 2014), mas não encontraram essas diferenças para o tratamento da AN (Zipfel *et al.*, 2014).

Tratamentos cognitivo–comportamentais

A **terapia cognitivo-comportamental** (TCC) é uma forma de terapia diretiva focada nos pensamentos e comportamentos atuais dos pacientes (em oposição a aspectos relacionais do ambiente em que o paciente foi criado). Na TCC, os sintomas de transtorno alimentar são considerados o resultado de uma combinação de cognições distorcidas que precisam ser esclarecidas, desafiadas e substituídas, e requerem reforço, tanto positivo quanto negativo, de comportamentos a fim de gerar consequências imediatas. O Capítulo 7 descreveu várias cognições distorcidas que ocorrem nos transtornos alimentares e discutiu como comportamentos de alimentação desordenada são reforçados positiva e negativamente.

Como um exemplo de como a TCC aborda as cognições distorcidas, um terapeuta cognitivo-comportamental pode extrair de um paciente uma declaração sobre a importância de ser magro, como "As pessoas só gostarão de mim se for magra". Essa crença pode ser desafiada de várias maneiras com base nas próprias observações do paciente. Primeiramente, pode-se solicitar ao paciente que observe casais em ambientes públicos e note que pessoas de uma ampla gama de pesos parecem ter relacionamentos felizes. Em seguida, o paciente pode ser convidado a questionar o valor do amor recebido de um indivíduo que dê essa importância toda à aparência física. Em terceiro lugar, pode-se perguntar ao paciente se ama alguém que não é magro (p. ex., um dos avós ou um amigo ou amiga). No final, o paciente pode adotar uma crença que corresponda mais de perto à realidade: "Quem realmente se importa comigo como pessoa vai me amar seja qual for meu peso".

Há uma intervenção cognitivo-comportamental amplamente usada, desenvolvida por Christopher Fairburn (1981), que é dividida em três estágios. O primeiro envolve estabelecer controle sobre a alimentação por meio de técnicas comportamentais. Essas técnicas são:

1. Automonitorar a ingestão de comida, a compulsão alimentar e comportamentos compensatórios inadequados por meio de um diário.
2. Prescrever um padrão regular de alimentação com pelo menos três refeições e dois ou três lanches por dia (não passar mais de duas ou três horas sem comer).
3. Controlar estímulos (identificar disparadores de episódios de compulsão alimentar periódica e evitá-los).
4. Educar quanto à regulação de peso, à dieta e aos riscos de purgação (como descrito anteriormente na seção sobre psicoeducação).

O Quadro 9.1 mostra uma análise comportamental em que um paciente descreve os antecedentes e as consequências de seu comportamento de alimentação desordenada e avalia reações comportamentais alternativas para suas prováveis causas.

O segundo estágio reduz a perturbação da dieta e da imagem corporal por meio de uma combinação de técnicas comportamentais e cognitivas e treina o paciente a se engajar na resolução de problemas. O terceiro estágio trabalha para manter o progresso realizado e reduzir o risco de futuras recaídas. Por exemplo, os pacientes são encorajados a reconhecer e desafiar pensamentos dicotômicos, para serem capazes de diferenciar um lapso de uma recaída. Eliminar pensamentos do tipo "tudo ou nada" permite que os pacientes cometam deslizes sem que isso os leve a retornar plenamente ao transtorno alimentar.

Como os pacientes passam a maior parte do seu tempo fora da terapia, cada estágio da abordagem de Fairburn – e da TCC em geral – enfatiza o trabalho que os pacientes realizam fora das sessões, o que inclui tarefas para fazer em casa, como manter um diário e anotar os estágios da solução de problemas. Jean usou esses métodos na TCC para ajudá-la a identificar possíveis soluções para o seu problema de compulsão alimentar.

QUADRO 9.1 Análise comportamental de um episódio de compulsão alimentar.

Antecedentes	Comportamento	Consequências
Dia muito estressante no trabalho, tentando fazer mudanças de última hora em um programa e consertar erros para conseguir cumprir um prazo.	comecei a comer assim que cheguei em casa para relaxar – virou um episódio de compulsão alimentar	Nada de pensar no trabalho enquanto comia – completamente abstraída enquanto comia
		Depois do episódio, me senti empanturrada, sentindo dor no estômago, com muito nojo
	Comportamentos alternativos para lidar com o estresse:	
	Ligar para uma amiga para falar sobre o dia	Dei risada ao pensar na possibilidade de me submeter ao programa com todos os erros, como se fossem não intencionais; decidi arrumar companhia para jantar
	Fazer uma caminhada para espairecer	Pensamentos sobre o trabalho se dissipam; sinto-me relaxado, um pouco cansado e com fome para o jantar.
	Tomar um bom banho quente, bem demorado, no chuveiro ou na banheira	Pensamentos sobre o trabalho se dissiparam; me senti quente, relaxada e pronta para jantar

Nota: Em cada caso, o comportamento alternativo é (a) incompatível com comer e (b) alcança a consequência desejada de aliviar o estresse relacionado ao trabalho.

ESTUDO DE CASO: JEAN

Enquanto revia seu diário na quinta sessão (ver Quadro 9.2), Jean percebeu que seus episódios de compulsão alimentar começavam quase sempre nos inícios de noites em que ela estava sozinha. Seu terapeuta pediu que ela avaliasse o que havia nesse contexto que poderia disparar seus episódios de compulsão alimentar. Jean disse sentir que usava a comida para relaxar do trabalho e que, ao ficar sozinha, não havia nada que a impedisse de perder o controle.

QUADRO 9.2 Diário de comida.

Diário da comida

Dia Segunda-feira Data 18 de fevereiro

Hora	Comida e bebida consumidas	Local	*	V/L	Contexto e comentários
7:45	1 tigela de cereais com leite 1 xícara de café descafeinado }	Em casa			Querendo começar bem o dia. Determinada a fazer a coisa certa.
8:50	1 xícara de café descafeinado	Escritório			
10:35	1 maçã	Escritório			
12:30	Iogurte de morango 1 xícara de caldo de galinha }	Na cantina			
7:50	Macarrão com queijo Salada de batatas }	Cozinha	*	V	Comi demais, me sentindo mal. Saí de novo da dieta.
8:10	Sprite diet Pedaço grande de cheesecake 10 Oreos Saquinho de Doritos (454 g) 2 barras de chocolate Sprite diet 5 colheres de sorvete	Cozinha	 * * * * *	 V	Me sentindo muito mal. Perdi o controle, não conseguia parar. Estou chorando e me sentindo horrível!!!
10:05	Sprite diet	No quarto			Sentindo cansaço, estou calma. Determinada a fazer melhor amanhã.
10:40	Sprite diet	No quarto			

Coluna 2: Toda comida e bebida consumida deve ser registrada, incluindo compulsões alimentares. Cada item deve ser anotado assim que for consumido. Episódios vistos como refeições são identificados por colchetes.

Coluna 4: Colocar um asterisco quando sentir que a comida foi consumida em excesso.

Coluna 5: Registrar quando o vômito (V) foi induzido ou laxantes (L) e diuréticos foram usados.

Nota: Adaptado com permissão da Guilford Publications, de Fairburn, C. (1995). *Overcoming binge eating*. Nova York: Guilford Press; permissão concedida por meio do Copyright Clearance Center, Inc.

Seu terapeuta perguntou de que problema ela sentia que precisava relaxar, e ela explicou que tendia a começar o dia de trabalho com uma lista das coisas que planejava completar, e ao final do dia ficava desapontada por não ter conseguido fazer todas elas e ansiosa porque isso a fazia acumular atrasos. O terapeuta então perguntou a Jean o quanto ela estava com fome quando chegava em casa, e ela disse sentir muita fome. Em seu esforço para conseguir terminar tudo, às vezes deixava de almoçar, ou seja, não teria comido nada desde o café da manhã quando chegava em casa à noite. O terapeuta então deu a Jean uma folha com o título "Resolução de problemas", na qual havia seis passos:

1. Identifique o problema o mais cedo possível.
2. Especifique o problema de maneira precisa.
3. Avalie as várias soluções possíveis (faça uma lista de alternativas).
4. Pondere as implicações de cada solução.
5. Escolha a melhor solução ou combinação de soluções.
6. Tome medidas práticas a respeito da solução.

O terapeuta de Jean pediu então que Jean examinasse seu episódio de compulsão alimentar mais recente usando os passos da solução de problemas. De início, Jean identificou que o problema era comer demais, mas, ao ser pressionada para rever os passos, conseguiu identificar que sentir fome e estresse acontecia antes de comer demais. Identificar a fome e o estresse como problemas lhe propiciou um alvo prévio e mais específico em busca de uma solução. Jean então escreveu o maior número possível de soluções que conseguiu encontrar para o problema. Entre elas, fazer uma pausa à tarde para avaliar e definir prioridades para o seu trabalho, enquanto comia um lanche, e relaxar com outra coisa que não fosse comida ao chegar em casa. Na última categoria, Jean listou assistir à TV e ler um livro. Mas seu terapeuta gentilmente a desafiou a considerar as implicações dessas soluções e ver se seriam compatíveis ou não com comer. Jean admitiu que era frequente ela comer diante da TV, particularmente quando via programas como *The Big Bang Theory*, no qual os personagens pareciam sempre estar comendo algo. Jean achou que conseguiria ler sem precisar comer ao mesmo tempo, particularmente se escolhesse um lugar fora da sua casa. Com base nesta discussão, Jean acrescentou "no parque" na lista de locais para ler um livro, e cancelou "assistindo à TV". O terapeuta então incentivou Jean a continuar aumentando a lista, observando que, quanto mais soluções ela pudesse gerar, mais oportunidades teria de resolver o problema de estresse relacionado ao trabalho. Jean acrescentou fazer uma caminhada (como extensão natural de levar um livro para ler no parque) e ligar para uma amiga, e o terapeuta então sugeriu "tomar um banho quente", observando que poucas pessoas comem no banheiro.

No final, a lista de Jean ficou assim:

1. Fazer uma pausa no meio da tarde para focar o que precisava terminar, além de priorizar o que terminaria naquele dia e o que deixaria para o dia seguinte.
2. Durante essa pausa no meio da tarde, comer um lanche.
3. Ao chegar em casa, envolver-se numa atividade alternativa (outra coisa que não fosse comer) para ajudar a relaxar:
   a. Ler um livro no parque;
   b. Fazer uma caminhada;
   c. Ligar para uma amiga;
   d. Tomar um banho quente.

Jean e seu terapeuta então discutiram quais opções ou qual combinação de opções seria a melhor solução. Juntos, concluíram que isso dependia de outros fatores. Por exemplo, fazer uma caminhada ou ir ao parque seriam ótimas soluções se o tempo estivesse propício, mas não em um dia frio e chuvoso. Igualmente, ligar para uma amiga era uma boa solução para conseguir apoio emocional quando algo além do costumeiro estresse de trabalho a incomodasse, mas dependia de haver alguém disponível naquela hora. Portanto, Jean e seu terapeuta discutiram maneiras de identificar rapidamente se a opção seria adequada, fazendo contato com amigos o quanto antes para definir a quem ligar, contatar o maior número possível de amigos até encontrar alguém e ver o que fazer se ela não achasse ninguém disponível. Depois, discutiram em qual contexto tomar um banho quente seria a melhor solução.

Finalmente, Jean e seu terapeuta concordaram que, como lição de casa, ela usaria essa abordagem de solução de problemas para lidar com a sensação de fome e de estresse que parecia desencadear seus episódios de compulsão alimentar. O terapeuta definiu essa tarefa como um experimento por meio do qual os dois descobririam se a fome e o estresse estavam realmente contribuindo para os episódios de compulsão alimentar de Jean. Se as soluções reduzissem sua fome e seu estresse e Jean parasse com os episódios, isso seria uma forte evidência de que esses fatores eram de fato responsáveis pela compulsão alimentar. Se as soluções reduzissem sua fome e seu estresse, mas Jean ainda tivesse episódios de compulsão alimentar, isso sugeriria que outros fatores contribuíam para seus episódios, e que ainda precisariam ser identificados e corrigidos. Se as soluções não reduzissem sua fome e seu estresse, então Jean e seu terapeuta precisariam achar outras soluções. O terapeuta enfatizou que a solução de problemas era uma estratégia geral – um método que podia ser aplicado a uma ampla gama de problemas que as pessoas enfrentam no cotidiano.

Numerosos estudos utilizando tratamentos baseados em manuais e na atribuição aleatória de tratamento e de condições de controle apoiam a eficácia das formas de tratamento de Fairburn e outras formas de TCC para casos de BN e CAP (Brown & Keel, 2012). Uma metanálise dos estudos sobre tratamento de BN verificou que a TCC era superior à medicação para reduzir a frequência da compulsão alimentar, da purgação, das atitudes de alimentação desordenada e da depressão (Whittal, 1999). No Reino Unido, o National Institute for Clinical Excellence (2004) concedeu à TCC, aplicada em 16 a 20 sessões ao longo de quatro a cinco meses, uma avaliação "A" para o tratamento de BN, o que significa que o instituto a considera o melhor tratamento para BN. Além disso, foi também um tratamento recomendado para CAP. Embora a TCC tenha sido adaptada para tratamento de pacientes com AN, não demonstrou uma superioridade inequívoca em relação aos tratamentos alternativos para esse transtorno (Brown & Keel, 2012).

TERAPIA INTERPESSOAL

A **terapia interpessoal** para BN foi originalmente desenvolvida como uma condição de controle para TCC (Fairburn *et al.*, 1993).

Embora tenha sido observado que a TCC é superior à psicoterapia focal de curto prazo (Fairburn *et al.*, 1986), os pacientes nesse último tipo de terapia apresentam uma melhora efetiva com o tempo. Para determinar se essa melhora era consequência do automonitoramento e da psicoeducação (aspectos terapêuticos compartilhados pelas duas intervenções), uma nova intervenção de controle foi adaptada a partir da terapia interpessoal já existente para depressão (Klerman, Weissman, Rounsaville, & Chevron, 1984). A justificativa para a terapia interpessoal era que pacientes com BN costumam relatar vários problemas nos domínios interpessoais. Dentre eles, evitar conflitos, viver um conflito interno entre as necessidades de independência e de proximidade, e ter dificuldades com as expectativas quanto ao seu papel e à solução de problemas sociais (Apple, 1999).

A terapia interpessoal para BN compreende três fases:

1 Identificar problemas interpessoais associados à manifestação da BN.

Essa fase envolve levantar o histórico pessoal e examinar eventos significativos de vida, humor, autoestima e relacionamentos. Os pacientes são incentivados a associar sintomas de bulimia a experiências de vida e a compreender o papel dos problemas interpessoais no surgimento dos sintomas. A justificativa da terapia interpessoal tem a ver com essa fase, e com esferas comuns de problemas. Os pacientes são incentivados a selecionar problemas específicos para focar ao longo do tratamento.

2 Trabalhar para identificar problemas interpessoais.

Assim como as terapias de orientação psicodinâmica, a terapia interpessoal permite que os pacientes levem assuntos para discussão à medida que vão relatando as áreas de problemas definidas na fase 1. Técnicas como a de questões abertas, desempenho de papeis, exame das consequências de mudanças e incentivo à expressão de sentimentos são usadas para auxiliar os pacientes (Apple, 1999).

3 Discutir sentimentos a respeito da conclusão.

Essa fase envolve revisar ganhos e prever futuros problemas e possíveis soluções.

É importante que os problemas e as preocupações dos pacientes a respeito de peso e da forma corporal não sejam mencionados pelo terapeuta após sua avaliação inicial.

De modo similar ao que ocorreu com os resultados do estudo inicial comparando a TCC com a psicoterapia focal a curto prazo (Fairburn *et al.*, 1986), a TCC se mostrou superior à terapia interpessoal no final do tratamento de BN (Agras *et al.*, 2000; Fairburn *et al.*, 1993). No entanto, de modo similar aos resultados de outro estudo que comparou a TCC com a terapia não diretiva (Kirkley *et al.*, 1985), essas diferenças não se mantiveram no acompanhamento (Fairburn *et al.*, 1993, 1995). Além disso, no acompanhamento de 12 meses, pacientes que haviam recebido terapia interpessoal para BN estavam indo tão bem quanto os que haviam recebido TCC (Fairburn *et al.*, 1993). A terapia interpessoal também foi considerada efetiva no tratamento de CAP, produzindo melhoras comparáveis às observadas para TCC (Wilfley *et al.*, 2002; Wilson, Wilfley, Agras, & Bryson, 2010).

McIntosh *et al.* (2005) compararam os resultados em 56 pacientes adultos de AN que receberam 20 sessões de um desses três tratamentos: terapia interpessoal, TCC ou tratamento clínico de apoio não específico. Os resultados sugeriram que o apoio clínico não específico foi superior à terapia interpessoal, com respeito ao resultado global. A terapia interpessoal e a TCC não diferiram quanto ao resultado global, mas os pacientes que receberam terapia interpessoal tiveram piores escores de restrição e menor probabilidade de obter a avaliação de "significativas melhoras" do que os pacientes de TCC receberam. No acompanhamento de cinco anos, não foram encontradas diferenças em gestão clínica, TCC e terapia interpessoal (Carter *et al.*, 2011). Portanto, embora indivíduos tratados com terapia interpessoal possam continuar melhorando após a conclusão do tratamento, não há evidência de que esse tratamento seja superior a tratamentos alternativos para AN,

BN ou CAP, e há evidência de que melhoras mais rápidas podem ser obtidas com TCC para BN e talvez com tratamentos de apoio clínico não específicos para AN em adultos.

Como a TCC e a terapia interpessoal parecem reduzir os sintomas de transtorno alimentar por métodos diferentes, alguns pesquisadores examinaram se a terapia interpessoal pode ajudar pacientes que não reagem a TCC (Agras, Telch, Arnow, Eldredge, & Marnell, 1995; J. E. Mitchell *et al.*, 2002). No entanto, nem pacientes com BN (J. E. Mitchell *et al.*, 2002), nem pacientes com CAP (Agras *et al.*, 1995) que não reagiram à TCC mostraram melhor sucesso ao passarem para terapia interpessoal. Um problema particular observado com a terapia interpessoal em um estudo foi uma alta taxa de evasão (J. E. Mitchell *et al.*, 2002), sugerindo que os pacientes podem ficar desestimulados quando o tratamento não surte efeito, de modo similar ao que aconteceu com o caso de Valerie.

Pesquisadores, portanto, começaram a focar o desenvolvimento de tratamentos que aprimorem a TCC pela inclusão de componentes de outras intervenções. Entre elas estão a terapia comportamental dialética, a terapia focada em emoção e a terapia de aceitação e compromisso, assim como intervenções específicas de transtorno alimentar, como a terapia cognitivo-comportamental aprimorada [*enhanced cognitive–behavior therapy*, TCC-E] para transtornos alimentares (Z. Cooper & Fairburn, 2011), a terapia comportamental de aceitação de emoções para AN (Wildes, Marcus, Cheng, McCabe, & Gaskill, 2014) e a terapia cognitivo-afetiva integrativa para BN (Wonderlich *et al.*, 2014). Coletivamente, essas abordagens são chamadas de *tratamentos de terceira onda*.

TRATAMENTOS DE TERCEIRA ONDA PARA TRANSTORNOS ALIMENTARES

A **terapia comportamental dialética** foi originalmente projetada para tratar indivíduos com um transtorno de personalidade caracterizado por precário controle dos impulsos, comportamentos autodestrutivos, dificuldades interpessoais e mudanças de humor significativas. Como muitos desses fatores estão presentes em pacientes com transtornos alimentares – especialmente aqueles com sintomas de bulimia –, pesquisadores adaptaram este tratamento a transtornos alimentares.

A terapia comportamental dialética tradicional é oferecida como uma combinação de TCC individual focada nos sintomas – a fim de diminuir a urgência (p. ex., comportamento de purgação que cause machucados deve ser tratado antes, por exemplo, do medo de não conseguir arrumar um par romântico) – e de grupos para treinamento de habilidades, focados em fortalecer quatro áreas:

1. **Mindfulness**: também conhecida como Atenção Plena, é a capacidade de estar ciente dos sentimentos internos e das demandas externas, de uma maneira que combine emoções e intelecto, a fim de propiciar escolhas adequadas
2. **Tolerância ao sofrimento**: é a capacidade de desenvolver maneiras seguras de lidar com emoções dolorosas, evitando recorrer a comportamentos impulsivos (e com frequência autodestrutivos) que acabem aumentando a dor emocional
3. **Efetividade interpessoal**: é a capacidade de se relacionar com pessoas de uma maneira que atenda às necessidades pessoais, às necessidades da outra pessoa e à necessidade de respeito próprio
4. **Regulação emocional**: é a capacidade de experimentar emoções sem ter flutuações extremas que interfiram no funcionamento da vida.

A terapia comportamental dialética foi bem-sucedida no tratamento de BN em um estudo controlado (Safer, Telch, & Agras, 2001), e os resultados de dois estudos não controlados sugeriram que pode ser útil no tratamento tanto de BN quanto de CAP (Palmer *et al.*, 2003; Telch, Agras, & Linehan, 2000). Wisniewski e Kelly (2003) relataram que esse tratamento pode ser aplicado a transtornos alimentares com revisões relativamente modestas, como incluir foco nos comportamentos de transtorno alimentar nas metas de tratamento e acrescentar um módulo de habilidades de nutrição aos grupos de treinamento de habilidades (ver a seguir a seção sobre aconselhamento nutricional).

Antigos ensaios clínicos de outras intervenções da terceira onda forneceram resultados promissores, mas foram fruto de estudos não controlados (Chen *et al.*, 2015; Dalle Grave, Calugi, Doll, & Fairburn, 2013; Fairburn *et al.*, 2013; Wildes *et al.*, 2014; Wnuk, Greenberg, & Dolhanty, 2015), ou, então, as vantagens que demonstraram não são exclusivamente associadas a intervenções de terceira onda (Juarascio *et al.*, 2013; Wonderlich *et al.*, 2014). Portanto, essas intervenções parecem ser úteis, mas não necessariamente superiores às intervenções originais que elas buscavam ultrapassar.

Muitos dos problemas que pacientes com transtornos alimentares apresentam na função interpessoal surgem dentro do contexto de um precário funcionamento familiar (ver Capítulo 6). Assim, intervenções focadas apenas no indivíduo podem falhar em lidar com uma significativa fonte de dificuldades – o contexto interpessoal em que esses problemas surgem. Como a AN está associada a uma idade mais precoce de manifestação que a BN ou a CAP, essa limitação é bastante relevante para pacientes de AN, que com frequência ainda moram em casa. A terapia familiar busca lidar com a função interpessoal dentro da família como sistema, e é o único tratamento para AN que demonstra superioridade em relação a tratamento alternativo em pacientes adolescentes.

TERAPIA BASEADA NA FAMÍLIA

A terapia familiar é usada com maior frequência quando os pacientes são crianças ou adolescentes morando com os pais. Como descrito no Capítulo 6, os sistemas tradicionais de terapia familiar envolviam avaliar a família inteira como sendo o paciente (Minuchin *et al.*, 1978). Uma abordagem mais nova à terapia baseada na família convida os membros da família a serem membros da equipe de tratamento, em vez de serem vistos como pacientes (le Grange, 1999). Após um estudo de Russell, Szmukler, Dare e Eisler (1987) indicando a superioridade de um tratamento familiar desenvolvido no Hospital Maudsley, na Inglaterra, para pacientes jovens de transtorno alimentar, comparado com terapia de apoio individual, o modelo Maudsley de terapia familiar recebeu maior atenção e apoio empírico no tratamento de adolescentes com AN.

Como a TCC e a terapia interpessoal, o modelo Maudsley de terapia familiar tem três fases:

1 Realimentar o cliente.

Os terapeutas apoiam e reforçam os esforços dos pais de realimentar seus filhos e incentivam os pais a formarem uma frente unida. Ao mesmo tempo, os irmãos são incentivados a dar apoio ao paciente; esse aspecto da terapia reforça vínculos apropriados entre os subsistemas de pais e irmãos, como descrito no Capítulo 6. As famílias são estimuladas a criar os próprios planos para realimentação.

2 Negociações para um novo padrão de relacionamentos.

Quando os pacientes demonstram disposição de participar na realimentação e alcançam um ganho de peso, é possível continuar ganhando de peso com pouco conflito. Embora os sintomas continuem cruciais para essa fase do tratamento, são introduzidas na terapia outras questões familiares. Abordam-se apenas problemas que afetem a capacidade dos pais de garantir ganho de peso ao paciente, e apenas na medida que sejam relevantes para os sintomas dele.

3 Encerramento.

Depois que o paciente alcança um peso saudável, o foco muda para incentivar um relacionamento saudável entre o paciente e os pais. Esse é um passo particularmente importante, porque até esse ponto a doença do paciente formou a base das interações familiares. Refletindo as idades dos pacientes, essa fase costuma cobrir temas como maior autonomia, limites familiares apropriados e preparação para o momento em que os filhos sairão de casa (Dare, Eisler, Russell, & Szmukler, 1990).

Estudos controlados apoiaram a eficácia dessa intervenção em pacientes adolescentes com AN (le Grange, Eisler, Dare, & Russell, 1992; Lock *et al.*, 2010; Robin *et al.*, 1999; Russell *et al.*, 1987). Por exemplo, Lock *et al.* (2010) designaram aleatoriamente 61 pacientes adolescentes com AN a uma terapia baseada na família e 60 pacientes a uma terapia psicodinâmica orientada aos adolescentes. No geral, ambos os tratamentos se mostraram aceitáveis para os pacientes, com 85% aceitando a condição para a qual haviam sido aleatoriamente designados (uma taxa de aceitabilidade maior ainda do que aquela para tratamento ambulatorial especializado no estudo de Gowers *et al.*, 2010, descrito anteriormente). A remissão completa ocorreu em porcentagem maior de pacientes da terapia baseada na família do que nos pacientes da terapia focada no adolescente, aos 6 meses (40% *vs.* 18%) e aos 12 meses (49% *vs.* 23%). Além disso, um número significativamente maior de pacientes da terapia focada no adolescente do que na terapia baseada na família exigiu hospitalização para manter um peso minimamente seguro durante o curso do tratamento (37% *vs.* 15%). No final do tratamento, pacientes da terapia baseada na família haviam alcançado IMCs significativamente mais altos e relataram atitudes e comportamentos de alimentação desordenada significativamente mais baixos; mas essas diferenças diminuíram nos acompanhamentos de 6 e 12 meses. No conjunto, resultados de estudos indicam que a terapia baseada na família é superior à terapia individual com orientação psicodinâmica para adolescentes com AN. Além disso, benefícios sustentados da terapia baseada na família foram encontrados em um acompanhamento de cinco anos (Eisler *et al.*, 1997) do estudo original de Russell *et al.* (1987).

Ao considerar fatores que podem contribuir para a eficácia da terapia baseada na família, vale a pena notar que, ao engajar ativamente os pais na realimentação de seus filhos, esse tratamento oferece o ambiente estruturado benéfico da hospitalização ou do tratamento residencial na própria casa dos pacientes. Nesse contexto, a transferência do controle da comida, fazendo-o passar do ambiente para a criança, pode ser mais gradual e combinada com a crescente capacidade da criança de se alimentar sozinha. Além disso, estudos com gêmeos indicam que o ambiente familiar tem significativa influência nas atitudes e nos comportamentos alimentares desordenados em crianças pequenas; essa descoberta pode explicar por que a terapia baseada na família tem se mostrado superior no tratamento de crianças e adolescentes com AN, mas não para adultos com AN (Russell *et al.*, 1987).

MEDIADORES E MODERADORES DE TRATAMENTO

As seções precedentes revisaram evidências sobre a eficácia dos tratamentos. Além de querer saber quais tratamentos funcionam melhor para ajudar os pacientes a se recuperarem, os pesquisadores se interessam em compreender por que os tratamentos funcionam e para quem funcionam melhor.

Responder à primeira pergunta – por que um tratamento funciona – é importante para discriminar os componentes-chave de um tratamento exigidos para seu sucesso e diferenciá-los das partes do tratamento que podem ser eliminadas sem reduzir sua eficácia. Isso requer identificar os **mediadores** da resposta do tratamento. Um mediador é um elo em uma cadeia causal de eventos. Por exemplo, a TCC é projetada para reduzir a restrição dietária, e as reduções na restrição dietária buscam reduzir o risco de compulsão alimentar. Essas reduções na restrição dietária em consequência da TCC constituem um mediador para reduções nos sintomas de bulimia. Em apoio a esse modelo, uma significativa redução da restrição dietária por volta da quarta semana da TCC contribuiu para reduzir a frequência da compulsão alimentar e do vômito após o tratamento (Wilson, Fairburn, Agras, Walsh, & Kraemer, 2002). Identificar os mediadores do tratamento possibilita melhorar os tratamentos. Infelizmente, foram identificados poucos mediadores da resposta ao tratamento. Uma recente revisão (Lock, 2015) não identificou mediadores na resposta ao tratamento em estudos de tratamentos para crianças e adolescentes.

Responder à segunda pergunta – em quem o tratamento funciona melhor – envolve identificar **moderadores** da resposta ao tratamento. Um moderador é um fator que contribui para o sucesso de um tratamento, em maior grau, em algumas pessoas, mais do que em outras. Ao contrário do que ocorre com um mediador, é a diferença entre as pessoas, mais que uma mudança na pessoa, que explica por que um tratamento funcionou. Por exemplo, entre adolescentes tratados para AN, o maior número de sintomas obsessivos–compulsivos foi associado a uma melhor resposta à terapia baseada na família de longa duração no formato que foca o sistema familiar (Lock, 2015). Igualmente, pacientes com maior severidade do transtorno alimentar demonstraram reação mais robusta à terapia que se baseia na família, em comparação com a terapia individual (Lock, 2015). Juntas, essas descobertas sugerem que pacientes com sintomas menos severos podem se dar igualmente bem em diferentes formas de tratamento (independentemente de diferenças na duração ou no foco), enquanto portadores de doenças mais severas se beneficiam mais da terapia baseada na família.

INTERVENÇÕES NÃO PSICOTERÁPICAS

Muitos pacientes com transtornos alimentares se beneficiam de uma abordagem multimodal ao tratamento, baseada em equipe, envolvendo uma combinação de psicoterapia, aconselhamento nutricional, medicação e gestão médica. As seções a seguir discutem os papéis do aconselhamento nutricional e da medicação no tratamento de transtornos alimentares. Embora o aconselhamento nutricional, sozinho, não seja recomendado para o tratamento de transtornos alimentares, evidências sugerem que os sintomas de BN podem ter remissão apenas com medicação (Goldstein *et al.*, 1995).

Aconselhamento nutricional

Apesar da grande atenção que indivíduos dão às calorias e à ingestão de comida, muitos dos que sofrem de transtornos alimentares não têm conhecimento básico do que constitui uma dieta equilibrada. Esse desconhecimento é de certo modo compreensível, pois a maioria das pessoas não segue uma boa dieta em termos nutricionais. Por exemplo, até 75% das garotas com idade entre 9 e 13 anos consome menos do que a quantidade diária recomendável de cálcio, e esse valor chega a 90% para membros do sexo feminino com idades entre 14 e 30 anos (Departamento de Agricultura dos Estados Unidos, 2009). Além disso, pacientes com transtornos alimentares costumam ter compreensão distorcida das linhas gerais de ingestão calórica diária. Portanto, o aconselhamento nutricional é um aspecto importante do tratamento de transtornos alimentares. As metas do aconselhamento nutricional são "alcançar estabilidade médica, normalizar comportamentos alimentares e peso, e restabelecer um relacionamento saudável com a comida" (Brunzell & Hendrickson-Nelson, 2001, p. 217).

Além de fornecer informação nutricional básica, os nutricionistas trabalham com pacientes para reduzir o receio de comidas proibidas, eliminar mitos a respeito de alimentos e ajudá-los a reconhecer sensações de fome e saciedade. Os nutricionistas explicam que as calorias na comida vêm dos carboidratos, das proteínas e das gorduras. Junto com as vitaminas, os minerais e a água, essas fontes de calorias fornecem nutrientes usados na construção do corpo, para regular suas funções e prover energia. Os carboidratos são a fonte primária de energia para o corpo e devem contribuir com 50%-65% das calorias consumidas diariamente. A proteína é importante para construir e manter órgãos, músculos, pele, cabelo e anticorpos para combater doenças, bem como para as enzimas e os hormônios. Também é importante para regular o equilíbrio de água no corpo. A proteína deve constituir 10%-20% da ingestão calórica diária total. Finalmente, a gordura na dieta fornece os ácidos graxos essenciais, carrega as vitaminas solúveis em gorduras e contribui para a manutenção e funcionamento dos tecidos do corpo. A gordura deve contribuir com 20%-30% das calorias consumidas em um dia. No tratamento, os pacientes são gradualmente apresentados a dietas mais variadas que contenham as proporções recomendadas de calorias de carboidratos, proteínas e gorduras.

As relações entre a ingestão de comida, o dispêndio de energia e o peso costumam ser revisadas com algum detalhe durante o aconselhamento nutricional, para que os pacientes possam agir como consumidores informados. Os nutricionistas também instruem os pacientes quanto às técnicas comportamentais, para planejar comer em situações sociais e para reagir à urgência de comer compulsivamente ou de restringir a ingestão de comida.

ESTUDO DE CASO: JAMIE

Jamie começou a se encontrar regularmente com um nutricionista, além de tomar medicações antidepressivas. Em uma das sessões mais esclarecedoras, o nutricionista trouxe a Jamie uma foto (ver Figura 9.2) mostrando como ele poderia facilmente ter o mesmo número de calorias em uma única refeição de fast-food do que teria ao ingerir comida mais saudável ao longo do dia. Jamie sempre achou que, se reduzisse seu aporte calórico, se sentiria em inanição, mas, conforme comparava as quantidades de comida, percebeu que poderia realmente comer mais se passasse a consumir carboidratos mais complexos e aumentasse sua ingestão de frutas e vegetais. O nutricionista também trabalhou com ele para identificar receitas que lhe permitissem preparar comidas que, além de lhe fazerem bem, fossem agradáveis.

FIGURA 9.2 Comparação de 1.980 kcal de uma refeição de fast-food *versus* 1.962 kcal consumidas ao longo do dia com café da manhã, almoço e jantar.

Medicação

Várias medicações foram usadas para tratar AN, BN, CAP e a síndrome do comer noturno. São antidepressivos, estabilizadores do humor, antagonistas opioides, tetrahidrocanabinol (o componente básico da maconha), antipsicóticos e estimulantes (Brown & Keel, 2012). O antipsicótico atípico olanzapina demonstrou sucesso em melhorar resultados relacionados ao peso em pacientes adultos com AN em **estudos duplo-cego controlados por placebo** (Attia *et al.*, 2011; Bissada, Tasca, Barber, & Bradwejn, 2008; Brambilla *et al.*, 2007). Os antidepressivos surgiram como a medicação de escolha no tratamento de BN (Brown & Keel, 2012). A fluoxetina (conhecida pelo nome comercial de Prozac), um inibidor seletivo da recaptação de serotonina (SSRI), é a única droga que conta com aprovação da FDA americana [Food and Drug Administration] para tratamento de BN (Associação Americana de Psiquiatria, 2000). Por contraste, outro antidepressivo não SSRI, a bupropiona (nome comercial Wellbutrin), não é recomendado para o tratamento de transtornos alimentares, em razão da evidência de que pode aumentar a probabilidade de convulsões nessa população (Diamond, 2002). Alguns dados apoiam a eficácia dos SSRIs para o tratamento da CAP (McElroy, Guerdjikova, Mori, & Meliá, 2012) e da síndrome do comer noturno (O'Reardon *et al.*, 2006).

ESTUDO DE CASO: GEORGE

George não tinha certeza se estava recebendo a medicação ativa no estudo de tratamento (ver Capítulo 4), porque ninguém com quem ele falava tinha permissão de lhe dizer isso, incluindo o médico que o acompanhou para checar se havia efeitos colaterais e para ajustar a dosagem. No entanto, George sentia que estava tomando a medicação ativa, e não o placebo. De início, o que quer que estivesse tomando o deixou um pouco aéreo e causou diarreia. Mas essa fase passou logo, e George notou que se sentia mais focado no trabalho e que, ao comer, a saciedade vinha mais rapidamente. Como participante de um estudo, não tinha permissão para buscar nenhum tratamento adicional. De qualquer modo, essa restrição não era problema para ele, pois estava dormindo melhor, comia menos à noite, perdia peso e não precisava gastar horas por semana em sessões de terapia ou em reuniões, ou preparando suas refeições especiais de dieta. Sua única questão era o que aconteceria com ele quando o estudo fosse concluído. O médico que vinha se encontrando com ele disse que isso ficaria por sua conta. Se ele estivesse na condição de medicado, poderia continuar tomando a medicação ou parar. Se estivesse na condição placebo, poderia pedir para receber a medicação ou não. Como se tratava de um medicamento novo, não havia informação disponível sobre sua eficácia a longo prazo. Portanto, não havia como saber se as melhoras alcançadas com a medicação seriam mantidas.

Para George, e para muitos pacientes com síndrome do comer noturno ou CAP, conseguir perder peso é tão importante como meta de tratamento quanto conseguir o controle sobre a comida. Embora dê a impressão de que ao eliminar comportamentos de alimentação desordenada seja possível obter redução do peso, nem sempre é assim. Portanto, além de os tratamentos visarem ao comportamento de alimentação desordenada, são feitos vários testes para lidar com a perda de peso na CAP. As descobertas desses estudos, independentemente de utilizarem programas comportamentais de perda de peso ou medicação, sugerem que os tratamentos produzem as mudanças que visam produzir (McElroy, Guerdjikova, Mori, Munoz, & Keck, 2015). Ou seja, tratamentos que visam aos comportamentos de alimentação desordenada alcançam redução desses comportamentos, e tratamentos que visam à redução de peso alcançam essa redução. Até o momento, não surgiu nenhum tratamento que tenha alcançado ambas as metas em pacientes com CAP, embora as combinações de tratamentos sejam uma promessa para o futuro.

CONCLUSÃO

Foram identificadas várias abordagens de tratamento eficazes para a BN, como a terapia cognitivo-comportamental, a terapia interpessoal e a medicação com antidepressivos. Vários tratamentos que funcionam para BN também parecem bem-sucedidos para tratar de CAP. Em contraste com os resultados para BN e CAP, os tratamentos que mostram eficácia para adultos com AN são limitados. Para adolescentes com AN, o modelo Maudsley de terapia baseada na família parece ser o melhor tratamento disponível.

Apesar da evidência de tratamentos eficazes, a maioria dos indivíduos com transtornos alimentares não parece recebê-los. Quem tem transtornos alimentares às vezes reluta em buscar tratamento. Essa relutância pode ser por medo de ficar gordo, ou por vergonha dos comportamentos de alimentação desordenada ou por não ser capaz de reconhecer os perigos dos transtornos alimentares. Além disso, há relatos de problemas com a cobertura dos planos médicos para pacientes que procuram tratamento para transtorno alimentar. Finalmente, mesmo quando indivíduos procuram tratamento por meio de algum plano, é comum não receberem tratamentos com eficácia comprovada (A. M. Simmons, Milnes, & Anderson, 2008; von Ranson, Wallace, & Stevenson, 2013). Numa enquete com psicólogos selecionados aleatoriamente, a maioria relatou que nunca recebeu treinamento para usar abordagens de tratamento de transtornos alimentares apoiadas em manuais e com sustentação empírica, e usaram outros métodos que não a TCC ou a terapia interpessoal para trabalhar com pacientes com transtornos da alimentação (Mussell *et al.*, 2000). Por outro lado, em uma enquete com especialistas em transtornos alimentares, a maioria havia recebido treinamento em tratamentos baseados em evidências, e esse treinamento foi um preditor significativo do uso ou não pelos médicos desses tratamentos (A. M. Simmons *et al.*, 2008). Portanto, além dos esforços contínuos para identificar tratamentos eficazes para transtornos alimentares, são necessários esforços maiores para difundir informações a respeito dessas intervenções (Wilson, Grilo, & Vitousek, 2007).

Atualmente, a recomendação é usar abordagens multimodais baseadas em equipes para tratar transtornos alimentares. Uma equipe típica para tratamento é formada por um médico para monitorar o bem-estar clínico, um nutricionista, um terapeuta e, se possível, um psiquiatra para a gestão de medicação. O uso de uma equipe multidisciplinar assegura expertise apropriada para lidar com a complexidade dos transtornos alimentares, em razão de seu impacto no bem-estar físico, emocional, cognitivo e social.

TERMOS-CHAVE

Apoio empírico
Efeito placebo
Eficácia interpessoal
Ensaio clínico randomizado controlado
Estudo duplo cego controlado com placebo
Mediador
Mindfulness (Atenção plena)
Moderador
Psicoeducação
Regulação emocional
Relação custo-benefício
Terapia cognitivo-comportamental
Terapia comportamental dialética
Terapia interpessoal
Terapia psicodinâmica
Tolerância ao sofrimento

CAPÍTULO 10

Prevenção

Como observado no Capítulo 9, o número de indivíduos que sofrem de transtornos alimentares é muito superior à disponibilidade de tratamento. Por essa razão, vários especialistas na área vêm focando a prevenção. Em termos simples, uma prevenção efetiva poupa tempo, dinheiro e, o mais importante, sofrimento.

Este capítulo começa com uma revisão dos diferentes modelos teóricos, ou paradigmas, de prevenção. Em seguida, descreve diferentes níveis de intervenção e fornece exemplos específicos de programas de prevenção de transtornos alimentares em cada nível. A evidência de eficácia desses programas é revisada em cada nível. O capítulo termina com um exame dos desafios para a pesquisa sobre a prevenção e as direções futuras para o importante trabalho de prevenção dos transtornos alimentares.

PARADIGMAS DE PREVENÇÃO

Assim como diferentes orientações teóricas contribuem para o desenvolvimento de psicoterapias, diferentes orientações teóricas contribuem para o desenvolvimento de programas de prevenção. Os paradigmas de prevenção resultantes refletem diferentes maneiras de conceitualizar a saúde e o modo como ela deve ser mantida.

Um modelo comum é o chamado **Modelo de Vias Específicas para Doenças** (Levine & Smolak, 2001) ou **Paradigma de Prevenção de Doenças** (Rosenvinge & Borresen, 1999). Programas que usam esse modelo buscam identificar e depois modificar os fatores de risco específicos que contribuem para a etiologia dos transtornos alimentares. Por exemplo, no Paradigma de Prevenção de Doenças, uma garota seria incentivada a desenvolver uma imagem corporal positiva para evitar que desenvolva um transtorno alimentar. Assim, o sucesso de um programa de prevenção nesse modelo depende de identificar com precisão os fatores de risco específicos e a capacidade de modificá-los.

Uma variação do Paradigma de Prevenção de Doenças é o **Modelo de Vulnerabilidade-Estresse Inespecífico** (Levine & Smolak, 2001). Como no Paradigma de Prevenção de Doenças, programas que utilizam o Modelo de Vulnerabilidade-Estresse Inespecífico buscam identificar e modificar fatores de risco que contribuem para a etiologia de transtornos alimentares. No entanto, em vez de focar fatores de risco supostamente relacionados exclusivamente à manifestação de uma patologia alimentar, este modelo lida com fatores de risco gerais que contribuem para a etiologia de vários problemas relacionados (ver Capítulo 4 para uma discussão sobre os fatores de risco gerais, em contraste com os particulares). Por exemplo, no Modelo de Vulnerabilidade-Estresse Inespecífico, uma garota seria incentivada a desenvolver uma autoimagem positiva para prevenir o desenvolvimento de problemas como depressão e transtornos alimentares.

O **Paradigma de Promoção da Saúde** (Rosenvinge & Borresen, 1999) se sobrepõe ao Modelo de Vulnerabilidade-Estressor Inespecífico na busca por maximizar a saúde global. No entanto, o Paradigma de Promoção da Saúde enfatiza *fatores de proteção* em vez de fatores de risco. Enquanto um fator de risco promove a doença quando está presente e não faz nada quando está ausente, um fator de proteção promove o bem-estar quando presente e não faz nada quando ausente. Rosenvinge e Borresen (1999) propõem usar o Paradigma de Promoção da Saúde em vez do Paradigma de Prevenção de Doenças porque os fatores de risco específicos para transtornos alimentares não são bem compreendidos e porque focar informações relacionadas especificamente aos transtornos alimentares enfatiza as próprias coisas que se deseja prevenir. Por exemplo, sob o Paradigma de Prevenção de Doenças, uma garota que nunca tenha se importado muito com seu peso ou forma corporal pode ficar mais focada nesses aspectos em um programa que aborde a imagem corporal.

Além de enfatizar fatores de proteção, o Paradigma de Promoção da Saúde defende intervenções projetadas para comunidades, não só para indivíduos. Em outras palavras, os alvos para mudança incluem ação comunitária, além do comportamento de um dado indivíduo em comunidade. Por exemplo, no Paradigma de Promoção da Saúde, as escolas seriam incentivadas a promover a valorização de diferenças individuais em relação a raça, sexo e peso. Essa intervenção procuraria reduzir racismo, sexismo e "pesismo" [*weightism*] (a supervalorização da magreza com depreciação da pessoa "gorda"). O foco seria em ações no âmbito do sistema e que influenciam a saúde, bem como nas decisões de estudantes individuais a respeito de como tratar pessoas que diferem em uma gama de características físicas. Embora a meta de instilar o valor da diversidade entre crianças na escola não se relacione especificamente com a meta de impedir transtornos alimentares, promover a saúde na população em geral pode ter como consequência prevenir doenças, incluindo os transtornos alimentares.

Outro modelo de prevenção que vai além do papel dos fatores individuais é o **Modelo de Empoderamento-Relacional** (Levine & Smolak, 2001). Esse modelo tem raízes na teoria feminista, e os programas que o utilizam buscam empoderar garotas para que transformem seus ambientes. Assim, o alvo para a mudança é o ambiente, mas o agente da mudança é o indivíduo. Por exemplo, no Modelo de Empoderamento-Relacional, uma garota seria incentivada a criar sua identidade com base em suas capacidades, em vez de se basear na sua aparência física, e a desafiar ativamente as mensagens sociais que transformam mulheres e garotas em objeto.

Ao revisar os exemplos acima, é possível ver variações nos métodos usados para prevenir transtornos alimentares. No entanto, esses exemplos exageram as diferenças entre os modelos. Na prática, os programas de prevenção tendem a combinar aspectos de cada um desses modelos. Não há contradição entre as escolas promoverem o valor da diversidade e o incentivo a garotas desenvolverem uma autoimagem positiva e incluírem o que seus corpos podem fazer, como um aspecto de imagem corporal positiva. A seção a seguir fornece uma breve visão geral dos temas e conteúdos comuns a vários programas de prevenção, relacionando-os aos modelos que acabamos de descrever.

TEMAS E CONTEÚDO DE PREVENÇÃO

Nos diferentes tipos de programas de prevenção, certos temas costumam ser enfatizados e refletidos no conteúdo do programa. De modo consistente com o Paradigma de Prevenção de Doenças, esses temas tendem a refletir tentativas de lidar diretamente com fatores de risco específicos que emergem do atual contexto sociocultural (ver Capítulos 5 e 6). Por exemplo, muitos programas tentam prevenir ou reduzir as preocupações com o peso e com dietas, porque esses são considerados fatores de risco para o desenvolvimento de transtornos alimentares. Para alcançar esses fins, programas educam os participantes quanto à natureza arbitrária do ideal de magreza, tratam dos determinantes do tamanho do corpo, das necessidades nutricionais e das consequências de se fazer dieta e de ter uma alimentação desordenada.

Além de focar fatores de risco específicos para transtornos alimentares, vários programas buscam promover resiliência ao tratar de fatores mais gerais relacionados à saúde mental. Consistentemente com o Modelo Vulnerabilidade-Estresse Inespecífico, os programas apresentam métodos para melhorar a autoestima, para gestão do estresse, assertividade e habilidade de resolver problemas. Cada uma dessas capacidades aumenta a resiliência das garotas a fatores de risco ambientais derivados da sociedade (ver Capítulo 5) e a seus contextos sociais imediatos (ver Capítulo 6).

Em sintonia com o Paradigma de Promoção da Saúde, vários programas oferecem orientação sobre alimentação saudável e hábitos de exercício para dar aos estudantes opções mais saudáveis para o controle de peso. Essa intervenção se baseia na premissa de que ter informações precisas sobre nutrição e exercício ajuda a proteger adolescentes tanto do desenvolvimento de um transtorno alimentar quanto de desenvolverem obesidade. Nenhum programa de prevenção obviamente endossa o controle de peso para tentar alcançar um ideal de magreza que não é nem realista, nem saudável.

Finalmente, muitos defensores da prevenção buscam lidar com a mudança em um nível sociocultural mais amplo. Alguns programas de prevenção têm tentado aumentar nos estudantes a consciência da discriminação com o sobrepeso e a obesidade, de modo a desafiar o "pesismo" tão prontamente quanto desafiariam o racismo (Steiner-Adair *et al.*, 2002). Eles também têm procurado melhorar a consciência dos estudantes sobre como a pressão dos pares e as provocações aumentam a insatisfação com o corpo e os comportamentos não saudáveis de perda de peso, e incorporam essas mensagens em campanhas mais amplas antibullying. Além de ajudar garotas a reconhecer, desafiar e rejeitar mensagens sociais a respeito da importância de ser magra em seus ambientes sociais imediatos, tais programas defendem mudar as mensagens apresentadas na cultura popular. Eles iniciaram diálogos com editores de revistas, agências de publicidade, empresas que comercializam produtos para mulheres e representantes do governo. Em sintonia com o Modelo de Empoderamento-Relacional, a meta é levar estudantes a se envolverem ativamente em mudar os fatores sociais ambientais que podem contribuir para os transtornos alimentares.

IMPLEMENTANDO A PREVENÇÃO E NÍVEIS DE INTERVENÇÃO

Depois de determinar a meta, o público-alvo e o conteúdo de um programa de prevenção, seus propositores devem decidir como e quando lançá-lo. Em geral, prevenção significa interromper um evento antes que ele aconteça; isso tem sido chamado de *prevenção básica*. No entanto, diferenças quanto ao início dos problemas entre os indivíduos, bem como os desafios de identificar quando os problemas começam (por exemplo, alguns começam já nas primeiras experiências de alimentação na fase de bebê) tornam essa meta muito elevada. Os programas de prevenção podem ser divididos em três categorias com base nos tipos de população aos quais são dirigidos: universais, seletivos e indicados (ver Figura 10.1). **Programas de prevenção universais** trabalham com a população em geral, por exemplo, alunos do sistema escolar. **Programas de prevenção seletivos** focam indivíduos que estão em risco maior de problemas alimentares (como apenas as garotas de uma escola). **Programas de prevenção indicados** são voltados a indivíduos que já relataram problemas com suas atitudes e seus comportamentos de alimentação.

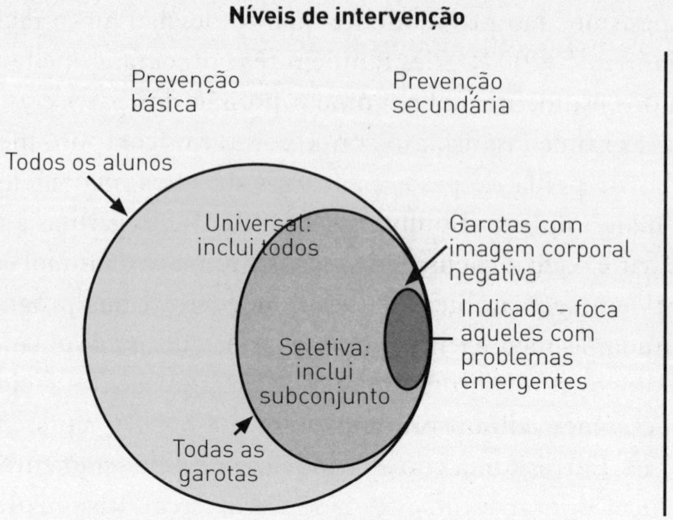

FIGURA 10.1 Níveis de intervenção para programas de prevenção.

Os programas de prevenção indicados têm como meta a *prevenção secundária* – impedir que problemas emergentes se desenvolvam e se tornem mais graves. A distinção entre um tratamento para reduzir preocupações com o peso (a fim de melhorar a imagem corporal) e uma prevenção indicada para reduzir preocupações com o peso (a fim de prevenir transtornos alimentares) não é necessariamente capturada pelo que acontece *durante* cada tipo de intervenção. Em vez disso, localiza-se em suas metas e nos seus resultados mensurados. O programa de tratamento seria bem-sucedido se a preocupação com o peso diminuísse, enquanto o programa de prevenção indicado seria bem-sucedido apenas se a preocupação com o peso diminuísse e o risco futuro de patologia alimentar fosse igualmente reduzido. Portanto, o limiar para estabelecer o sucesso de um programa de prevenção é bem alto, porque, para ser considerado efetivo, deve ter influência em um resultado remoto.

As seções a seguir descrevem exemplos específicos de programas de prevenção projetados para cada nível de intervenção (universal, seletivo e indicado) e revisam evidências de seu sucesso (ou insucesso) em alterar o conhecimento, as atitudes e os comportamentos relacionados à alimentação desordenada.

Programas de prevenção universais

O Planet Health era um programa de prevenção universal que seguia o Paradigma de Promoção da Saúde (Austin, Field, Wiecha, Peterson, & Gortmaker, 2005). Pesquisadores da Escola de Saúde Pública de Harvard colaboraram com o coordenador de bem-estar das Escolas Públicas de Boston. Juntos, desenvolveram um inovador currículo pautado em escolas, a fim de prevenir a obesidade nas crianças ao promover conhecimento e mudanças de comportamento específicas que contribuem para um estilo de vida mais saudável. O programa tinha por base um currículo de dois anos para a sexta e sétima séries, integrado ao ensino de quatro matérias principais (artes da linguagem, matemática, ciências e estudos sociais), além de educação física. Por exemplo, as informações sobre nutrição e exercício forneciam o contexto para problemas de matemática, de modo que os alunos aprendiam tanto os tópicos específicos da área (como equações algébricas) quanto aplicar as habilidades aprendidas para fazer escolhas sobre comida e atividade física. O Planet Health também enfatizava quatro mudanças comportamentais:

1. Aumentar o consumo diário de frutas e verduras.
2. Diminuir (mas sem eliminar) o consumo diário de alimentos com alta taxa de gorduras.
3. Reduzir o tempo de TV ou de computador ("tempo de tela").
4. Aumentar atividade física moderada e vigorosa.

Para testar a eficácia do programa, dez escolas foram designadas aleatoriamente ou para a condição de intervenção, na qual os alunos seguiam o currículo do Planet Health, ou para a condição de controle, na qual apenas o currículo padrão era seguido.

Quanto aos comportamentos visados, tanto garotas quanto garotos no programa mostraram aumento no consumo de frutas e vegetais e reduziram o tempo de TV em comparação com crianças nas escolas-controle (Austin *et al.*, 2005). Além disso, a prevalência da obesidade em garotas diminuiu pela metade nas escolas com intervenção, em comparação com as escolas-controle, e a redução no tempo de TV prenunciou diminuições na obesidade em garotas. O que é mais relevante para o foco deste capítulo, porém, é que o programa também reduziu o risco de alimentação disfuncional. Dentre garotas das escolas-controle, 6,2% relataram ter começado a purgar como meio de controlar seu peso em um acompanhamento de 21 meses. Em contraste com isso, apenas 2,8% das garotas nas escolas com intervenção haviam começado a purgar para esses propósitos no acompanhamento (Austin *et al.*, 2005). Esses resultados sugerem que um programa educacional que ensine garotas a se envolverem em um estilo de vida mais saudável não só reduz seu risco de obesidade, como a probabilidade de recorrer a métodos não saudáveis e extremos de controle de peso. Infelizmente, garotos no programa de intervenção não demonstraram similar redução no risco de obesidade; a razão para essa diferença não é clara. Além disso, garotas que participaram do Planet Health mantiveram os benefícios do programa no acompanhamento (Austin *et al.*, 2007). Dados do acompanhamento de três anos indicaram que a redução no tempo de TV teve um papel específico em diminuir o subsequente uso pelas garotas de purgação e comprimidos "de dieta" (Austin *et al.*, 2012).

À luz dessas descobertas, assim como da discussão de fatores de risco nos Capítulos 4 e 5, um aspecto crucial do sucesso do Planet Health pode ser reduzir o comportamento (assistir TV) que aumenta o risco de duas maneiras, pois assistir TV não só expõe as garotas a imagens da mídia que promovem o ideal de magreza, mas envolve a inatividade, o que aumenta o risco de ganhar peso, e tudo isso ressalta o quanto se diverge desse ideal.

Como o Planet Health, muitos programas de prevenção universais foram iniciados em escolas, porque elas oferecem um público ideal. Em razão de seu perfil educativo, esses programas costumam enfatizar a psicoeducação (ver Capítulo 9). Não é de surpreender, portanto, que estudos sobre tais programas com frequência verifiquem que seus participantes têm uma melhora no conhecimento (Dalle Grave, De Luca, & Campello, 2001; Kater, Rohwer, & Levine, 2000; Levine, Smolak, & Schermer, 1996), e vários deles têm relatado melhora nas atitudes em relação à imagem corporal (Dalle Grave *et al.*, 2001; Kater *et al.*, 2000; Varnado-Sullivan *et al.*, 2001; Wade, Davidson, & O'Dea, 2003). No entanto, ao contrário do Planet Health, muitos desses programas não levaram a uma melhora nos comportamentos (Austin, 2000; Levine & Smolak, 2001; Littleton & Ollendick, 2003). Essa constatação levanta questões a respeito do que teria impedido outros programas de produzirem um impacto mais positivo.

Uma possível razão para o limitado sucesso de programas de prevenção universais é a curta duração das intervenções. Com exceção do Planet Health, as intervenções têm variado de três (Buddeberg-Fischer & Reed, 2001) a dez sessões (Kater *et al.*, 2000; Levine *et al.*, 1996). Em função dos múltiplos fatores que contribuem para o desenvolvimento de transtornos alimentares (ver Capítulos 4-8), seria um milagre se uma intervenção de dez sessões conseguisse preveni-los. A limitada duração das intervenções reflete restrições em incorporar novo material curricular nas escolas, que já sofrem pressão para atender às demandas sempre crescentes, sendo que seus recursos não param de ficar cada vez mais escassos. Por exemplo, vários programas de prevenção dependem de professores para conduzir as sessões (Smolak, Harris, Levine, & Shisslak, 2001). Embora membros de equipes relacionadas à saúde apoiem a inclusão de material de prevenção no currículo escolar (Neumark-Sztainer, Story, & Coller, 1999), esse apoio não se traduz necessariamente em uma plena adesão dos professores à implementação do programa. Por exemplo, no programa de prevenção universal de Levine *et al.* (1996), 31% dos professores não realizaram uma lição com duração de uma hora sobre análise da mídia e 50% dedicaram cinco minutos ou menos a explicar um ponto-chave desta lição.

Assim, as restrições de tempo nos ambientes escolares contribuíram tanto para o baixo número de sessões como para uma entrega incompleta das informações. Essas restrições limitam o uso de técnicas interativas, que são mais efetivas do que os métodos de ensino tradicionais (Stice; Shaw, 2004). Uma descoberta importante do acompanhamento de três anos dos participantes do Planet Health foi que os melhores resultados foram observados em garotas de escolas em que havia um ativo trabalho de equipe entre os docentes, nas quais eram dedicadas mais aulas à redução do tempo de TV e nas quais a equipe participava de programas que enfatizavam a meta de reduzir o tempo de TV (Austin *et al.*, 2012). Esse resultado sugere que programas universais podem ser altamente efetivos desde que haja uma forte parceria com as escolas nas quais são conduzidos.

Programas de prevenção seletivos

Becker, Bull, Schaumberg, Cauble e Franco (2008) examinaram um programa de prevenção seletivo implementado em moças de irmandades universitárias (portanto, um grupo seleto), dentre as quais o nível de risco para transtornos alimentares às vezes era bem variado (portanto, não era um grupo indicado). O programa visava reduzir a internalização do ideal de magreza; portanto, seguiu o Modelo de Vias Específicas para Doenças ao focar um fator de risco específico para o desenvolvimento de transtornos alimentares.

A intervenção de Becker *et al.* fez uso da teoria da dissonância cognitiva. Segundo tal teoria (que foi confirmada por numerosos estudos experimentais), a dissonância cognitiva ocorre quando indivíduos são confrontados com um conflito entre o que eles acreditam e a maneira segundo a qual agem. Para minimizar essa contradição interna, eles alteram suas crenças para torná-las consistentes com seus comportamentos explícitos, em parte porque comportamentos públicos implicam assumir responsabilidade por eles. Da maneira como a teoria foi aplicada no estudo de Becker *et al.*, os participantes identificaram o ideal de magreza e então se engajaram em comportamentos públicos que ativamente se opunham a esse ideal.

Para a intervenção, Becker *et al.* treinaram as integrantes da irmandade Tri-Delta como líderes de seus pares, e elas lideraram grupos de suas colegas de irmandade em duas sessões, acompanhadas por lição de casa. O tempo total de intervenção ativa foi de cerca de quatro horas, sem incluir os exercícios de lição de casa. Na primeira sessão, as participantes identificaram os custos de se perseguir o ideal de magreza, discutiram a dificuldade de alcançar o ideal de magreza e detectaram quem se beneficia dele (os setores de moda e dieta, não elas), e, por fim, receberam lição de casa. Ela consistia em um exercício de exposição ao espelho, para identificar aspectos positivos delas mesmas e discuti-los em grupo, em um exercício de exposição comportamental, no qual elas faziam algo que normalmente evitariam em razão das preocupações com a imagem corporal (como fazer exercício usando shorts em vez de agasalhos folgados) e em escrever uma carta ao eu mais jovem delas, dando incentivo e apoio para resistir ao ideal de magreza. Na segunda sessão, elas compartilharam com o grupo as qualidades positivas que haviam identificado no exercício de exposição ao espelho e leram as cartas que haviam escrito em voz alta para o grupo. Quando elas concordavam com isso, suas leituras das cartas eram também gravadas e postadas no YouTube. Esse último aspecto aumentou a natureza pública de seu ativo repúdio ao ideal de magreza. Também participaram de exercícios de desempenho de papéis a respeito de como resistir à pressão exercida pelos pares para se adequar ao ideal de magreza, compartilharam experiências pessoais dessa pressão dos pares e de solução de problemas sobre o que diriam se estivessem de novo nessas situações. Além disso, criaram uma lista das dez principais razões para resistir ao ideal de magreza, e, em sintonia com o Modelo de Empoderamento-Relacional, geraram ideias para desafiar o ideal de magreza em suas comunidades, incluindo a própria irmandade, e também no campus, na cidade e na sociedade. Por fim, comprometeram-se a continuar com as tarefas de lição de casa de exposição ao espelho e de exposição comportamental e a se engajaram em exercícios de autoafirmação, nos quais o foco devia ser colocado em suas qualidades positivas.

Para testar a eficácia desse programa, Becker *et al.* (2008) designaram aleatoriamente as mulheres da irmandade universitária à intervenção de dissonância cognitiva descrita acima ou ao programa controle de defesa da mídia. O programa de defesa da mídia incluía muito do mesmo material psicoeducacional do que a intervenção de dissonância cognitiva, mas sem nenhum componente no qual as participantes tivessem de agir pessoalmente de uma maneira que se opusesse ao ideal de magreza. Assim, embora fosse possível observar melhoras na condição de defesa da mídia como consequência de uma maior consciência da origem e das consequências danosas do ideal de magreza, essa condição não tinha um componente crucial que pudesse alterar as crenças internas de modo a afetar comportamentos subsequentes.

As participantes na condição de dissonância cognitiva experimentaram diminuições significativamente maiores na insatisfação com o próprio corpo, em restrição dietética e em sintomas de bulimia do que as participantes na condição de defesa da mídia, e esses efeitos se mantiveram num acompanhamento de oito meses (Becker *et al.*, 2008). Além disso, embora a defesa da mídia produzisse melhoras em um subgrupo de participantes com níveis mais altos de risco inicial de alimentação disfuncional (o que o deixava parecido com um grupo de prevenção indicado), o programa de dissonância cognitiva produziu melhoras tanto em mulheres com alto risco inicial de transtorno alimentar como em mulheres com baixo risco. Essa é uma descoberta crucial para apoiar o uso desse programa como uma intervenção seletiva.

Como ocorre com o programa de Becker *et al.* (2008), os programas de prevenção seletivos costumam focar garotas ou mulheres, pois elas estão em risco maior do que os garotos de desenvolver transtornos alimentares. Programas de prevenção seletivos têm incluído participantes com idade entre 10 (Piran, 1999) e 25 anos (Phelps, Sapia, Nathanson, & Nelson, 2000), com isso, estendendo-se a mulheres jovens, que são mais velhas do que é típico para os programas de prevenção universais. Visto que vários programas de prevenção seletivos incluem participantes com idades que superam a de início do risco para a manifestação de transtornos alimentares, não é totalmente necessário descrever esses programas como focando apenas participantes que ainda não manifestaram problemas. Não obstante, programas de prevenção seletivos não visam a participantes especificamente com base em terem problemas com imagem corporal ou atitudes ou comportamentos de alimentação disfuncional. Estudantes com transtornos alimentares tiveram permissão de participar do estudo de Becker *et al.* (2008), mas foram excluídas da análise de dados da eficácia da intervenção. Portanto, esse ainda constituiu um estudo de prevenção, mais que de tratamento.

Vários estudos controlados de prevenção seletiva constataram melhoras no conhecimento e nas atitudes associadas com a intervenção, em comparação com uma condição de controle (Moreno & Thelen, 1993; Steiner-Adair *et al.*, 2002; Stewart, Carter, Drinkwater, Hainsworth, & Fairburn, 2001; Withers, Twigg, Wertheim, & Paxton, 2002), e essas melhoras foram mantidas quando avaliadas em acompanhamentos (Moreno & Thelen, 1993; Steiner-Adair *et al.*, 2002). Como ocorre com programas de prevenção universais, apenas alguns programas de prevenção seletivos produziram melhoras em comportamentos (Austin, 2000; Levine & Smolak, 2001; Littleton & Ollendick, 2003), e alguns programas falharam em encontrar quaisquer melhoras no grupo de intervenção em comparação com controles (Baranowski & Hetherington, 2001; Martz & Bazzini, 1999; Martz, Graves, & Sturgis, 1997; McEvey & Davis, 2002). Com frequência, essa falha se deve à presença de melhoras tanto nos grupos de intervenção como nos de controle (Baranowski & Hetherington, 2001; McEvey & Davis, 2002).

Stice, Shaw e Marti (2007) realizaram uma metanálise de programas de prevenção de transtornos alimentares e verificaram que, embora mais da metade dos programas tivessem sucesso em reduzir fatores de risco de transtorno alimentar, menos de um terço mostrou eficácia em reduzir uma futura alimentação disfuncional. Programas seletivos foram mais bem-sucedidos do que programas universais, e programas focados em mulheres foram mais bem-sucedidos do que programas que incluíram tanto mulheres quanto homens. Por fim, programas que incluíram componentes interativos, como desafios de desempenho de papéis ao ideal de magreza dos pares, tinham maior probabilidade de alcançar reduções no risco, assim como aqueles que consistiam em mais de uma seção ou que incluíam participantes acima de 15 anos. Essas descobertas destacam os numerosos componentes da intervenção de Becker *et al.* (2008) que provavelmente contribuíram para o seu sucesso no geral.

Um fator que pode facilitar o sucesso de programas seletivos focados no gênero feminino com idade acima de 15 anos é que elas são justamente os indivíduos que ainda têm muitas preocupações com imagem corporal no início. Testes estatísticos são sensíveis a diferenças ou mudanças, e há mais espaço para que indivíduos que começam com elevadas preocupações a respeito de peso ou imagem corporal mostrem uma diminuição significativa nessas preocupações. Além disso, considerando que indivíduos com elevadas preocupações com o peso e a forma corporal têm maior risco de desenvolver transtornos alimentares, eles representam um grupo alvo de primeira escolha para esforços de reduzir o risco de transtorno alimentar. A seção a seguir revisa programas que adotam justamente essa abordagem.

Programas de prevenção indicados

Os programas de prevenção indicados são especificamente projetados para pessoas que já têm problemas com imagem corporal e alimentação. Os participantes costumam ser mulheres em idade de frequentar universidade, as quais relatam significativa perturbação de sua imagem corporal. Esses programas com frequência excluem indivíduos com AN ou BN, porque obviamente não é possível prevenir um evento que já se manifestou; entretanto, alguns participantes podem ser diagnosticados com OSFEDs (ver Capítulo 1). Dentre os programas de prevenção, portanto, os indicados são os que têm maior similaridade com tratamento, e vários desses programas incluem técnicas originalmente desenvolvidas em estudos de tratamento.

Celio *et al.* (2000) investigaram dois programas de prevenção indicados que têm como alvo mulheres, com base em suas distorções da imagem corporal. Universitárias que relataram altos níveis de insatisfação com seus corpos participaram de um ou outro desses dois programas, Student Bodies e Body Traps [Corpos de Estudantes e Armadilhas do Corpo], ou então na condição de controle em lista de espera. Mulheres com AN ou BN foram excluídas do estudo. O Student Bodies é um programa baseado na internet que combina psicoeducação com exercícios de terapia cognitivo-comportamental (um exemplo de como as prevenções podem incluir técnicas de tratamento). O Body Traps é uma intervenção em sala de aula com foco em psicoeducação.

Os designs básicos desses dois programas são:

Student Bodies

Três sessões presenciais (ao longo de um período de oito semanas).

Semanas 1 e 2: orientação sobre o programa.

Semana 6: discussão em grupo sobre insatisfação com a imagem corporal.

Leituras acadêmicas (um ou dois artigos por semana).

Reflexões por escrito reagindo a leituras acadêmicas (1-2 páginas).

Leituras on-line sobre imagem corporal, exercício, nutrição e transtornos alimentares; exercícios cognitivo-comportamentais.

Diário on-line sobre imagem corporal (pelo menos uma entrada por semana [sugerido]).
Mensagens em grupo de discussão (pelo menos duas mensagens por semana, uma delas em resposta a um membro do grupo).

Body Traps
Oito encontros de classe de duas horas (ao longo de um período de oito semanas).
Palestra ou palestrante convidado.
Discussão em grupo.
Leituras acadêmicas (um ou dois artigos por semana).
Reflexões por escrito reagindo a leituras acadêmicas (1-2 páginas).

Assim, em ambas as intervenções, os participantes são solicitados a completar leituras semanalmente, entregar um artigo semanal de reflexão e participar das discussões em grupo (que são on-line no Student Bodies). Ambos os programas cobrem quatro tópicos: transtornos alimentares, controle saudável do peso, nutrição e exercício, divididos em oito programas semanais: imagem corporal, transtornos alimentares, controle de peso, checagem de dieta, nutrição geral, análise de item de comida, exercício e diário.

As diferenças básicas entre os programas são que o Student Bodies é on-line e o Body Traps é em sala de aula, e o Student Bodies inclui exercícios cognitivo-comportamentais semanais (como observar mulheres reais em lugares públicos e compará-las a modelos de revistas), enquanto o Body Traps permanece psicoeducacional. Além disso, o Student Bodies incentiva a comunicação entre os participantes em discussões on-line em grupo. Celio *et al.* trabalharam com a hipótese de que ambos os programas reduziriam mais a insatisfação com o corpo e a alimentação disfuncional, em comparação com a condição de controle, e que essas melhoras seriam mantidas no acompanhamento.

Participantes do Student Bodies relataram menos preocupações com peso ou forma corporal no final do programa do que os controles, mas não foi verificada nenhuma diferença em relação aos controles nos participantes no Body Traps. Em um acompanhamento de seis meses, participantes do Student Bodies continuaram relatando menos preocupações com peso ou forma corporal, menos preocupação com comida e menor restrição dietária do que os controles. De novo, não foram encontradas diferenças entre controles e participantes no Body Traps (Celio *et al.*, 2000). Os resultados do Student Bodies são particularmente notáveis, porque as diferenças atribuíveis ao programa de prevenção foram mantidas no acompanhamento e incluíram uma medição do comportamento – restrição dietária. Estudos subsequentes com o programa Student Bodies replicaram as reduções nas preocupações com o peso e encontraram redução na medida global de alimentação disfuncional, a vontade de emagrecer e os sintomas de bulimia, em comparação com controles em lista de espera; além disso, as melhoras em relação a preocupações com o peso, alimentação disfuncional e vontade de emagrecer foram mantidas no acompanhamento aos 12 meses (C. B. Taylor *et al.*, 2006).

Em geral, os resultados de estudos de prevenção indicados têm sido promissores. Os participantes de programas de prevenção indicados relataram melhoras no conhecimento e nas atitudes após a intervenção (Celio *et al.*, 2000; Franko, 1998; Stice, Chase, Stormer, & Appel, 2001; Stice, Trost, & Chase, 2003; Winzelberg *et al.*, 1998; Zabinski *et al.*, 2001). Essas melhoras foram maiores do que as relatadas pelos controles e foram mantidas no acompanhamento (Franko, 1998; Taylor *et al.*, 2008; Winzelberg *et al.*, 1998). Além disso, como no Student Bodies (Celio *et al.*, 2000; Taylor *et al.*, 2006), há evidências de melhora no comportamento em relação aos controles no acompanhamento.

CONCLUSÃO

Quanto aos resultados, tanto os programas de prevenção indicados (Stice & Shaw, 2004) quanto os de prevenção seletivos (Stice *et al.*, 2007) produzem melhores efeitos que os programas universais. Essa diferença pode refletir a eficácia do tratamento mais do que a eficácia da prevenção. Rosenvinge e Borresen (1999) defendem que os resultados limitados dos programas universais refletem a limitada compreensão dos fatores que aumentam o risco de transtornos alimentares. Esse desafio pede mais pesquisa sobre os fatores de risco para transtornos alimentares, assim como a criação de programas que não dependam de alterar fatores de risco específicos com a sua influência.

Um segundo desafio ao trabalhar na prevenção de transtornos alimentares é que algumas melhoras vistas imediatamente após a intervenção se dissipam ao longo do curso do acompanhamento (Becker *et al.*, 2008; J. Pearson, Goldklang, & Striegel-Moore, 2002; Stewart *et al.*, 2001; Stice, Trost, & Chase., 2003; Taylor *et al.*, 2006; Withers *et al.*, 2002). A maior restrição no escopo de prevenção é o limitado tempo disponível para trabalhar com crianças. Como descrito, a duração dos programas tem sido bem limitada, com alguns programas fornecendo apenas três (Buddeberg-Fischer & Reed, 2001; Rocco, Ciano, & Balestrieri, 2001) ou cinco sessões (Baranowski & Hetherington, 2001; Paxton, 1996; Wade *et al.*, 2003). Na realidade, dois estudos de prevenção usaram um vídeo como intervenção (Moreno & Thelen, 1993; Withers *et al.*, 2002). Como as garotas relataram que assistiam a 3,2 horas de televisão por dia em um estudo (Tiggemann & Pickering, 1996), fica evidente que um vídeo de 22 minutos não produziria uma influência duradoura nas atitudes após um mês (Withers *et al.*, 2002), muito menos ao longo do período de risco para o desenvolvimento de um transtorno alimentar. Nesses programas, o número de sessões é associado à eficácia do programa (Stice & Shaw, 2004). Portanto, intervenções modestas, de duração limitada, produzirão mudanças modestas, de duração limitada. A solução é aumentar os recursos para a implementação de programas de prevenção.

Um terceiro desafio para o trabalho de prevenção vem de descobertas de melhoras similares em grupos experimentais e grupos controle (Baranowski & Hetherington, 2001; Stice, Trost, & Chase, 2003). Embora encontrar melhoras seja positivo, é difícil interpretar seu sentido quando não se encontram diferenças nos grupos. A melhora poderia refletir benefícios não específicos de incentivo a uma alimentação saudável. Ou refletir o fenômeno conhecido como *regressão à média*, quando se espera que indivíduos com escores mais extremos de uma medição de alimentação desordenada obtenham escores mais próximos da média quando retestados. Poderia refletir ainda que indivíduos com problemas melhoram simplesmente porque "o tempo cura todas as feridas". Alternativamente, a melhora de todos os participantes em um estudo de prevenção pode refletir um viés importante de autosseleção. Por exemplo, é provável que apenas indivíduos motivados a melhorar se apresentem como voluntários para estudos de programas de prevenção indicados, e essa motivação talvez responda pelas melhoras ao longo do tempo, independentemente de os participantes estarem no grupo de intervenção ou no controle.

Os programas de prevenção discutidos, e mesmo os paradigmas segundo os quais esses programas de prevenção são concebidos, tiveram um foco claro principalmente nos fatores socioculturais descritos no Capítulo 5 (imagens da mídia, imagem corporal e dieta) e feito uso de um contexto de pares para exercer influências sociais positivas no ambiente imediato. Programas de prevenção focam a menor extensão em alguns dos fatores gerais de risco descritos no Capítulo 4. Assim, uma maneira de pensar em prevenção *versus* tratamento é que a prevenção tende a focar os fatores sociais e em menor extensão em alguns fatores psicológicos, enquanto o tratamento abrange a gama inteira de fatores sociais, psicológicos e biológicos. A ênfase nos fatores sociais em programas de prevenção reflete o foco de saúde pública na prevenção como uma disciplina. Essa ênfase, porém, se apoia em duas premissas implícitas: a primeira, que os fatores sociais têm maior influência no desenvolvimento de transtornos alimentares, e a segunda, que os fatores sociais são os mais fáceis de mudar. Talvez outra razão para o sucesso limitado dos programas de prevenção até o momento seja a necessidade não atendida de avaliar criticamente essas premissas.

Uma mesa-redonda de especialistas reunidos pelo Instituto Nacional de Saúde Mental (NIMH) gerou as seguintes recomendações para melhorar os futuros programas de prevenção de transtornos alimentares:

1. Desenvolver definições comuns de sintomas, síndromes, fatores de risco e resultados para avaliar melhor os progressos em ensaios de epidemiologia e prevenção.

2. Incentivar a integração de pesquisa básica em ciência social às abordagens de prevenção.

3. Incentivar a pesquisa sobre os mecanismos neurais dos transtornos alimentares em nível animal. Fomentar nessa área as interações de disciplinas entre experimentalistas, clínicos e outros pesquisadores.

4. Desenvolver linhas gerais para avaliar o mérito científico das tentativas de prevenção de transtornos alimentares.

5. Desenvolver abordagens para avaliar e minimizar os efeitos iatrogênicos (por exemplo, quando se produzem os comportamentos desordenados que o programa tenta prevenir).

6. Incentivar pesquisa em biologia, traços de personalidade, família e grupos sociais, e em normas e valores sociais, pois influenciam o desenvolvimento de transtornos alimentares.

7. Aumentar a consciência de que transtornos alimentares são um problema de saúde pública e assegurar que os esforços de prevenção sejam realizados.

8. Adotar uma abordagem que considere o impacto desses transtornos na saúde pública.

Pearson *et al.*, 2002; p. 237-238
reimpresso com permissão da John Wiley & Sons, Inc.

Estas recomendações expandiriam os paradigmas de prevenção, fazendo-os abranger a gama completa de fatores etiológicos de risco de transtornos alimentares, desde a comunicação neuronal às construções culturais de gênero. Elas também refletem alguns dos impedimentos para desenvolver programas de prevenção eficazes, que vão desde déficits na compreensão das causas exatas dos transtornos alimentares à estigmatização social dos transtornos alimentares, encarando-os como problemas que as pessoas escolheriam ter (Crisp, Gelder, Rix, Meltzer, & Rowlands, 2000; Stewart, Keel, & Schiavo, 2006). Essas crenças baseadas em informações perniciosas reduzem o apoio à prevenção dos transtornos alimentares e precisam ser desbancadas para melhorar o sucesso desses esforços tão importantes.

TERMOS-CHAVE

Modelo de Empoderamento-Relacional
Modelo de Vias Específicas para Doenças
Modelo de Vulnerabilidade-Estresse Inespecífico
Paradigma de Prevenção de Doenças
Paradigma de Promoção da Saúde
Programa de prevenção indicado
Programa de prevenção seletivo
Programa de prevenção universal

CAPÍTULO 11

Curso a longo prazo e resultado

Este capítulo examina o curso a longo prazo e o resultado associados aos transtornos alimentares. **Resultado** se refere a quanto os pacientes estão indo bem a certa altura depois de terem sido examinados pela primeira vez (p. ex., qual porcentagem de pacientes se recuperou de seu transtorno alimentar). **Curso** se refere ao caminho que os pacientes tomaram desde quando foram vistos pela primeira vez até quando o resultado foi avaliado. Curso e resultado estão inter-relacionados, mas são coisas diferentes. Dois pacientes poderiam ter o mesmo resultado (p. ex., a recuperação), mas ter seguido cursos diferentes para chegar a ele.

Embora a pesquisa sobre curso a longo prazo e resultado seja em grande parte descritiva, ela tem potencial de melhorar o diagnóstico, a compreensão e o tratamento de transtornos alimentares. Diferenças no curso e no resultado dos transtornos alimentares podem revelar distinções válidas entre os transtornos (Kendell, 1989). Distinções precisas entre os transtornos em última instância ajudam a revelar suas etiologias. Por exemplo, são necessárias definições válidas para identificar genes que aumentam o risco de transtornos alimentares (ver Capítulo 8). Compreender tanto o curso natural da doença quanto seu curso após a intervenção também é essencial para avaliar se o tratamento funciona. Em razão das diferenças nas épocas em que transtornos alimentares específicos foram identificados pela primeira vez (o que varia de 1873 para a AN a 2005 para o transtorno purgativo), a disponibilidade de informações sobre seus resultados varia de modo significativo.

Este capítulo revisa e depois compara dados sobre o curso a longo prazo e os resultados de AN, BN e CAP. Além disso, mostra as descobertas preliminares sobre o resultado do transtorno purgativo. São cobertos os seguintes domínios de resultados: mortalidade, recuperação, recaída, *crossover* e fatores de prognóstico (p. ex., variáveis que fazem prever resultado).

ANOREXIA NERVOSA

Mortalidade

A anorexia nervosa tem sido associada a um dos maiores riscos de morte prematura entre os transtornos psiquiátricos (E. C. Harris & Barraclough, 1998). Cerca de 5% dos pacientes diagnosticados com AN morreram, segundo estudos de acompanhamento de resultados (Steinhausen, 2002; Sullivan, 1995). Para compreender o quanto o risco de morte é aumentado pela AN, os estudos usam uma taxa padronizada de mortalidade [*standardized mortality ratio*, SMR]. Trata-se da taxa do número de mortes observadas em um grupo específico (p. ex., pacientes com AN) em relação ao número de mortes esperado em uma população geral; valores significativamente maiores que 1,0 refletem um risco de morte elevado. As taxas padronizadas de mortalidade reportadas para AN têm variado de 4,4 a 12,0 (Franko *et al.*, 2013; Keel *et al.*, 2003; Löwe *et al.*, 2001; Patton, 1988). Uma recente metanálise de estudos que examinaram as taxas de mortalidade na AN estimaram que a SMR foi de 5,86 nesses estudos (Arcelus, Mitchell, Wales, & Nielsen, 2011). Um dos estudos observou uma elevada taxa de mortalidade em AN durante os primeiros dez anos do acompanhamento, com posterior diminuição (Franko *et al.*, 2013).

Além das mortes associadas às consequências físicas da inanição (Keel *et al.*, 2003), a AN é associada a um crescente risco de morte por suicídio. Um de cada cinco pacientes de AN comete suicídio (Arcelus *et al.*, 2011). Uma recente metanálise de suicídio em AN forneceu uma SMR de 31 (Preti, Rocchi, Sisti, Camboni, & Miotto, 2011), o que significa que indivíduos com AN tinham 31 vezes maior probabilidade de morrer por suicídio do que indivíduos de gênero, idade e condição socioeconômica correspondente. Um exame das maneiras pelas quais pacientes de AN cometeram suicídio mostrou o uso de métodos altamente letais, que teriam sido fatais qualquer que fosse a saúde física da pessoa (Holm-Denoma *et al.*, 2008).

Examinar a literatura sobre resultados sugere que as causas de morte na AN têm se afastado de fatores relacionados à inanição e se concentrado no suicídio. Essa mudança pode refletir várias tendências. Por exemplo, os critérios de diagnóstico para AN passaram de exigir, no DSM-III, uma perda de 25% do peso corporal anterior, ou de pesar 15% abaixo do esperado no DSM-III-R (similar ao limiar do DSM-IV), às atuais linhas gerais, que incluem indivíduos com um IMC inferior a 18,5 kg/m^2 no DSM-5. Refletindo essa mudança, dados epidemiológicos demonstraram que os pesos de pacientes que procuram tratamento para AN aumentaram ao longo do tempo (Eagles, Johnston, Hunter, Lobban, & Millar, 1995). Portanto, uma proporção menor de pacientes de AN pode estar agora em risco de morte por inanição. A mudança nas causas de morte pode também refletir que muitos pacientes agora recebem tratamento mais cedo no curso da doença. Por fim, podem ter ocorrido melhoras nas técnicas empregadas para realimentar pacientes subnutridos.

Entre os preditores de um resultado fatal em AN estão o peso baixo (Franko *et al.*, 2013; W. Herzog, Deter, Fiehn, & Petzold, 1997; Patton, 1988), o precário funcionamento psicossocial (Engel, Wittern, Hentze, & Meyer, 1989; Franko *et al.*, 2013; Keel *et al.*, 2003), a duração maior do acompanhamento (Keel *et al.*, 2003; Steinhausen, 2002) e a severidade dos transtornos por uso de bebida alcoólica (Franko *et al.*, 2013; Keel *et al.*, 2003). O baixo peso provavelmente contribui para a mortalidade em decorrência das severas consequências médicas da inanição (ver Capítulo 8). O precário funcionamento psicossocial pode contribuir para o risco de morte por suicídio. A maior duração do acompanhamento reflete provavelmente os cumulativos efeitos deletérios da inanição na morte física e mental. Os transtornos por uso de bebida alcoólica podem contribuir para o risco de suicídio, e o risco de morte por intoxicação alcoólica pode ser elevado em indivíduos com baixo peso e consumo excessivo de bebida alcoólica (Keel *et al.*, 2003). Dentre os fatores associados às tentativas de suicídio na AN estão comportamentos de purgação, depressão, abuso de substâncias e um histórico de abuso físico ou sexual (Franko & Keel, 2006).

Recuperação

A recuperação tende a ser um processo prolongado que leva vários anos para diversos pacientes com AN (D. B. Herzog *et al.*, 1999; Nilsson & Hägglöf, 2005; Steinhausen, 2002). Em acompanhamentos de 12 meses, apenas 9,1% dos pacientes foram encontrados em remissão (Milos, Spindler, Schnyder, & Fairburn, 2005). No entanto, em acompanhamentos de dois a cinco anos, a remissão da AN nos estudos é de cerca de 45% (Agras, Crow, Mitchell, Halmi, & Bryson, 2009; Clausen, 2008; Fichter & Quadflieg, 2007). Em acompanhamentos a longo prazo, cerca de 53% dos indivíduos de amostras baseadas em comunidades têm alcançado remissão (Wentz, Gillberg, Anckarsäter, Gillberg, & Råstam, 2009), enquanto as estimativas em amostras de quem busca tratamento se mostram mais elevadas, com cerca de dois terços dos indivíduos alcançando remissão (taxa calculada como média ponderada de 69% a partir dos resultados de Eisler, Simic, Russell, & Dare, 2007; Fichter, Quadflieg, & Hedlund, 2006; Halvorsen, Andersen, & Heyerdahl, 2004; Nilsson & Hagglof, 2005). Decompondo as taxas de recuperação ao longo de estudos, Steinhausen (2002) mostrou que cerca de 46% dos pacientes se recuperam, 33% melhoram, mas continuam sintomáticos, e 20% seguem cronicamente doentes.

Recaída

A **recaída** ocorre quando a pessoa alcançou a remissão de um transtorno e esse transtorno reaparece. Morgan e Russell (1975) afirmaram que 51% dos pacientes hospitalizados com AN exigiram reinternação ao longo do curso do acompanhamento. D. B. Herzog *et al.* (1999) reportaram que 40% das mulheres com AN que alcançaram plena recuperação tiveram recaída. Por fim, Strober, Freeman e Morrell (1997) afirmaram que cerca de 30% das mulheres que alcançaram recuperação de peso durante a hospitalização tiveram recaída após a alta, com taxas mais elevadas de recaída ao longo do acompanhamento entre as mulheres consideradas apenas parcialmente recuperadas (9,8%), em comparação com as plenamente recuperadas (0%). Os últimos dados indicam que, com uma definição mais rigorosa de recuperação (ou remissão), chega-se a riscos de recaída menores.

No geral, cerca de um terço das mulheres que alcançam uma recuperação do peso perdem peso mais tarde e têm recaída na AN. A continuidade das preocupações com peso e forma corporal eleva significativamente o risco de recaída (Keel, Dorer, Franko, Jackson, & Herzog, 2005). Um padrão comum entre pacientes de AN é experimentar uma melhora no peso (sinal de recuperação) em consequência do desenvolvimento de episódios de compulsão alimentar periódica – sinal de trespasse [*crossover*], discutido a seguir.

Crossover

O trespasse ou ***crossover*** é a transição de ter um transtorno alimentar e passar a ter outro. Portanto, como resultado, difere tanto da recuperação quanto da recaída. A maior parte das mulheres com ANR desenvolve sintomas de compulsão alimentar e purgação ao longo do tempo (Eddy *et al.*, 2002; Eddy *et al.*, 2008). Essa descoberta é consistente com a hipótese de que a restrição dietária aumenta a suscetibilidade à compulsão alimentar (Polivy & Herman, 1985). Se a compulsão alimentar e a purgação continuam com o peso baixo, então a pessoa sofre de ANBP. Se a compulsão alimentar resulta em ganho de peso e os comportamentos de compulsão alimentar-purgação continuam com o peso normal, então a pessoa trespassou de AN para BN. Entre 2% e 34% dos indivíduos com AN faz o *crossover* para outro diagnóstico de transtorno alimentar (Castellini *et al.*, 2011; Fichter & Quadflieg, 2007; Fichter *et al.*, 2006; Milos *et al.*, 2005; Nilsson & Hagglof, 2005).

O *crossover* de AN a BN é mais comum para pacientes inicialmente diagnosticados com ANBP (Eddy *et al.*, 2008) e mais comum em longas durações de acompanhamento (Agras *et al.*, 2009; Fichter & Quadflieg, 2007). Preditores adicionais de *crossover* de AN para BN incluem depressão unipolar, abuso de substâncias e ausência de um diagnóstico de Transtorno Obsessivo-Compulsivo (TOC) (Castellini *et al.*, 2011). A anorexia nervosa tem de 4 a 30 vezes maior probabilidade de permanecer estável do que de passar a um diagnóstico de BN (Agras *et al.*,

2009; Ben-Tovim *et al.*, 2001; Fichter & Quadflieg, 2007; Milos *et al.*, 2005). Nos estudos revisados para este livro, não foram observados casos de *crossover* de AN para CAP (Agras *et al.*, 2009; Castellini *et al.*, 2011; Fichter & Quadflieg, 2007).

Portanto, a AN de fato mostra algum *crossover* diagnóstico para BN, mas não para CAP. No entanto, a estabilidade é mais comum do que o *crossover* para AN, o que destaca a cronicidade desse transtorno.

Fatores de prognóstico

Fatores de **prognóstico** são aspectos que predizem a probabilidade de um curso ou de um resultado de um transtorno (também referidos às vezes como *prognose*). A Figura 11.1 mostra fatores de prognóstico de uma abrangente revisão de resultados em AN (Steinhausen, 2002). Embora nenhum fator de prognóstico tenha sido associado de maneira inequívoca a um resultado, algumas conclusões embrionárias podem ser extraídas do padrão das descobertas. Por exemplo, 13 estudos sugerem que uma idade mais tardia de manifestação de AN está associada a um prognóstico pior, e 14 estudos não sugerem nenhuma associação significativa. No entanto, apenas dois estudos sugerem que uma idade mais tardia de manifestação está associada a um prognóstico favorável. Da mesma maneira, 14 estudos sugerem que uma duração mais longa dos sintomas antes do tratamento está associada a um prognóstico pior em AN, e sete estudos sugerem que não há associação significativa. Não há estudos sugerindo que uma duração mais longa dos sintomas esteja associada a prognóstico favorável. Uma duração mais longa do tratamento e a necessidade de tratamento hospitalar também prenunciam pior resultado em AN (Keel & Brown, 2010).

Portanto, o peso da evidência sugere que uma idade posterior de manifestação, uma duração mais longa da doença antes do tratamento e a maior severidade dos sintomas estão associados a taxas mais baixas de recuperação. Essas descobertas podem indicar que uma idade mais precoce de manifestação seja prenúncio de melhor curso e resultado apenas se a demora em procurar tratamento for curta.

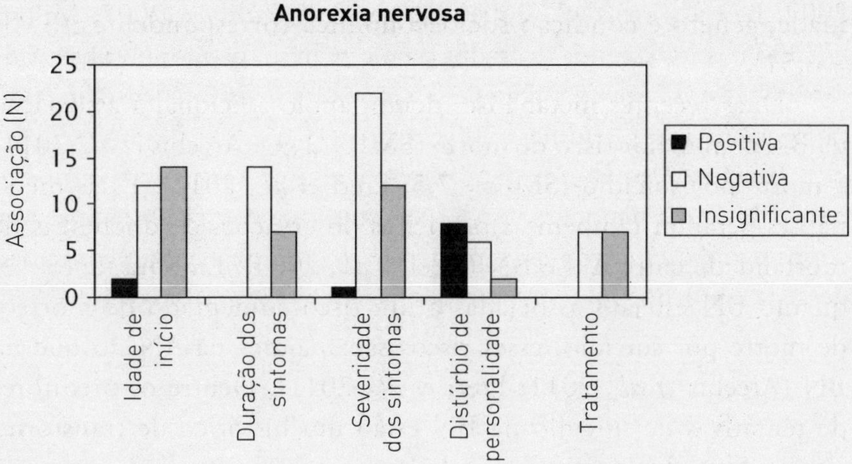

FIGURA 11.1 Indicadores prognósticos de um curso ou resultado favorável na AN.

Nota: Criado pela autora com informações de: Steinhausen, H. C. (2002). *The outcome of anorexia nervosa in the 20th century. American Journal of Psychiatry*, 159, 1284–1293.

BULIMIA NERVOSA

Mortalidade

Até recentemente, acreditava-se que a BN não estava associada a um aumento do risco de morte (Keel & Mitchell, 1997; Keel *et al.*, 2003), em nítido contraste com a AN. No entanto, Crow *et al.* (2009) estabeleceram que o risco de um resultado fatal era significativamente elevado na BN (SMR = 1,57), por meio de uma busca em registros de morte de 906 pacientes com o transtorno – o maior estudo de mortalidade para transtornos alimentares da literatura. A proporção de mortes observadas nessa amostra (3,9%) foi similar à observada em estudo subsequente (3,3%; Franko *et al.*, 2013); porém, o tamanho menor da amostra de 60 pacientes de BN neste último estudo reduziu sua capacidade de detectar se esse valor diferia significativamente do que seria esperado na ausência de BN. Além de estabelecer um risco aumentado de morte na BN, Crow *et al.* (2009) demonstraram um aumento específico do risco de morte por suicídio, verificando que pacientes com BN tinham probabilidade seis vezes maior de morrer por suicídio do que indivíduos de idade, gênero e condição socioeconômica correspondentes (SMR = 6,51).

Duas recentes metanálises deram apoio adicional à associação da BN com maior risco de morte (SMR = 1,93; Arcelus *et al.*, 2011) e morte por suicídio (SMR = 7,5; Preti *et al.*, 2011). Essas metanálises geraram também as primeiras observações de diferenças de mortalidade entre AN e BN (Keel *et al.*, 2003). Embora tanto AN quanto BN estejam associadas a um risco aumentado de morte e de morte por suicídio, esses riscos são maiores na AN do que na BN (Arcelus *et al.*, 2011; Preti *et al.*, 2011). Dentre os preditores de tentativas de suicídio na BN estão um histórico de transtorno por uso de substâncias, abuso de laxantes, sintomas de transtornos de personalidade do Cluster B e abuso sexual na infância (Favaro, Santonastaso, *et al.*, 2008; Franko *et al.*, 2004).

Recuperação

Estudos prospectivos longitudinais do curso da BN sugerem que a maioria dos pacientes se recupera de seu transtorno alimentar em algum ponto durante o acompanhamento (Keel & Brown, 2010). Combinando resultados de estudos com durações de acompanhamento de cerca de cinco anos, Keel e Mitchell (1997) reportaram que cerca de 50% dos indivíduos com BN se recuperam e mantêm sua recuperação, 30% se recuperam, mas mantêm síndromes parciais, e 20% continuam a atender plenamente a critérios para BN. Estudos de acompanhamento mais longos sugerem que cerca de 65%-70% dos pacientes de BN alcançam remissão (Fichter & Quadflieg, 2004; Grilo *et al.*, 2007; Keel, Gravener, Joiner, & Haedt, 2010; Keski-Rahkonen *et al.*, 2009), enquanto 10% seguem um curso crônico (Collings & King, 1994; Keel, Mitchell, Miller, Davis, & Crow, 1999; Steinhausen & Weber, 2009). Entretanto, à medida que a duração do acompanhamento aumenta, as mulheres passam a ter maior probabilidade de sofrer de um OSFED em vez de atender plenamente aos critérios para BN (Keel & Brown, 2010).

ESTUDO DE CASO: JEAN

Jean respondeu bem ao tratamento e estava livre de sintomas quatro meses após iniciar a terapia. Mas estava muito preocupada com uma recaída, pois sabia o quanto era fácil isso acontecer. Sua terapeuta incentivou-a a entrar num grupo de apoio para pacientes recuperados de transtornos alimentares. A terapeuta sentia que fazer parte de um grupo ajudaria Jean a apreciar o quanto havia progredido e lhe daria apoio quando sentisse pressão para fazer dieta ou perder peso. Uma das conquistas mais importantes da terapia foi ajudar Jean a reconhecer que estava com peso saudável sem fazer dieta. Além disso, a terapeuta de Jean a incentivou a revelar seus problemas com comida ao namorado, para que ele a apoiasse. Jean ficou no grupo de apoio cerca de oito meses. Fez duas boas amizades ali e continuou a socializar com seus membros. Na realidade, uma das pessoas do grupo foi madrinha de casamento de Jean. Ela viu que quanto mais velha ficava, menos se importava com seu peso e sua forma corporal. Isso foi particularmente verdadeiro depois que teve o primeiro filho. Estava preocupada com a possibilidade de ganhar muito peso na gravidez e que isso desencadeasse seu transtorno alimentar, mas não foi assim. Ela na verdade gostou da aparência de seu corpo durante a gravidez, e depois ficou ocupada demais com o bebê para se preocupar com peso. Além disso, Jean se comprometeu a dar um bom exemplo à filha, Eva. Queria que ela tivesse uma boa autoestima e aceitasse seu corpo do jeito que era. Voltada a essa meta, Jean finalmente confrontou a mãe quando ela comentou que Eva estava comendo demais. Disse à mãe que o apetite e o peso de Eva eram perfeitamente saudáveis e normais para uma mulher da sua idade e que comentários críticos daquele tipo não ajudavam nem eram bem-vindos. Dez anos após o tratamento, Jean continuava feliz no casamento com dois filhos e trabalhava como gerente de escritório. Ocasionalmente comia demais e se sentia gorda quando estava estressada. No entanto, seu transtorno alimentar não voltou.

Recaída

As taxas de recaída têm variado de 26% a 55% nos estudos de acompanhamento de BN (Fairburn *et al.*, 2000; Fichter & Quadflieg, 1997; D. B. Herzog *et al.*, 1999; Keel & Mitchell, 1997; Olmsted, Kaplan, & Rockert, 2005). De modo similar ao observado com a AN, definições mais rigorosas de recuperação estão associadas a taxas de recaída mais baixas (Field *et al.*, 1997; Olmsted, Kaplan, & Rockert, 1994, 2005). Esse padrão levanta a questão de se os estudos estão avaliando a recaída ou uma simples flutuação de sintomas. Ou seja, será que os pacientes estão de fato em remissão ou recaída ou seus níveis de sintomas estão apenas flutuando em torno de limiares diagnósticos? Apesar das consideráveis variações nas definições de remissão ou recuperação (Keel, Mitchell, Davis, Fieselman, & Crow, 2000), as taxas de recaída convergem em torno de 30% na maioria dos estudos (Keel & Brown, 2010; Keel & Mitchell, 1997). Preditores de recaída na BN incluem um precário funcionamento psicossocial e excesso de preocupação com peso e forma corporal (Keel, Dorer, *et al.*, 2005).

Crossover

Keel, Mitchell, Miller, Davis e Crow (2000) reportaram que, com o tempo, mulheres com BN tinham maior probabilidade de continuar a sofrer de BN do que de fazer o *crossover* para AN ou CAP. No entanto, verificou-se no acompanhamento a longo prazo que cerca de 10% das mulheres com BN haviam feito o trespasse para transtorno purgativo, caracterizado por purgação recorrente na ausência de episódios de compulsão alimentar com o peso normal. A probabilidade de sofrer de transtorno purgativo no acompanhamento a longo prazo não difere significativamente da de sofrer de BN. Além disso, as mulheres tinham probabilidade significativamente maior de sofrer de transtorno purgativo do que de CAP. Assim, quando o *crossover* ocorre na BN, com frequência é para transtorno purgativo.

Apoiando essas descobertas, outros estudos indicam que o padrão mais comum de *crossover* para BN é a migração para transtorno purgativo ou para uma forma subliminal de BN, com taxas de *crossover* variando de 1,2% a 26% (Castellini *et al.*, 2011; Fichter & Quadflieg, 2007; Milos *et al.*, 2005). Pode ser desafiador distinguir o *crossover* para uma síndrome parcial de BN de uma remissão parcial de BN; no decorrer de um curso de acompanhamento de sete anos, até 83% dos pacientes de BN atenderam a critérios para um OSFED que poderia também ser definido como remissão parcial de BN (Eddy *et al.*, 2008). *Crossover* de BN para AN ocorre em 1%-14% dos indivíduos (Ben-Tovim *et al.*, 2001; Castellini *et al.*, 2011; Eddy *et al.*, 2008; Keel, Dorer, *et al.*, 2005; Keel, Mitchell, Miller, *et al.*, 2000; Milos *et al.*, 2005). A maioria dessa migração é de BN para ANBP, e é raro ocorrer o *crossover* de BN para ANR (Eddy *et al.*, 2008). No entanto, a BN é sete a dez vezes mais provável de permanecer estável do que de fazer o *crossover* para AN (Agras *et al.*, 2009; Ben-Tovim *et al.*, 2001; Fichter & Quadflieg, 2007). Apesar do sintoma compartilhado de compulsão alimentar, o *crossover* de BN para CAP parece ser relativamente incomum, variando de 0,7% a 19% nos estudos (Bogh, Rokkedal, & Valbak, 2005; Fichter & Quadflieg, 2004, 2007; Keel, Mitchell, Miller, *et al.*, 2000; Stice, Marti, Shaw, & Jaconis, 2009). Na realidade, em um estudo (Fichter & Quadflieg, 2007), a BN teve 49 vezes maior probabilidade de permanecer estável do que de fazer o *crossover* para CAP.

Portanto, embora a BN mostre algum *crossover*, a estabilidade diagnóstica é mais comum do que o *crossover* tanto para CAP quanto para AN.

Fatores de prognóstico

A Figura 11.2 apresenta fatores de prognóstico atualizados de uma abrangente revisão de resultados em BN (Keel & Mitchell, 1997). Poucos fatores de prognóstico foram replicados nesses estudos (Steinhausen & Weber, 2009). De modo similar ao padrão observado para AN, seis estudos mostraram que a duração maior de sintomas antes da apresentação estava associada a um mau prognóstico na BN, e três estudos não encontraram associação significativa. Entretanto, nenhum estudo mostrou que uma duração mais longa dos sintomas estivesse associada a um prognóstico favorável. Igualmente, seis estudos sugerem que distúrbios de personalidade estavam associadas a um mau prognóstico, quatro estudos não encontraram associação significativa e nenhum estudo reportou que o distúrbio de personalidade estivesse associado a um resultado favorável. Portanto, esses resultados indicam que tanto a duração maior da doença antes do tratamento quanto o distúrbio de personalidade podem diminuir a probabilidade de uma reação positiva ao tratamento.

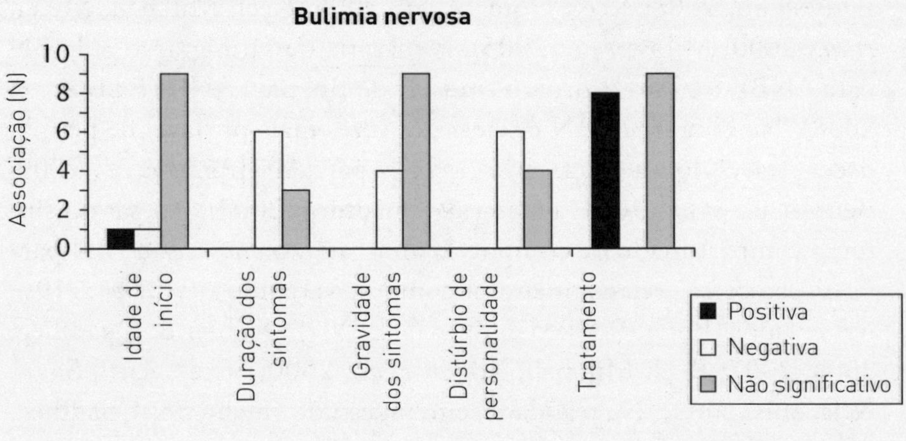

FIGURA 11.2 Indicadores prognósticos de um curso ou resultado favorável em BN.

Nota: Criado pela autora com informações de: Keel, P. K., & Mitchell, J. E. (1997). *Outcome in bulimia nervosa*. *American Journal of Psychiatry*, 154, 313–321.

No geral, o tratamento parece melhorar ou não ter qualquer impacto no resultado da BN. Keel e Mitchell (1997) verificaram que estudos com uma duração menor do acompanhamento tendiam a encontrar um efeito favorável do tratamento no resultado, ao passo que estudos de duração mais longa de acompanhamento tendiam a não achar associação significativa entre tratamento e resultado. Poucos estudos avaliaram o impacto a longo prazo do tratamento na recuperação em BN. Em acompanhamentos de cinco a nove anos, Fairburn *et al.* (1995) verificaram que tanto a terapia cognitivo-comportamental quanto a terapia interpessoal estavam associadas a um melhor resultado do que a terapia comportamental. No entanto, a maioria dos demais autores não encontraram um impacto do tratamento no resultado de longo prazo em BN (Keel & Brown, 2010).

Como conciliar a eficácia do tratamento a curto prazo da terapia cognitivo-comportamental e medicações antidepressivas para BN (Peterson & Mitchell, 1999) com o quadro bastante sombrio de seu impacto de longo prazo (Keel *et al.*, 1999)? A chave pode estar em avaliar o curso a longo prazo em vez do *resultado* a longo prazo. Se o resultado representa o destino final, então o curso representa o caminho trilhado até esse destino. Dois padrões de curso poderiam explicar os diferentes quadros do impacto do tratamento propiciados pelos estudos de resultados de curto e longo prazo. Primeiramente, as taxas maiores de recaída ao longo do tempo em mulheres que reagiram ao tratamento poderiam reduzir a eficácia de longo prazo de intervenção de início bem-sucedidas (ver Figura 11.3). Em segundo lugar, a eventual recuperação entre mulheres que *não* receberam tratamento (ou o melhor tratamento) poderia obscurecer os atuais benefícios do tratamento (ver Figura 11.4), de modo que o tratamento talvez tivesse acelerado a recuperação sem mostrar um impacto no resultado a longo prazo (Keel, Mitchell, Davis, & Crow, 2002). Dados apoiam esta última explicação. Miller *et al.* (2004) relataram que mulheres que receberam terapia cognitivo-comportamental alcançaram recuperação mais cedo e a mantiveram por mais tempo do que mulheres que receberam apenas medicação antidepressiva ou não receberam tratamento. Além disso, as taxas de recaída não diferiram entre as condições de tratamento.

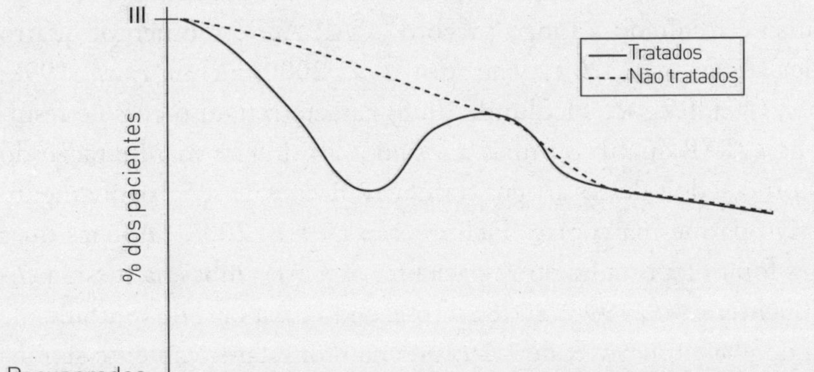

FIGURA 11.3 Maiores taxas de recaída em um grupo que recebeu tratamento explicam a falta de efeito de tratamento em acompanhamento a longo prazo.

CAPÍTULO 11

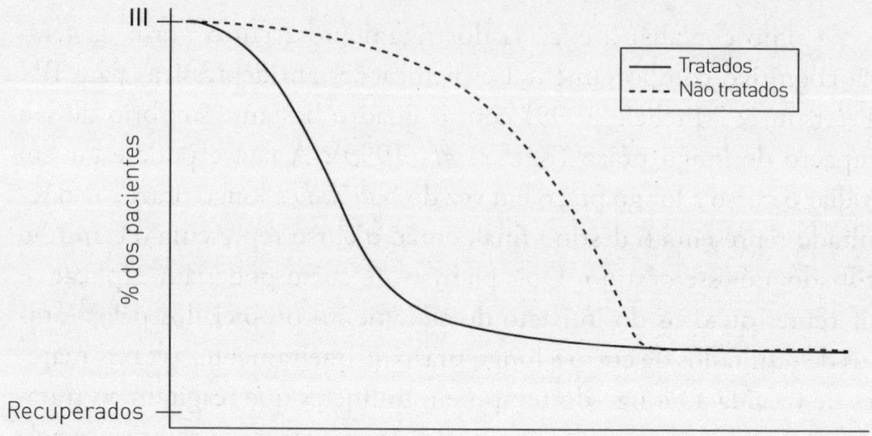

FIGURA 11.4 Eventual recuperação em um grupo não tratado explica o efeito da falta de tratamento em acompanhamento a longo prazo.

COMPULSÃO ALIMENTAR PERIÓDICA

Desde a inclusão da CAP no DSM-IV (Associação Americana de Psiquiatria, 1994), foi publicada uma série de estudos de tratamento do transtorno, e vários deles têm oferecido dados de acompanhamento a curto e médio prazo (Agras, Telch, Arnow, Eldredge, & Marnell, 1997; Cachelin *et al.*, 1999; Ciano, Rocco, Angarano, Biasin, & Balestrieri, 2002; Devlin, Goldfein, Carino, & Wolk, 2000; Peterson *et al.*, 2001; Ricca *et al.*, 2001). No entanto, há menor conhecimento a respeito do curso e resultado a longo prazo da CAP. Até o momento, quatro estudos (Agras *et al.*, 2009; Fairburn *et al.*, 2000; Fichter *et al.*, 1998; Fichter, Quadflieg, & Hedlund, 2008) caracterizaram o curso e resultado para CAP quatro ou mais anos após a primeira manifestação do transtorno, e dois desses artigos trazem avaliações de acompanhamento sucessivo da mesma coorte (Fichter *et al.*, 1998, 2008). Apenas duas mortes foram reportadas entre pacientes de CAP, ambas na mesma coorte (Fichter *et al.*, 1998, 2008), fornecendo uma taxa de mortalidade bruta de 3% e um SMR de 2,29 (que não foi estatisticamente significativa em razão do reduzido tamanho da amostra). Uma metanálise do risco de suicídio em transtornos alimentares não encontrou registros de suicídio em pacientes com CAP (Preti *et al.*, 2011).

Em um acompanhamento de quatro anos, Agras *et al.* (2009) verificaram que 82% dos indivíduos diagnosticados com CAP alcançaram remissão, ou seja, uma probabilidade de remissão mais alta do que na AN (57%) ou na BN (47%). Da mesma forma, em um acompanhamento de cinco anos, Fairburn *et al.* (2000) verificaram que 82% dos pacientes de CAP haviam melhorado ou se recuperado. Em contraste com essas descobertas, Fichter *et al.* (1998) registraram remissão em 57,4% dos pacientes tratados para CAP em acompanhamento de seis anos, e esse número aumentou apenas para 67% no acompanhamento de 12 anos – bem similar à remissão observada para BN no mesmo intervalo (Fichter *et al.*, 2008). Fairburn *et al.* (2000) mostraram que a recaída ocorreu em 4% a 10% dos indivíduos recuperados de CAP ao longo de vários pontos de acompanhamento. Como preditores de recaída foram apontados o fato de ser do sexo masculino e de relatar maior frequência de perda de controle na ingestão ao comer uma quantidade normal de comida (Castellini *et al.*, 2011).

ESTUDO DE CASO: JAMIE

Apesar de relutar um pouco em se juntar a um grupo que consistia, majoritariamente, em mulheres (ver Capítulo 3), Jamie passou a frequentar o grupo das segundas-feiras à noite, como seu conselheiro lhe sugeriu, assim que terminasse a temporada de futebol, visto que realizava jogos nesse dia. O grupo utilizava um guia de autoajuda para eliminar a compulsão alimentar. Quando o grupo discutiu os disparadores de episódios de compulsão alimentar periódica, Jamie se surpreendeu ao ver várias de suas experiências refletidas nas de outros membros do grupo. Também achou útil conhecer quais abordagens haviam funcionado ou falhado com os demais. Com o passar das semanas, viu que conseguia contribuir com mais exemplos de abordagens que havia obtido nas discussões de soluções de problemas e que era capaz de identificar alternativas à compulsão alimentar. Por exemplo, quando o tempo começou a ficar mais quente, iniciou um grupo de caminhadas com duas mulheres do grupo. Caminhar representou uma abordagem alternativa para lidar com o estresse, e ele gostou do clima de camaradagem que se instalava ao passar um tempo com outras pessoas, trabalhando em prol de um objetivo comum. Percebeu que sua mudança ao parar de jogar esportes coletivos e se dedicar a jogos de computador o havia privado de um importante elemento de socialização, que ele sentia como algo que fazia emergir o que ele tinha de melhor. Além disso, tanto no grupo de segunda-feira à noite quanto no grupo de caminhadas, que acabou crescendo para oito pessoas – algumas da vizinhança de Jamie, outras do grupo de segunda à noite –, a habilidade natural de liderança de Jamie foi valorizada e ele se sentia aceito, embora seu peso ainda permanecesse muito alto. Após 12 semanas, Jamie estava completamente livre de episódios de compulsão alimentar periódica e se sentia melhor a respeito de si mesmo como havia muitos anos não se sentia.

Embora a maioria dos indivíduos com CAP se recupere, alguns fazem o *crossover* para outro transtorno alimentar. O padrão mais comum de *crossover* é para uma forma subliminal de CAP, com taxas variando de 3% a 18% nos estudos (Fairburn *et al.*, 2000; Fichter & Quadflieg, 2007), ou para BN, com taxas variando de 3% a 15% (Castellini *et al.*, 2011; Fairburn *et al.*, 2000; Fichter & Quadflieg, 2007). Esse padrão sugere que a probabilidade de remissão parcial é similar à probabilidade de progressão para mais sintomas. De fato, Fichter e Quadflieg (2007) verificaram que sua amostra tinha maior probabilidade de fazer o *crossover* para BN do que continuar a atender aos critérios para CAP. Nenhum dos estudos de acompanhamento de CAP reportou *crossover* para AN (Castellini *et al.*, 2011; Fairburn *et al.*, 2000; Fichter & Quadflieg, 2007).

Entre os preditores de um pior resultado em CAP estão ter mais problemas interpessoais (Hilbert *et al.*, 2007), histórico de abuso sexual e presença de outros transtornos mentais (Fichter *et al.*, 2008). No entanto, não foram replicados preditores de resultado nos estudos, e não há dados em CAP apoiando o impacto de longo prazo do tratamento no resultado (Keel & Brown, 2010).

TRANSTORNO PURGATIVO

Além do reconhecimento recente do transtorno purgativo como uma síndrome distinta (Keel, Haedt, & Edler, 2005) e de sua ainda mais recente inclusão no DSM-5 como uma forma nomeada de OSFED (Associação Americana de Psiquiatria, 2013), dados de resultado apoiam a importância clínica desse transtorno em termos de cronicidade e mortalidade. Koch, Quadflieg e Fichter (2014) realizaram um acompanhamento de nove anos de 225 pacientes diagnosticados com transtorno purgativo entre 1999 e 2005.

Como o transtorno purgativo ainda não havia sido reconhecido no início desse período, Koch *et al.* aplicaram retrospectivamente os critérios de pesquisa diagnóstica de Keel e Striegel-Moore (2009) para transtorno purgativo aos dados de registros médicos de pacientes. No geral, 5% dos pacientes haviam morrido ao longo do acompanhamento, representando um aumento significativo do risco de morte prematura (SMR = 3,9). Em uma comparação de mortalidade entre os diversos transtornos alimentares, Koch, Quadflieg e Fichter (2013) verificaram um risco significativamente maior de morte no transtorno purgativo do que na BN e nenhuma diferença significativa entre transtorno purgativo e AN.

Um acompanhamento prospectivo de seis meses, baseado em comunidade, de 23 mulheres com transtorno purgativo (Keel, Haedt, & Edler, 2005), verificou que 13% alcançaram remissão parcial ou plena. Em resultados combinados de dois estudos longitudinais baseados em escola (Allen, Byrne, Oddy, & Crosby, 2013; Stice *et al.*, 2009), cerca de 75% dos indivíduos com transtorno purgativo alcançaram remissão num acompanhamento de extensão intermediária (menos de cinco anos). No entanto, estudos que examinaram o status da doença mais de cinco anos após sua manifestação sugerem menores taxas de recuperação, com menos da metade dos indivíduos com transtorno purgativo alcançando remissão (Allen *et al.*, 2013; Koch *et al.*, 2013). Os dados de Koch *et al.* (2013) indicaram que o transtorno purgativo tem resultado mais favorável do que a AN.

Sabe-se pouco a respeito da recaída no transtorno purgativo; no entanto, um estudo longitudinal com adolescentes (Stice *et al.*, 2009) indicou uma probabilidade mais baixa de recaída para o transtorno purgativo (5%) do que para BN ou CAP (41% e 33%, respectivamente). Porém, o transtorno purgativo tinha maior probabilidade de manifestação tardia (durante o último ano da observação) do que os outros transtornos no estudo, minimizando a oportunidade de observar recaídas após a remissão. Portanto, é necessário conduzir pesquisa adicional para extrair conclusões mais definitivas.

ESTUDO DE CASO: VALERIE

Depois que foi hospitalizada por sua tentativa de suicídio, as sessões de terapia de Valerie focaram basicamente seus sentimentos de desespero e sua crença de que os outros ficariam melhor sem ela em suas vidas. Valerie foi tomada pelo sentimento de ser um fardo para os outros, principalmente para a irmã dela, que durante a hospitalização de Valerie tivera de faltar ao trabalho. O máximo que a terapeuta conseguiu nas sessões foi obter de Valerie a promessa de que não voltaria a tentar se matar sem antes ligar ou procurar ajuda de alguém; gastou-se pouco tempo focando em seus comportamentos de purgação. À medida que a primavera se aproximava, o humor de Valerie pareceu melhorar, e ela se mostrava mais focada nas sessões. Sua terapeuta sugeriu que talvez elas pudessem voltar ao seu trabalho de reduzir a purgação. Valerie concordou com a terapeuta que, se conseguisse parar com a purgação, se sentiria uma pessoa melhor, e que o uso repetido da indução de vômito e de laxantes parecia uma maneira de punir o próprio corpo por existir. No entanto, a terapeuta recebeu um e-mail enquanto estava numa conferência sobre transtornos alimentares nos Estados Unidos. Valerie estava morta. Segundo a autópsia, estava dirigindo sob influência de bebida alcoólica e bateu o carro. Não ficou claro se foi um acidente ou algo deliberado. A ausência de marcas de derrapagem sugeria que Valerie não freara o carro para tentar evitar a batida, mas seu nível de álcool no sangue era tão elevado, que não se esclareceu se estava consciente ou não na hora do acidente.

O trágico fim de Valerie é similar ao de muitos pacientes com transtornos alimentares que morrem por suicídio, assim como de outros indivíduos que cometem esse ato. Segundo a teoria interpessoal do suicídio (Joiner, 2005; Van Orden *et al.*, 2010), indivíduos que têm altos níveis de desesperança, que sentem intensamente ser um fardo para os outros e que chegaram à possibilidade de cometer suicídio por uma série de experiências desafiadoras e dolorosas estão no risco mais elevado de agir a partir de pensamentos de pôr fim à própria vida. Dentre os transtornos alimentares, a purgação é um fator de risco para tentativas de suicídio, apoiando o conceito de que indivíduos que se envolvem em repetidos atos de autoflagelação, seja por meio de purgação, seja cortando-se ou por outros meios, vão aos poucos tornando mais transponível a barreira que os impedia de cometer o ato final de autoflagelação.

COMPARAÇÃO ENTRE OS TRANSTORNOS ALIMENTARES DO DSM-5

Anorexia nervosa e bulimia nervosa

Tanto em alguns estudos isolados quanto na avaliação conjunta de vários estudos, a AN é associada a um significativo aumento do risco de morte prematura, em comparação com a BN ou a CAP. As tentativas de suicídio são mais comuns na AN do que na BN (Franko *et al.*, 2004). Nos estudos específicos, a AN também tem sido associada a taxas mais baixas de recuperação que a BN.

As taxas de recaída para AN e BN são similares, mas o relacionamento entre recaída e cronicidade provavelmente difere entre os transtornos. Como uma alta porcentagem de mulheres com BN se recupera em algum ponto do acompanhamento, o curso crônico do transtorno parece ser caracterizado por um padrão de remissão e recaída. A menor porcentagem de mulheres que se recuperam de AN significa que seu curso crônico é marcado por uma presença mais estável de sintomas. Essa diferença pode refletir a natureza dos aspectos principais dessas síndromes. Na AN, o sintoma principal é a ausência de um comportamento: o de comer. Na BN, os sintomas principais são dois comportamentos: a compulsão alimentar e a purgação. Assim, para desenvolver AN, um indivíduo deve evitar consistentemente comer. Em contraste, uma mulher pode desenvolver BN ao ter comportamentos relativamente normais de alimentação que são interrompidos por episódios de ingestão anormal.

Também os padrões de *crossover* diferem acentuadamente entre AN e BN. Cerca de 10% a 50% das mulheres com AN fazem o *crossover* para BN, e cerca de 30% das mulheres com BN reportam um histórico prévio de AN. Inversamente, o *crossover* de BN para AN é relativamente raro. Esse padrão provavelmente reflete consequências dos aspectos principais de cada transtorno. A intensa restrição alimentar e a perda de peso provavelmente aumentam o risco de desenvolver episódios de compulsão alimentar periódica. Em contrapartida, grandes episódios de compulsão alimentar periódica provavelmente protegem contra a perda de peso. Na realidade, comparações de subtipos de AN sugerem que o envolvimento em compulsão alimentar e purgação é associado a um peso maior.

AN e BN parecem ter diferentes indicadores de prognóstico. Essa diferença, porém, é provavelmente uma função da diferença no número e nas dimensões dos estudos de resultado entre os dois transtornos. Uma idade precoce de manifestação foi associada a um prognóstico melhor de AN, mas não foi associada ao prognóstico em BN. Atualmente, os tratamentos mais efetivos para AN envolvem intervenções na família (ver Capítulo 9). Elas têm maior probabilidade de se mostrar úteis no caso de adolescentes jovens que vivem com os pais. Assim, sabe-se pouco a respeito do tratamento efetivo de pacientes mais velhos com AN. Em contraste, a BN costuma se desenvolver durante o fim da adolescência e em jovens adultos. Tratamentos bem-sucedidos incluem a terapia cognitivo-comportamental e a medicação antidepressiva, que provavelmente funcionam bem na faixa de desenvolvimento que vai do final da adolescência à meia-idade.

Duração maior dos sintomas prevê um resultado pior tanto para AN quanto para BN. A severidade dos sintomas parece estar associada ao prognóstico de AN, mas não de BN. Essa diferença pode refletir o fato de a cronicidade em AN estar associada a um curso estável, enquanto a cronicidade na BN é associada a uma considerável flutuação dos sintomas. Uma única medida de severidade de sintomas na BN seria então um indicador não confiável, limitando sua capacidade de prever resultado de BN. Em contraste com isso, a duração geral da doença captura a extensão de tempo em que um paciente tem ficado à mercê de um transtorno alimentar, independentemente das flutuações de curso.

Distúrbios de personalidade foram associados a um pior prognóstico tanto para AN quanto para BN. No entanto, a natureza dos distúrbios de personalidade relevantes difere entre os dois transtornos. Traços da personalidade obsessiva-compulsiva foram associados a um pior prognóstico na AN (Steinhausen, 2002). Inversamente, traços de personalidade borderline e uma acentuada impulsividade foram associados a um pior prognóstico em BN (Keel & Brown, 2010; Keel & Mitchell, 1997). Essas descobertas provavelmente refletem diferenças nos sintomas principais desses transtornos. A anorexia nervosa é marcada pela rígida adesão à restrição dietética, e a BN, por recorrente perda de controle em relação à comida. Como descrito, essas diferenças são também refletidas nos cursos da doença entre aqueles indivíduos que permanecem cronicamente doentes.

O impacto do tratamento no resultado do transtorno difere entre AN e BN. Embora o tratamento não tenha sido significativamente associado a resultado a longo prazo na BN (Keel & Brown, 2010; Keel *et al.*, 1999), foi associado a um curso diferencial (Miller *et al.*, 2004). Especificamente, tratamentos que demonstraram eficácia para BN parecem acelerar a recuperação. Na AN, poucos tratamentos estão associados a resultado a longo prazo. Há evidência de que uma duração mais longa do tratamento hospitalar está associada a um pior resultado em AN (Steinhausen, 2002). Essa associação provavelmente reflete o efeito de uma maior severidade do transtorno no uso do tratamento (Keel, Dorer, *et al.*, 2002). Um estudo constatou que o tratamento baseado na família era superior ao tratamento individual para AN em acompanhamento de cinco anos (ver Capítulo 9). Estudos controlados de novos tratamentos foram iniciados para AN, mas é preciso mais tempo para avaliar o impacto a longo prazo desses tratamentos no curso e no resultado da AN.

Bulimia nervosa e compulsão alimentar periódica

Em contraste com a BN, o risco de um resultado fatal na CAP pode não ser elevado. No entanto, a obesidade na CAP pode contribuir para maior mortalidade com a crescente duração do acompanhamento. Comparação entre a recuperação na BN e na CAP tem produzido resultados inconsistentes. Fairburn *et al.* (2000) verificaram que as taxas de recuperação eram maiores para CAP do que para BN, mas Fichter *et al.* (1998, 2008) não encontraram diferenças no resultado. Essa discrepância talvez seja reflexo de como os investigadores recrutaram os participantes. Fairburn *et al.* estudaram mulheres recrutadas da comunidade, enquanto Fichter *et al.* recrutaram participantes de um programa de tratamento hospitalar. Pode-se argumentar que mulheres que recebem tratamento hospitalar para CAP provavelmente têm uma doença mais severa do que as mulheres com CAP na comunidade. Portanto, fatores de seleção que levam pacientes a buscar tratamento hospitalar podem explicar a maior similaridade de resultados entre BN e CAP no estudo de Fichter *et al.* A compulsão alimentar periódica mostra maior probabilidade de *crossover* para BN do que de permanecer estável, enquanto a BN tem probabilidade significativamente maior de permanecer estável do que de passar a CAP. Não foi observado *crossover* entre AN e CAP.

Numa visão geral, os estudos de resultado e de curso dos transtornos alimentares sugerem que esses transtornos podem residir num processo contínuo de severidade, com a AN representando uma expressão particularmente severa de patologia alimentar, a BN correspondendo a uma severidade intermediária, mas altamente variável, e a CAP aparecendo como o transtorno menos severo em termos de cronicidade e mortalidade. No entanto, as conclusões a respeito da severidade ou cronicidade da CAP são embrionárias, em razão dos poucos dados sobre seu resultado para um prazo intermediário e longo.

CONCLUSÃO

Como observado no início deste capítulo, dispor de dados sobre o curso e o resultado a longo prazo poderia melhorar o diagnóstico, a compreensão e o tratamento de transtornos alimentares. Dados sobre curso e resultado apoiam a validade preditiva de fazer distinções entre AN, BN e CAP e formam a base para o grupo de trabalho do DSM-5 sobre transtornos alimentares fazer a identificação deles como transtornos alimentares distintos. Esses transtornos parecem associados a diferentes taxas de mortalidade, recuperação e *crossover*, assim como a distintos conjuntos de indicadores prognósticos (incluindo diferentes respostas ao tratamento).

O número de estudos que têm avaliado o resultado a longo prazo da CAP é menor do que o dos estudos relacionados a AN e BN, e há menos estudos ainda examinando o histórico natural da CAP em acompanhamentos de longo prazo. Na realidade, quase todos os estudos longitudinais de transtornos alimentares se baseiam em amostras de quem procurou tratamento, apesar de a maioria das mulheres com transtornos alimentares não procurar se tratar (ver Capítulo 9). Usar amostras de quem procura tratamento introduz viés nos resultados do estudo. Por exemplo, estudos de acompanhamento baseados em amostras de quem procura tratamento podem apresentar descrições mais extremas dos resultados do que seriam obtidas com amostras baseadas na comunidade. Por outro lado, o tratamento pode aumentar a taxa de recuperação (Fairburn *et al.*, 1995) ou reduzir o tempo de recuperação (Keel, Mitchell, Davis, & Crow, 2002; Miller *et al.*, 2004).

Fatores associados à manutenção dos sintomas do transtorno alimentar podem desempenhar um papel no início dos transtornos alimentares. Evidências de que traços de personalidade obsessivo-compulsiva estão associados a prognóstico de AN, enquanto traços de impulsividade e borderline estão associados a prognóstico de BN, indicam uma oportunidade de descobrir fatores de risco que podem ser específicos de cada transtorno. Uma melhor compreensão da etiologia dos transtornos alimentares mantém a promessa de que é possível melhorar sua prevenção. Além disso, a melhor compreensão dos fatores que mantêm a doença é crucial para o desenvolvimento de tratamentos eficazes.

TERMOS-CHAVE

Crossover
Curso
Prognóstico
Recaída
Resultado
Taxa padronizada de mortalidade

CAPÍTULO 12
Conclusão

Transtornos alimentares são uma forma grave de psicopatologia. Estão associados a grande sofrimento, comprometem o funcionamento vital e criam risco médico significativo. Entre as várias formas de transtornos mentais no DSM-5 (Associação Americana de Psiquiatria, 2013) e no CID 10 (Organização Mundial da Saúde, 1998), poucas demonstram essa mesma influência clara da cultura na prevalência e apresentação dos sintomas. No entanto, os transtornos alimentares não estão restritos à moderna cultura ocidental. Da mesma forma, poucos transtornos mostram a desequilibrada proporção de gênero como os transtornos alimentares. Mesmo assim, os transtornos alimentares são se restringem às mulheres. Os padrões epidemiológicos fornecem alguns indícios da etiologia desses transtornos sem explicar totalmente por que um indivíduo desenvolve um transtorno alimentar e outros não. Além disso, transtornos alimentares representam um fascinante exemplo de fatores sociais, psicológicos e biológicos conspirando para produzir um tipo específico de doença mental. Este capítulo resume as informações apresentadas neste livro no contexto das informações originalmente apresentadas nos estudos de caso e faz um breve exame dos debates atuais na área. O capítulo termina com um exame das potenciais direções para futuros esforços de pesquisa.

ESTUDOS DE CASO REVISITADOS

Antes de abordar como os estudos de caso se relacionam com o nível de conhecimento sobre os transtornos alimentares, vale a pena lembrar como foram descritos inicialmente neste livro. Ler agora uma segunda vez esses estudos de caso, no final do livro, é uma oportunidade de perceber detalhes e exemplos que reforçam o material apresentado nos Capítulos 3 a 11 que podem ter passado despercebidos numa primeira leitura.

Emily, um caso de anorexia nervosa

Emily, uma aluna de 19 anos do segundo ano de uma grande universidade estadual, declarou sem rodeios que havia sido "obrigada a aceitar tratamento" pela instituição em que estudava. Emily deixou claro seu ressentimento com a interferência da universidade em sua vida privada, pois tinha notas muito boas em todas as matérias e afirmou que estava evidentemente muito bem. Não via razão para entrar em nenhum tipo de terapia ou tratamento. Medindo 1 metro e 77 centímetros e pesando 49 quilos e meio, Emily tinha um IMC de 15,7 kg/m^2, bem abaixo do quinto percentil para alguém da mesma idade e em uma faixa severa para um adulto com AN. As colegas de faculdade de Emily estavam muito preocupadas, pois ela teve que ser levada ao pronto-socorro após sofrer um desmaio no refeitório. Quando questionada sobre o incidente, Emily disse que havia perdido a noção da hora, que não havia comido o dia inteiro e ficara meio zonza depois de uma corrida à tarde. Mas Emily garantiu que isso era algo bem incomum e que sempre fazia um lanchinho e comia algo bem energético antes de se exercitar. Emily disse que sempre levava alguma comida com ela, por causa de sua tendência a ficar hipoglicêmica; e disse ainda que comia o tempo todo, contrariando o que as pessoas achavam.

Quando lhe perguntaram o que comia durante o dia, disse comer cereais ao acordar e fazer vários lanches de manhã, além de comer mais uma salada no almoço, outros lanchinhos à tarde e depois jantar bem. Quando pediram mais detalhes, Emily contou que comia um pacote de aveia com água mineral no café da manhã, no quarto dela. Os lanches consistiam em talinhos de aipo, pedacinhos de cenoura ou goma de mascar sem açúcar. O almoço era uma travessa "imensa" de salada de verduras sem tempero, que ela pegava do bufê de saladas do refeitório. O jantar era a única refeição que variava de um dia para outro.

Emily às vezes comia um peito de frango sem pele, com meia batata cozida e algum legume. Ocasionalmente, comia meia tigela pequena de macarrão com molho de tomate e legumes, também do bufê de saladas do refeitório. Nos dias em que o refeitório não servia nada do que ela gostava, comia duas fatias de pão com queijo cottage espalhado sobre cada fatia e alguns tomates por cima – ela associava isso a uma pizza –, junto com uma grande salada. Com base nesse relato, a média de ingestão calórica diária de Emily foi estimada em menos de 500 quilocalorias (kcal). Em comparação, as necessidades diárias médias de energia para uma mulher da mesma idade ficariam entre 1.500 e 1.800 kcal, dependendo do nível de atividade diário.

Emily disse que não comia carne vermelha porque não gostava da ideia de comer animais fofinhos e peludos. Na realidade, ela não fazia questão de carne como grupo de alimentos, mas procurava sempre incluir proteína em sua dieta, para desenvolver os músculos. Emily achava importante desenvolver os músculos porque, segundo ela, travava uma luta constante com um corpo "assimétrico". Ela descreveu a si mesma como tendo uma silhueta "clássica de pera", com ombros e braços magros demais, como palitos, e quadris, coxas e glúteos mais arredondados. Para melhorar sua definição muscular, exercitava-se rigorosamente, correndo toda tarde entre as aulas e o jantar. Aos fins de semana, acrescentava um treino com pesos. Ela havia lido que o metabolismo ficava mais intenso não só durante o exercício como depois dele, e sentia que esse padrão aumentava a probabilidade de que a comida fornecesse combustível ao corpo dela em vez de ficar armazenada como gordura. Emily tinha muito medo de ficar gorda.

As preocupações de Emily com o peso começaram na escola secundária. Sempre alta para a idade dela, Emily sentia-se uma "amazona" depois que entrou na puberdade, porque era mais alta do que as demais colegas, e inclusive do que os meninos do time de futebol. Num esforço para se encaixar, começou a fazer dieta e perder peso. A mãe atribuía a mudança de peso à perda de "gordura de bebê", e os amigos elogiavam o autocontrole dela. Emily uma vez foi abordada num shopping, e perguntaram se já havia pensado em ser modelo; deram-lhe um cartão de uma agência de modelos. Ela ficou lisonjeada com isso, mas não foi atrás dessa oportunidade, porque sua vontade era ir para uma boa universidade, cursar direito e talvez prestar concurso para juíza. Achava que uma carreira de modelo seria desperdiçar seu intelecto, pois o setor fazia as pessoas se concentrarem em coisas superficiais, como a aparência.

Jean, um caso de bulimia nervosa

Jean era uma secretária de 27 anos que vivia com o namorado, com quem se relacionava há dois anos. Media 1 metro e 62 centímetros e pesava 62 quilos e meio. Jean veio para o tratamento quando viu retornarem os problemas alimentares que achava que tivessem cessado na faculdade. Ali Jean experimentou episódios de compulsão alimentar periódica e costumava autoinduzir o vômito. Ela ficou um bom tempo tentando esconder esses comportamentos de suas colegas de quarto e da família, quando voltava para casa nas férias. No entanto, suas colegas a confrontaram após um episódio particularmente sério, quando ela foi quatro vezes ao banheiro vomitar num espaço de duas horas.

O tratamento permitiu que Jean parasse de recorrer regularmente à compulsão alimentar e à purgação. Jean continuou tenho deslizes ocasionais – quando sentia que tinha comido demais e purgava para evitar ganho de peso. Mas isso ficou mais raro, e às vezes Jean evitava vomitar depois de "ter comido demais". Há cerca de um ano e meio, ela percebeu que estava ganhando peso e não cabia mais no mesmo número de calça jeans que vinha usando desde a escola secundária. Ela não conseguiu se convencer que precisava comprar um número maior de jeans, porque não se sentia bem consigo a não ser que coubesse num tamanho específico. Decidiu fazer dieta e ir à academia com maior frequência. De início, a nova rotina de exercício funcionou, e Jean perdeu uns três quilos. Pesando 56 quilos, se sentia muito bem e tinha maior probabilidade de sair com amigos, flertar e ganhar atenção dos homens.

No entanto, quando ela e o namorado foram morar juntos, teve dificuldades em resistir à vontade de comer as comidas tentadoras que ele guardava na cozinha. Quando vivia sozinha, Jean nunca tinha cookies, sorvete ou batatas chips em casa, porque eram as coisas que costumavam disparar os episódios de compulsão alimentar periódica. Agora essas comidas estavam sempre à mão. De início, ela simplesmente resistia a comê-las, já que não faziam parte de sua dieta. Mas uma noite, enquanto o namorado estava fora com amigos, comeu um saquinho inteiro de batatas chips e acabou com um pacote de cookies e com três quartos de um pote de sorvete. Desgostosa com ela mesma e triste por ter comido tanto, induziu o vômito. Depois, foi até o mercadinho para repor a comida. Para esconder que havia comprado comida nova, Jean descartou no lixo um pouco do novo suprimento de sorvete e cookies para que as novas embalagens se parecessem com as anteriores. Jean prometeu a si mesma não comer mais essas "comidas perigosas" e tentou se convencer de que aquilo havia sido apenas um deslize. Mas na semana seguinte, quando ficou de novo sozinha no apartamento, aconteceu a mesma coisa. Ela recorria à compulsão alimentar e à purgação ao ficar sozinha, quando o impulso era irresistível.

Agora Jean tinha episódios de compulsão alimentar e purgação várias vezes por semana, e às vezes saía mais cedo do trabalho para chegar em casa e poder comer e purgar antes que o namorado voltasse. Jean ganhou de novo o peso que havia perdido e descobriu que agora pesava mais do que antes da dieta. Redobrou então seus esforços de dieta e passou a recorrer ao vômito autoinduzido, para contrabalançar os efeitos dos episódios de compulsão alimentar. Jean induzia o vômito mesmo quando ingeria quantidades normais de comida, pois achava necessário comer o mínimo possível para se livrar do peso indesejado. Ficou chateada consigo. À medida que o peso de Jean aumentava, sentia-se inútil e ficava revoltada.

Jamie, um caso de compulsão alimentar periódica

Jamie definia seu problema de maneira simples: "Eu como demais. Para algumas pessoas, o problema é a bebida alcoólica; para outras, a cocaína. Pra mim, é a comida". Isso sempre fora verdade. Mesmo quando Jamie era uma criança pequena, já comia de uma tacada só um pacote inteiro de biscoitos Twinkies [bolinhos de pão de ló recheados com creme]. Quando a escola secundária promoveu a atividade de preparar e vender pães e doces na escola, a mãe de Jamie preparou uma torta de cerejas. Era a sobremesa favorita de Jamie, e ele a consumiu inteira antes do início da atividade daquele dia. Quando a professora perguntou pela sobremesa, Jamie mentiu para esconder a glutonaria. Houve várias situações desse tipo na sua infância – episódios de comer uma travessa inteira de alguma comida em vez de apenas se servir de uma porção. No entanto, como Jamie era alto e atlético, esse apetite desmesurado costumava ser mais fonte de orgulho do que de embaraço. Na verdade, todos nas equipes de esportes comiam muito, portanto a maior parte do tempo Jamie não via isso como algo incomum. Ele só percebeu que tinha algum problema alimentar quando terminou a faculdade e começaram as entrevistas de emprego. Foi a primeira vez que Jamie precisou comprar um terno, e então viu que não cabia nos tamanhos oferecidos por uma loja de departamentos normal. Ficou constrangido ao ter que ir a uma loja de tamanhos especiais.

Aos 35 anos, pesava 163 quilos, apesar de ter feito várias dietas e de participar de vários programas de redução de peso. Jamie com frequência conseguia perder algum peso nesses programas; a maior perda havia sido de 23 quilos, quando ele passou de 127 para 104 quilos. No entanto, todas as outras vezes o peso havia sido recuperado – e ultrapassado. Jamie negava que comia mesmo sem ter fome, mas admitia que comia até se sentir desconfortavelmente empanturrado. Achava que isso era porque, ao sentir fome ou quando se tratava de suas comidas preferida, a ingestão ocorria num ritmo do tipo "o máximo de comida e o mais rápido possível". Jamie dizia que era como se fosse "viciado em comida", não havia como parar até que toda a comida tivesse sido consumida. Por exemplo, comia três "combos" do restaurante de fast-food local, no carro, voltando do trabalho para casa. Comer sozinho no carro, Jamie declarou, era "o máximo", porque "Eu posso simplesmente desligar". Os episódios eram seguidos por uma terrível sensação de culpa, pois Jamie sabia que comer aquele excesso de *junk food* contribuía para o problema do peso – além de poder acarretar problemas cardíacos. Mas não gostava de saladas, verduras ou frutas, por serem suaves demais, sem graça. "Eu queria sentir pela fast-food o que sinto pelas saladas, porque então seria como um palito." Ao reconhecer a existência de um problema alimentar, que ocorria todo dia – com frequência, o dia inteiro –, Jamie quis saber se existia alguma medicação que o fizesse perder peso ou tornasse mais fácil não comer. Com base em todos os anúncios de TV para tais produtos, Jamie sentiu que era um forte candidato a tomar medicação.

Valerie, um caso de transtorno de purgação

Valerie não tinha certeza se sofria de um transtorno alimentar "de verdade". Nunca se identificava com as histórias das revistas sobre atrizes esqueléticas que morriam de medo de engordar ou com filmes de TV sobre adolescentes desesperadas que pareciam ter vidas perfeitas, mas secretamente se empanturravam de comida para atenuar seus sentimentos e vomitavam tudo em seguida para aliviar sua dor emocional. Valerie sabia que o que ela fazia não era "normal" e compreendia que talvez fosse perigoso – o sangue em seu vômito a preocupava –, mas não tinha certeza se sofria de algum "transtorno alimentar." O momento em que ela teve a "sacada" foi quando um link sobre "transtorno purgativo" chamou sua atenção enquanto ela procurava informações na internet sobre vomitar sangue. Ao ler o artigo associado ao conteúdo e ver um vídeo curto, Valerie percebeu que correspondia ao que ela vinha fazendo nos últimos oito anos. Começou então a vasculhar a internet procurando mais informações, e acabou achando o endereço de e-mail da pessoa que protagonizava o vídeo e escreveu uma mensagem – que combinava a confirmação de que o transtorno era real com um pedido de ajuda. Valerie hesitou, não tinha certeza se realmente queria ver o nome dela associado ao que vinha fazendo, nem se a pessoa do vídeo chegaria a ler ou responder à mensagem. Por fim, clicou em "Enviar", cansada daqueles oito anos tentando convencer a si mesma de que se ninguém notara ou perguntara a respeito do vômito isso não devia ser nada importante.

Essa foi a mensagem que Valerie enviou:

> Acabei de encontrar um artigo sobre transtorno purgativo e quis saber se você precisa de alguém para a sua pesquisa. Acho que estou tendo esse transtorno há vários anos. Tive um episódio grave de mononucleose na escola secundária e perdi mais de 4 quilos durante a doença. Não quis recuperar o peso. Então, tentei continuar

ingerindo apenas o que ingeria quando fiquei doente – sopa de macarrão com frango, bolachas de água e sal e água. Isso funcionou por um tempo, mas aí meus pais ficaram preocupados achando que havia algo errado, então passei a tentar comer normalmente quando estava perto deles, para que não se preocupassem. Lembro da primeira refeição de que me livrei – era a torta *shepard* da minha mãe [empadão de carne moída com purê de batata]. Fiquei muito enjoada depois disso, como se tivesse comido a travessa inteira. Sentia-me inchada e enjoada, e com a sensação de que depois de conseguir passar semanas à base apenas de sopa de macarrão e frango e bolachas de água e sal, tinha posto tudo a perder com apenas uma refeição. Então fui ao banheiro, tranquei a porta, liguei o chuveiro e vomitei na privada até que meu estômago pareceu ficar totalmente vazio e limpo. Senti-me aliviada e no controle de novo. Eu não vomito toda vez que como. Às vezes como e me sinto bem. Outras vezes preciso me livrar até mesmo de uma quantidade pequena de comida. Mas nunca tenho grandes compulsões alimentares, e nunca me obriguei a passar fome, nem fiquei magra demais. Estou o mais magra que já fui, e todo mundo diz que estou com boa aparência e que não devia me preocupar com meu peso. Claro que as pessoas não têm ideia do que faço para não ganhar peso. O que me assusta mais é pensar que se eu comer normalmente e não recorrer à purgação, vou ficar de fato gorda. Mas também me assusta pensar que nunca serei capaz de comer normalmente, e não sei quando vou parar com isso. Espero que você possa me dizer o que fazer.

George, um caso de síndrome do comer noturno

George inicialmente buscou ajuda em uma clínica do sono por ter dificuldades para dormir. Roncava tão forte, que não podia mais dormir na mesma cama que a esposa. Descreveu que dormia metade da noite no sofá, passava a outra metade acordado, e no dia seguinte estava exausto. Resultados dos testes do sono indicaram que sofria de apneia, provavelmente agravada pelo peso: aos 45 anos, George media 1 metro e 80 centímetros e pesava 118 quilos. Ele passou a usar uma máscara especial que garantia suficiente fluxo de oxigênio enquanto dormia. Além disso, o médico de George explicou o quanto uma perda de peso, mesmo modesta, e uma atividade física regular poderiam melhorar sua qualidade de vida e de sono. George sentia que os problemas de sono contribuíam para os problemas de peso, porque muitas vezes, ao acordar no meio da noite, comia alguma coisa para ajudar a pegar no sono. Uma vez saciada a fome, deitava-se no sofá diante da TV e às vezes adormecia. Na manhã seguinte, não sentia a menor fome.

O médico quis saber mais sobre os padrões de alimentação de George. George contou que geralmente pulava o café da manhã, a fim de dormir o máximo possível antes de ir trabalhar, e, se acordasse tarde para o trabalho, pulava também o almoço para compensar o tempo. George começava a sentir fome no meio da tarde. Portanto, estava sempre faminto na hora do jantar e costumava fazer então uma boa refeição. Brincava dizendo que era como se o corpo dele estivesse no turno da noite. Na maioria das noites, fazia uma segunda ou terceira refeição de madrugada, quando os demais moradores da casa dormiam. Comia sobras do jantar, rematava-as com uma tigela de cereais e, se ainda tivesse fome, comia ovos mexidos com torradas. Na mente de George, fazer isso era como tomar o café da manhã antes de dormir, pois de manhã cedo não sentiria fome.

Depois de ouvir George descrever seu padrão de alimentação, o médico sugeriu que consultasse um especialista na clínica de transtornos alimentares do hospital. George não acreditou muito, pois não se identificava com uma daquelas adolescentes abaixo do peso. O médico, porém, explicou que seus colegas estavam estudando uma condição chamada síndrome do comer noturno e que talvez isso ajudasse a encontrar uma maneira de readequar a alimentação de George a um esquema de horário mais adequado, ao mesmo tempo que a equipe da clínica do sono o ajudaria a voltar a dormir a noite inteira.

CONHECIMENTO ATUAL E DEBATES EM CURSO

O DSM-5 (Associação Americana de Psiquiatria, 2013) reconheceu formalmente três transtornos alimentares: AN (exemplificada por Emily), BN (exemplificada por Jean) e CAP (exemplificada por Jamie).

No entanto, a maioria dos indivíduos que sofre de transtornos alimentares não se encaixa em nenhuma dessas três categorias. Eles seriam diagnosticados com OSFED ou um tipo de transtorno alimentar não especificado. Os estudos muitas vezes restringem a inclusão a indivíduos que atendam às definições-padrão para um transtorno alimentar, a fim de aumentar a confiabilidade e a probabilidade de replicar os resultados. À medida que os OSFEDs e os transtornos alimentares não especificados forem representando diagnósticos subliminares que existem num processo contínuo com AN, BN e CAP, as causas, consequências e o tratamento efetivo desses outros transtornos poderão ser adequadamente abordados pela pesquisa sobre transtornos alimentares definidos.

Portanto, um debate dentro da área de transtornos alimentares é se esses transtornos existem num processo contínuo ou se representam entidades de categorização distinta. Os que defendem o ponto de vista de um processo contínuo apontam similaridades entre indivíduos que são vulneráveis a desenvolver transtornos alimentares, sobreposição de sintomas entre os transtornos e alto *crossover* longitudinal entre os transtornos alimentares. Tanto Emily quanto Jean têm medo de ganhar peso e se envolvem em restrições dietárias, e tanto Jean quanto Jamie experimentam impulsos incontroláveis de compulsão alimentar. Emily está abaixo do peso, Jean tem peso normal e Jamie tem sobrepeso. De diversas maneiras, esses casos de fato parecem existir num processo contínuo de atitudes e comportamentos de alimentação desordenada.

Esta visão dimensional dos transtornos alimentares é uma premissa central da proposta chamada Critérios de Pesquisa por Domínio [Research Domain Criteria], apresentada pelo Instituto Nacional de Saúde Mental [National Institute of Mental Health] (Cuthbert & Insel, 2013), que foi vista no Capítulo 1. Em vez de partir de categorias de doenças mentais, a abordagem RDoC começa com construtos essenciais que descrevem diferenças individuais entre normalidade e extremos patológicos, em domínios relevantes para compreender a psicopatologia (ver Quadro 1.1 no Capítulo 1). Em vez de mapear sintomas em diagnósticos de AN, BN ou CAP, a abordagem RDoC busca compreender traços comportamentais que atravessam fronteiras diagnósticas, como a compulsão alimentar, ao explorar quais são os genes, circuitos neurais, neuroquímicos, hormônios, comportamentos e as experiências autorreportadas que se juntam para produzir o traço em questão. O trabalho em meu próprio laboratório, por exemplo, tem focado a explicação de que a compulsão alimentar surge de uma impulso hiperativo de comer (abordagem com alta motivação) e de saciedade subativa (reatividade de longo prazo à recompensa). Essa abordagem incentiva pesquisadores a formularem questões mais amplas, aplicáveis a um grande número de indivíduos que sofrem de transtornos alimentares e que identifiquem quais processos neurobiológicos contribuem para a patologia. A esperança, em última instância, é que compreendendo os processos básicos que levam aos sintomas será possível desenvolver tratamentos.

Há evidência também de descontinuidade entre AN, BN e CAP, e essa evidência indica a necessidade de se ter cautela em pressupor continuidade entre esses transtornos e as OSFEDs. Por exemplo, AN, BN e CAP mostram diferentes padrões históricos e culturais, sugerindo que provavelmente têm distintos traços etiológicos. Além disso, cada síndrome é associada a aberrações biológicas específicas. Considerando que diferentes fatores contribuem para AN, BN e CAP, esses transtornos não existem num processo contínuo. Além disso, a BN responde a tratamento com terapia cognitivo-comportamental, terapia interpessoal e medicação antidepressiva, enquanto a AN não, e a terapia cognitivo-comportamental é um tratamento superior para BN, mas não é claramente melhor do que tratamentos alternativos para CAP. Por fim, AN, BN e CAP estão associadas a diferentes cursos e resultados.

As implicações desse debate sobre visões de processo contínuo *versus* visão de categorização são de longo alcance. Boa parte da pesquisa sobre fatores de risco e prevenção, assim como estudos análogos experimentais, examinam atitudes e comportamentos alimentares desordenados, em vez de transtornos alimentares específicos. A extensão em que os dados de estudos que comparam pontuadores altos e baixos em medições contínuas de restrição dietária ou de sintomas de bulimia são relevantes para compreender AN e BN pode ser limitada pela extensão em que o modelo de processo contínuo dos transtornos alimentares seja válido. Para lidar com a presença de síndromes não capturadas pelos critérios diagnósticos para AN, BN ou CAP, o DSM-5 introduziu exemplos que são elencados nos OSFEDs, incluindo o transtorno purgativo (exemplificado por Valerie) e a síndrome do comer noturno (exemplificada por George). Esse desenvolvimento abre caminho para estudos que examinem se essas síndromes residem num processo contínuo com transtornos alimentares existentes ou se representam entidades distintas.

O Capítulo 2 explorou os limites dos transtornos alimentares ao descrever condições que estão intimamente relacionadas aos transtornos alimentares, mas que não são realmente transtornos alimentares. Existe uma clara sobreposição entre os traços de transtornos de ingestão e obesidade e os observados em transtornos alimentares. Por exemplo, tanto ARFID [transtorno de ingestão de alimentos evitativo/restritivo] quanto AN são caracterizados por restrição na ingestão de comida. No entanto, a AN requer a presença de perturbação com a imagem corporal, enquanto a ARFID requer a ausência de perturbação com a imagem corporal. A obesidade é comum entre indivíduos com CAP, e foi verificado que a compulsão alimentar contribui para o ganho de peso. No entanto, nem todos os indivíduos com CAP têm sobrepeso (Keel *et al.*, 2011), e a maioria dos obesos não tem CAP. Os estudos de caso no Capítulo 2 exemplificam diferenças-chave entre transtornos de ingestão e transtornos alimentares quanto ao gênero dos que sofrem deles e à idade de manifestação, e também destacam a extensão em que a obesidade é uma condição física que surge de comportamentos que são relativamente lugares-comuns, em vez de decorrer de processos patológicos subjacentes a transtornos mentais. Não obstante, é necessária mais pesquisa para compreender os transtornos de ingestão e sua sobreposição com os transtornos alimentares. Trabalhos futuros podem revelar que um subgrupo de indivíduos com ARFID representa um fenótipo precoce de AN. Colocar os transtornos de ingestão no mesmo capítulo que os transtornos alimentares no DSM-5 pode facilitar o trabalho de examinar a continuidade entre eles.

O Capítulo 3 examinou o estereótipo segundo o qual transtornos alimentares afetam predominantemente garotas brancas. Este capítulo revelou que os transtornos alimentares não poupam nenhum grupo demográfico e podem ocorrer em homens e em indivíduos dentro de uma ampla gama de grupos étnicos e raciais. Jean é uma mulher coreana-americana que experimentou forte pressão de sua mãe, nascida na Coreia, para perder peso. Assim, os transtornos alimentares não se restringem a indivíduos brancos, nem a culturas ocidentais. Embora os transtornos alimentares sejam mais comuns em mulheres do que em homens, esses transtornos podem passar sem serem detectados em homens quando não se conformam às tipologias apresentadas por mulheres. Jamie e George são afligidos por seu peso, mas não devem ser encarados como tendo transtorno de imagem corporal, porque a preocupação deles parece ser apropriada em razão dos riscos à saúde associados à obesidade. Um diagnóstico de CAP não pressupõe um transtorno de imagem corporal, o que pode explicar por que esse transtorno tem uma distribuição de gênero com menor viés do que o observado em outros transtornos alimentares. Se ficasse decidido que a perturbação da imagem corporal era aspecto central de todos os transtornos alimentares, isso poderia fazer decrescer o número de indivíduos diagnosticados com CAP e, particularmente, fazer decrescer o número de homens diagnosticados com CAP.

No campo dos transtornos alimentares, debate-se se os critérios de diagnóstico deveriam ser expandidos para se tornarem mais inclusivos e mais representativos da população com problemas alimentares. Os defensores da expansão dos critérios notam que tendemos a tratar aquilo que definimos. Portanto, as definições que excluem certas porções da população do diagnóstico também as excluem de tratamento. Outros defendem uma abordagem mais parcimoniosa na definição dos transtornos alimentares, que resulte no menor número possível de categorias. A alegação é de que há riscos inerentes em patologizar comportamentos que não representem um transtorno real. Há considerável debate, por exemplo, em torno da introdução da CAP como transtorno alimentar oficial no DSM-5. As pessoas que se opõem a isso destacam que o sintoma se sobrepõe entre a depressão e a CAP, aos altos níveis de depressão nos pacientes de CAP, às similares distribuições de gênero da depressão e da CAP, e ao fato de que a CAP responde a muitos tratamentos com eficácia comprovada no tratamento da depressão. Eles questionam se seria em última instância mais útil ou mais prejudicial atribuir um diagnóstico de CAP a uma pessoa obesa já diagnosticada com depressão. Diante dessas preocupações, é importante considerar que os critérios diagnósticos não refletem simplesmente quem sofre de transtornos alimentares, mas podem ativamente criar diferenças de gênero e de etnia na distribuição desses transtornos. Uma consequência de decidir que a CAP não é um transtorno alimentar seria uma drástica redução na representação de homens e mulheres negros entre indivíduos diagnosticados com um transtorno alimentar. E certamente o reconhecimento da dismorfia muscular como um transtorno alimentar em vez de uma forma de transtorno corporal dismórfico aumentaria a prevalência de homens na categoria de transtorno alimentar.

O Capítulo 3 também revisou descobertas sugerindo que o transtorno de imagem corporal pode ser um aspecto mais central na BN do que na AN. Essa diferença não é aparente nos casos de Emily e Jean. Em ambas as mulheres, o transtorno de imagem corporal parece ser o que motiva a alimentação desequilibrada ou irregular. No entanto, os transtornos podem diferir na extensão em que as preocupações com a imagem corporal representam uma *causa versus* uma *interpretação* da alimentação desequilibrada ou irregular. Assim, outro debate significativo no campo dos transtornos alimentares é se a fobia ao peso representa ou não um aspecto central da AN. Em resposta a esse debate, o DSM-5 eliminou a exigência de que indivíduos relatem explicitamente ter medo de ganhar peso ou de ficarem gordos, e em vez disso manteve como um indicador do cenário o fato de se engajarem em comportamentos para impedir ganho de peso. Essa mudança tem gerado controvérsias (Brown, Holland, & Keel, 2014; Thomas, Vartanian, & Brownell, 2009). Os que propõem a visão de que as preocupações com o peso são um aspecto central da AN destacam que a crescente incidência de AN tem coincidido com a crescente idealização da magreza e com o papel que as preocupações com o peso desempenham na restrição de comida inicial de muitos pacientes e na continuada recusa a comer. Além disso, estudos nos Estados Unidos e no Canadá sugerem que indivíduos com AN que não tenham intenso medo de engordar simplesmente parecem indivíduos com uma versão menos severa de AN na manifestação e no acompanhamento (Thomas *et al.*, 2009). Como essas observações sugerem que preocupações com o peso estão associadas ao resultado de maneiras clinicamente significativas, elas apoiam a inclusão desse sintoma na definição de AN.

Este debate é quase impossível de resolver pela avaliação de indivíduos nas modernas culturas ocidentais. Na cultura ocidental, as preocupações com o peso representam um sintoma significativo de AN. Ou seja, quando o paciente expressa terror a respeito de ganhar peso, isso reflete a intensidade do seu transtorno – mesmo que as suas preocupações com o peso representem uma interpretação da autoinanição mais do que a sua verdadeira causa. Portanto, níveis variados de preocupação com o peso são análogos a níveis variados de estar abaixo do peso: ambos representam diferentes níveis de severidade do sintoma. Como estudos de resultados sugerem que a severidade do sintoma está associada a resultado em AN, seria surpreendente se mulheres com preocupações mais severas com o peso não experimentassem piores resultados do que mulheres com preocupações menos severas. Uma comparação mais válida pode ser feita em culturas não ocidentais, que oferecem explicações alternativas para a autoinanição. O que pode ser expresso como terror de ganhar peso em um contexto pode ser expresso como terror de se sentir doente em outro. A intensidade da expressão – isto é, se é terror ou apenas desconforto – pode ser similar, mesmo que o foco no medo difira entre os contextos culturais. Em culturas não ocidentais, não foram verificadas diferenças na severidade entre pacientes de AN com e sem preocupações com o peso, sugerindo que as preocupações com o peso podem não ser um aspecto central do transtorno. Não obstante, em uma cultura com disseminada idealização da magreza e depreciação da "condição" de gordo, há indivíduos que de fato desenvolvem AN em razão dessas mensagens. A questão então permanece: quantos deles poderiam ter desenvolvido AN sem essas mensagens?

O Capítulo 4 revisou métodos para examinar fatores de risco para transtornos alimentares, incluindo estudos transversais de correlatos de transtornos, estudos longitudinais, estudos experimentais e estudos de fenômenos naturais. As limitações de cada método foram também discutidas. Por exemplo, a dieta parece ser um correlato comum dos transtornos alimentares em todos os nossos estudos de caso. Esse padrão sugere que a dieta pode servir como fator de risco para transtornos alimentares. No entanto, a dieta parece ser uma resposta à obesidade tanto para Jamie quanto para George, ilustrando por que razão correlações não provam causalidade.

Provavelmente um dos debates mais acalorados no campo dos transtornos alimentares é se a dieta representa um fator de risco para transtornos alimentares ou uma intervenção importante ou segura para a prevenção da obesidade. Os que defendem a dieta notam que a obesidade está aumentando nos Estados Unidos, especialmente em certas subpopulações. Como consequência, algumas doenças relacionadas ao peso estão igualmente crescendo. Por exemplo, a diabetes tipo 2 está crescendo entre adolescentes como consequência do aumento das taxas de obesidade. Assim, a partir de uma perspectiva de saúde pública, a perda de peso parece ser uma meta importante para muitos adolescentes. Entretanto, para alguns, no campo dos transtornos alimentares, a ênfase não deveria ser nas dietas de perda de peso, mas em uma alimentação saudável e na atividade física. Esses indivíduos acreditam que focar um valor numérico, como o IMC, incentiva atitudes que levam a transtornos alimentares, e argumentam que a ênfase no peso reflete um viés social contra os indivíduos com sobrepeso. Eles destacam ainda a limitada eficácia a longo prazo das dietas de perda de peso e a extensão em que tais dietas encaminham as pessoas ao fracasso, bem como os riscos de diminuir sua autoestima, que podem contribuir para a manifestação da compulsão alimentar. No entanto, dados sobre dieta como fator de risco para transtornos alimentares se baseiam, em grande parte, em estudos de populações de peso normal, portanto não caberia generalizar para pessoas que estão significativamente acima do peso.

Os Capítulos 5 e 6 examinam duas formas de influência social que podem contribuir para o desenvolvimento de transtornos alimentares. No nível social, as mensagens da mídia reforçam a importância da magreza e a depreciação da condição de gordo. Um fio comum em todos os nossos estudos de caso é a percepção da importância de não ser gordo. Essa crença parece contribuir para a autoinanição em Emily, o vômito autoinduzido em Jean e Valerie, e o significativo sofrimento a respeito da compulsão alimentar em Jamie, assim como o sofrimento com a ingestão noturna em George. Famílias e pares podem contribuir para o desenvolvimento de patologia alimentar ao servirem como transmissores dessas mensagens. Mesmo as teorias psicodinâmicas e orientadas a sistemas levam em conta a presença de padrões parentais de transtorno alimentar, sugerindo que os pais podem modelar diretamente comportamentos que reforçam o ideal de magreza. Padrões alimentares irregulares dos pais também refletem a influência de fatores genéticos. Portanto, genética e fatores ambientais podem estar correlacionados e reforçar a influência de fatores familiares nos transtornos alimentares. Embora os fatores genéticos e ambientais provavelmente atuem em consonância para aumentar o risco de transtornos alimentares, ainda ocorrem debates em torno de natureza-*versus*-ambiente de sociofamiliares.

Apesar do consenso de que um modelo biopsicossocial é necessário para melhorar a compreensão das causas dos transtornos alimentares e avançar em seu tratamento e prevenção, especialistas divergem sobre qual foco promoverá "o próximo grande salto". Defensores da pesquisa biológica acham que os estudos de genética molecular e neuroimagem representam o futuro, e destacam o limitado impacto das investigações psicossociais. Defensores da pesquisa psicossocial argumentam que as abordagens biológicas têm limitada relevância para a compreensão dos transtornos, que parecem ser drasticamente influenciados por fatores psicossociais, e que tais abordagens correm o risco de reducionismo biológico. Cada lado aponta exemplos de metodologia precária e de conclusões com escasso apoio na outra área. Na verdade, é possível encontrar exemplos de pesquisas malconduzidas em qualquer área de investigação. Além disso, seria uma impropriedade lógica concluir, a partir de exemplos específicos de pesquisas com designs metodológicos frágeis, que uma área inteira de investigação tenha pouco valor.

O Capítulo 7 descreve fatores psicológicos que parecem contribuir para o surgimento e a manutenção de transtornos alimentares. Indivíduos com transtornos alimentares parecem compartilhar distorções cognitivas, como pensamento dicotômico, abstração seletiva e ênfase excessiva na importância do peso e da forma corporal. Por exemplo, Emily, Jean e Valerie seguem regras de comida segundo as quais apenas algumas comidas são "boas" (a exemplo de saladas) e outras são "ruins" (como sorvete). Além disso, os sintomas de transtornos alimentares parecem representar um ciclo vicioso no qual processos de reforço positivo e negativo atuam para manter padrões perturbados. A restrição dietária de Emily e o vômito autoinduzido tanto de Jean quanto de Valerie são reforçados negativamente pelo medo de ganhar peso, e

Jean, Jamie e George se sentem atraídos irresistivelmente para os efeitos gratificantes de comidas proibidas. A personalidade pode fornecer a predisposição para pensar e se comportar de maneiras que contribuam para o desenvolvimento de transtornos alimentares. Como Emily, indivíduos que desenvolvem ANR são caracterizados como perfeccionistas, rígidos e reservados. Indivíduos com sintomas de bulimia são caracterizados pela impulsividade e labilidade emocional. O perfeccionismo também caracteriza indivíduos que desenvolvem BN. Portanto, é possível que Jean tenha esforços perfeccionistas para manter um certo tipo de corpo, mas fracasse em atender a esses rígidos padrões em razão de problemas com o controle de impulsos.

Uma questão interessante tem sido levantada no campo dos transtornos alimentares: se a personalidade cria uma predisposição para uma patologia alimentar ou se ela é um aspecto definidor dessa patologia. Alguns pesquisadores argumentaram que a personalidade está tão intimamente envolvida no desenvolvimento de subtipos de transtorno alimentar, que traços de personalidade deveriam ser incluídos nas definições desses subtipos. Por exemplo, os extremos de perfeccionismo e rigidez seriam sintomas, tanto quanto a autoinanição, para definir a ANR. Esses pesquisadores argumentaram que identificar traços de personalidade estáveis que existem antes e continuam a existir após o transtorno alimentar é promissor para compreender as verdadeiras causas de uma patologia alimentar pela identificação de um fenótipo estável. Outros pesquisadores notaram a significativa instabilidade e inconsistência dos achados de personalidade para a maioria dos transtornos alimentares à exceção da ANR. Por exemplo, problemas com controle de impulsos parecem diminuir com a remissão dos sintomas de bulimia, sugerindo que esses problemas podem não refletir nenhum traço de personalidade. Portanto, o distúrbio de personalidade pode ter um papel mais central na compreensão da patologia da ANR do que em outros transtornos alimentares.

O Capítulo 8 apresentou fatores biológicos que talvez contribuam para o risco de transtornos alimentares, assim como correlatos biológicos e consequências desses transtornos. A desregulação da serotonina (5-HT) foi descrita como um correlato de transtornos alimentares, particularmente da BN. Neuropeptídeos que regulam o peso e a ingestão também têm se mostrado envolvidos na etiologia de transtornos alimentares. Os genes parecem desempenhar papel importante na etiologia do transtorno alimentar. Estudos de genética molecular têm focado especialmente os genes relacionados à função 5-HT, obtendo resultados que apoiam o papel desses genes nos transtornos alimentares. Em seu conjunto, esses fatores biológicos podem influenciar as respostas do corpo à restrição alimentar e às suas defesas contra a inanição. Diferenças entre as reações de Emily e de Jean à restrição dietária – emaciação na primeira e compulsão alimentar na última – podem representar a ausência em Emily de um mecanismo biológico de defesa do peso que está presente em Jean. Da mesma maneira, Valerie, apesar de se engajar em comportamentos mais extremos do que os de Jean para controlar seu peso, não perde uma quantidade substancial de peso. A interpretação de correlatos biológicos fica mais complicada pela possibilidade de eles serem consequências biológicas de um transtorno alimentar. Como a alimentação é central para a vida, as disrupções na ingestão de comida e os métodos extremos de controle de peso acarretam sérias consequências médicas.

Assim, um dos debates no campo dos transtornos alimentares é em torno da validade de examinar diferenças biológicas entre controles e pacientes recuperados de transtorno alimentar. Alguns pesquisadores argumentam que as diferenças biológicas encontradas entre pacientes recuperados e controles refletem fatores predisponentes estáveis que contribuem para a manifestação do transtorno em questão. Outros argumentam que essas diferenças talvez sejam reflexo de consequências do transtorno alimentar que permanecem, como uma cicatriz, após a remissão do transtorno. Além disso, comparações da função cerebral (ou qualquer fator biológico) entre controles e pacientes recuperados levanta um interessante paradoxo lógico. Se um fator está relacionado à manifestação de um transtorno alimentar, por que o transtorno teria remissão sendo que o fator está ainda presente? Por outro lado, se o fator está presente apenas quando o transtorno está presente, isso não poderia talvez significar que o fator teria sido causado pelo transtorno? As melhores abordagens para resolver essas questões envolvem estudos longitudinais prospectivos. Entretanto, as atuais tecnologias para avaliar a função cerebral e outros fatores biológicos são invasivas e de alto custo, o que dificulta incluí-las em estudos longitudinais prospectivos de grande porte.

O Capítulo 9 fornece informações sobre tratamentos de transtornos alimentares. Foram identificados vários tratamentos eficazes para BN e CAP. Jean tinha um histórico de resposta bem-sucedida a tratamento e conseguiu uma recuperação duradoura de BN após o tratamento. Entre os tratamentos eficazes para BN e CAP estão a terapia cognitivo-comportamental, a medicação antidepressiva e a terapia interpessoal. Essas intervenções têm eficácia também para tratar depressão e transtornos de ansiedade. Em contraste com isso, o tratamento mais eficaz identificado para tratar AN até o momento é a intervenção baseada na família. Vários fatores podem explicar por que um tratamento parece não funcionar para todos os transtornos alimentares, como as diferenças de idade entre indivíduos com diferentes transtornos alimentares e as diferenças no grau em que esses transtornos são egossintônicos (como em Emily) *versus* egodistônicos (como em Jean e em Jamie). Quando um transtorno é egossintônico, isso significa que a pessoa afligida pelo transtorno vê a doença ou seus sintomas como consistentes com o que ele ou ela é como pessoa. Isso coloca um desafio para a motivação dos pacientes no tratamento, pois pedir que mudem suas atitudes e seus comportamentos às vezes é experimentado pelos pacientes como se estivessem sendo solicitados a mudar quem eles são. Em contraste com isso, os transtornos egodistônicos são experimentados como altamente aflitivos pelos pacientes, e isso aumenta sua motivação para aderir ao tratamento, buscando sua recuperação. Como o transtorno purgativo é um OSFED recém-identificado, não há tratamentos baseados em evidências para essa condição. Assim, quando Valerie procurou ajuda para o seu transtorno alimentar, a terapeuta dela precisou desenvolver ou adaptar um tratamento. Infelizmente, Valerie não teve a chance de se recuperar, pois sua vida terminou muito cedo. Ao contrário, George respondeu bem ao estudo de medicação e teve drástica melhora no sono, no humor, na energia e no apetite.

Além do problema da eficácia do tratamento, há o da sua efetividade – em que medida os tratamentos funcionam bem no mundo real. Há debates a respeito de por que os médicos com frequência não usam tratamentos baseados em manual, que contem com apoio empírico, ao trabalharem com pacientes com transtornos alimentares. Da perspectiva do pesquisador, a falha em usar tais tratamentos reflete a falta de conhecimento e treinamento dos médicos, e a solução é trabalhar mais para disseminar informações a partir das pesquisas sobre tratamentos. Do ponto de vista do médico, os estudos sobre tratamentos carecem de validade ecológica, porque os pacientes nesses estudos não são representativos da população maior que é atendida pelos médicos. Com bastante frequência, estudos de tratamento controlados limitam a inclusão a pacientes que atendam a todos critérios para AN, BN ou CAP, não tenham problemas presentes com uso de substâncias e não relatem intenções suicidas. Mas médicos raramente se deparam com esses casos descomplicados. Uma segunda preocupação dos médicos é a sua percepção da rigidez dos tratamentos baseados em manual. Eles temem que usar um manual reduza sua capacidade de estabelecer uma conexão com os pacientes, com o possível resultado de um paciente ambivalente decidir abandonar o tratamento de forma prematura. Fica claro que há preocupações válidas de ambos os lados do debate. Pacientes têm o direito de esperar que um médico lhes propicie o tratamento que tenha a maior probabilidade de promover a recuperação. E médicos têm o direito de esperar que os pesquisadores realizem pesquisas sobre tratamentos que possam ter uma implementação bem-sucedida no mundo real.

O Capítulo 10 revisou esforços para projetar programas eficazes na prevenção de transtornos alimentares. Este capítulo foi o que teve mais modificações entre a primeira e a segunda edições deste livro. Na época da primeira edição, poucos programas de prevenção haviam demonstrado bom impacto nos comportamentos de alimentação desordenada. Agora, vários programas de prevenção têm mostrado benefícios substanciais na redução de futuras manifestações de sérios transtornos alimentares. Os projetos de estudos que testam esses programas também oferecem uma abordagem rigorosa para testar os modelos etiológicos para transtornos alimentares. Por exemplo, verificar que uma intervenção designada a aumentar a atividade física diminuiu o risco de obesidade e purgação em garotas apoia resultados de projetos retrospectivos, sobre o papel do maior peso em aumentar os riscos de sintomas de bulimia. Da mesma forma, a evidência de que uma intervenção que reduz a internalização do ideal de magreza também reduz sintomas de alimentação desordenada apoia um papel etiológico para perturbação da imagem corporal no desenvolvimento de patologia alimentar.

O Capítulo 11 revisou os cursos e resultados de transtornos alimentares. A anorexia nervosa é associada a um prognóstico pior do que a BN em termos de taxa de mortalidade e taxa de recuperação, e a BN é associada a um pior prognóstico do que a CAP. A resposta de Jean ao tratamento e sua recuperação ao final representam o resultado mais provável para alguém com BN. Como Emily tinha uma idade mais tardia de manifestação (jovem adulta, em vez de início da adolescência) e exigia tratamento hospitalar, o prognóstico é menos favorável. Ela tem menor probabilidade de responder a uma intervenção baseada na família, e faltam tratamentos alternativos com eficácia comprovada. Com base em dados preliminares de resultado para CAP, Jamie tem uma boa chance de recuperação, mas talvez tenha que enfrentar uma luta a vida inteira com o controle de peso. A limitação de dados sobre curso e resultado para o transtorno purgativo e a síndrome do comer noturno contribuíram para a decisão do grupo de trabalho sobre transtornos alimentares do DSM-5 de colocar esses transtornos dentro dos OSFEDs em vez de introduzi-los como diagnósticos oficiais de transtorno alimentar.

Provavelmente o maior debate em pesquisa de resultados de longo prazo tenha a ver com a eficácia a longo prazo do tratamento. Embora alguns estudos tenham fornecido evidência limitada de que os tratamentos afetem o resultado de longo prazo na AN ou na BN, a maioria sugere que o tratamento não faz uma previsão de resultado de longo prazo. Uma abordagem para resolver essa questão é examinar o impacto a longo prazo do tratamento não apenas no resultado, mas no curso. Esses exames indicaram que alguns tratamentos eficazes aceleram a recuperação. No entanto, a falha dos tratamentos em mostrar um impacto no resultado de longo prazo desafia pesquisadores a desenvolverem intervenções mais poderosas. A necessidade de melhores intervenções é sublinhada pela significativa proporção de pacientes que não respondem nem mesmo aos tratamentos mais eficazes disponíveis. A terapia cognitivo-comportamental, por exemplo, é a primeira linha de tratamento recomendada para BN, embora apenas 30% dos pacientes que entram em TCC consigam se recuperar.

DIREÇÕES FUTURAS

Como o campo dos transtornos alimentares ainda é relativamente jovem, há acalorados debates em torno de quase todos os tópicos relacionados a esses transtornos. O campo, porém, está em rápida expansão. Em 1981, nasceu a primeira publicação focada nos transtornos alimentares, a *International Journal of Eating Disorders*. Desde então, foram criadas outras seis publicações dedicadas ao assunto: *Eating Disorders: Journal of Treatment and Prevention* em 1993, *European Eating Disorders Review* em 1993, *Eating and Weight Disorders* em 1996, *Eating Behaviors* em 2000, *Body Image* em 2003, *Advances in Eating Disorders: Theory, Research, and Practice* em 2013 e o *Journal of Eating Disorders* em 2013. Uma nova geração de pesquisadores especializada em transtornos alimentares e juntou ao corpo docente de escolas e faculdades de medicina ao redor do mundo, dando aos alunos maiores oportunidades para estudar os transtornos alimentares e eventualmente se especializar na área. Para promover a consciência pública e o apoio à pesquisa de transtornos alimentares e seu tratamento, foi criada uma coalizão de associações de transtorno alimentar, e o Instituto Nacional de Saúde Mental tem um departamento dedicado ao desenvolvimento e financiamento de pesquisas sobre esses transtornos. Os avanços obtidos até o momento e a oportunidade de dar uma significativa contribuição no futuro próximo fazem com que este seja um momento estimulante no campo dos transtornos alimentares.

A expansão deste campo oferece múltiplos caminhos ao longo dos quais a futura pesquisa poderá se desenvolver. Um desses caminhos é expandir os estudos de tratamento controlados para incluir indivíduos com OSFEDs, em vez de limitar os estudos a indivíduos que atendam a todos os critérios para transtornos alimentares. Outro caminho é incorporar traços de outras intervenções eficazes aos tratamentos existentes baseados em evidências, como a terapia cognitivo-comportamental. Além de novas intervenções psicossociais que estão sob exame, novas medicações estão sendo desenvolvidas e testadas, e a combinação de medicação e terapia em programas de tratamento escalonados está sendo explorada. Estão sendo iniciados estudos empíricos sobre o desenvolvimento de transtornos alimentares entre imigrantes de nações não ocidentais nos Estados Unidos. Aumentam os estudos da função neurocognitiva nos transtornos alimentares, acompanhando o desenvolvimento da tecnologia de neuroimagem, e estão sendo realizados também estudos multinacionais colaborativos de genética molecular. O Instituto Nacional de Saúde Mental estabeleceu um foco na pesquisa translacional para promover trabalho que ultrapasse os limites tradicionais entre ciência básica e pesquisa clínica e para incentivar a comunicação entre investigadores ao longo dessas diferentes linhas de pesquisa.

Assim, em vez de restringir certos caminhos de pesquisa, os debates atuais servem para manter várias linhas de investigação abertas ao mesmo tempo. Em suma, o que permanece desconhecido no campo dos transtornos alimentares representa não tanto uma falha da pesquisa já realizada, mas um desafio para a pesquisa futura.

GLOSSÁRIO

5-HT: ver *serotonina*.

Abstração seletiva: processo cognitivo no qual parte de algo passa a representar o todo e exerce influência indevida sobre a avaliação do todo.

Ácido desoxirribonucleico (DNA): sequência de nucleotídeos que armazena informação genética.

Ácido ribonucleico (RNA): sequência de nucleotídeos transcrita do DNA e usada para construir uma cadeia de aminoácidos, formando uma proteína.

Alelo: uma das diversas formas alternativas de um mesmo gene.

Alexitimia: incapacidade de identificar os próprios estados emocionais; confusão ao tentar discriminar estados interiores.

Amenorreia: ausência de menstruação por três meses consecutivos.

Anorexia reversa: ver *dismorfia muscular.*

Apoio empírico: em relação ao tratamento, evidência de eficácia a partir dos estudos de pesquisa.

Área tegmental ventral: região do cérebro que é parte do caminho dopaminérgico de recompensa (do núcleo accumbens à área tegmental ventral) e está envolvido em experimentar recompensa e conhecer fontes ambientais de recompensa.

Ascéticos: indivíduos que se engajam em extrema abstinência ou autocontrole.

Buscar novidades: dimensão do temperamento representando uma tendência a buscar recompensas.

Coerência central: capacidade de "ver o quadro mais amplo" ou de derivar um sentido geral a partir dos detalhes.

Colecistocinina: peptídeo liberado no intestino delgado após a ingestão de comida e que é associado com despertar a sensação de saciedade.

Comer noturno: ingestão que ocorre à noite, particularmente depois que a pessoa acorda no meio da noite.

Concordância gêmea: similaridade em pares de gêmeos para um traço específico.

Condicionamento operante: tipo de aprendizagem no qual as associações entre comportamentos e reforço (positivo ou negativo) ou punição influenciam a probabilidade de que esses comportamentos venham a ser recorrentes.

Consciência interoceptiva: medida de personalidade da capacidade de reconhecer os próprios sentimentos e estados interiores.

Correlação: associação concorrente de duas variáveis.

***Crossover*:** transição que ocorre ao ter um transtorno alimentar e passar a ter outro.

Curso: o caminho que a doença de um paciente segue em sua trajetória até um resultado.

Dependência de recompensas: dimensão do temperamento representando uma tendência a manter um comportamento gratificante.

Desengajamento: condição na qual os limites entre os subsistemas familiares são excessivamente fortes.

Desinibidor afetivo: gatilho emocional para perda de restrição a respeito de comer.

Desinibidor cognitivo: um gatilho cognitivo para perda de controle sobre a alimentação.

Desinibidor farmacológico: substância psicoativa que causa perda de controle em relação à comida.

Diátese: um fator de vulnerabilidade para o desenvolvimento de um transtorno mental.

Dismorfia muscular: condição caracterizada por ver o próprio corpo como menor do que é na realidade, causando sofrimento significativo e levando a esforços para aumentar a massa muscular.

Distorções cognitivas: pensamentos que não refletem corretamente a realidade.

Dopamina: um neurotransmissor que parece inibir a ingestão de comida ao atuar nos receptores do hipotálamo lateral e que está envolvido na experiência de recompensa.

Edema: retenção de fluido.

Efeito placebo: melhora que ocorre porque o indivíduo tem a expectativa de que o tratamento o ajudará a melhorar.

Eficácia: capacidade de produzir mudança.

Eficácia interpessoal: a capacidade de se relacionar com pessoas de uma maneira que atenda às necessidades pessoais, às da outra pessoa e à necessidade de respeito por si próprio.

Eixo hipotalâmico-pituitário-adrenal (HPA): sistema que liga hipotálamo, glândula pituitária e glândulas adrenais e que está envolvido nas respostas ao estresse.

Eixo hipotalâmico-pituitário-gonadal (HPG): sistema que liga hipotálamo, glândula pituitária e gônadas e que está envolvido na liberação de hormônios sexuais e na maturação reprodutiva.

Emocionalidade negativa: dimensão da personalidade representando a tendência de experimentar estados de humor negativos (a exemplo de tristeza, ansiedade e raiva).

Emocionalidade positiva: dimensão da personalidade representando a tendência a desfrutar e se engajar ativamente no trabalho e em interações sociais.

Enredamento: condição na qual os limites entre os subsistemas familiares são frágeis demais.

Ensaio clínico randomizado controlado: projeto de estudo no qual os participantes são designados aleatoriamente a um tratamento ou à condição de controles a fim de excluir a influência de fatores selecionados na resposta ao tratamento.

Epidemiologia: estudo do processo de saúde e doença nas populações.

Esfíncter pilórico: músculo na base do estômago que se contrai e relaxa para controlar a taxa segundo a qual a comida passa do estômago para o intestino delgado.

Estimativa de herdabilidade: porcentagem que representa quantos genes contribuem para o desenvolvimento de um transtorno em determinado grupo de pessoas.

Estresse de aculturação: angústia experimentada durante o processo de adaptação a uma nova cultura.

Estudo de associação do genoma completo: estudo que avalia os genes de um genoma completo para determinar se alelos específicos estão vinculados à presença de uma condição.

Estudo de gene candidato: estudo designado a examinar se indivíduos com um transtorno em particular têm maior probabilidade de ter certo alelo ou combinação de alelos para um gene específico do que indivíduos que não têm o transtorno.

Estudo de teste de transmissão de desequilíbrio (TDT): estudo que compara a frequência de transmissão de um alelo à descendência com um transtorno de pais heterozigotos para o gene correspondente com a frequência esperada caso não houvesse associação entre o alelo e o transtorno.

Estudo duplo-cego controlado por placebo: um design de estudo no qual os participantes são encaminhados (geralmente de modo aleatório) ou para um tratamento ativo ou para um tratamento inativo (mas com aparência de ativo), a fim de excluir a possibilidade de os participantes no tratamento ativo melhorarem em razão de sua expectativa de que o tratamento será eficaz.

Estudos análogos: estudos experimentais testando uma relação hipotética entre uma variável independente e uma variável dependente, relação essa em que uma ou ambas as variáveis são análogas ao tópico do estudo.

Estudos de associação: estudos de genética molecular que examinam se há uma associação entre um gene específico e a presença de determinado traço.

Estudos experimentais: estudos nos quais uma variável independente é manipulada a fim de determinar seus efeitos em uma variável dependente.

Estudos longitudinais: estudos envolvendo medições repetidas de indivíduos ou grupos acompanhados em diferentes pontos ao longo do tempo.

Etiologia: as causas e origens de transtornos mentais e físicos.

Evitar danos: dimensão do temperamento que indica uma tendência a evitar punição por meio da inibição de um comportamento.

Expressividade variável: condição pela qual um genótipo leva a genótipos variáveis.

Fator neurotrófico derivado do cérebro: proteína que contribui para o crescimento, o desenvolvimento e a manutenção de neurônios.

Fenocópia: condição em que um fenótipo ocorre na ausência do genótipo com o qual é associado.

Fenótipo: a manifestação observável de um genótipo.

Gêmeos dizigóticos: gêmeos que compartilham, em média, 50% de seus genes.

Gêmeos monozigóticos: gêmeos que compartilham cerca de 100% de seus genes.

Genoma: o conjunto inteiro de genes presentes num organismo.

Genótipo: combinação específica de alelos que um indivíduo tem para um dado gene.

Grelina: peptídeo liberado pelo estômago e que estimula a fome.

Herança complexa: forma de hereditariedade na qual a ação combinada de múltiplos genes controla a expressão de um fenótipo.

Herança mendeliana: forma de hereditariedade na qual a ação de um único gene controla a expressão de um fenótipo.

Heterozigoto: que tem dois alelos diferentes para um gene.

Hipotálamo: estrutura cerebral que tem papel central no apetite e no controle de peso.

Homozigoto: que tem dois alelos idênticos para um gene.

Imagem por Ressonância Magnética Funcional (Functional magnetic resonance imagining, fMRI): método usado para vincular atividade em regiões ou circuitos cerebrais durante tarefas baseadas em laboratório a determinadas emoções, pensamentos ou comportamentos.

Incidência: número de novos casos de uma doença por 100 mil pessoas por ano.

Índice de Massa Corporal (IMC): métrica para avaliar o peso do corpo, calculada como peso em quilogramas dividido pelo quadrado da altura em metros.

Insuficiência de desenvolvimento não orgânica: condição na qual crianças novas não conseguem o necessário ganho de peso sem que se identifique razão biológica para o seu baixo peso.

Intrapsíquico: que ocorre dentro da mente.

Investigações naturalistas: estudos nos quais a observação é voltada a eventos naturais.

Leptina: neuropeptídeo que fornece um ciclo de feedback negativo no controle, pelo cérebro, do peso e da ingestão de alimento.

Mediador: variável que representa um elo na cadeia causal, quando um primeiro evento causa uma mudança no mediador, e a mudança no mediador causa uma mudança no resultado.

Metanálise: análise de dados a partir de múltiplos estudos, a fim de determinar as tendências gerais e seu significado.

Mindfulness: ou atenção plena, a capacidade de ser consciente dos sentimentos internos e das demandas externas de uma maneira que combina emoções e intelecto para guiar escolhas adequadas.

Modelo de Empoderamento-Relacional: abordagem teórica de prevenção baseada no empoderamento de garotas para que transformem seus ambientes sociais de modo a eliminar fontes de risco.

Modelo de sistemas familiares: teoria segundo a qual todas as famílias são constituídas por subsistemas (por exemplo, esposos, pais e irmãos) envolvendo diferentes papéis e responsabilidades.

Modelo de Vias Específicas para Doenças: ver *Paradigma de Prevenção de Doenças*.

Modelo de Vulnerabilidade-Estresse Inespecífico: abordagem teórica de prevenção baseada em identificar e então reduzir os fatores gerais de risco de uma doença.

Moderador: fator que tem influência na associação entre duas outras variáveis. Por exemplo, um fator que contribua para que um tratamento seja mais bem-sucedido em uma pessoa do que em outras seria um moderador.

Nervo vago: nervo cranial com função tanto motora quanto sensorial, inclusive a de estimular fibras musculares lisas no estômago e intestino e receber sensações do abdome.

Neurônio: tipo principal de célula cerebral.

Neuropeptídeo Y: um neuropeptídeo cuja atividade aumenta a ingestão de comida e é inibido pela leptina.

Neuropeptídeos: classe de substâncias químicas que ativam áreas específicas do cérebro, mas são fisicamente maiores do que os neurotransmissores.

Neurotransmissores: substâncias químicas no cérebro que facilitam a comunicação entre neurônios.

Norepinefrina: neurotransmissor que tem papéis tanto no aumento quanto na redução da ingestão de comida e está envolvido em reações fisiológicas ao estresse.

Núcleo accumbens: região do cérebro que é parte do caminho dopaminérgico de recompensa (do núcleo accumbens à área tegmental ventral) e está envolvida em experimentar recompensa e conhecer fontes ambientais de recompensa.

Núcleo arqueado: uma porção do hipotálamo implicada na regulação da ingestão de comida e no peso corporal.

Núcleo paraventricular: seção do hipotálamo, assim nomeada por sua localização fora do terceiro ventrículo.

Obesogênico: que contribui para o desenvolvimento de obesidade.

Objetificação: processo em que indivíduos são vistos como objetos (coisas), em vez de agentes (pessoas).

Paradigma de Prevenção de Doenças: abordagem teórica à prevenção baseada em identificar e depois reduzir fatores de risco específicos para uma doença.

Paradigma de Promoção da Saúde: abordagem teórica baseada em identificar e depois aumentar fatores de proteção em níveis tanto individuais como na comunidade, a fim de promover bem-estar.

Penetrância reduzida: condição na qual um genótipo não leva sempre ao fenótipo correspondente.

Pensamento dicotômico: pensamento "preto ou branco"; isto é, um padrão de pensamento no qual as coisas são categorizadas como ou boas ou ruins, sem gradações.

Peptídeo 1 similar ao glucagon (GLP-1): peptídeo liberado no intestino depois de comer e que tem influência na experiência de saciedade e término da refeição.

Peptídeo YY (PYY): peptídeo liberado no intestino após a ingestão de comida e que influencia a saciedade e estende o tempo antes de fazer nova refeição.

Persistência: dimensão do temperamento representando uma tendência a continuar com um comportamento que não é mais recompensado.

Personalidade: maneira estável pela qual indivíduos percebem, reagem e interagem com seus ambientes, influenciada tanto pela biologia quanto pela experiência.

Prevalência ao longo da vida: porcentagem geral de pessoas que têm um transtorno específico em algum ponto de suas vidas.

Prevalência de 12 meses: porcentagem de uma população afetada por uma condição ao longo do período de um ano.

Prevalência pontual: porcentagem de uma população afetada por uma condição em determinado ponto do tempo.

Probando: indivíduo que exibe um traço cuja herdabilidade se pretende estudar.

Prognóstico: predição de um curso ou resultado provável.

Programa de prevenção indicado: programa secundário de prevenção projetado para indivíduos que já apresentam traços da condição plena a ser prevenida.

Programa de prevenção seletiva: programa de prevenção designado a segmentos específicos da população que estão em risco aumentado para certos problemas.

Programa de prevenção universal: programa de prevenção voltado à população em geral.

Psicanalítico: referente a uma teoria de psicopatologia como decorrente de conflitos intrapsíquicos inconscientes.

Psicoeducação: informações factuais fornecidas no contexto da terapia para educar pacientes a respeito de seus transtornos.

Punição: fenômeno no condicionamento operante no qual a probabilidade de um comportamento decresce porque engajar-se nesse comportamento acarreta consequência indesejada.

Razão padronizada de mortalidade: razão entre o número de mortes observado em um grupo específico e o número de mortes esperado em determinada população.

Recaída: retorno de um transtorno pleno depois que a remissão foi alcançada.

Recaptação: processo pelo qual um neurônio reabsorve neurotransmissores que ele já liberou antes que possam se ligar a receptores em outro.

Receptor: estrutura dos neurônios que lhes permite receber sinais de neurotransmissores.

Reforço negativo: fenômeno no condicionamento operante no qual a probabilidade de um comportamento aumenta pelo fato de que não se engajar no comportamento tem uma consequência não desejada.

Reforço positivo: fenômeno no condicionamento operante no qual a probabilidade de um comportamento aumenta pelo fato de que se engajar no comportamento tem uma consequência desejável.

Regulação emocional: a capacidade de experimentar emoções sem ter flutuações extremas que interfiram no funcionamento vital.

Regulação negativa: processo pelo qual receptores de neurotransmissor se tornam menos sensíveis em razão do aumento da disponibilidade de neurotransmissores no cérebro.

Regulação positiva: processo pelo qual receptores de neurotransmissores se tornam mais sensíveis como resultado de uma baixa concentração sustentada de um neurotransmissor no cérebro.

Relação custo-benefício: até que ponto uma intervenção oferece o melhor resultado pelo menor preço.

Restrição: uma dimensão da personalidade que representa a tendência a inibir impulsos e mostrar cautela, restrição e convencionalismo.

Resultado: a condição de um paciente avaliada em algum ponto após a avaliação inicial.

Serotonina (5-HT): neurotransmissor que desempenha importante papel na regulação do humor, do apetite e do controle de impulsos.

Síndrome de realimentação: condição que constitui ameaça à vida, causada pela reintrodução de excesso de comida de forma rápida demais em uma pessoa em estado de inanição.

Somatizar: expressar um conflito mental em termos de uma condição física.

Status socioeconômico: índice combinado de nível educacional, profissional e de renda.

Suposição de ambientes iguais: suposição de que membros de pares de gêmeos criados juntos compartilham 100% de seu ambiente doméstico, independentemente do tipo de gêmeos.

Suposição de representatividade: suposição em estudos de gêmeos de que os padrões observados em gêmeos são representativos de padrões observados em população de não gêmeos.

Taxa metabólica de repouso: taxa segundo a qual o corpo consome energia na forma de calorias quando não está se exercitando.

Temperamento: disposição biologicamente baseada de experimentar certas reações emocionais e comportamentais.

Teoria comportamental dialética: uma forma de terapia cognitivo-comportamental, originalmente concebida para tratar de pacientes diagnosticados com transtorno de personalidade borderline, focada em construir habilidades de atenção plena (*mindfulness*), tolerância ao sofrimento, efetividade interpessoal e regulação emocional.

Teoria do ponto de ajuste: teoria segundo a qual o corpo tem, como resultado da evolução, mecanismos comportamentais e biológicos para manter certo peso.

Terapia cognitivo-comportamental: uma forma de terapia diretiva organizada em torno da teoria de que os transtornos consistem em comportamentos reforçados para os quais há alternativas mais saudáveis e em crenças irracionais que precisam ser esclarecidas, desafiadas e substituídas.

Terapia interpessoal: forma de terapia organizada em torno da teoria de que os transtornos decorrem de problemas que os pacientes têm em negociar seus relacionamentos com os outros.

Terapia psicodinâmica: uma forma de terapia não diretiva organizada em torno da teoria de que os transtornos decorrem de conflitos internos dos quais o paciente pode não estar consciente, com o objetivo de facilitar a melhora promovendo o insight.

Tolerância ao sofrimento: capacidade de desenvolver maneiras seguras de lidar com emoções dolorosas sem recorrer a comportamentos impulsivos (e com frequência autodestrutivos) que acabam aumentando a dor emocional.

Tomografia por emissão de pósitrons (PET): método para estudar a atividade de substâncias químicas em determinadas áreas do cérebro.

Transtorno de conversão: um transtorno caracterizado pela expressão de sofrimento físico em lugar de um sofrimento psicológico suprimido.

Transtornos neurastênicos: classe de transtornos comumente diagnosticada no final do século XIX e início do século XX, na qual pacientes se queixavam de fadiga e de sintomas físicos como dor de cabeça, dor muscular e problemas com audição ou visão.

Triptofano: aminoácido exigido para produzir a serotonina.

Validade ecológica: grau em que os resultados de um estudo experimental refletem as situações do mundo real.

Variável de estorvo: qualquer coisa que possa criar diferenças entre condições em um estudo, mas que é irrelevante para a compreensão do problema sendo investigado.

Viés de recordação retrospectiva: influência de fatores no presente sobre as memórias de passado, de modo que a lembrança seja menos precisa.

Vômito psicogênico: vômito para o qual não há justificativa física.

REFERÊNCIAS

Abbate-Daga, G., Buzzichelli, S., Amianto, F., Rocca, G., Marzola, E., McClintock, S. M., & Fassino, S. (2011). Cognitive flexibility in verbal and nonverbal domains and decision making in anorexia nervosa patients: A pilot study. *BMC Psychiatry, 11*, 162.

Abou-Saleh, M. T., Younis, Y., & Karim, L. (1998). Anorexia nervosa in an Arab culture. *International Journal of Eating Disorders, 23*, 207–212.

Abrams, K. K., Allen, L. R., & Gray, J. J. (1993). Disordered eating attitudes and behaviors, psychological adjustment, and ethnic identity: A comparison of black and white female college students. *International Journal of Eating Disorders, 14*, 49–57.

Adami, G. F., Campostano, A., Cella, F., & Scopinaro, N. (2002). Serum leptin concentration in obese patients with binge eating disorder. *International Journal of Obesity and Related Metabolic Disorders, 26*, 1125–1128.

Agras, S., Hammer, L., & McNicolas, F. (1999). A prospective study of the influence of eating-disordered mothers on their children. *International Journal of Eating Disorders, 25*, 253–262.

Agras, W. S., Crow, S., Mitchell, J. E., Halmi, K. A., & Bryson, S. (2009). A 4-year prospective study of eating disorder NOS compared with full eating disorder syndromes. *International Journal of Eating Disorders, 42*, 565–570.

Agras, W. S., Telch, C. F., Arnow, B., Eldredge, K., & Marnell, M. (1995). Does interpersonal therapy help patients with binge eating disorder who fail to respond to cognitive–behavioral therapy? *Journal of Consulting and Clinical Psychology, 63*, 356–360.

Agras, W. S., Telch, C. F., Arnow, B., Eldredge, K., & Marnell, M. (1997). One-year follow-up of cognitive–behavioral therapy for obese individuals with binge eating disorder. *Journal of Consulting and Clinical Psychology, 65*, 343–347.

Agras, W. S., Walsh, T., Fairburn, C. G., Wilson, G. T., & Kraemer, H. C. (2000). A multicenter comparison of cognitive–behavioral therapy and interpersonal psychotherapy for bulimia nervosa. *Archives of General Psychiatry, 57*, 459–466.

Alegria, M., Woo, M., Cao, Z., Torres, M., Meng, X. L., & Striegel-Moore, R. (2007). Prevalence and correlates of eating disorders in Latinos in the United States. *International Journal of Eating Disorders, 40*, S15–S21.

Allen, K. L., Byrne, S. M., Oddy, W. H., & Crosby, R. D. (2013). Early onset binge eating and purging eating disorders: Course and outcome in a population-based study of adolescents. *Journal of Abnormal Child Psychology, 122*, 720–732.

Allison, D. B., Heshka, S., Neale, M. C., Lykken, D. T., & Heymsfield, S. B. (1994). A genetic analysis of relative weight among 4,020 twin pairs, with an emphasis on sex effects. *Health Psychology, 13*, 362–365.

Allison, K. C., Crow, S. J., Reeves, R. R., West, D. S., Foreyt, J. P., Dilillo, V. G., *et al.* (2007). Binge eating disorder and night eating syndrome in adults with type 2 diabetes. *Obesity, 15*, 1287–1293.

American Psychiatric Association. (1952). *Diagnostic and statistical manual of mental disorders*. Washington, DC: Autora.

American Psychiatric Association. (1980). *Diagnostic and statistical manual of mental disorders* (3ª. ed.). Washington, DC: Autora.

American Psychiatric Association. (1987). *Diagnostic and statistical manual of mental disorders* (3ª. ed., rev.). Washington, DC: Autora.

American Psychiatric Association. (1994). *Diagnostic and statistical manual of mental disorders* (4ª. ed.).

Washington, DC: Autora.

American Psychiatric Association. (2000). *Diagnostic and statistical manual of mental disorders, text revision* (4ª. ed.). Washington, DC: Autora.

American Psychiatric Association. (2013). *Diagnostic and statistical manual of mental disorders* (5ª. ed.). Washington, DC: Autora.

Amianto, F., Abbate-Daga, G., Morando, S., Sobrero, C., & Fassino, S. (2011). Personality development characteristics of women with anorexia nervosa, their healthy siblings and healthy controls: What prevents and what relates to psychopathology? *Psychiatry Research, 187*, 401–408.

Anand, B. K., & Brobeck, J. R. (1951). Hypothalamic control of food intake in rats and cats. *Yale Journal of Biology and Medicine, 24*, 123–140.

Andersen, A. E. (1984). Anorexia nervosa and bulimia in adolescent males. *Pediatric Annals*, *13*, 901–904, 907.

Ando, T., Komaki, G., Karibe, M., Kawamura, N., Hara, S., Takii, M., *et al.* (2001). 5-HT_{2A} promoter polymorphism is not associated with anorexia nervosa in Japanese patients. *Psychiatric Genetics*, *11*, 157–160.

Antin, J., Gibbs, J., Holt, J., Young, R. C., & Smith, G. P. (1975). Cholecystokinin elicits the complete behavioral sequence of satiety in rats. *Journal of Comparative and Physiological Psychology*, *89*, 784–790.

Apple, R. F. (1999). Interpersonal therapy for bulimia nervosa. *Journal of Clinical Psychology*, *55*, 715–725.

Arcelus, J., Mitchell, A. J., Wales, J., & Nielsen, S. (2011). Mortality rates in patients with anorexia nervosa and other eating disorders. A meta-analysis of 36 studies. *Archives of General Psychiatry*, *68*, 724–731.

Attia, E., Kaplan, A. S., Walsh, B. T., Gershkovich, M., Yilmaz, Z., Musante, D., & Wang, Y. (2011). Olanzapine versus placebo for out-patients with anorexia nervosa. *Psychological Medicine*, *41*, 2177–2182.

Austin, S. B. (2000). Prevention research in eating disorders: Theory and new directions. *Psychological Medicine*, *30*, 1249–1262.

Austin, S. B., Field, A. E., Wiecha, J., Peterson, K. E., & Gortmaker, S. L. (2005). The impact of a school-based obesity prevention trial on disordered weight-control behaviors in early adolescent girls. *Archives of Pediatrics and Adolescent Medicine*, *159*, 225–230.

Austin, S. B., Kim, J., Wiecha, J., Troped, P. J., Feldman, H. A., & Peterson, K. E. (2007). School-based overweight preventive intervention lowers incidence of disordered weight-control behaviors in early adolescent girls. *Archives of Pediatrics and Adolescent Medicine*, *161*, 865–869.

Austin, S. B., Spadano-Gasbarro, J. L., Greaney, M. L., Blood, E. A., Hunt, A. T., Richmond, T. K., *et al.* (2012). Effect of the Planet Health intervention on eating disorder symptoms in Massachusetts middle schools, 2005–2008. *Prevention of Chronic Diseases*, *9*, E171.

Avena, N. M., Bocarsly, M. E., Hoebel, B. G., & Gold, M. S. (2011). Overlaps in the nosology of substance abuse and overeating: The translational implications of "food addiction." *Current Drug Abuse Review*, *4*, 133–139.

Bahrke, M. S., Yesalis, C. E., & Brower, K. J. (1998). Anabolic-androgenic steroid abuse and performance-enhancing drugs among adolescents. *Child and Adolescent Psychiatric Clinics of North America*, *7*, 821–838.

Bailer, U. F., Bloss, C. S., Frank, G. K., Price, J. C., Meltzer, C. C., Mathis, C. A., *et al.* (2010). 5-HT(1A) receptor binding is increased after recovery from bulimia nervosa compared to control women and is associated with behavioral inhibition in both groups. *International Journal of Eating Disorders, 44*, 477–487.

Bailer, U. F., Frank, G. K., Henry, S. E., Price, J. C., Meltzer, C. C., Becker, C., *et al.* (2007). Serotonin transporter binding after recovery from eating disorders. *Psychopharmacology, 195*, 315–324.

Baker, J. H., Maes, H. H., Lissner, L., Aggen, S. H., Lichtenstein, P., & Kendler, K. S. (2009). Genetic risk factors for disordered eating in adolescent males and females. *Journal of Abnormal Psychology, 118*, 576–586.

Banks, C. G. (1992). "Culture" in culture-bound syndromes: The case of anorexia nervosa. *Social Science & Medicine, 34*, 867–884.

Banks, C. G. (1994). Anorexia nervosa: Is it the syndrome or the theorist that is culture-and gender-bound?: Response. *Transcultural Psychiatric Research Review, 31*, 321–325.

Baranowski, M. J., & Hetherington, M. M. (2001). Testing the efficacy of an eating disorder prevention program. *International Journal of Eating Disorders, 29*, 119–124.

Bardone-Cone, A. M., Abramson, L. Y., Vohs, K. D., Heatherton, T. F., & Joiner, T. E., Jr. (2006). Predicting bulimic symptoms: An interactive model of self-efficacy, perfectionism, and perceived weight status. *Behavior Research and Therapy, 44*, 27–42.

Barnett, H. L., Keel, P. K., & Conoscenti, L. M. (2001). Body type preferences in Asian and Caucasian college students. *Sex Roles, 45*, 867–878.

Bechara, A., Damasio, A. R., Damasio, H., & Anderson, S. W. (1994). Insensitivity to future consequences following damage to human prefrontal cortex. *Cognition, 50*, 7–15.

Beck, A. T. (1970). *Depression: Causes and treatment*. Philadelphia: University of Pennsylvania Press.

Becker, A. E. (1995). *Body, self and society: The view from Fiji*. Philadelphia: University of Pennsylvania Press.

Becker, A. E., Burwell, R. A., Herzog, D. B., Hamburg, P., & Gilman, S. E. (2002). Eating behaviours and attitudes following prolonged exposure to television among ethnic Fijian adolescent girls. *British Journal of Psychiatry, 180*, 509–514.

Becker, A. E., Franko, D. L., Speck, A., & Herzog, D. B. (2003). Ethnicity and differential access to care for eating disorder symptoms. *International Journal of Eating Disorders, 33*, 205–212.

Becker, C. B., Bull, S., Schaumberg, K., Cauble, A., & Franco, A. (2008). Effectiveness of peer-led eating disorders prevention: A replication trial. *Journal of Consulting and Clinical Psychology, 76*, 347–354.

Bell, R. M. (1985). *Holy anorexia*. Chicago: University of Chicago Press.

Bemporad, J. R. (1996). Self-starvation through the ages: Reflections on the pre-history of anorexia nervosa. *International Journal of Eating Disorders, 19*, 217–237.

Ben-Tovim, D. I., Walker, K., Gilchrist, P., Freeman, R., Kalucy, R., & Esterman, A. (2001). Outcome in patients with eating disorders: A 5-year study. *Lancet, 357*, 1254–1257.

Beumont, P. J. (1988). Bulimia: Is it an illness entity? *International Journal of Eating Disorders, 7*, 167–176.

Birketvedt, G. S., Geliebter, A., Kristiansen, I., Firgenschau, Y., Goll, R., & Florholmen, J. R. (2012). Diurnal secretion of ghrelin, growth hormone, insulin binding proteins, and prolactin in normal weight and overweight subjects with and without the night eating syndrome. *Appetite*, 59, 688–692.

Bissada, H., Tasca, G. A., Barber, A. M., & Bradwejn, J. (2008). Olanzapine in the treatment of low body weight and obsessive thinking in women with anorexia nervosa: A randomized, double-blind, placebo-controlled trial. *American Journal of Psychiatry, 165*, 1281–1288.

Blechert, J., Ansorge, U., & Tuschen-Caffier, B. (2010). A body-related dot-probe task reveals distinct attentional patterns for bulimia nervosa and anorexia nervosa. *Journal of Abnormal Psychology, 119*, 575–585.

Bliss, E. L., & Branch, C. H. H. (1960). *Anorexia nervosa*. Nova York: Paul Hoeber.

Bodell, L. P., Keel, P. K., Brumm, M., Akubuiro, A., Caballero, J., Tranel, D., *et al.* (2014). Longitudinal examination of decision-making performance in anorexia nervosa before and after weight restoration. *Journal of Psychiatric Research, 56*, 150–157.

Boeka, A. G., & Lokken, K. L. (2006). The Iowa Gambling Task as a measure of decision making in women with bulimia nervosa. *Journal of the International Neuropsychological Society, 12*, 741–745.

Bogh, E. H., Rokkedal, K., & Valbak, K. (2005). A 4-year follow-upon bulimia nervosa. *European Eating Disorders Review, 13*, 48–53.

Bohon, C., & Stice, E. (2011). Reward abnormalities among women with full and subthreshold bulimia nervosa: A functional magnetic resonance imaging study. *International Journal of Eating Disorders, 44*, 585–595.

Bohon, C., & Stice, E. (2012). Negative affect and neural response to palatable food intake in bulimia nervosa. *Appetite, 58*, 964–970.

Boone, L., Soenens, B., & Braet, C. (2011). Perfectionism, body dissatisfaction, and bulimic symptoms: The intervening role of perceived pressure to be thin and thin ideal internalization. *Journal of Social and Clinical Psychology, 30*, 1043–1068.

Boskind-Lodahl, M. (1976). Cinderella's stepsisters: A feminist perspective on anorexia nervosa and bulimia. *Signs: Journal of Women in Culture and Society, 2*, 342–356.

Brambilla, F., Garcia, C. S., Fassino, S., Daga, G. A., Favaro, A., Santonastaso, P., *et al.* (2007). Olanzapine therapy in anorexia nervosa: Psychobiological effects. *International Clinical Psychopharmacology, 22*, 197–204.

Branch, C. H., & Eurman, L. J. (1980). Social attitudes toward patients with anorexia nervosa. *American Journal of Psychiatry, 137*, 631–632.

Brandao, P. P., Garcia-Souza, E. P., Neves, F. A., Pereira, M. J., Sichieri, R., Moura, E. G., Silva, P. C., & Moura, A. S. (2010). Leptin/adiponectin ratio in obese women with and without binge eating disorder. *Neuro Endocrinology Letters, 31*, 353–358.

Bray, G. A. (1986). Effects of obesity on health and happiness. In K. D. Brownell & J. P. Foreyt (Eds.), *Handbook of eating disorders* (pp. 3–44). Nova York: Basic Books.

Brewerton, T. D., Lesem, M. D., Kennedy, A., & Garvey, W. T. (2000). Reduced plasma leptin concentration in bulimia nervosa. *Psychoneuroendocrinology, 25*, 649–658.

Brewerton, T. D., Mueller, E. A., Lesem, M. D., Brandt, H. A., Quearry, B., George, D. T., *et al.* (1992). Neuroendocrine responses to *m*-chlorophenylpiperazine and l-tryptophan in bulimia. *Archives of General Psychiatry, 49*, 852–861.

Brinch, M., Isager, T., & Tolstrup, K. (1988). Anorexia nervosa and motherhood: Reproduction pattern and mothering behavior of 50 women. *Acta Psychiatrica Scandinavica, 77*, 611–617.

Brogan, A., Hevey, D., & Pignatti, R. (2010). Anorexia, bulimia, and obesity: Shared decision making deficits on the Iowa Gambling Task (IGT). *Journal of the International Neuropsychological Society, 16*, 711–715.

Brooks, S. J., O'Daly, O. G., Uher, R., Friederich, H. C., Giampietro, V., Brammer, M., *et al.* (2011). Differential neural responses to food images in women with bulimia versus anorexia nervosa. *PLoS One, 6*, e22259.

Brotman, A. W., Herzog, D. B., & Hamburg, P. (1988). Long-term course in 14 bulimic patients treated with psychotherapy. *Journal of Clinical Psychiatry, 49*, 157–160.

Brown, T. A., & Keel, P. K. (2012). Current and emerging directions in the treatment of eating disorders. *Substance Abuse, 6*, 33–61.

Brown, T. A., Holland, L. A., & Keel, P. K. (2014). Comparing operational definitions of DSM-5 anorexia nervosa for research contexts. *International Journal of Eating Disorders, 47*, 76–84.

Bruch, H. (1966). Anorexia nervosa and its differential diagnosis. *Journal of Nervous and Mental Disease, 14*, 555–566.

Bruch, H. (1978). *The golden cage: The enigma of anorexia nervosa*. Cambridge, MA: Harvard University Press.

Brumberg, J. J. (1989). *Fasting girls: The history of anorexia nervosa*. Nova York: Plume.

Brunzell, C., & Hendrickson-Nelson, M. (2001). An overview of nutrition. In J. E. Mitchell (Ed.), *The outpatient treatment of eating disorders: A guide for therapists, dietitians and physicians* (pp. 216–241). J. E. Mitchell (Ed.), Minneapolis: University of Minnesota Press.

Bryant-Waugh, R., Markham, L., Kreipe, R. E., & Walsh, B. T. (2010). Feeding and eating disorders in childhood. *International Journal of Eating Disorders, 43*, 98–111. doi:10.1002/eat.20795

Buchan, T., & Gregory, L. D. (1984). Anorexia nervosa in a black Zimbabwean. *British Journal of Psychiatry, 145*, 326–330.

Buddeberg-Fischer, B., & Reed, V. (2001). Prevention of disturbed eating behavior: An intervention program in Swiss high school classes. *Eating Disorders: The Journal of Treatment and Prevention, 9*, 109–124.

Buhrich, N. (1981). Frequency of presentation of anorexia nervosa in Malaysia. *Australian and New Zealand Journal of Psychiatry, 15*, 153–155.

Bulik, C. M., Sullivan, P. F., Carter, F. A., & Joyce, P. R. (1997). Initial manifestations of disordered eating behavior: Dieting versus binging. *International Journal of Eating Disorders, 22*, 195–201.

Bulik, C. M., Sullivan, P. F., & Kendler, K. S. (1998). Heritability of binge-eating and broadly defined bulimia nervosa. *Biological Psychiatry, 44*, 1210–1218.

Bulik, C. M., Sullivan, P. F., Tozzi, F., Furberg, H., Lichtenstein, P., & Pedersen, N. L. (2006). Prevalence, heritability, and prospective risk factors for anorexia nervosa. *Archives of General Psychiatry, 63*, 305–312.

Bulik, C. M., Sullivan, P. F., Wade, T. D., & Kendler, K. S. (2000). Twin studies of eating disorders: A review. *International Journal of Eating Disorders, 27*, 1–20.

Bulik, C. M., Sullivan, P. F., Weltzin, T. E., & Kaye, W. H. (1995). Temperament in eating disorders. *International Journal of Eating Disorders, 17*, 251–261.

Bulik, C. M., Thornton, L. M., Root, T. L., Pisetsky, E. M., Lichtenstein, P., & Pedersen, N. L. (2010). Understanding the relation between anorexia nervosa and bulimia nervosa in a Swedish national twin sample. *Biological Psychiatry, 67*, 71–77.

Byerly, L., Archibald, A. B., Graber, J., & Brooks-Gunn, J. (2000). A prospective study of familial and social influences on girls' body image and dieting. *International Journal of Eating Disorders, 28*, 155–164.

Bynum, C. W. (1987). *Holy feast and holy fast. The religious significance of food to medieval women*. Berkeley: University of California Press.

Cachelin, F. M., Striegel-Moore, R. H., Elder, K. A., Pike, K. M., Wilfley, D. E., & Fairburn, C. G. (1999). Natural course of a community sample of women with binge eating disorder. *International Journal of Eating Disorders, 25*, 45–54.

Calzo, J. P., Sonneville, K. R., Haines, J., Blood, E. A., Field, A. E., & Austin, S. B. (2012). The development of associations among body mass index, body dissatisfaction, and weight and shape concern in adolescent boys and girls. *Journal of Adolescent Health, 51*, 517–523.

Campbell, D. A., Sundaramurthy, D., Markham, A. F., & Pieri, L. F. (1998). Lack of association between 5-HT_{2A} gene promoter polymorphism and susceptibility to anorexia nervosa. *Lancet, 351*, 499.

Carter, F. A., Jordan, J., McIntosh, V. V., Luty, S. E., McKenzie, J. M., Frampton, C. M., *et al.* (2011). The long-term efficacy of three psychotherapies for anorexia nervosa: A randomized, controlled trial. *International Journal of Eating Disorders, 44*, 647–654.

Cash, T. F., & Deagle, E. A., III (1997). The nature and extent of body-image disturbances in anorexia nervosa and bulimia nervosa: A meta-analysis. *International Journal of Eating Disorders, 22*, 107–125.

Casper, R. C., Hedeker, D., & McClough, J. F. (1992). Personality dimensions in eating disorders and their relevance for subtyping. *Journal of the American Academy of Child and Adolescent Psychiatry, 31*, 830–840.

Castellini, G., Lo Sauro, C., Mannucci, E., Ravaldi, C., Rotella, C. M., Faravelli, C., *et al.* (2011). Diagnostic crossover and outcome predictors in eating disorders according to *DSM-IV* and *DSM-V* proposed criteria: A 6-year follow-up study. *Psychosomatic Medicine, 73*, 270–279.

Cavedini, P., Bassi, T., Ubbiali, A., Casolari, A., Giordani, S., Zorzi, C., & Bellodi, L. (2004). Neuropsychological investigation of decision-making in anorexia nervosa. *Psychiatry Research, 127*, 259–266.

Cavedini, P., Zorzi, C., Bassi, T., Gorini, A., Baraldi, C., Ubbiali, A., & Bellodi, L. (2006). Decision-making functioning as a predictor of treatment outcome in anorexia nervosa. *Psychiatry Research, 145*, 179–187.

Celio, A. A., Winzelberg, A. J., Wilfley, D. E., Eppstein-Herald, D., Springer, E. A., Dev, P., *et al.* (2000). Reducing risk factors for eating disorders: Comparison of an Internet-and a classroom-delivered psychoeducational program. *Journal of Consulting and Clinical Psychology, 68*, 650–657.

Chamorro, R., & Flores-Ortiz, Y. (2000). Acculturation and disordered eating patterns among Mexican American women. *International Journal of Eating Disorders, 28*, 125–129.

Chandler, S. B., Abood, D. A., Lee, D. T., Cleveland, M. Z., & Daly, J. A. (1994). Pathogenic eating attitudes and behaviors and body dissatisfaction differences among Black and White college students. *Eating Disorders: The Journal of Treatment and Prevention, 2*, 319–328.

Chandra, P. S., Abbas, S., & Palmer, R. (2012). Are eating disorders a significant clinical issue in urban India? A survey among psychiatrists in Bangalore. *International Journal of Eating Disorders, 45*, 443–446.

Chen, C. K., & Tao, Z. L. (2010). Binge eating disorder in a Chinese male – a case report *European Eating Disorders Review, 18*, 154–157.

Chen, E. Y., Segal, K., Weissman, J., Zeffiro, T. A., Gallop, R., Linehan, M. M., Bohus, M., & Lynch T. R. (2015). Adapting dialectical behavior therapy for outpatient adult anorexia nervosa – a pilot study. *International Journal of Eating Disorders, 48*, 123–132.

Chipley, W. J. (1860). On sitomania. *Journal of Psychological Medicine and Mental Pathology, 13*, 266–270.

Ciano, R., Rocco, P. L., Angarano, A., Biasin, E., & Balestrieri, M. (2002). Group-analytic and psychoeducational therapies for binge-eating disorder: An exploratory study on efficacy and persistence of effects. *Psychotherapy Research, 12*, 231–239.

Clausen, L. (2008). Time to remission for eating disorder patients: A 2½-year follow-up study of outcome and predictors. *Nordic Journal of Psychiatry, 62*, 151–159.

Clausen, L., Rosenvinge, J. H., Friborg, O., & Rokkedal, K. (2011). Validating the Eating Disorder Inventory-3 (EDI-3): A comparison between 561 female eating disorders patients and 878 females from the general population. *Journal of Psychopathology and Behavioral Assessment, 33*, 101–110.

Clemens, H., Thombs, D., Olds, S., & Gordon, K. L. (2008). Normative beliefs as risk factors for involvement in unhealthy weight control behavior. *Journal of American College Health, 56*, 635–641.

Cloninger, C. R. (1987). A systematic method for clinical description and classification of personality variants: A proposal. *Archives of General Psychiatry, 44*, 573–588.

Cloninger, C. R., Svrakic, D. M., & Przybeck, T. R. (1993). A psychobiological model of temperament and character. *Archives of General Psychiatry, 50*, 975–990.

Cohn, L. D., Adler, N. E., Irwin, C. E., Millstein, S. G., Kegeles, S. M., & Stone, G. (1987). Body-figure preferences in male and female adolescents. *Journal of Abnormal Psychology, 96*, 276–279.

Collier, D. A., Arranz, M. J., Li, T., Mupita, D., Brown, N., & Treasure, J. (1997). Association between 5-HT_{2A} gene promoter polymorphism and anorexia nervosa [Comment]. *Lancet, 350*, 412.

Collings, S., & King, M. (1994). Ten-year follow-up of 50 patients with bulimia nervosa. *British Journal of Psychiatry, 164*, 80–87.

Cooper, M., & Todd, G. (1997). Selective processing of three types of stimuli in eating disorders. *British Journal of Clinical Psychology, 36*, 279–281.

Cooper, Z., & Fairburn, C. G. (2011). The evolution of "enhanced" cognitive behavior therapy for eating disorders: Learning from treatment nonresponse. *Cognitive Behavior Practice, 18*, 394–402.

Craik, K. H., Hogan, R., & Wolfe, R. N. (1993). *Fifty years of personality psychology*. Nova York: Plenum Press.

Crandall, C. S. (1988). Social contagion of binge eating. *Journal of Personality and Social Psychology, 55*, 588–598.

Crandall, C. S., & Martinez, R. (1996). Culture, ideology, and antifat attitudes. *Personality and Social Psychology Bulletin, 22*, 1165–1176.

Crandall, C. S., D'Anello, S., Sakalli, N., Lazarus, E., Nejtardt, G. W., & Feather, N. T. (2001). An attribution-value model of prejudice: Anti-fat attitudes in six nations. *Personality and Social Psychology Bulletin, 27*, 30–37.

Crichton, P. (1996). Were the Roman emperors Claudius and Vitellius bulimic? *International Journal of Eating Disorders, 19*, 203–207.

Crisp, A. H., Gelder, M. G., Rix, S., Meltzer, H. I., & Rowlands, O. J. (2000). Stigmatisation of people with mental illnesses. *British Journal of Psychiatry, 177*, 4–7.

Crisp, A. H., Palmer, R. L., & Kalucy, R. S. (1976). How common is anorexia nervosa? A prevalence study. *British Journal of Psychiatry, 128*, 549–554.

Crocker, J., & Major, B. (1989). Social stigma and self-esteem: The self-protective properties of stigma. *Psychological Review, 96*, 608–630.

Crow, S. J., Peterson, C. B., Swanson, S. A., Raymond, N. C., Specker, S., Eckert, E. D., & Mitchell, J. E. (2009). Increased mortality in bulimia nervosa and other eating disorders. *American Journal of Psychiatry, 166*, 1342–1346.

Crowther, J. H., Armey, M., Luce, K. H., Dalton, G. R., & Leahey, T. (2008). The point prevalence of bulimic disorders from 1990 to 2004. *International Journal of Eating Disorders, 41*, 491–497.

Culbert, K. M., Slane, J. D., & Klump, K. L. (2008). Genetics of eating disorders. In S. Wonderlich, J. E. Mitchell, M. de Zwaan, & H. Steiger (Eds.), *Annual review of eating disorders, part 2* (pp. 27–42). Oxford: Radcliffe Publishing.

Currin, L., Schmidt, U., Treasure, J., & Jick, H. (2005). Time trends in eating disorder incidence. *British Journal of Psychiatry, 186*, 132–135.

Cuthbert, B. N., & Insel, T. R. (2013). Toward the future of psychiatric diagnosis: The seven pillars of RDoC. *BMC Medicine, 11*:126.

Dalle Grave, R., Calugi, S., Doll, H. A., & Fairburn, C. G. (2013). Enhanced cognitive behaviour therapy for adolescents with anorexia nervosa: An alternative to family therapy? *Behavior Research and Therapy, 51*, R9–R12.

Dalle Grave, R., Calugi, S., Marchesini, G., Beck-Peccoz, P., Bosello, O., Compare, A., *et al.* (2013). Personality features of obese women in relation to binge eating and night eating. *Psychiatry Research, 207*, 86–91.

Dalle Grave, R., De Luca, L., & Campello, G. (2001). Middle school primary prevention program for eating disorders: A controlled study with a twelve-month follow-up. *Eating Disorders: The Journal of Treatment and Prevention, 9*, 327–337.

Danner, U. N., Sanders, N., Smeets, P. A., van Meer, F., Adan, R. A., Hoek, H. W., & van Elburg, A. A. (2012). Neuropsychological weaknesses in anorexia nervosa: Set-shifting, central coherence, and decision making in currently ill and recovered women. *International Journal of Eating Disorders, 45*, 685–694.

Davis, C., & Yager, J. (1992). Transcultural aspects of eating disorders: A critical literature review. *Culture, Medicine and Psychiatry, 16*, 377–394.

Davis, C., Curtis, C., Levitan, R. D., Carter, J. C., Kaplan, A. S., & Kennedy, J. L. (2011). Evidence that "food addiction" is a valid phenotype of obesity. *Appetite, 57*, 711–717.

Dare, C., Eisler, I., Russell, G. F., & Szmukler, G. I. (1990). The clinical and theoretical impact of a controlled trial of family therapy in anorexia nervosa. *Journal of Marital and Family Therapy, 16*, 39–57.

Davis, C., Patte, K., Curtis, C., & Reid, C. (2010). Immediate pleasures and future consequences. A neuropsychological study of binge eating and obesity. *Appetite, 54*, 208–213.

De Alvaro, M. T., Muñoz-Calvo, M. T., Barrios, V., Martínez, G., Martos-Moreno, G. A., Hawkins, F., & Argente, J. (2007). Regional fat distribution in adolescents with anorexia nervosa: Effect of duration of malnutrition and weight recovery. *European Journal of Endocrinology, 157*, 473–479.

De Castro, J. M. (1999). Behavioral genetics of food intake regulation in free-living humans. *Nutrition, 15*, 550–554.

Dejong, W., & Kleck, R. (1986). The social psychological effects of overweight. In C. Herman, M. Zanna, & E. Higgins (Eds.), *Physical appearance stigma and social behavior: The Ontario Symposium* (pp. 65–87). Hillsdale, NJ: Erlbaum.

Devlin, M. J., Goldfein, J. A., Carino, J. S., & Wolk, S. L. (2000). Open treatment of overweight binge eaters with phentermine and fluoxetine as an adjunct to cognitive–behavioral therapy. *International Journal of Eating Disorders, 28*, 325–332.

Devlin, M. J., Kissileff, H. R., Zimmerli, E. J., Samuels, F., Chen, B. E., Brown, A. J., Geliebter, A., & Walsh, B. T. (2012). Gastric emptying and symptoms of bulimia nervosa: Effect of a prokinetic agent. *Physiology & Behavior*, *106*, 238–242.

Devlin, M. J., Walsh, B. T., Guss, J. L., Kissileff, H. R., Liddle, R. A., & Petkova, E. (1997). Postprandial cholecystokinin release and gastric emptying in patients with bulimia nervosa. *American Journal of Clinical Nutrition*, *65*, 114–120.

Diamond, R. J. (2002). *Instant psychopharmacology: A guide for the nonmedical mental health professional* (2ª. ed.). Nova York: Norton.

Di Carlo, C., Tommaselli, G. A., De Filippo, E., Pisano, G., Nasti, A., Bifulco, G., *et al.* (2002). Menstrual status and serum leptin levels in anorectic and in menstruating women with low body mass indexes. *Fertility and Sterility*, *78*, 376–382.

Dickerson, J. F., DeBar, L., Perrin, N. A., Lynch, F., Wilson, G. T., Rosselli, F., *et al.* (2011). Health-service use in women with binge eating disorders. *International Journal of Eating Disorders*, *44*, 524–530.

DiNicola, V. F. (1990a). Anorexia multiforme: Self-starvation in historical and cultural context: I. Self-starvation as a historical chameleon. *Transcultural Psychiatric Research Review*, *27*, 165–196.

DiNicola, V. F. (1990b). Anorexia multiforme: Self-starvation in historical and cultural context: II. Anorexia nervosa as a culture-reactive syndrome. *Transcultural Psychiatric Research Review*, *27*, 245–286.

Dolan, B., & Ford, K. (1991). Binge eating and dietary restraint: A cross-cultural analysis. *International Journal of Eating Disorders*, *10*, 345–353.

Dossat, A. M., Bodell, L. P., Williams, D. L., Eckel, L. A., & Keel, P. K. (2015). Preliminary examination of glucagon-like peptide-1 levels in women with purging disorder and bulimia nervosa. *International Journal of Eating Disorders*, *48*, 199–205.

Drewnowski, A., Kurth, C. L., & Krahn, D. D. (1995). Effects of body image on dieting, exercise, and anabolic steroid use in adolescent males. *International Journal of Eating Disorders*, *17*, 381–386.

Eagles, J. M., Johnston, M. I., Hunter, D., Lobban, M., & Millar, H. R. (1995). Increasing incidence of anorexia nervosa in the female population of northeast Scotland. *American Journal of Psychiatry*, *152*, 1266–1271.

Eaton, D. K., Kann, L., Kinchen, S., Ross, J., Hawkins, J., Harris, W. A., *et al.* (2006). Youth risk behavior surveillance – United States, 2005. *Journal of School Health, 76*, 353–372.

Eddy, K. T., Dorer, D. J., Franko, D. L., Tahilani, K., Thompson-Brenner, H., & Herzog, D. B. (2008). Diagnostic crossover in anorexia nervosa and bulimia nervosa: Implications for *DSM-V. American Journal of Psychiatry, 165*, 245–250.

Eddy, K. T., Hennessey, M., & Thompson-Brenner, H. (2007). Eating pathology in East African women: The role of media exposure and globalization. *Journal of Nervous and Mental Disease, 195*, 196–202.

Eddy, K. T., Keel, P. K., Dorer, D. J., Delinsky, S. S., Franko, D. L., & Herzog, D. B. (2002). Longitudinal comparison of anorexia nervosa subtypes. *International Journal of Eating Disorders, 31*, 191–201.

Edwards-Hewitt, T., & Gray, J. J. (1993). The prevalence of disordered eating attitudes and behaviours in Black-American and White-American college women: Ethnic, regional, class, and media differences. *European Eating Disorders Review, 1*, 41–54.

Egan, M. F., Kojima, M., Callicott, J. H., Goldberg, T. E., Kolachana, B. S., Bertolino, A., *et al.* (2003). The BDNF val66met polymorphism affects activity-dependent secretion of BDNF and human memory and hippocampal function. *Cell, 112*, 257–269.

Eisenberg, M. E., & Neumark-Sztainer, D. (2010). Friends' dieting and disordered eating behaviors among adolescents five years later: Findings from Project EAT. *Journal of Adolescent Health, 47*, 67–73.

Eisenberg, M. E., Neumark-Sztainer, D., Story, M., & Perry, C. (2005). The role of social norms and friends' influences on unhealthy weight-control behaviors among adolescent girls. *Social Sciences & Medicine, 60*, 1165–1173.

Eisenberg, M. E., Wall, M., & Neumark-Sztainer, D. (2012). Muscle-enhancing behaviors among adolescent girls and boys. *Pediatrics, 130*, 1019–1026.

Eisler, I., Dare, C., Russell, G. F., Szmukler, G., le Grange, D., & Dodge, E. (1997). Family and individual therapy in anorexia nervosa. A 5-year follow-u p. *Archives of General Psychiatry, 54*, 1025–1030.

Eisler, I., Simic, M., Russell, G. F., & Dare, C. (2007). A randomised controlled treatment trial of two forms of family therapy in adolescent anorexia nervosa: A five-year follow-up. *Journal of Child Psychology and Psychiatry, 48*, 552–560.

Engel, K., Wittern, M., Hentze, M., & Meyer, A. E. (1989). Long-term stability of anorexia nervosa treatments: Follow-up study of 218 patients. *Psychiatric Developments*, *7*, 395–407.

Engle, M. (2014). Protecting consumers from false and deceptive advertising of weight-loss products. Prepared Statement of the Federal Trade Commission presented before the Senate Committee on Commerce, Science, and Transportation, June 17, 2014. https://www.ftc.gov/system/files/documents/public_ statements/316321/140617falsedecepweightloss.pdf. Último acesso em 9 de fevereiro de 2016.

Enoch, M. A., Kaye, W. H., Rotondo, A., Greenberg, B. D., Murphy, D. L., & Goldman, D. (1998). 5-HT_{2A} promoter polymorphism -1438G/A, anorexia nervosa, and obsessive–compulsive disorder. *Lancet*, *351*, 1785–1786.

Expert Panel on the Identification, Evaluation, and Treatment of Overweight in Adults. (1998). Clinical guidelines on the identification, evaluation, and treatment of overweight and obesity in adults: Executive summary. *American Journal of Clinical Nutrition*, *68*, 899–917.

Fairburn, C. (1995) *Overcoming binge eating*. Nova York: Guilford Press. [Vencendo a compulsão alimentar: Aprenda por que você come compulsivamente e como parar. Porto Alegre: Artmed.]

Fairburn, C. G., Cooper, Z., Doll, H. A., Norman, P., & O'Connor, M. (2000). The natural course of bulimia nervosa and binge eating disorder in young women. *Archives of General Psychiatry*, *57*, 659–665.

Fairburn, C. G., Cooper, Z., Doll, H. A., O'Connor, M. E., Palmer, R. L., & Dalle Grave, R. (2013). Enhanced cognitive behaviour therapy for adults with anorexia nervosa: A UK–Italy study. *Behavior Research and Therapy*, *51*, R2–R8.

Fairburn, C. G., Cooper, Z., Doll, H. A., & Welch, S. L. (1999). Risk factors for anorexia nervosa: Three integrated case–control comparisons. *Archives of General Psychiatry*, *56*, 468–476.

Fairburn, C. G., Doll, H. A., Welch, S. L., Hay, P. J., Davies, B. A., & O'Connor, M. E. (1998). Risk factors for binge eating disorder: A community-based, case–control study. *Archives of General Psychiatry*, *55*, 425–432.

Fairburn, C. G., Jones, R., Peveler, R. C., Hope, R. A., & O'Connor, M. (1993). Psychotherapy and bulimia nervosa. Longer-term effects of interpersonal psychotherapy, behavior therapy, and cognitive behavior therapy. *Archives of General Psychiatry*, *50*, 419–428.

Fairburn, C. G., Kirk, J., O'Connor, M., & Cooper, P. J. (1986). A comparison of two psychological treatments for bulimia nervosa. *Behavior Research & Therapy, 24*, 629–643.

Fairburn, C. G., Norman, P. A., Welch, S. L., O'Connor, M. E., Doll, H. A., & Peveler, R. C. (1995). A prospective study of outcome in bulimia nervosa and the long-term effects of three psychological treatments. *Archives of General Psychiatry, 52*, 304–312.

Fairburn, C. G., Welch, S. L, Doll, H. A., Davies, B. A., & O'Connor, M. E. (1997). Risk factors for bulimia nervosa: A community-based case–control study. *Archives of General Psychiatry, 54*, 509–517.

Fairburn, C. G., Welch, S. L., Norman, P. A., O'Connor, M. E., & Doll, H. A. (1996). Bias and bulimia nervosa: How typical are clinic cases? *American Journal of Psychiatry, 153*, 386–391.

Fallon, A. E., & Rozin, P. (1985). Sex differences in perceptions of desirable body shape. *Journal of Abnormal Psychology, 94*, 102–105.

Farmer, R. F., Nash, H. M., & Field, C. E. (2001). Disordered eating behaviors and reward sensitivity. *Journal of Behavior Therapy and Experimental Psychiatry, 32*, 211–219.

Fassino, S., Abbate-Daga, G., Amianto, F., Leombruni, P., Boggio, S., & Rovera, G. G. (2002). Temperament and character profile of eating disorders: A controlled study with the Temperament and Character Inventory. *International Journal of Eating Disorders, 32*, 412–425.

Fassino, S., Abbate-Daga, G., Amianto, F., Leombruni, P., Fornas, B., Garzaro, L., *et al.* (2001). Outcome predictors in anorectic patients after 6 months of multimodal treatment. *Psychotherapy and Psychosomatics, 70*, 201–208.

Fassino, S., Amianto, F., & Abbate-Daga, G. (2009). The dynamic relationship of parental personality traits with the personality and psychopathology traits of anorexic and bulimic daughters. *Comprehensive Psychiatry, 50*, 232–239.

Fassino, S., Leombruni, P., Piero, A., Abbate-Daga, G., Amianto, F., Rovera, G., & Rovera, G. G. (2002). Temperament and character in obese women with and without binge eating disorder. *Comprehensive Psychiatry, 43*, 431–437.

Favaro, A., Ferrara, S., & Santonastaso, P. (2003). The spectrum of eating disorders in young women: A prevalence study in a general population sample. *Psychosomatic Medicine, 65*, 701–708.

Favaro, A., Monteleone, P., Santonastaso, P., & Maj, M. (2008). Psychobiology of eating disorders. In S. Wonderlich, J. E. Mitchell, M. de Zwaan, H. Steiger (Eds.), *Annual review of eating disorders, part 2* (pp. 1–26). Oxford: Radcliffe Publishing.

Favaro, A., Santonastaso, P., Monteleone, P., Bellodi, L., Mauri, M., Rotondo, A., *et al.* (2008). Self-injurious behavior and attempted suicide in purging bulimia nervosa: Associations with psychiatric comorbidity. *Journal of Affective Disorders, 105*, 285–289.

Ferreira, J. E., de Souza, P. R., Jr., da Costa, R. S., Sichieri, R., & da Veiga, G. V. (2013). Disordered eating behaviors in adolescents and adults living in the same household in metropolitan area of Rio de Janeiro, Brazil. *Psychiatry Research, 210*, 612–617.

Fetissov, S. O., Meguid, M. M., Chen, C., & Miyata, G. (2000). Synchronized release of dopamine and serotonin in the medial and lateral hypothalamus of rats. *Neuroscience, 101*, 657–663.

Fichter, M. M., & Noegel, R. (1990). Concordance for bulimia nervosa in twins. *International Journal of Eating Disorders, 9*, 255–263.

Fichter, M. M., & Quadflieg, N. (1997). Six-year course of bulimia nervosa. *International Journal of Eating Disorders, 22*, 361–384.

Fichter, M. M., & Quadflieg, N. (2004). Twelve-year course and outcome of bulimia nervosa. *Psychological Medicine, 34*, 1395–1406.

Fichter, M. M., & Quadflieg, N. (2007). Long-term stability of eating disorder diagnoses. *International Journal of Eating Disorders, 40*, S61–S66.

Fichter, M. M., Quadflieg, N., & Gnutzmann, A. (1998). Binge eating disorder: Treatment outcome over a 6-year course. *Journal of Psychosomatic Research, 44*, 385–405.

Fichter, M. M., Quadflieg, N., & Hedlund, S. (2006). Twelve-year course and outcome predictors of anorexia nervosa. *International Journal of Eating Disorders, 39*, 87–100.

Fichter, M. M., Quadflieg, N., & Hedlund, S. (2008). Long-term course of binge eating disorder and bulimia nervosa: Relevance for nosology and diagnostic criteria. *International Journal of Eating Disorders, 41*, 577–586.

Fichter, M. M., Quadflieg, N., Nisslmüller, K., Lindner, S., Osen, B., Huber, T., & Wünsch-Leiteritz, W. (2012). Does Internet-based prevention reduce the risk of relapse for anorexia nervosa? *Behavior Research and Therapy, 50*, 180–190.

Field, A. E., Austin, S. B., Camargo, C. A., Jr., Taylor, C. B., Striegel-Moore, R. H., Loud, K. J., & Colditz, G. A. (2005). Exposure to the mass media, body shape concerns, and use of supplements to improve weight and shape among male and female adolescents. *Pediatrics, 116*, e214–e220.

Field, A. E., Herzog, D. B., Keller, M. B., West, J., Nussbaum, K., & Colditz, G. A. (1997). Distinguishing recovery from remission in a cohort of bulimic women: How should asymptomatic periods be described? *Journal of Clinical Epidemiology, 50*, 1339–1345.

Field, A. E., Sonneville, K. R., Crosby, R. D., Swanson, S. A., Eddy, K. T., Camargo, C. A., Jr., *et al.* (2014). Prospective associations of concerns about physique and the development of obesity, binge drinking, and drug use among adolescent boys and young adult men. *JAMA Pediatrics, 168*, 34–39.

Field, A. E., Sonneville, K. R., Micali, N., Crosby, R. D., Swanson, S. A., Laird, N. M., *et al.* (2012). Prospective association of common eating disorders and adverse outcomes. *Pediatrics, 130*, e289–e295.

Fladung, A. K., Grön, G., Grammer, K., Herrnberger, B., Schilly, E., Grasteit, S., *et al.* (2010). A neural signature of anorexia nervosa in the ventral striatal reward system. *American Journal of Psychiatry, 167*, 206–212.

Flegal, K. M., & Troiano, R. P. (2000). Changes in the distribution of body mass index of adults and children in the U.S. population. *International Journal of Obesity and Related Metabolic Disorders, 24*, 807–818.

Flegal, K. M., Carroll, M. D., Ogden, C. L., & Curtin, L. R. (2010). Prevalence and trends in obesity among US adults, 1999–2008. *JAMA, 303*, 235–241.

Flegal, K. M., Carroll, M. D., Ogden, C. L., & Johnson, C. L. (2002). Prevalence and trends in obesity among U.S. adults, 1999–2000. *Journal of the American Medical Association, 288*, 1723–1727.

Flynn, S. V., & McNally, R. J. (1999). Do disorder-relevant cognitive biases endure in recovered bulimics? *Behavior Therapy, 30*, 541–553.

Föcker, M., Timmesfeld, N., Scherag, S., Bühren, K., Langkamp, M., Dempfle, A., *et al.* (2011). Screening for anorexia nervosa via measurement of serum leptin levels. *Journal of Neural Transmission, 118*, 571–578.

Formea, G. M., & Burns, L. (1996). Selective processing of food, weight, and body-shape words in nonpatient women with bulimia nervosa: Interference on the Stroop task. *Journal of Psychopathology and Behavioral Assessment, 18*, 105–118.

Frank, G. K., & Kaye, W. H. (2012). Current status of functional imaging in eating disorders. *International Journal of Eating Disorders*, *45*, 723–736.

Frank, G. K., Kaye, W. H., Meltzer, C. C., Price, J. C., Greer, P., McConaha, C., & Skoriva, K. (2002). Reduced 5-HT$_{2A}$ receptor binding after recovery from anorexia nervosa. *Biological Psychiatry*, *52*, 896–906.

Franko, D. L. (1998). Secondary prevention of eating disorders in college women at risk. *Eating Disorders: The Journal of Treatment and Prevention*, *6*, 29–40.

Franko, D. L., & Keel, P. K. (2006). Suicidality in eating disorders: Occurrence, correlates, and clinical implications. *Clinical Psychology Review*, *26*, 769–782.

Franko, D. L., Keel, P. K., Dorer, D. J., Blais, M. A., Delinsky, S. S., Eddy, K. T., *et al.* (2004). What predicts suicide attempts in women with eating disorders? *Psychological Medicine*, *34*, 843–853.

Franko, D. L., Keshaviah, A., Eddy, K. T., Krishna, M., Davis, M. C., Keel, P. K., & Herzog, D. B. (2013). A longitudinal investigation of mortality in anorexia nervosa and bulimia nervosa. *American Journal of Psychiatry*, *170*, 917–925.

Friederich, H. C., & Herzog, W. (2011). Cognitive–behavioral flexibility in anorexia nervosa. *Current Topics in Behavioral Neuroscience*, *6*, 111–123.

Friedman, J. M., & Halaas, J. L. (1998). Leptin and the regulation of body weight in mammals. *Nature*, *395*, 763–770.

Frisch, M. J., Herzog, D. B., & Franko, D. L. (2006). Residential treatment for eating disorders. *International Journal of Eating Disorders*, *39*, 434–442.

Fuentes, J. A., Lauzurica, N., Hurtado, A., Escartí, A., Barrios, V., Morandé, G., *et al.* (2004). Analysis of the −1438 G/A polymorphism of the 5-HT$_{2A}$ serotonin receptor gene in bulimia nervosa patients with or without a history of anorexia nervosa. *Psychiatric Genetics*, *14*, 107–109.

Galusca, B., Costes, N., Zito, N. G., Peyron, R., Bossu, C., Lang, F., *et al.* (2008). Organic background of restrictive-type anorexia nervosa suggested by increased serotonin 1A receptor binding in right frontotemporal cortex of both lean and recovered patients: [18F]MPPF PET scan study. *Biological Psychiatry*, *64*, 1009–1013.

Garfinkel, P. E., & Garner, D. M. (1982). *Anorexia nervosa: A multidimensional perspective*. Nova York: Brunner/ Mazel.

Garner, D. M., Garfinkel, P. E., Schwartz, D., & Thompson, M. (1980). Cultural expectations of thinness in women. *Psychological Reports, 47*, 483–491.

Garner, D. M., Olmstead, M. P., & Polivy, J. (1983). Development and validation of a multidimensional eating disorder inventory for anorexia nervosa and bulimia. *International Journal of Eating Disorders, 2*, 15–34.

Garner, D. M., Rockert, W., Davis, R., Garner, M. V., Olmsted, M. P., & Eagle, M. (1993). Comparison of cognitive–behavioral and supportive–expressive therapy for bulimia nervosa. *American Journal of Psychiatry, 150*, 37–46.

Garrido, I., & Subirá, S. (2013) Decision-making and impulsivity in eating disorder patients. *Psychiatry Research, 207*, 107–112

Garrusi, B., & Baneshi, M. R. (2012). Eating Disorders and their associated risk factors among Iranian population – a community based study. *Global Journal of Health Sciences, 5*, 193–202.

Gauvin, L., Steiger, H., & Brodeur, J. M. (2009). Eating-disorder symptoms and syndromes in a sample of urban-dwelling Canadian women: Contributions toward a population health perspective. *International Journal of Eating Disorders, 42*, 158–165.

Geliebter, A., Gluck, M. E., & Hashim, S. A. (2005). Plasma ghrelin concentrations are lower in binge-eating disorder. *Journal of Nutrition, 135*, 1326–1330.

Geliebter, A., Hashim, S. A., & Gluck, M. E. (2008). Appetite-related gut peptides, ghrelin, PYY, and GLP-1 in obese women with and without binge eating disorder (CAP). *Physiology & Behavior, 94*, 696–699.

Geliebter, A., Yahav, E. K., Gluck, M. E., & Hashim, S. A. (2004). Gastric capacity, test meal intake, and appetitive hormones in binge eating disorder. *Physiology & Behavior, 81*, 735–740.

Gendall, K. A., Kaye, W. H., Altemus, M., McConaha, C. W., & La Via, M. C. (1999). Leptin, neuropeptide Y, and peptide YY in long-term recovered eating disorder patients. *Biological Psychiatry, 46*, 292–299.

Geracioti, T. D., & Liddle, R. A. (1988). Impaired cholecystokinin secretion in bulimia nervosa. *New England Journal of Medicine, 319*, 683–688.

Germain, N., Galusca, B., Le Roux, C. W., & Bossu, C. (2007). Constitutional thinness and lean anorexia nervosa display opposite concentrations of peptide YY, glucagon-like peptide 1, ghrelin, and leptin. *American Journal of Clinical Nutrition, 85*, 967–971.

Gershon, E. S., Schreiber, J. L., Hamont, J. R., Dibble, E. D., Kaye, W., Nurnberger, J. L., *et al.* (1983). Anorexia nervosa and major affective disorders associated in families: A preliminary report. In S. B. Guze, F. J. Earls, & J. E. Barret (Eds.), *Childhood psychopathology and development* (pp. 279–284). Nova York: Raven Press.

Gibbs, J., & Smith, G. P. (1977). Cholecystokinin and satiety in rats and rhesus monkeys. *American Journal of Clinical Nutrition, 30*, 758–761.

Gibbs, J., Young, R. C., & Smith, G. P. (1972). Effect of gut hormones on feeding behavior in the rat. *Federation Proceedings, 31*, 397.

Gibbs, J., Young, R. C., & Smith, G. P. (1973). Cholecystokinin elicits satiety in rats with open gastric fistulas. *Nature, 245*, 323–325.

Goel, N., Stunkard, A. J., Rogers, N. L., Van Dongen, H. P., Allison, K. C., O'Reardon, J. P., Ahima, R. S., Cummings, D. E., Heo, M., & Dinges, D. F. (2009). Circadian rhythm profiles in women with night eating syndrome. *Journal of Biological Rhythms, 24*, 85–94.

Goh, S. E., Ong, S. B., & Subramaniam, M. (1993). Eating Disorders in Hong Kong. *British Journal of Psychiatry, 162*, 276–277.

Goldstein, D. J., Wilson, M. G., Thompson, V. L., Potvin, J. H., & Rampey, A. H., Jr. (1995). Long-term fluoxetine treatment of bulimia nervosa. Fluoxetine Bulimia Nervosa Research Group. *British Journal of Psychiatry, 166*, 660–666.

Gordon, K. H., Perez, M., & Joiner, T. E., Jr. (2002). The impact of racial stereotypes on eating disorder recognition. *International Journal of Eating Disorders, 32*, 219–224.

Gorwood, P., Ades, J., Bellodi, L., Cellini, E., Collier, D. A., Di Bella, D., *et al.* (2002). The 5-HT(2A) -1438G/A polymorphism in anorexia nervosa: A combined analysis of 316 trios from six European centres. *Molecular Psychiatry, 7*, 90–94.

Götestam, K. G., Eriksen, L., Heggestad, T., & Nielsen, S. (1998). Prevalence of eating disorders in Norwegian general hospitals 1990–1994: Admissions per year and seasonality. *International Journal of Eating Disorders, 23*, 57–64.

Gowen, L. K., Hayward, C., Killen, J. D., Robinson, T. N., & Taylor, C. B. (1999). Acculturation and eating disorder symptoms in adolescent girls. *Journal of Research on Adolescence, 9*, 67–83.

Gowers, S. G., Clark, A. F., Roberts, C., Byford, S., Barrett, B., Griffiths, A., *et al.* (2010). A randomised controlled multicentre trial of treatments for adolescent anorexia nervosa including assessment of cost-effectiveness and patient acceptability – the TOuCAN trial. *Health Technology Assessment, 14*, 1–98.

Grabe, S., Ward, L. M., & Hyde, J. S. (2008). The role of the media in body image concerns among women: A meta-analysis of experimental and correlational studies. *Psychological Bulletin, 134*, 460–476.

Gratacos, M., Gonzalez, J. R., Mercader, J. M., de Cid, R., Urretavizcaya, M., & Estivill, X. (2007). Brain-derived neurotrophic factor Val66Met and psychiatric disorders: Meta-analysis of case–control studies confirm association to substance-related disorders, eating disorders, and schizophrenia. *Biological Psychiatry, 61*, 911–922.

Gravener, J. A., Haedt, A. A., Heatherton, T. F., & Keel, P. K. (2008). Gender and age differences in associations between peer dieting and drive for thinness. *International Journal of Eating Disorders, 41*, 57–63.

Gray, J. J., Ford, K., & Kelly, L. M. (1987). The prevalence of bulimia in a Black college population. *International Journal of Eating Disorders, 6*, 733–740.

Greenough, A., Cole, G., Lewis, J., Lockton, A., & Blundell, J. (1998). Untangling the effects of hunger, anxiety, and nausea on energy intake during intravenous cholecystokinin octapeptide (CCK-8) infusion. *Physiology and Behavior, 65*, 303–310.

Grilo, C. M., & Masheb, R. M. (2000). Onset of dieting vs. binge eating in outpatients with binge eating disorder. *International Journal of Obesity and Related Metabolic Disorders, 24*, 404–409.

Grilo, C. M., Pagano, M. E., Skodol, A. E., Sanislow, C. A., McGlashan, T. H., Gunderson, J. G., *et al.* (2007). Natural course of bulimia nervosa and of eating disorder not otherwise specified: 5-year prospective study of remissions, relapses, and the effects of personality disorder psychopathology. *Journal of Clinical Psychiatry, 68*, 738–746.

Grinspoon, S., Miller, K., Coyle, C., Krempin, J., Armstrong, C., Pitts, S., *et al.* (1999). Severity of osteopenia in estrogen-deficient women with anorexia nervosa and hypothalamic amenorrhea. *Journal of Clinical Endocrinology and Metabolism, 84*, 2049–2055.

Groesz, L. M., Levine, M. P., & Murnen, S. K. (2002). The effect of experimental presentation of thin media images on body satisfaction: A meta-analytic review. *International Journal of Eating Disorders, 31*, 1–16.

Grover, V. P., Keel, P. K., & Mitchell, J. P. (2003). Gender differences in implicit weight identity. *International Journal of Eating Disorders, 34*, 125–135.

Gruner, D. C. (1930). *A treatise on the canon of medicine of Avicenna, incorporating a translation of the first book.*

Londres: Luzac & Co.

Gull, W. W. (1874). Anorexia nervosa (apepsia hysterica, anorexia hysterica). *Transactions of the Clinical Society of London, 7*, 22–28.

Gull, W. W. (1888). Anorexia nervosa. *Lancet, 1*, 516–517.

Gustafsson, S. A., Edlund, B., Kjellin, L., & Norring, C. (2010). Characteristics measured by the Eating Disorder Inventory for children at risk and protective factors for disordered eating in adolescent girls. *International Journal of Women's Health, 2*, 375–379.

Habermas, T. (1989). The psychiatric history of anorexia nervosa and bulimia nervosa: Weight concerns and bulimic symptoms in early case reports. *International Journal of Eating Disorders, 8*, 259–273.

Habermas, T. (1992). Further evidence on early case descriptions of anorexia nervosa and bulimia nervosa. *International Journal of Eating Disorders, 11*, 351–359.

Haedt, A. A., & Keel, P. K. (2010). Comparing definitions of purging disorder on point prevalence and associations with external validators. *International Journal of Eating Disorders, 43*, 433–439.

Haedt-Matt, A. A., & Keel, P. K. (2011). Revisiting the affect regulation model of binge eating: A meta-analysis of studies using ecological momentary assessment. *Psychological Bulletin, 137*, 660–681.

Haedt-Matt, A. A., & Keel, P. K. (2015). Affect regulation and purging: An ecological momentary assessment study in purging disorder. *Journal of Abnormal Psychology, 124*, 399–341.

Haedt-Matt, A. A., Zalta, A. K., Forbush, K. T., & Keel, P. K. (2012). Experimental evidence that changes in mood cause changes in body dissatisfaction among undergraduate women. *Body Image, 9*, 216–220.

Haines, J., Neumark-Sztainer, D., Eisenberg, M. E., & Hannan, P. J. (2006). Weight teasing and disordered eating behaviors in adolescents: Longitudinal findings from Project EAT (Eating Among Teens). *Pediatrics, 117*, e209–e215.

Halvorsen, I., Andersen, A., & Heyerdahl, S. (2004). Good outcome of adolescent onset anorexia nervosa after systematic treatment. *European Child & Adolescent Psychiatry, 13*, 295–306.

Harris, E. C., & Barraclough, B. (1998). Excess mortality of mental disorder. *British Journal of Psychiatry, 173*, 11–53.

Harris, M. B., Walters, L. C., & Waschull, S. (1991). Gender and ethnic differences in obesity-related behaviors and attitudes in a college sample. *Journal of Applied Social Psychology*, *21*, 1545–1566.

Harrison, A., O'Brien, N., Lopez, C., & Treasure, J. (2010). Sensitivity to reward and punishment in eating disorders. *Psychiatry Research*, *177*, 1–11.

Haudek, C., Rorty, M., & Henker, B. (1999). The role of ethnicity and parental bonding in the eating and weight concerns of Asian-American and Caucasian college women. *International Journal of Eating Disorders*, *25*, 425–433.

Hausenblas, H. A., Campbell, A., Menzel, J. E., Doughty, J., Levine, M., & Thompson, J. K. (2013). Media effects of experimental presentation of the ideal physique on eating disorder symptoms: A meta-analysis of laboratory studies. *Clinical Psychology Review*, *33*, 168–181.

Hay, P. J., Mond, J., Buttner, P., & Darby, A. (2008). Eating disorder behaviors are increasing: Findings from two sequential community surveys in South Australia. *PLoS One*, *3*, e1541.

Heatherton, T. F., & Baumeister, R. F. (1991). Binge eating as escape from self-awareness. *Psychological Bulletin*, *110*, 86–108.

Heatherton, T. F., Nichols, P., Mahamedi, F., & Keel, P. (1995). Body weight, dieting, and eating disorder symptoms among college students, 1982 to 1992. *American Journal of Psychiatry*, *152*, 1623–1629.

Hebebrand, J., Blum, W. F., Barth, N., Coners, H., Englaro, P., Juul, A., *et al.* (1997). Leptin levels in patients with anorexia nervosa are reduced in the acute stage and elevated upon short-term weight restoration. *Molecular Psychiatry*, *2*, 330–334.

Heinberg, L. J., & Thompson, J. K. (1995). Body image and televised images of thinness and attractiveness: A controlled laboratory investigation. *Journal of Social and Clinical Psychology*, *14*, 325–338.

Herzog, D. B., Dorer, D. J., Keel, P. K., Selwyn, S. E., Ekeblad, E. R., Flores, A. T., *et al.* (1999). Recovery and relapse in anorexia and bulimia nervosa: A 7.5-year follow-up study. *Journal of the American Academy of Child and Adolescent Psychiatry*, *38*, 829–837.

Herzog, W., Deter, H. C., Fiehn, W., & Petzold, E. (1997). Medical findings and predictors of long-term physical outcome in anorexia nervosa: A prospective, 12-year follow-up study. *Psychological Medicine*, *27*, 269–279.

Hetherington, A. W., & Ranson, S. W. (1942). The spontaneous activity and food intake of rats with hypothalamic lesions. *American Journal of Physiology, 136*, 609–617.

Hettema, J. M., Neale, M. C., & Kendler, K. S. (1995). Physical similarity and the equal-environment assumption in twin studies of psychiatric disorders. *Behavior Genetics, 25*, 327–335.

Heymsfield, S. B., Greenberg, A. S., Fujioka, K., Dixon, R. M., Kushner, R., Hunt, T., *et al.* (1999). Recombinant leptin for weight loss in obese and lean adults: A randomized, controlled, dose-escalation trial [Comment]. *Journal of the American Medical Association, 282*, 1568–1575.

Hilbert, A., Saelens, B. E., Stein, R. I., Mockus, D. S., Welch, R. R., Matt, G. E., & Wilfley, D. E. (2007). Pretreatment and process predictors of outcome in interpersonal and cognitive behavioral psychotherapy for binge eating disorder. *Journal of Consulting and Clinical Psychology, 75*, 645–651.

Hinney, A., Ziegler, A., Nothen, M. M., Remschmidt, H., & Hebebrand, J. (1997). 5-HT_{2A} receptor gene polymorphisms, anorexia nervosa, and obesity. *Lancet, 350*, 1324–1325.

Hoek, H. W., & van Hoeken, D. (2003). Review of the prevalence and incidence of eating disorders. *International Journal of Eating Disorders, 34*, 383–396.

Holland, L. A., Bodell, L. P., & Keel, P. K. (2013). Psychological factors predict eating disorder onset and maintenance at 10-year follow-up. *European Eating Disorders Review, 21*, 405–410.

Holm-Denoma, J. M., Witte, T. K., Gordon, K. H., Herzog, D. B., Franko, D. L., Fichter, M., *et al.* (2008). Deaths by suicide among individuals with anorexia as arbiters between competing explanations of the anorexia–suicide link. *Journal of Affective Disorders, 107*, 231–236.

Holtkamp, K., Hebebrand, J., Mika, C., Grzella, I., Heer, M., Heussen, N., & Herpertz-Dahlmann, B. (2003). The effect of therapeutically induced weight gain on plasma leptin levels in patients with anorexia nervosa. *Journal of Psychiatric Research, 37*, 165–169.

Holtkamp, K., Hebebrand, J., Mika, C., Heer, M., Heussen, N., & Herpertz-Dahlmann, B. (2004). High serum leptin levels subsequent to weight gain predict renewed weight loss in patients with anorexia nervosa. *Psychoneuroendocrinology, 29*, 791–797.

Holtom-Viesel, A., & Allan, S. (2013). A systematic review of the literature on family functioning across all eating disorder diagnoses in comparison to control families. *Clinical Psychology Review, 34*, 29–43.

Hotta, M., Shibasaki, T., Sato, K., & Demura, H. (1998). The importance of body weight history in the occurrence and recovery of osteoporosis in patients with anorexia nervosa: Evaluation by dual X-ray absorptiometry and bone metabolic markers. *European Journal of Endocrinology, 139*, 276–283.

Hsu, L. K. G. (1990). *Eating Disorders*. Nova York: Guilford Press.

Hudson, J. I., Hiripi, E., Pope, H. G., Jr., & Kessler, R. C. (2007). The prevalence and correlates of eating disorders in the National Comorbidity Survey Replication. *Biological Psychiatry, 61*, 348–358.

Hurley, J. B., Palmer, R. L., & Stretch, D. (1990). The specificity of the Eating Disorders Inventory: A reappraisal. *International Journal of Eating Disorders, 9*, 419–424.

Irving, L., Wall, M., Story, M., & Neumark-Sztainer, D. (2002). Steroid use among adolescents: Findings from Project EAT. *Journal of Adolescent Health, 30*, 243–252.

Jackson, S. C., Keel, P. K., & Lee, Y. (2006). Trans-cultural comparison of disordered eating in Korean women. *International Journal of Eating Disorders, 39*, 498–502.

Javaras, K. N., Laird, N. M., Reichborn-Kjennerud, T., Bulik, C. M., Pope, H. G., Jr., & Hudson, J. I. (2008). Familiality and heritability of binge eating disorder: Results of a case–control family study and a twin study. *International Journal of Eating Disorders, 41*, 174–179.

Jimerson, D. C., Lesem, M. D., Kaye, W. H., & Brewerton, T. D. (1992). Low serotonin and dopamine metabolite concentrations in cerebrospinal fluid from bulimic patients with frequent binge episodes. *Archives of General Psychiatry, 49*, 132–138.

Jimerson, D. C., Mantzoros, C., Wolfe, B. E., & Metzger, E. D. (2000). Decreased serum leptin in bulimia nervosa. *Journal of Clinical Endocrinology and Metabolism, 85*, 4511–4514.

Jimerson, D. C., Wolfe, B. E., Carroll, D. P., & Keel, P. K. (2010). Psychobiology of purging disorder: Reduction in circulating leptin levels in purging disorder in comparison with controls. *International Journal of Eating Disorders, 43*, 584–588.

Johansson, L., Ghaderi, A., Hällgren, M., & Andersson, G. (2008). Implicit memory bias for eating-and body appearance–related sentences in eating disorders: An application of Jacoby's white noise task. *Cognitive Behavior Therapy, 37*, 135–145.

Johnson, C. L., Lewis, C., Love, S., Lewis, L., & Stuckey, M. (1984). Incidence and correlates of bulimic behavior in a female high school population. *Journal of Youth and Adolescence, 13*, 15–26.

Johnston, L. D., O'Malley, P. M., Bachman, J. G., & Schulenberg, J. E. (2005). *Monitoring the future: National Survey results on drug use, 1975–2004. Volume I: Secondary school students* (NIH publication 05–5727).

Bethesda, MD: National Institute on Drug Abuse.

Joiner, T. E., Jr. (1999). Self-verification and bulimic symptoms: Do bulimic women play a role in perpetuating their own dissatisfaction and symptoms? *International Journal of Eating Disorders, 26*, 145–151.

Joiner, T. (2005). *Why people die by suicide*. Cambridge, MA: Harvard University Press.

Jones-Chesters, M. H., Monsell, S., & Cooper, P. J. (1998). The disorder-salient Stroop effect as a measure of psychopathology in eating disorders. *International Journal of Eating Disorders, 24*, 65–82.

Juarascio, A., Shaw, J., Forman, E., Timko, C. A., Herbert, J., Butryn, M., Bunnell, D., Matteucci, A., & Lowe M. (2013). Acceptance and commitment therapy as a novel treatment for eating disorders: an initial test of efficacy and mediation. *Behavior Modification, 37*, 459 89.

Kandel, E. R., Schwartz, J. H., & Jessell, T. M. (1991). *Principles of Neural Science* (3ª. ed.). Nova York: Elsevier. [Princípios de Neurociências. Porto Alegre: Artmed].

Karwautz, A., Rabe-Hesketh, S., Hu, X., Zhao, J., Sham, P., Collier, D. A., *et al.* (2001). Individual-specific risk factors for anorexia nervosa: A pilot study using a discordant sister-pair design. *Psychological Medicine, 31*, 317–329.

Kater, K., Rohwer, J., & Levine, M. P. (2000). An elementary school project for developing healthy body image and reducing risk factors for unhealthy and disordered eating. *Eating Disorders: The Journal of Treatment and Prevention, 8*, 3–16.

Katzman, D. K., & Misra, M. (2013). Bone health in adolescent females with anorexia nervosa: What is a clinician to do? *International Journal of Eating Disorders, 46*, 456–460.

Katzman, D. K., Zipursky, R. B., Lambe, E. K., & Mikulis, D. J. (1997). A longitudinal magnetic resonance imaging study of brain changes in adolescents with anorexia nervosa. *Archives of Pediatrics and Adolescent Medicine, 151*, 793–797.

Katzman, M. A., & Lee, S. (1997). Beyond body image: The integration of feminist and transcultural theories in the understanding of self-starvation. *International Journal of Eating Disorders, 22*, 385–394.

Kaye, W. H. (2008). Neurobiology of anorexia and bulimia nervosa. *Physiology and Behavior, 94*, 121–135.

Kaye, W. H., Berrettini, W., Gwirtsman, H., & George, D. T. (1990). Altered cerebrospinal fluid neuropeptide Y and peptide YY immunoreactivity in anorexia and bulimia nervosa. *Archives of General Psychiatry, 47*, 548–556.

Kaye, W. H., Frank, G. K., Meltzer, C. C., Price, J. C., McConaha, C. W., Crossan, P. J., *et al.* (2001). Altered serotonin 2A receptor activity in women who have recovered from bulimia nervosa. *American Journal of Psychiatry, 158*, 1152–1155.

Kaye, W. H., Wierenga, C. E., Bailer, U. F., Simmons, A. N., & Bischoff-Grethe, A. (2013). Nothing tastes as good as skinny feels: The neurobiology of anorexia nervosa. *Trends in Neuroscience, 36*, 110–120.

Keel, P. K. (2010). Epidemiology and course of eating disorders. In W. S. Agras (Ed.), *The Oxford handbook of eating disorders* (pp. 25–46). Nova York: Oxford University Press.

Keel, P. K., & Brown, T. A. (2010). Update on course and outcome in eating disorders. *International Journal of Eating Disorders, 43*, 195–204.

Keel, P. K., & Heatherton, T. F. (2010). Weight suppression predicts maintenance and onset of bulimic syndromes at 10-year follow-up. *Journal of Abnormal Psychology, 119*, 268–275.

Keel, P. K., & Herzog, D. B. (2004). Long-term outcome, course of illness and mortality in anorexia nervosa, bulimia nervosa, and binge eating disorder. In T. D. Brewerton (Ed.), *Eating Disorders* (pp. 97–116). Nova York: Marcel Dekker.

Keel, P. K., & Klump, K. L. (2003). Are eating disorders culture-bound syndromes? Implications for conceptualizing their etiology. *Psychological Bulletin, 129*, 747–769.

Keel, P. K., & Mitchell, J. E. (1997). Outcome in bulimia nervosa. *American Journal of Psychiatry, 154*, 313–321.

Keel, P. K., & Striegel-Moore, R. H. (2009). The validity and clinical utility of purging disorder. *International Journal of Eating Disorders, 42*, 706–719.

Keel, P. K., Baxter, M. G., Heatherton, T. F., & Joiner, T. E., Jr. (2007). A 20-year longitudinal study of body weight, dieting, and eating disorder symptoms. *Journal of Abnormal Psychology, 116*, 422–432.

Keel, P. K., Dorer, D. J., Eddy, K. T., Delinsky, S. S., Franko, D. L., Blais, M. A., *et al.* (2002). Predictors of treatment utilization among women with anorexia and bulimia nervosa. *American Journal of Psychiatry, 159*, 140–142.

Keel, P. K., Dorer, D. J., Eddy, K. T., Franko, D., Charatan, D. L., & Herzog, D. B. (2003). Predictors of mortality in eating disorders. *Archives of General Psychiatry, 60*, 179–183.

Keel, P. K., Dorer, D. J., Franko, D. L., Jackson, S. C., & Herzog, D. B. (2005). Postremission predictors of relapse in women with eating disorders. *American Journal of Psychiatry, 162*, 2263–2268.

Keel, P. K., Forney, K. J., Brown, T. A., & Heatherton, T. F. (2013). Influence of college peers on disordered eating in women and men at 10-year follow-up. *Journal of Abnormal Psychology, 122*, 105–110.

Keel, P. K., Gravener, J. A., Joiner, T. E., Jr., & Haedt, A. A. (2010). Twenty-year follow-up of bulimia nervosa and related eating disorders not otherwise specified. *International Journal of Eating Disorders, 43*, 492–497.

Keel, P. K., Haedt, A., & Edler, C. (2005). Purging disorder: An ominous variant of bulimia nervosa? *International Journal of Eating Disorders, 38*, 191–199.

Keel, P. K., Heatherton, T. F., Dorer, D. J., Joiner. T. E., & Zalta, A. K. (2006). Point prevalence of bulimia nervosa in 1982, 1992, and 2002. *Psychological Medicine, 36*, 119–127.

Keel, P. K., Heatherton, T. F., Harnden, J. L., & Hornig, C. D. (1997). Mothers, fathers, and daughters: Dieting and disordered eating. *Eating Disorders: The Journal of Treatment and Prevention, 5*, 216–228.

Keel, P. K., Holm-Denoma, J. M., & Crosby, R. D. (2011). Clinical significance and distinctiveness of purging disorder and binge eating disorder. *International Journal of Eating Disorders, 44*, 311–316.

Keel, P. K., Mitchell, J. E., Davis, T. L., & Crow, S. J. (2001). Relationship between depression and body dissatisfaction in women diagnosed with bulimia nervosa. *International Journal of Eating Disorders, 30*, 48–56.

Keel, P. K., Mitchell, J. E., Davis, T. L., & Crow, S. J. (2002). Long-term impact of treatment in women diagnosed with bulimia nervosa. *International Journal of Eating Disorders, 31*, 151–158.

Keel, P. K., Mitchell, J. E., Davis, T. L., Fieselman, S., & Crow, S. J. (2000). Impact of definitions on the description and prediction of bulimia nervosa outcome. *International Journal of Eating Disorders, 28*, 377–386.

Keel, P. K., Mitchell, J. E., Miller, K. B., Davis, T. L., & Crow, S. J. (1999). Long-term outcome of bulimia nervosa. *Archives of General Psychiatry, 56*, 63–69.

Keel, P. K., Mitchell, J. E., Miller, K. B., Davis, T. L., & Crow, S. J. (2000). Predictive validity of bulimia nervosa as a diagnostic category. *American Journal of Psychiatry, 157*, 136–138.

Keel, P. K., Wolfe, B. E., Liddle, R. A., De Young, K. P., & Jimerson, D. C. (2007). Clinical features and physiological response to a test meal in purging disorder and bulimia nervosa. *Archives of General Psychiatry, 64*, 1058–1066.

Keesey, R. E. (1986). Set point theory of obesity. In K. D. Brownell & J. P. Foreyt (Eds.), *Handbook of eating disorders* (pp. 63–87). Nova York: Basic Books.

Kendell, R. E. (1989). Clinical validity. *Psychological Medicine, 19*, 45–55.

Kendell, R. E., Hall, D. J., Hailey, A., & Babigian, H. M. (1973). The epidemiology of anorexia nervosa. *Psychological Medicine, 3*, 200–203.

Kendler, K. S., & Gardner, C. O., Jr. (1998). Twin studies of adult psychiatric and substance dependence disorders: Are they biased by differences in the environmental experiences of monozygotic and dizygotic twins in childhood and adolescence? *Psychological Medicine, 28*, 625–633.

Kendler, K. S., MacLean, C., Neale, M., Kessler, R., Heath, A., & Eaves, L. (1991). The genetic epidemiology of bulimia nervosa. *American Journal of Psychiatry, 148*, 1627–1637.

Kendler, K. S., Martin, N. G., Heath, A. C., & Eaves, L. J. (1995). Self-report psychiatric symptoms in twins and their nontwin relatives: Are twins different? *American Journal of Medical Genetics, 60*, 588–591.

Keski-Rahkonen, A., Hoek, H., Linna, M., Raevuori, A., Sihvola, E., Bulik, C., *et al.* (2009). Incidence and outcomes of bulimia nervosa: A nationwide population-based study. *Psychological Medicine, 39*, 823–831.

Kessler, R. C., Berglund, P., Chiu, W. T., Demler, O., Heeringa, S., Hiripi, E., *et al.* (2004). The US National Comorbidity Survey Replication (NCS-R): Design and field procedures. *International Journal of Methods in Psychiatric Research, 13*, 69–92.

Ketata, W., Aloulou, J., Charfi, N., Abid, M., & Amami, O. (2009). Binge eating disorder and obesity: Epidemiological, clinical and psychopathological aspects. A study of an obese population in Sfax (Tunisia). *Annals of Endocrinology, 70*, 462–467.

Keys, A., Brozek, J., Henschel, A., Mickelsen, O., & Taylor, H. L. (1950). *The biology of human starvation*. Minneapolis: University of Minnesota Press.

Kilbourne, J. (1987). *Still killing us softly*. Cambridge: Harvard University.

Killen, J. D., Taylor, C. B., Hayward, C., Haydel, K. F., Wilson, D. M., Hammer, L., *et al.* (1996). Weight concerns influence the development of eating disorders: A 4-year prospective study. *Journal of Consulting and Clinical Psychology*, *64*, 936–940.

King, N., Touyz, S., & Charles, M. (2000). The effect of body dissatisfaction on women's perceptions of female celebrities. *International Journal of Eating Disorders*, *27*, 341–347.

Kingston, K., Szmukler, G., Andrewes, D., Tress, B., & Desmond, P. (1996). Neuropsychological and structural brain changes in anorexia nervosa before and after refeeding. *Psychological Medicine*, *26*, 15–28.

Kipman, A., Bruins-Slot, L., Boni, C., Hanoun, N., Ades, J., Blot, P., *et al.* (2002). 5-H T(2A) gene promoter polymorphism as a modifying rather than a vulnerability factor in anorexia nervosa. *European Psychiatry*, *17*, 227–229.

Kirkley, B. G., Schneider, J. A., Agras, W. S., & Bachman, J. A. (1985). Comparison of two group treatments for bulimia. *Journal of Consulting and Clinical Psychology*, *53*, 43–48.

Kissileff, H., Pi-Sunyer, F. X., Thornton, J., & Smith, G. P. (1981). C-terminal octapeptide of cholecystokinin decreases food intake in man. *American Journal of Clinical Nutrition*, *34*, 154–160.

Klein, D. A., & Walsh, B. T. (2004). Eating Disorders: Clinical features and pathophysiology. *Physiology & Behavior*, *81*, 359–374.

Klerman, G. L., Weissman, M. M., Rounsaville, B. J., & Chevron, E. S. (1984). *Interpersonal psychotherapy of depression*. Nova York: Basic Books.

Klump, K. L., Bulik, C. M., Kaye, W. H., Treasure, J., & Tyson, E. (2009). Academy for Eating Disorders position paper: eating disorders are serious mental illnesses. *International Journal of Eating Disorders*, *42*, 97–103.

Klump, K. L., Bulik, C. M., Pollice, C., Halmi, K. A., Fichter, M. M., Berrettini, W. H., *et al.* (2000). Temperament and character in women with anorexia nervosa. *Journal of Nervous and Mental Disease*, *188*, 559–567.

Klump, K. L., Burt, S. A., McGue, M., & Iacono, W. G. (2007). Changes in genetic and environmental influences on disordered eating across adolescence: A longitudinal twin study. *Archives of General Psychiatry*, *64*, 1409–1415.

Klump, K. L., Holly, A., Iacono, W. G., McGue, M., & Willson, L. E. (2000). Physical similarity and twin resemblance for eating attitudes and behaviors: A test of the equal environments assumption. *Behavior Genetics*, *30*, 51–58.

Klump, K. L., Kaye, W. H., & Strober, M. (2001). The evolving genetic foundations of eating disorders. *Psychiatric Clinics of North America*, *24*, 215–225.

Klump, K. L., Keel, P. K., Leon, G. R., & Fulkerson, J. A. (1999). Risk for eating disorders in a school-based twin sample: Are twins representative of the general population for eating disorders behavior? *Eating Disorders: The Journal of Treatment and Prevention*, *7*, 33–41.

Klump, K. L., McGue, M., & Iacono, W. G. (2000). Age differences in genetic and environmental influences on eating attitudes and behaviors in preadolescent and adolescent female twins. *Journal of Abnormal Psychology*, *109*, 239–251.

Klump, K. L., McGue, M., & Iacono, W. G. (2002). Genetic relationships between personality and eating attitudes and behaviors. *Journal of Abnormal Psychology*, *111*, 380–389.

Klump, K. L., Miller, K. B., Keel, P. K., McGue, M., & Iacono, W. G. (2001). Genetic and environmental influences on anorexia nervosa syndromes in a population-based twin sample. *Psychological Medicine*, *31*, 737–740.

Klump, K. L., Suisman, J. L., Burt, S. A., McGue, M., & Iacono, W. G. (2009). Genetic and environmental influences on disordered eating: An adoption study. *Journal of Abnormal Psychology*, *118*, 797–805.

Koch, S., Quadflieg, N., & Fichter, M. (2013). Purging disorder: A comparison to established eating disorders with purging behaviour. *European Eating Disorders Review*, *21*, 265–275.

Koch, S., Quadflieg, N., & Fichter, M. (2014). Purging disorder: a pathway to death? A review of 11 cases. *Eating & Weight Disorders*, *19*, 21–29.

Koeppen-Schomerus, G., Wardle, J., & Plomin, R. (2001). A genetic analysis of weight and overweight in 4-year-old twin pairs. *International Journal of Obesity and Related Metabolic Disorders*, *25*, 838–844.

Kojima, S., Nakahara. T., Nagai, N., Muranaga, T., Tanaka, M., Yasuhara, D., *et al.* (2005). Altered ghrelin and peptide YY responses to meals in bulimia nervosa. *Clinical Endocrinology*, *62*, 74–78.

Kraig, K. A., & Keel, P. K. (2001). Weight-based stigmatization in children. *International Journal of Obesity and Related Metabolic Disorders*, *25*, 1661–1666.

Krieg, J. C., Lauer, C., Leinsinger, G., Pahl, J., Schreiber, W., Pirke, K. M., *et al.* (1989). Brain morphology and regional cerebral blood flow in anorexia nervosa. *Biological Psychiatry, 25*, 1041–1048.

Kuczmarski, R. J., Flegal, K. M., Campbell, S. M., & Johnson, C. L. (1994). Increasing prevalence of overweight among U.S. adults. The National Health and Nutrition Examination Surveys, 1960 to 1991. *Journal of the American Medical Association, 272*, 205–211.

Lacey, J. H. (1982). Anorexia nervosa and a bearded female saint. *British Medical Journal (Clinical Research Edition), 285*, 1816–1817.

Lai, K. Y. (2000). Anorexia nervosa in Chinese adolescents– does culture make a difference? *Journal of Adolescence, 23*, 561–568.

Laliberte, M., Boland, F. J., & Leichner, P. (1999). Family climates: Family factors specific to disturbed eating and bulimia nervosa. *Journal of Clinical Psychology, 55*, 1021–1040.

Larkin, J. E., & Pines, H. A. (1979). No fat persons need apply: Experimental studies of the overweight stereotype and hiring preference. *Work and Occupations, 6*, 312–327.

Latner, J. D., & Stunkard, A. J. (2003). Getting worse: The stigmatization of obese children. *Obesity Research, 11*, 452–456.

Latner, J. D., Stunkard, A. J., & Wilson, G. T. (2005). Stigmatized students: Age, sex, and ethnicity effects in the stigmatization of obesity. *Obesity Research, 13*, 1226–1231.

Lavender, J. M., Wonderlich, S. A., Crosby, R. D., Engel, S. G., Mitchell, J. E., Crow, S. J., *et al.* (2013). Personality-based subtypes of anorexia nervosa: Examining validity and utility using baseline clinical variables and ecological momentary assessment. *Behavior Research and Therapy, 51*, 512–517.

Lawlor, B. A., Burket, R. C., & Hodgin, J. A. (1987). Eating Disorders in American Black men. *Journal of the National Medical Association, 79*, 984–986.

Lear, S. A., Pauly, R. P., & Birmingham, C. L. (1999). Body fat, caloric intake, and plasma leptin levels in women with anorexia nervosa. *International Journal of Eating Disorders, 26*, 283–288.

Lee, C. K., Kwak, Y. S., Rhee, H., Kim, Y. S., Han, J. H., Choi, J. O., *et al.* (1987). The nationwide epidemiological study of medical disorders in Korea. *Journal of Korean Medical Science, 2*, 19–34.

Lee, S. (1995). Self-starvation in context: Towards a culturally sensitive understanding of anorexia nervosa. *Social Science and Medicine*, *41*, 25–36.

Lee, S. (2000). Eating Disorders are becoming more common in the East too. *British Medical Journal*, *321*, 10–23.

Lee, S., & Lee, A. M. (2000). Disordered eating in three communities of China: A comparative study of female high school students in Hong Kong, Shenzhen, and rural Hunan. *International Journal of Eating Disorders*, *27*, 317–327.

Lee, S., Chiu, H. F., & Chen, C. N. (1989). Anorexia nervosa in Hong Kong: Why not more in Chinese? *British Journal of Psychiatry*, *154*, 683–688.

Lee, S., Ho, T. P., & Hsu, L. K. (1993). Fat phobic and non–fat phobic anorexia nervosa: A comparative study of 70 Chinese patients in Hong Kong. *Psychological Medicine*, *23*, 999–1017.

Lee, S., Ng, K. L., Kwok, K., & Fung, C. (2010). The changing profile of eating disorders at a tertiary psychiatric clinic in Hong Kong (1987–2007). *International Journal of Eating Disorders*, *43*, 307–314.

le Grange, D. (1999). Family therapy for adolescent anorexia nervosa. *Journal of Clinical Psychology*, *55*, 727–739. le Grange, D., Crosby, R. D., Rathouz, P. J., & Leventhal, B. L. (2007). A randomized controlled comparison of family-based treatment and supportive psychotherapy for adolescent bulimia nervosa. *Archives of General Psychiatry*, *64*, 1049–1056.

le Grange, D., Eisler, I., Dare, C., & Russell, G. F. (1992). Evaluation of family treatments in adolescent anorexia nervosa: A pilot study. *International Journal of Eating Disorders*, *12*, 347–357.

Leon, G. R., Fulkerson, J. A., Perry, C. L., & Cudeck, R. (1993). Personality and behavioral vulnerabilities associated with risk status for eating disorders in adolescent girls. *Journal of Abnormal Psychology*, *102*, 438–444.

Leon, G. R., Fulkerson, J. A., Perry, C. L., & Early-Zald, M. B. (1995). Prospective analysis of personality and behavioral vulnerabilities and gender influences in the later development of disordered eating. *Journal of Abnormal Psychology*, *104*, 140–149.

Leon, G. R., Fulkerson, J. A., Perry, C. L., Keel, P. K., & Klump, K. L. (1999). Three to four year prospective evaluation of personality and behavioral risk factors for later disordered eating in adolescent girls and boys. *Journal of Youth and Adolescence*, *28*, 181–196.

Leon, G. R., Keel, P. K., Klump K. L., & Fulkerson, J. A. (1997). The future of risk factor research in understanding the etiology of eating disorders. *Psychopharmacology Bulletin, 33*, 405–411.

Lester, N. A., Keel, P. K., & Lipson, S. F. (2003). Symptom fluctuation in bulimia nervosa: Relation to menstrual-cycle phase and cortisol levels. *Psychological Medicine, 33*, 51–60.

Lester, R., & Petrie, T. A. (1995). Personality and physical correlates of bulimic symptomatology among Mexican American female college students. *Journal of Counseling Psychology, 42*, 199–203.

Levine, M. P., & Smolak, L. (2001). Primary prevention of body image disturbances and disordered eating in childhood and early adolescence. In J. K. Thompson & L. Smolak (Eds.), *Body image, eating disorders, and obesity in youth: Assessment, prevention, and treatment* (pp. 237–260). Washington, DC: American Psychological Association

Levine, M. P., Smolak, L., & Schermer, F. (1996). Media analysis and resistance by elementary school children in the primary prevention of eating problems. *Eating Disorders: The Journal of Treatment and Prevention, 4*, 310–322.

Lewer, M., Nasrawi, N., Schroeder, D., & Vocks, S. (2016). Body image disturbance in binge eating disorder: a comparison of obese patients with and without binge eating disorder regarding the cognitive, behavioral and perceptual component of body image. *Eating and Weight Disorders, 21*, 115–125.

Liao, P.-C., Uher, R., Lawrence, N., Treasure, J., Schmidt, U., Campbell, I. C., *et al.* (2009). An examination of decision making in bulimia nervosa. *Journal of Clinical and Experimental Neuropsychology, 31*, 455–461.

Liechty, J. M., & Lee, M. J. (2013). Longitudinal predictors of dieting and disordered eating among young adults in the U.S. *International Journal of Eating Disorders, 46*, 790–800.

Lilenfeld, L. R., Kaye, W. H., Greeno, C. G., Merikangas, K. R., Plotnicov, K., Pollice, C., *et al.* (1998). A controlled family study of anorexia nervosa and bulimia nervosa: Psychiatric disorders in first-degree relatives and effects of proband comorbidity. *Archives of General Psychiatry, 55*, 603–610.

Lilenfeld, L. R., Wonderlich, S., Riso, L. P., Crosby, R., & Mitchell, J. (2006). Eating Disorders and personality: A methodological and empirical review. *Clinical Psychology Review, 26*, 299–320.

Linville, D., Stice, E., Gau, J., & O'Neil, M. (2011). Predictive effects of mother and peer influences on increases in adolescent eating disorder risk factors and symptoms: A 3-year longitudinal study. *International Journal of Eating Disorders, 44*, 745–751.

Littleton, H. L., & Ollendick, T. (2003). Negative body image and disordered eating behavior in children and adolescents: What places youth at risk and how can these problems be prevented? *Clinical Child and Family Psychology Review, 6*, 51–66.

Lock, J. (2015). An update on evidence-based psychosocial treatments for eating disorders in children and adolescents. *Journal of Clinical Child and Adolescent Psychology, 44*, 707–721.

Lock, J., le Grange, D., Agras, W. S., Moye, A., Bryson, S. W., & Jo, B. (2010). Randomized clinical trial comparing family-based treatment with adolescent-focused individual therapy for adolescents with anorexia nervosa. *Archives of General Psychiatry, 67*, 1025–1032.

Lokken, K. L., Marx, H. M., & Ferraro, F. R. (2006) Severity of bulimic symptoms is the best predictor of interference on an emotional Stroop paradigm. *Eating & Weight Disorders, 11*, 38–44.

Lopez, C. A., Tchanturia, K., Stahl, D., & Treasure, J. (2008). Central coherence in women with bulimia nervosa. *International Journal of Eating Disorders, 41*, 340–347.

Lovell, D. M., Williams, J. M., & Hill, A. B. (1997). Selective processing of shape-related words in women with eating disorders, and those who have recovered. *British Journal of Clinical Psychology, 36*, 421–432.

Lowe, M. R., Gleaves, D. H., & Murphy-Eberenz, K. P. (1998). On the relation of dieting and bingeing in bulimia nervosa. *Journal of Abnormal Psychology, 107*, 263–271.

Löwe, B., Zipfel, S., Buchholz, C., Dupont, Y., Reas, D. L., & Herzog, W. (2001). Long-term outcome of anorexia nervosa in a prospective 21-year follow-up study. *Psychological Medicine, 31*, 881–890.

Lucas, A. R., Crowson, C. S., O'Fallon, W. M., & Melton, L. J., 3rd (1999). The ups and downs of anorexia nervosa. *International Journal of Eating Disorders, 26*, 397–405.

Lundgren, J. D., Drapeau, V., Allison, K. C., Gallant, A. R., Tremblay, A., Lambert, M. A., *et al.* (2012). Prevalence and familial patterns of night eating in the Québec Adipose and Lifestyle Investigation in Youth (QUALITY) study. *Obesity, 20*, 1598–1603.

Lundgren, J. D., Rempfer, M. V., Brown, C. E., Goetz, J., & Hamera, E. (2010). The prevalence of night eating syndrome and binge eating disorder among overweight and obese individuals with serious mental illness. *Psychiatry Research, 175*, 233–236.

Lydiard, R. B., Brady, K. T., O'Neil, P. M., Schlesier-Carter, B., Hamilton, S., Rogers, Q., *et al.* (1988). Precursor amino acid concentrations in normal weight bulimics and normal controls. *Progress in Neuropsychopharmacology and Biological Psychiatry, 12*, 893–898.

Mabe, A. G., Forney, K. J., & Keel, P. K. (2014). Do you "like" my photo? Facebook use maintains eating disorder risk. *International Journal of Eating Disorders, 47*, 516–523.

Mackinnon, S. P., Sherry, S. B., Graham, A. R., Stewart, S. H., Sherry, D. L., Allen, S. L., *et al.* (2011). Reformulating and testing the perfectionism model of binge eating among undergraduate women: A short-term, three-wave longitudinal study. *Journal of Counseling Psychology, 58*, 630–646.

Manara, F., Manara, A., & Todisco, P. (2005). Correlation between psychometric and biological parameters in anorexic and bulimic patients during and after an intensive day hospital treatment. *Eating and Weight Disorders, 10*, 236–244.

Mandal, P., Arumuganathan, S., Sagar, R., & Srivastava, P. (2013). A classical case of bulimia nervosa from India. *Indian Journal of Psychological Medicine, 35*, 309–310.

Mantzoros, C., Flier, J. S., Lesem, M. D., Brewerton, T. D., & Jimerson, D. C. (1997). Cerebrospinal fluid leptin in anorexia nervosa: Correlation with nutritional status and potential role in resistance to weight gain. *Journal of Clinical Endocrinology and Metabolism, 82*, 1845–1851.

Manwaring, J. L., Hilbert, A., Wilfley, D. E., Pike, K. M., Fairburn, C. G., Dohm, F. A., & Striegel-Moore, R. H. (2006). Risk factors and patterns of onset in binge eating disorder. *International Journal of Eating Disorders, 39*, 101–107.

Marcus, M. D., & Wildes, J. E. (2009). Obesity: Is it a mental disorder? *International Journal of Eating Disorders, 42*, 739–753.

Marques, L., Alegria, M., Becker, A. E., Chen, C. N., Fang, A., Chosak, A., & Diniz, J. B. (2011). Comparative prevalence, correlates of impairment, and service utilization for eating disorders across US ethnic groups: Implications for reducing ethnic disparities in health care access for eating disorders. *International Journal of Eating Disorders, 44*, 412–420.

Martásková, D., Slachtová, L., Kemlink, D., Záhoráková, D., & Papezová, H. (2009). Polymorphisms in serotonin-related genes in anorexia nervosa.

The first study in Czech population and meta-analyses with previously performed studies. *Folia Biologica (Praha), 55*, 192–197.

Martz, D. M., & Bazzini, D. G. (1999). Eating Disorders prevention programming may be failing: Evaluation of 2 one-shot programs. *Journal of College Student Development, 40*, 32–42.

Martz, D. M., Graves, K. D., & Sturgis, E. T. (1997). A pilot peer-leader eating disorders prevention program for sororities. *Eating Disorders: The Journal of Treatment and Prevention, 5*, 294–308.

McCabe, M. P., & Ricciardelli, L. A. (2001). Parent, peer, and media influences on body image and strategies to both increase and decrease body size among adolescent boys and girls. *Adolescence, 36*, 225–240.

McCormick, L. M., Keel, P. K., Brumm, M. C., Bowers, W., Swayze, V., Andersen, A., & Andreasen, N. (2008). Implications of starvation-induced change in right dorsal anterior cingulate volume in anorexia nervosa. *International Journal of Eating Disorders, 41*, 602–610.

McElroy, S. L., Guerdjikova. A. I., Mori, N., Munoz, M. R., & Keck, P. E. (2015). Overview of the treatment of binge eating disorder. *CNS Spectrums, 20*, 546–556.

McElroy, S. L., Guerdjikova, A. I., Mori, N., & O'Melia, A. M. (2012). Pharmacological management of binge eating disorder: current and emerging treatment options. *Journal of Therapeutics and Clinical Risk Management, 8*, 219–241.

McEvey, G. L., & Davis, R. (2002). A program to promote positive body image: A 1-year follow-up evaluation. *Journal of Early Adolescence, 22*, 96–108.

McIntosh, V. V., Jordan, J., Carter, F. A., Luty, S. E., McKenzie, J. M., Bulik, C. M., *et al.* (2005). Three psychotherapies for anorexia nervosa: A randomized, controlled trial. *American Journal of Psychiatry, 162*, 741–747.

Merikangas, K. R., He, J. P., Burstein, M., Swendsen, J., Avenevoli, S., Case, B., *et al.* (2010). Service utilization for lifetime mental disorders in U.S. adolescents: Results of the National Comorbidity Survey – Adolescent Supplement (NCS-A). *Journal of the American Academy of Child and Adolescent Psychiatry, 50*, 32–45.

Miller, K. B., Keel, P. K., Mitchell, J. E., Thuras, P., & Crow, S. J. (2004). *Cognitive–behavioral therapy speeds recovery over the long-term course of bulimia nervosa.* Manuscrito não publicado, 'Departamento de Psicologia, Universidade de Minnesota, Minneapolis.

Miller, M. N., & Pumariega, A. J. (2001). Culture and eating disorders: A historical and cross-cultural review. *Psychiatry, 64*, 93–110.

Mills, J. S., Polivy, J., Herman, C. P., & Tiggemann, M. (2002). Effects of exposure to thin media images: Evidence of self-enhancement among restrained eaters. *Personality and Social Psychology Bulletin, 28*, 1687–1699.

Milos, G., Spindler, A., Schnyder, U., & Fairburn, C. G. (2005). Instability of eating disorder diagnoses: Prospective study. *British Journal of Psychiatry, 187*, 573–578.

Milosevic, A. (1999). Eating Disorders and the dentist. *British Dental Journal, 186*, 109–113.

Minuchin, S., Rosman, B. L., & Baker, L. (1978). *Psychosomatic families: Anorexia nervosa in context*. Cambridge, MA: Harvard University Press.

Mitchell, J. E. (1990). The treatment of eating disorders. *Psychosomatics, 31*, 1–3.

Mitchell, J. E., Halmi, K., Wilson, G. T., Agras, W. S., Kraemer, H., & Crow, S. (2002). A randomized secondary treatment study of women with bulimia nervosa who fail to respond to CBT. *International Journal of Eating Disorders, 32*, 271–281.

Mitchell, J. E., Pomeroy, C., Seppala, M., & Huber, M. (1988). Diuretic use as a marker for eating problems and affective disorders among women. *Journal of Clinical Psychiatry, 49*, 267–270.

Mitchell, J. E., Pyle, R. L., Eckert, E. D., Hatsukami, D., & Lentz, R. (1983). Electrolyte and other physiological abnormalities in patients with bulimia. *Psychological Medicine, 13*, 273–278.

Mitchell, J. E., Pyle, R. L., Hatsukami, D., & Eckert, E. D. (1986). What are atypical eating disorders? *Psychosomatics, 27*, 21–28.

Mitchell, J. E., Seim, H. C., Colon, E., & Pomeroy, C. (1987). Medical complications and medical management of bulimia. *Annals of Internal Medicine, 107*, 71–77.

Mitchell, K. S., Wells, S. Y., Mendes, A., & Resick, P. A. (2012). Treatment improves symptoms shared by PTSD and disordered eating. *Journal of Traumatic Stress, 25*, 535–542.

Moffitt, T. E., Caspi, A., Taylor, A., Kokaua, J., Milne, B. J., Polanczyk, G., & Poulton, R. (2010). How common are common mental disorders? Evidence that lifetime prevalence rates are doubled by prospective versus retrospective ascertainment. *Psychological Medicine, 40*, 899–909.

Møller-Madsen, S., & Nystrup, J. (1992). Incidence of anorexia nervosa in Denmark. *Acta Psychiatrica Scandinavica*, *86*, 197–200.

Monteleone, P., Di Lieto, A., Tortorella, A., Longobardi, N., & Maj, M. (2000). Circulating leptin in patients with anorexia nervosa, bulimia nervosa or binge-eating disorder: Relationship to body weight, eating patterns, psychopathology and endocrine changes. *Psychiatry Research*, *94*, 121–129.

Monteleone, P., Fabrazzo, M., Tortorella, A., Fuschino, A., & Maj, M. (2002). Opposite modifications in circulating leptin and soluble leptin receptor across the eating disorder spectrum. *Molecular Psychiatry*, *7*, 641–646.

Monteleone, P., Martiadis, V., Rigamonti, A. E., Fabrazzo, M., Giordani, C., Muller, E. E., & Maj, M. (2005). Investigation of peptide YY and ghrelin responses to a test meal in bulimia nervosa. *Biological Psychiatry*, *57*, 926–931.

Moran, T. H., Robinson, P. H., & McHugh, P. R. (1985). The pyloric cholecystokinin receptor: A site of mediation for satiety? *Annals of the New York Academy of Sciences*, *448*, 621–623.

Moreno, A. B., & Thelen, M. H. (1993). A preliminary prevention program for eating disorders in a junior high school population. *Journal of Youth and Adolescence*, *22*, 109–124.

Morgan, H. G., & Russell, G. F. (1975). Value of family background and clinical features as predictors of long-term outcome in anorexia nervosa: Four-year follow-up study of 41 patients. *Psychological Medicine*, *5*, 355–371.

Morgenstern, M., Sargent, J. D., & Hanewinkel, R. (2009). Relation between socioeconomic status and body mass index: Evidence of an indirect path via television use. *Archives of Pediatrics and Adolescent Medicine*, *163*, 731–738.

Morton, R. (1694). *Phthisiologia: Or, a treatise of consumptions*. Londres: Smith & Walford.

Mousa, T. Y., Al-Domi, H. A., Mashal, R. H., & Jibril, M. A. (2010). Eating disturbances among adolescent schoolgirls in Jordan. *Appetite*, *54*, 196–201.

Mukai, T., & McCloskey, L. A. (1996). Eating attitudes among Japanese and American elementary school girls. *Journal of Cross-Cultural Psychology*, *27*, 424–435.

Mukai, T., Crago, M., & Shisslak, C. M. (1994). Eating attitudes and weight preoccupation among female high school students in Japan. *Journal of Child Psychology and Psychiatry and Allied Disciplines*, *35*, 677–688.

Mukai, T., Kambara, A., & Sasaki, Y. (1998). Body dissatisfaction, need for social approval, and eating disturbances among Japanese and American college women. *Sex Roles, 39*, 751–763.

Munsch, S., Biedert, E., Meyer, A. H., Herpertz, S., & Beglinger, C. (2009). CCK, ghrelin, and PYY responses in individuals with binge eating disorder before and after a cognitive behavioral treatment (CBT). *Physiology and Behavior, 97*, 14–20.

Murray, S. B., Rieger, E., Hildebrandt, T., Karlov, L., Russell, J., Boon, E., *et al.* (2012). A comparison of eating, exercise, shape, and weight related symptomatology in males with muscle dysmorphia and anorexia nervosa. *Body Image, 9*, 193–200.

Mussell, M. P., Crosby, R. D., Crow, S. J., Knopke, A. J., Peterson, C. B., Wonderlich, S. A., *et al.* (2000). Utilization of empirically supported psychotherapy treatments for individuals with eating disorders: A survey of psychologists. *International Journal of Eating Disorders, 27*, 230–237.

Mussell, M. P., Mitchell, J. E., Fenna, C. J, Crosby, R. D, Miller, J. P., & Hoberman, H. M. (1997). A comparison of onset of binge eating versus dieting in the development of bulimia nervosa. *International Journal of Eating Disorders, 21*, 353–360.

Myers, R. L., Airey, D. C., Manier, D. H., Shelton, R. C., & Sanders-Bush, E. (2007). Polymorphisms in the regulatory region of the human serotonin 5-HT_{2A} receptor gene (*HTR2A*) influence gene expression. *Biological Psychiatry, 61*, 167–173.

Nacmias, B., Ricca, V., Tedde, A., Mezzani, B., Rotella, C. M., & Sorbi, S. (1999). 5-HT_{2A} receptor gene polymorphisms in anorexia nervosa and bulimia nervosa. *Neuroscience Letters, 277*, 134–136.

Naessén, S., Carlström, K., Glant, R., Jacobsson, H., & Hirschberg, A. L. (2006). Bone mineral density in bulimic women – influence of endocrine factors and previous anorexia. *European Journal of Endocrinology, 155*, 245–251.

Naessén, S., Carlström, K., Holst, J. J., Hellström, P. M., & Hirschberg, A. L. (2011). Women with bulimia nervosa exhibit attenuated secretion of glucagon-like peptide 1, pancreatic polypeptide, and insulin in response to a meal. *American Journal of Clinical Nutrition, 94*, 967–972.

Nakahara, T., Kojima, S., Tanaka, M., Yasuhara, D., Harada, T., Sagiyama, K., *et al.* (2007). Incomplete restoration of the secretion of ghrelin and PYY compared to insulin after food ingestion following weight gain in anorexia nervosa. *Journal of Psychiatric Research, 41*, 814–820.

Nasser, M. (1988). Culture and weight consciousness. *Journal of Psychosomatic Research, 32*, 573–577.

National Institute for Clinical Excellence. (2004). *Eating Disorders: Core interventions in the treatment and management of anorexia nervosa, bulimia nervosa, and related eating disorders* (NICE Clinical Practice

Guideline No. 9). Leicester: British Psychological Society.

Neumark-Sztainer, D., Paxton, S. J., Hannan, P. J., Haines, J., & Story, M. (2006). Does body satisfaction matter? Five-year longitudinal associations between body satisfaction and health behaviors in adolescent females and males. *Journal of Adolescent Health, 39*, 244–251.

Neumark-Sztainer, D., Story, M., & Coller, T. (1999). Perceptions of secondary school staff toward the implementation of school-based activities to prevent weight-related disorders: A needs assessment. *American Journal of Health Promotion, 13*, 153–156.

Neumark-Sztainer, D., Story, M., Falkner, N. H., Beuhring, T., & Resnick, M. D. (1999). Sociodemographic and personal characteristics of adolescents engaged in weight loss and weight/muscle gain behaviors: Who is doing what? *Preventive Medicine, 28*, 40–50.

Neumark-Sztainer, D. R., Wall, M. M., Haines, J. I., Story, M. T., Sherwood, N. E., & van den Berg, P. A. (2007). Shared risk and protective factors for overweight and disordered eating in adolescents. *American Journal of Preventive Medicine, 33*, 359–369.

Neumark-Sztainer, D., Wall, M., Larson, N. I., Eisenberg, M. E., & Loth, K. (2011). Dieting and disordered eating behaviors from adolescence to young adulthood: Findings from a 10-year longitudinal study. *Journal of the American Dietetic Association, 111*, 1004–1011.

Newman, M. M., & Halmi, K. A. (1989). Relationship of bone density to estradiol and cortisol in anorexia nervosa and bulimia. *Psychiatry Research, 29*, 105–112.

Nicdao, E. G., Hong, S., & Takeuchi, D. T. (2007). Prevalence and correlates of eating disorders among Asian Americans: Results from the National Latino and Asian American Study. *International Journal of Eating Disorders, 40*, S22–S26.

Nichter, M., & Vuckovic, N. (1994). Fat talk: Body image among adolescent girls. In N. Sault (Ed.), *Many mirrors: Body image and social relations* (pp. 109–131). New Brunswick, New Jersey: Rutgers University Press.

Nilsson, K., & Hägglöf, B. (2005). Long-term follow-up of adolescent onset anorexia nervosa in northern Sweden. *European Eating Disorders Review, 13*, 89–100.

Nilsson, K., Sundbom, E., & Hägglöf. B. (2008). A longitudinal study of perfectionism in adolescent onset anorexia nervosa – restricting type. *European Eating Disorders Review, 16*, 386–394.

Nishiguchi, N., Matsushita, S., Suzuki, K., Murayama, M., Shirakawa, O., & Higuchi, S. (2001). Association between $5HT_{2A}$ receptor gene promoter region polymorphism and eating disorders in Japanese patients. *Biological Psychiatry, 50*, 123–128.

Nobakht, M., & Dezhkam, M. (2000). An epidemiological study of eating disorders in Iran. *International Journal of Eating Disorders, 28*, 265–271.

Norring, C. E., & Sohlberg, S. (1991). Ego functioning in eating disorders: Prediction of outcome after one and two years. *International Journal of Eating Disorders, 10*, 1–13.

Ogden, C. L., Carroll, M. D., Kit, B. K., & Flegal, K. M. (2014). Prevalence of childhood and adult obesity in the United States, 2011–2012. *Journal of the American Medical Association, 311*, 806–814.

Ogden, C. L., Lamb, M. M., Carroll, M. D., & Flegal, K. M (2010). *Obesity and socioeconomic status in adults: United States, 2005–2008* (NCHS Data Brief, No. 50). Hyattsville, MD: Centers for Disease Control and Prevention, National Center for Health Statistics. Recuperado de http://www.cdc.gov/nchs/data/databriefs/db50.pdf

Ogden, J., & Steward, J. (2000). The role of the mother–daughter relationship in explaining weight concern. *International Journal of Eating Disorders, 28*, 78–83.

Okasha, A. (1977). Psychiatric symptomatology in Egypt. *Mental Health and Society, 4*, 121–125.

Olmsted, M. P., Kaplan, A. S., & Rockert, W. (1994). Rate and prediction of relapse in bulimia nervosa. *American Journal of Psychiatry, 151*, 738–743.

Olmsted, M. P., Kaplan, A. S., & Rockert, W. (2005). Defining remission and relapse in bulimia nervosa. *International Journal of Eating Disorders, 38*, 1–6.

O'Reardon, J. P., Allison, K. C., Martino, N. S., Lundgren, J. D., Heo, M., & Stunkard, A. J. (2006). A randomized, placebo-controlled trial of sertraline in the treatment of night eating syndrome. *American Journal of Psychiatry, 163*, 893–898.

Organização Mundial da Saúde. (1998). *International statistical classification of diseases and related health problems* (10ª. ed. rev.). Genebra: Autora.

Oświecimska, J., Ziora, K., Geisler, G., & Broll-Waśka, K. (2005). Prospective evaluation of leptin and neuropeptide Y (NPY) serum levels in girls with anorexia nervosa. *Neuroendocrinology Letters, 26*, 301–304.

Otto, B., Cuntz, U., Otto, C., Heldwein, W., Riepl, R. L., & Tschöp, M. H. (2007). Peptide YY release in anorectic patients after liquid meal. *Appetite, 48*, 301–304.

Owen, P. R., & Laurel-Seller, E. (2000). Weight and shape ideals: Thin is dangerously in. *Journal of Applied Social Psychology, 30*, 979–990.

Palmer, R. L., Birchall, H., Damani, S., Gatward, N., McGrain, L., & Parker, L. (2003). A dialectical behavior therapy program for people with an eating disorder and borderline personality disorder – description and outcome. *International Journal of Eating Disorders, 33*, 281–286.

Parry-Jones, B. (1991). Historical terminology of eating disorders. *Psychological Medicine, 21*, 21–28.

Parry-Jones, B. (1992). A bulimic ruminator? The case of Dr. Samuel Johnson. *Psychological Medicine, 22*, 851–862.

Parry-Jones, B., & Parry-Jones, W. L. (1991). Bulimia: An archival review of its history in psychosomatic medicine. *International Journal of Eating Disorders, 10*, 129–143.

Parsons, M. J., D'Souza, U. M., Arranz, M. J., Kerwin, R. W., & Makoff, A. J. (2004). The -1438A/G polymorphism in the 5-hydroxytryptamine type 2A receptor gene affects promoter activity. *Biological Psychiatry, 56*, 406–410.

Pate, J. E., Pumariega, A. J., Hester, C., & Garner, D. M. (1992). Cross-cultural patterns in eating disorders: A review. *Journal of the American Academy of Child and Adolescent Psychiatry, 31*, 802–809.

Patton, G. C. (1988). Mortality in eating disorders. *Psychological Medicine, 18*, 947–951.

Patton, G. C., Johnson-Sabine, E., Wood, K., Mann, A. H., & Wakeling, A. (1990). Abnormal eating attitudes in London schoolgirls – a prospective epidemiological study: Outcome at twelve month follow-up. *Psychological Medicine, 20*, 383–394.

Paxton, S. J. (1996). Prevention implications of peer influences on body image dissatisfaction and disturbed eating in adolescent girls. *Eating Disorders: The Journal of Treatment and Prevention, 4*, 334–347.

Paxton, S. J., & Sculthorpe, A. (1999). Weight and health locus of control beliefs in an Australian community sample. *Psychology and Health, 14*, 417–431.

Pearson, C. M., Combs, J. L., Zapolski, T. C., & Smith, G. T. (2012). A longitudinal transactional risk model for early eating disorder onset. *Journal of Abnormal Psychology, 121*, 707–718.

Pearson, J., Goldklang, D., & Striegel-Moore, R. H. (2002). Prevention of eating disorders: Challenges and opportunities. *International Journal of Eating Disorders, 31*, 233–239.

Peterson, C. B., & Mitchell, J. E. (1999). Psychosocial and pharmacological treatment of eating disorders: A review of research findings. *Journal of Clinical Psychology, 55*, 685–697.

Peterson, C. B., & Mitchell, J. E. (2001). Cognitive-behavioral therapy for eating disorders. In J. E. Mitchell (Ed.), *The outpatient treatment of eating disorders: A guide for therapists, dietitians and physicians* (pp. 144–167). Minneapolis: University of Minnesota Press.

Peterson, C. B., Mitchell, J. E., Engbloom, S., Nugent, S., Pederson Mussell, M., Crow, S. J., & Thuras, P. (2001). Self-help versus therapist-led group cognitive-behavioral treatment of binge eating disorder at follow-up. *International Journal of Eating Disorders, 30*, 363–374.

Peterson, C. B., Thuras, P., Ackard, D. M., Mitchell, J. E., Berg, K., Sandager, N., *et al.* (2010). Personality dimensions in bulimia nervosa, binge eating disorder, and obesity. *Comprehensive Psychiatry, 51*, 31–36.

Phares, E. J. (1988). *Introduction to personality* (2nd ed.). Manhattan: Kansas State University of Agriculture and Applied Science.

Phelps, L., Sapia, J., Nathanson, D., & Nelson, L. (2000). An empirically supported eating disorder prevention program. *Psychology in the Schools, 37*, 443–452.

Pike, K. M., Hilbert, A., Wilfley, D. E., Fairburn, C. G., Dohm, F. A., Walsh, B. T., & Striegel-Moore, R. (2008). Toward an understanding of risk factors for anorexia nervosa: A case-control study. *Psychological Medicine, 38*, 1443–1453.

Piran, N. (1999). Eating Disorders: A trial of prevention in a high risk school setting. *Journal of Primary Prevention, 20*, 75–90.

Pirke, K. M., Kellner, M. B., Friess, E., Krieg, J. C., & Fichter, M. M. (1994). Satiety and cholecystokinin. *International Journal of Eating Disorders, 15*, 63–69.

Polivy, J., & Herman, C. P. (1985). Dieting and binging. A causal analysis. *American Psychologist, 40*, 193–201.

Polivy, J., Zeitlin, S. B., Herman, C. P., & Beal, A. L. (1994). Food restriction and binge eating: A study of former prisoners of war. *Journal of Abnormal Psychology, 103*, 409–411.

Pomeranz, K. (2000). *The great divergence: China, Europe, and the making of the modern world.* Princeton,

NJ: Princeton University Press.

Pomeroy, C. (2001). Medical evaluation and medical management. In J. E. Mitchell (Ed.), *The outpatient treatment of eating disorders: A guide for therapists, dietitians, and physicians* (pp. 306–318). Minneapolis: University of Minnesota Press.

Pope, H. G., Hudson, J. I., & Mialet, J. P. (1985). Bulimia in the late nineteenth century: The observations of Pierre Janet. *Psychological Medicine, 15*, 739–743.

Pope, H. G., Jr., Katz, D. L., & Hudson, J. I. (1993). Anorexia nervosa and "reverse anorexia" among 108 male bodybuilders. *Comprehensive Psychiatry, 34*, 406–409.

Pope, H. G., Jr., Olivardia, R., Gruber, A., & Borowiecki, J. (1999). Evolving ideals of male body image as seen through action toys. *International Journal of Eating Disorders, 26*, 65–72.

Poulsen, S., Lunn, S., Daniel, S. I., Folke, S., Mathiesen, B. B., Katznelson, H., & Fairburn, C. G. (2014). A randomized controlled trial of psychoanalytic psychotherapy or cognitive–behavioral therapy for bulimia nervosa. *American Journal of Psychiatry, 171*, 109–116.

Presnell, K., & Stice, E. (2003). An experimental test of the effect of weight-loss dieting on bulimic pathology: Tipping the scales in a different direction. *Journal of Abnormal Psychology, 112*, 166–170.

Preti, A., Rocchi, M. B., Sisti, D., Camboni, M. V., & Miotto, P. (2011). A comprehensive meta-analysis of the risk of suicide in eating disorders. *Acta Psychiatrica Scandinavica, 124*, 6–17.

Prince, A. C., Brooks, S. J., Stahl, D., & Treasure, J. (2009). Systematic review and meta-analysis of the baseline concentrations and physiologic responses of gut hormones to food in eating disorders. *American Journal of Clinical Nutrition, 89*, 755–765.

Prince, R. (1985). The concept of culture-bound syndromes: Anorexia nervosa and brain-fag. *Social Science and Medicine, 21*, 197–203.

Pryor, T., & Wiederman, M. W. (1996). Measurement of nonclinical personality characteristics of women with anorexia nervosa or bulimia nervosa. *Journal of Personality Assessment*, *67*, 414–421.

Puhl, R. M., & Heuer, C. A. (2010). Obesity stigma: Important considerations for public health. *American Journal of Public Health*, *100*, 1019–1028.

Puhl, R. M., & Latner, J. D. (2007). Stigma, obesity, and the health of the nation's children. *Psychological Bulletin*, *133*, 557–580.

Pumariega, A. J. (1986). Acculturation and eating attitudes in adolescent girls: A comparative and correlational study. *Journal of the American Academy of Child Psychiatry*, *25*, 276–279.

Quick, V., Larson, N., Eisenberg, M. E., Hannan, P. J., & Neumark-Sztainer, D. (2012). Self-weighing behaviors in young adults: Tipping the scale toward unhealthy eating behaviors? *Journal of Adolescent Health*, *51*, 468–474.

Quiles, M. Y., Quiles, S. M. J., Pamies, A. L., Botella, A. J., & Treasure, J. (2013). Peer and family influence in eating disorders: A meta-analysis. *European Psychiatry*, *28*, 199–206.

Rahkonen, O., Lundberg, O., Lahelma, E., & Huuhka, M. (1998). Body mass and social class: A comparison of Finland and Sweden in the 1990s. *Journal of Public Health Policy*, *19*, 88–105.

Rampling, D. (1985). Ascetic ideals and anorexia nervosa. *Journal of Psychiatric Research*, *19*, 89–94.

Rayner, K. E., Schniering, C. A., Rapee, R. M., Taylor, A., & Hutchinson, D. M. (2013). Adolescent girls' friendship networks, body dissatisfaction, and disordered eating: Examining selection and socialization processes. *Journal of Abnormal Psychology*, *122*, 93–104.

Reidpath, D. D., Burns, C., Garrard, J., Mahoney, M., & Townsend, M. (2002). An ecological study of the relationship between social and environmental determinants of obesity. *Health and Place*, *8*, 141–145.

Rhea, D. J. (1999). Eating disorder behaviors of ethnically diverse urban female adolescent athletes and non-athletes. *Journal of Adolescence*, *22*, 379–388.

Ribases, M., Gratacos, M., Fernandez-Aranda, F., Bellodi, L., Boni, C., Anderluh, M., *et al.* (2004). Association of BDNF with anorexia, bulimia and age of onset of weight loss in six European populations. *Human Molecular Genetics*, *13*, 1205–1212.

Ricca, V., Mannucci, E., Mezzani, B., Moretti, S., Di Bernardo, M., Bertelli, M., *et al.* (2001). Fluoxetine and fluvoxamine combined with individual cognitive–behaviour therapy in binge eating disorder: A one-year follow-up study. *Psychotherapy and Psychosomatics, 70,* 298–306.

Ricca, V., Nacmias, B., Cellini, E., Di Bernardo, M., Rotella, C. M., & Sorbi, S. (2002). 5-HT_{2A} receptor gene polymorphism and eating disorders. *Neuroscience Letters, 323,* 105–108.

Richardson, S. A., Goodman, N., Hastorf, A. H., & Dornbusch, S. M. (1961). Cultural uniformity in reaction to physical disabilities. *American Sociological Review, 26,* 241–247.

Rieger, E., Touyz, S. W., Swain, T., & Beumont, P. J. (2001). Cross-cultural research on anorexia nervosa: Assumptions regarding the role of body weight. *International Journal of Eating Disorders, 29,* 205–215.

Rigaud, D., Pennacchio, H., Bizeul, C., Reveillard, V., & Vergès, B. (2011). Outcome in AN adult patients: A 13-year follow-up in 484 patients. *Diabetes Metabolism, 37,* 305–311.

Risch, N., & Merikangas, K. R. (1993). Linkage studies of psychiatric disorders. *European Archives of Psychiatry and Clinical Neuroscience, 243,* 143–149.

Roberto, C. A., Mayer, L. E., Brickman, A. M., Barnes, A., Muraskin, J., Yeung, L. K., *et al.* (2011). Brain tissue volume changes following weight gain in adults with anorexia nervosa. *International Journal of Eating Disorders, 44,* 406–411.

Roberts, M. E., Tchanturia, K., & Treasure, J. L. (2013). Is attention to detail a similarly strong candidate endophenotype for anorexia nervosa and bulimia nervosa? *World Journal of Biological Psychiatry, 14,* 452–463.

Robin, A. L., Siegel, P. T., Moye, A. W., Gilroy, M., Dennis, A. B., & Sikand, A. (1999). A controlled comparison of family versus individual therapy for adolescents with anorexia nervosa. *Journal of the American Academy of Child and Adolescent Psychiatry, 38,* 1482–1489.

Robinson, P. H., McHugh, P. R., Moran, T. H., & Stephenson, J. D. (1988). Gastric control of food intake. *Journal of Psychosomatic Research, 32,* 593–606.

Rocco, P. L., Ciano, R. P., & Balestrieri, M. (2001). Psychoeducation in the prevention of eating disorders: An experimental approach in adolescent schoolgirls. *British Journal of Medical Psychology, 74,* 351–358.

Roe, D. A., & Eickwort, K. R. (1976). Relationships between obesity and associated health factors with unemployment among low income women.

Journal of the American Medical Women's Association, *31*, 193–194, 198–199, 203–204.

Roehling, M. V. (1999). Weight-based discrimination in employment: Psychological and legal aspects. *Personnel Psychology*, *52*, 969–1016.

Rosen, E. F., Anthony, L., Booker, K. M., Brown, T. L., Christian, E., Crews, R. C., *et al.* (1991). A comparison of eating disorder scores among African-American and White college females. *Bulletin of the Psychonomic Society*, *29*, 65–66.

Rosen, J. C., Gross, J., & Vara, L. (1987). Psychological adjustment of adolescents attempting to lose or gain weight. *Journal of Consulting and Clinical Psychology*, *55*, 742–747.

Rosenhagen, M. C., Uhr, M., Schüssler, P., & Steiger, A. (2005). Elevated plasma ghrelin levels in night-eating syndrome. *American Journal of Psychiatry*, *162*, 813.

Rosenvinge, J. H., & Borresen, R. (1999). Preventing eating disorders – time to change programmes or paradigms? Current update and further recommendations. *European Eating Disorders Review*, *7*, 5–16.

Rosenvinge, J. H., & Vandereycken, W. (1994). Early descriptions of eating disorders in the Norwegian medical literature. *International Journal of Child and Adolescent Psychiatry*, *56*, 279–281.

Rothblum, E. D., Brand, P. A., Miller, C. T., & Oetjen, H. A. (1990). The relationship between obesity, employment discrimination, and employment-related victimization. *Journal of Vocational Behavior*, *37*, 251–266.

Rubinstein, S., & Caballero, B. (2000). Is Miss America an undernourished role model? *Journal of the American Medical Association*, *283*, 1569.

Ruderman, A. J. (1986). Dietary restraint: A theoretical and empirical review. *Psychological Bulletin*, *99*, 247–262.

Russell, G. (1979). Bulimia nervosa: An ominous variant of anorexia nervosa. *Psychological Medicine*, *9*, 429–448.

Russell, G. F. M. (1997). The history of bulimia nervosa. In D. M. Garner & P. E. Garfinkel (Eds.), *Handbook of treatment for eating disorders* (2ª. ed., pp. 11–24). Nova York: Guilford.

Russell, G. F., Szmukler, G. I., Dare, C., & Eisler, I. (1987). An evaluation of family therapy in anorexia nervosa and bulimia nervosa. *Archives of General Psychiatry*, *44*, 1047–1056.

Russell, G. F., Treasure, J., & Eisler, I. (1998). Mothers with anorexia nervosa who underfeed their children: Their recognition and management. *Psychological Medicine*, *28*, 93–108.

Rybakowski, F., Dmitrzak-Weglarz, M., Szczepankiewicz, A., Skibinska, M., Slopien, A., Rajewski, A., & Hauser, J. (2007). Brain derived neurotrophic factor gene Val66Met and -270C/T polymorphisms and personality traits predisposing to anorexia nervosa. *Neuro Endocrinology Letters, 28*, 153–158.

Safer, D. L., Telch, C. F., & Agras, W. S. (2001). Dialectical behavior therapy for bulimia nervosa. *American Journal of Psychiatry, 158*, 632–634.

Sanftner, J. L., Crowther, J. H., Crawford, P. A., & Watts, D. D. (1996). Maternal influences (or lack thereof) on daughters' eating attitudes and behaviors. *Eating Disorders: The Journal of Treatment and Prevention, 4*, 147–159.

Schienle, A., Schäfer, A., Hermann, A., & Vaitl, D. (2009). Binge-eating disorder: Reward sensitivity and brain activation to images of food. *Biological Psychiatry, 65*, 654–661.

Schmidt, U., Lee, S., Beecham, J., Perkins, S., Treasure, J., Yi, I., *et al.* (2007). A randomized controlled trial of family therapy and cognitive behavior therapy guided self-care for adolescents with bulimia nervosa and related disorders. *American Journal of Psychiatry, 164*, 591–598.

Schwartz, M. W., Baskin, D. G., Kaiyala, K. J., & Woods, S. C. (1999). Model for the regulation of energy balance and adiposity by the central nervous system. *American Journal of Clinical Nutrition, 69*, 584–596.

Sedláčková, D., Kopečková, J., Papežová, H., Vybíral, S., Kvasničková, H., Hill, M., & Nedvídková, J. (2011). Changes of plasma obestatin, ghrelin and NPY in anorexia and bulimia nervosa patients before and after a high-carbohydrate breakfast. *Physiological Research, 60*, 165–173.

Senna, M. K., Ahmad, H. S., & Fathi, W. (2013). Depression in obese patients with primary fibromyalgia: The mediating role of poor sleep and eating disorder features. *Clinical Rheumatology, 32*, 369–375.

Sharpe, H., Naumann, U., Treasure, J., & Schmidt, U. (2013). Is fat talking a causal risk factor for body dissatisfaction? A systematic review and meta-analysis. *International Journal of Eating Disorders, 46*, 643–652.

Sherman, B. J., Savage, C. R., Eddy, K. T., Blais, M. A., Deckersbach, T., Jackson, S. C., *et al.* (2006). Strategic memory in adults with anorexia nervosa: Are there similarities to obsessive compulsive spectrum disorders? *International Journal of Eating Disorders, 39*, 468–476.

Shoebridge, P., & Gowers, S. G. (2000). Parental high concern and adolescent-onset anorexia nervosa. A case–control study to investigate direction of causality. *British Journal of Psychiatry, 176*, 132–137.

Sifneos, P. E. (1972). *Short-term psychotherapy and emotional crises.* Cambridge, MA: Harvard University Press.

Silverman, J. A. (1987). Robert Whytt, 1714–1766: Eighteenth century limner of anorexia nervosa and bulimia: An essay. *International Journal of Eating Disorders, 6*, 143–146.

Simmons, A. M., Milnes, S. M., & Anderson, D. A. (2008). Factors influencing the utilization of empirically supported treatments for eating disorders. *Eating Disorders, 16*, 342–354.

Simmons, M. S., Grayden, S. K., & Mitchell, J. E. (1986). The need for psychiatric–dental liaison in the treatment of bulimia. *American Journal of Psychiatry, 143*, 783–784.

Simon, J., Schmidt, U., & Pilling, S. (2005). The health service use and cost of eating disorders. *Psychological Medicine, 35*, 1543–1551.

Slof-Op't, L. M. C., Bartels, M., van Furth, E. F., van Beijsterveldt, C. E., Meulenbelt, I., Slagboom, P. E., & Boomsma, D. I. (2008). Genetic influences on disordered eating behaviour are largely independent of body mass index. *Acta Psychiatrica Scandinavica, 117*, 348–356.

Smink, F. R., van Hoeken, D., & Hoek, H. W. (2013). Epidemiology, course, and outcome of eating disorders. *Current Opinions in Psychiatry, 26*, 543–548.

Smith, A. K., Dimulescu, I., Falkenberg, V. R., Narasimhan, S., Heim, C., Vernon, S. D., & Rajeevan, M. S. (2008). Genetic evaluation of the serotonergic system in chronic fatigue syndrome. *Psychoneuroendocrinology, 33*, 188–197.

Smith, K. A., Fairburn, C. G., & Cowen, P. J. (1999). Symptomatic relapse in bulimia nervosa following acute tryptophan depletion. *Archives of General Psychiatry, 56*, 171–176.

Smolak, L., Harris, B., Levine, M. P., & Shisslak, C. M. (2001). Teachers: The forgotten influence on the success of prevention programs. *Eating Disorders: The Journal of Treatment & Prevention, 9*, 261–265.

Smolak, L., Levine, M. P., & Schermer, F. (1999). Parental input and weight concerns among elementary school children. *International Journal of Eating Disorders, 25*, 263–271.

Sorbi, S., Nacmias, B., Tedde, A., Ricca, V., Mezzani, B., & Rotella, C. M. (1998). 5-HT_{2A} promoter polymorphism in anorexia nervosa. *Lancet, 351*, 1785.

Spencer, J. A., & Fremouw, W. J. (1979). Binge eating as a function of restraint and weight classification. *Journal of Abnormal Psychology*, *88*, 262–267.

Spiel, E. C., Paxton, S. J., & Yager, Z. (2012). Weight attitudes in 3-to 5-year-old children: Age differences and cross-sectional predictors. *Body Image*, *9*, 524–527.

Spitzer, R. L. (1991). Nonpurging bulimia nervosa and binge eating disorder. *American Journal of Psychiatry*, *148*, 1097–1098.

Spurrell, E. B., Wilfley, D. E., Tanofsky, M. B., & Brownell, K. D. (1997). Age of onset for binge eating: Are there different pathways to binge eating? *International Journal of Eating Disorders*, *21*, 55–65.

Stacher, G., Bauer, H., & Steinringer, H. (1979). Cholecystokinin decreases appetite and activation evoked by stimuli arising from the preparation of a meal in man. *Physiology and Behavior*, *23*, 325–331.

Steiger, H., Puentes-Neuman, G., & Leung, F. Y. (1991). Personality and family features of adolescent girls with eating symptoms: Evidence for restricter/binger differences in a nonclinical population. *Addictive Behaviors*, *16*, 303–314.

Steiger, H., Stotland, S., Ghadirian, A. M., & Whitehead, V. (1995). Controlled study of eating concerns and psychopathological traits in relatives of eating-disordered probands: Do familial traits exist? *International Journal of Eating Disorders*, *18*, 107–118.

Stein, A., Murray, L., Copper, P., & Fairburn, C. G. (1996). Infant growth in the context of maternal eating disorders and maternal depression: A comparative study. *Psychological Medicine*, *26*, 569–574.

Stein, A., Woolley, H., Cooper, S. D., & Fairburn, C. G. (1994). An observational study of mothers with eating disorders and their infants. *Journal of Child Psychology and Psychiatry and Allied Disciplines*, *35*, 733–748.

Stein, A., Woolley, H., Cooper, S., Winterbottom, J., Fairburn, C. G., & Cortina-Borja, M. (2006). Eating habits and attitudes among 10-year-old children of mothers with eating disorders: Longitudinal study. *British Journal of Psychiatry*, *189*, 324–329.

Stein, A., Woolley, H., & McPherson, K. (1999). Conflict between mothers with eating disorders and their infants during mealtimes. *British Journal of Psychiatry*, *175*, 455–461.

Stein, D. M., & Laakso, W. (1988). Bulimia: A historical perspective. *International Journal of Eating Disorders*, *7*, 201–210.

Steiner-Adair, C., Sjostrom, L., Franko, D. L., Pai, S., Siny Tucker, R., Becker, A. E., *et al.* (2002). Primary prevention of risk factors for eating disorders in adolescent girls: Learning from practice. *International Journal of Eating Disorders, 32*, 401–411.

Steinhausen, H.-C. (2002). The outcome of anorexia nervosa in the 20th century. *American Journal of Psychiatry, 159*, 1284–1293.

Steinhausen, H.-C., & Weber, S. (2009). The outcome of bulimia nervosa: Findings from one-quarter century of research. *American Journal of Psychiatry, 166*, 1331–1341.

Stewart, D. A., Carter, J. C., Drinkwater, J., Hainsworth, J., & Fairburn, C. G. (2001). Modification of eating attitudes and behavior in adolescent girls: A controlled study. *International Journal of Eating Disorders, 29*, 107–118.

Stewart, M. C., Keel, P. K., Schiavo, R. S. (2006). Stigmatization of anorexia nervosa. *International Journal of Eating Disorders, 39*, 320–325.

Stice, E. (2002). Risk and maintenance factors for eating pathology: A meta-analytic review. *Psychological Bulletin, 128*, 825–848.

Stice, E., & Shaw, H. E. (1994). Adverse effects of the media portrayed thin-ideal on women and linkages to bulimic symptomatology. *Journal of Social and Clinical Psychology, 13*, 288–308.

Stice, E., & Shaw, H. (2004). Eating disorder prevention programs: A meta-analytic review. *Psychological Bulletin, 130*, 206–227.

Stice, E., Agras, W. S., & Hammer, L. D. (1999). Risk factors for the emergence of childhood eating disturbances: A five-year prospective study. *International Journal of Eating Disorders, 25*, 375–387.

Stice, E., Chase, A., Stormer, S., & Appel, A. (2001). A randomized trial of a dissonance-based eating disorder prevention program. *International Journal of Eating Disorders, 29*, 247–262.

Stice, E., Marti, C. N., Shaw, H., & Jaconis, M. (2009). An 8-year longitudinal study of the natural history of threshold, subthreshold, and partial eating disorders from a community sample of adolescents. *Journal of Abnormal Psychology, 118*, 587–597.

Stice, E., Maxfield, J., & Wells, T. (2003). Adverse effects of social pressure to be thin on young women: An experimental investigation of the effects of "fat talk." *International Journal of Eating Disorders, 34*, 108–117.

Stice, E., Shaw, H., & Marti, C. N. (2007). A meta-analytic review of eating disorder prevention programs: Encouraging findings. *Annual Review of Clinical Psychology, 3*, 207–231.

Stice, E., Spoor, S., Bohon, C., & Small, D. M. (2008). Relation between obesity and blunted striatal response to food is moderated by *Taq*IA A1 allele. *Science, 322*, 449–452.

Stice, E., Trost, A., & Chase, A. (2003). Healthy weight control and dissonance-based eating disorder prevention programs: results from a controlled trial. *International Journal of Eating Disorders, 33*, 10–21.

Stock, S., Leichner, P., Wong, A. C., Ghatei, M. A., Kieffer, T. J., Bloom, S. R., & Chanoine, J. P. (2005). Ghrelin, peptide YY, glucose-dependent insulinotropic polypeptide, and hunger responses to a mixed meal in anorexic, obese, and control female adolescents. *Journal of Clinical Endocrinology and Metabolism, 90*, 2161–2168.

Strauss, C. C., Smith, K., Frame, C., & Forehand, R. (1985). Personal and interpersonal characteristics associated with childhood obesity. *Journal of Pediatric Psychology, 10*, 337–343.

Striegel-Moore, R. H., & Kearney-Cooke, A. (1994). Exploring parents' attitudes and behaviors about their children's physical appearance. *International Journal of Eating Disorders, 15*, 377–385.

Striegel-Moore, R. H., Dohm, F. A., Kraemer, H. C., Taylor, C. B., Daniels, S., Crawford, P. B., & Schreiber, G. B. (2003). Eating Disorders in white and black women. *American Journal of Psychiatry, 160*, 1326–1331.

Striegel-Moore, R. H., Fairburn, C. G., Wilfley, D. E., Pike, K. M., Dohm, F. A., & Kraemer, H. C. (2005). Toward an understanding of risk factors for binge-eating disorder in black and white women: A community-based case–control study. *Psychological Medicine, 35*, 907–917.

Striegel-Moore, R. H., Leslie, D., Petrill, S. A., Garvin, V., & Rosenheck, R. A. (2000). One-year use and cost of inpatient and outpatient services among female and male patients with an eating disorder: Evidence from a national database of health insurance claims. *International Journal of Eating Disorders, 27*, 381–389.

Striegel-Moore, R. H., Rosselli, F., Perrin, N., DeBar, L., Wilson, G. T., May, A., & Kraemer, H. C. (2009). Gender difference in the prevalence of eating disorder symptoms. *International Journal of Eating Disorders, 42*, 471–474.

Strober, M., Freeman, R., Lampert, C., Diamond, J., & Kaye, W. (2000). Controlled family study of anorexia nervosa and bulimia nervosa: Evidence of shared liability and transmission of partial syndromes. *American Journal of Psychiatry, 157*, 393–401.

Strober, M., Freeman, R., Lampert, C., Diamond, J., & Kaye, W. (2001). Males with anorexia nervosa: A controlled study of eating disorders in first-degree relatives. *International Journal of Eating Disorders, 29*, 263–269.

Strober, M., Freeman, R., & Morrell, W. (1997). The long-term course of severe anorexia nervosa in adolescents: Survival analysis of recovery, relapse, and outcome predictors over 10–15 years in a prospective study. *International Journal of Eating Disorders, 22*, 339–360.

Strober, M., Lampert, C., Morrell, W., Burroughs, J., & Jacobs, C. (1990). A controlled family study of anorexia nervosa: Evidence of familial aggregation and lack of shared transmission with affective disorders. *International Journal of Eating Disorders, 9*, 239–253.

Strober, M., Morrell, W., Burroughs, J., Salkin, B., & Jacobs, C. (1985). A controlled family study of anorexia nervosa. *Journal of Psychiatric Research, 19*, 239–246.

Stunkard, A. J. (1959). Eating patterns and obesity. *Psychiatry Quarterly, 33*, 284–294.

Stunkard, A. (1990). A description of eating disorders in 1932. *American Journal of Psychiatry, 147*, 263–268.

Stunkard, A. (1996). Socioeconomic status and obesity. *Ciba Foundation Symposium, 201*, 174–193.

Stunkard, A. (2000). Two eating disorders: Binge eating disorder and the night eating syndrome. *Appetite 34*(3), 333–334.

Stunkard, A. J., Grace, W. J., & Wolff, H. G. (1955). The night-eating syndrome; a pattern of food intake among certain obese patients. *American Journal of Medicine, 19*, 78–86.

Sullivan, P. F. (1995). Mortality in anorexia nervosa. *American Journal of Psychiatry, 152*, 1073–1074.

Sullivan, P. F., Bulik, C. M., & Kendler, K. S. (1998). Genetic epidemiology of binging and vomiting. *British Journal of Psychiatry, 173*, 75–79.

Swanson, S. A., Brown, T. A., Crosby, R. D., & Keel, P. K. (2014). What are we missing? The costs versus benefits of skip rule designs. *International Journal of Methods in Psychiatric Research, 23*, 474–485.

Swanson, S. A., Crow, S. J., le Grange, D., Swendsen, J., & Merikangas, K. R. (2011). Prevalence and correlates of eating disorders in adolescents. Results from the National Comorbidity Survey Replication Adolescent Supplement. *Archives of General Psychiatry, 68*, 714–723.

Swayze, V. W., 2nd, Andersen, A., Arndt, S., Rajarethinam, R., Fleming, F., Sato, Y., *et al.* (1996). Reversibility of brain tissue loss in anorexia nervosa assessed with a computerized Talairach 3-D proportional grid. *Psychological Medicine, 26*, 381–390.

Szyrynski, V. (1973). Anorexia nervosa and psychotherapy. *American Journal of Psychotherapy, 27*, 492–505.

Taborelli, E., Krug, I., Karwautz, A., Wagner, G., Haidvogl, M., Fernandez-Aranda, F., *et al.* (2013). Maternal anxiety, overprotection and anxious personality as risk factors for eating disorder: A sister pair study. *Cognitive Therapy and Research, 37*, 820–828.

Tanofsky-Kraff, M., Wilfley, D. E., Young, J. F., Mufson, L., Yanovski, S. Z., Glasofer, D. R., & Salaita, C. G. (2007). Preventing excessive weight gain in adolescents: Interpersonal psychotherapy for binge eating. *Obesity, 15*, 1345–1355.

Taylor, C. B., Bryson, S., Luce, K. H., Cunning, D., Doyle, A. C., Abascal, L. B., *et al.* (2006). Prevention of eating disorders in at-risk college-age women. *Archives of General Psychiatry, 63*, 881–888.

Taylor, J. Y., Caldwell, C. H., Baser, R. E., Faison, N., & Jackson, J. S. (2007). Prevalence of eating disorders among Blacks in the National Survey of American Life. *International Journal of Eating Disorders, 40*, S10–S14.

Tchanturia, K., Liao, P. C., Uher, R., Lawrence, N., Treasure, J., & Campbell, I. C. (2007). An investigation of decision making in anorexia nervosa using the Iowa Gambling Task and skin conductance measurements. *Journal of the International Neuropsychological Society, 13*, 635–641.

Teachman, B. A., & Brownell, K. D. (2001). Implicit anti-fat bias among health professionals: Is anyone immune? *International Journal of Obesity and Related Metabolic Disorders, 25*, 1525–1531.

Teachman, B. A., Gapinski, K. D., Brownell, K. D., Rawlins, M., & Jeyaram, S. (2003). Demonstrations of implicit anti-fat bias: The impact of providing causal information and evoking empathy. *Health Psychology, 22*, 68–78.

Teitelbaum, P., & Stellar, E. (1954). Recovery from the failure to eat produced by hypothalamic lesions. *Science, 120*, 894–895.

Telch, C. F., Agras, W. S., & Linehan, M. M. (2000). Group dialectical behavior therapy for binge-eating disorder: A preliminary, uncontrolled trial. *Behavior Therapy, 31*, 569–582.

Tellegen, A. (1982). *Brief manual for the Multi-Dimensional Personality Questionnaire*. Manuscrito não publicado, Departamento de Psicologia, Universidade de Minnesota, Minneapolis.

Ter Huurne, E. D., Postel, M. G., de Haan, H. A., & Dejong, C. A. (2013). Effectiveness of a web-based treatment program using intensive therapeutic support for female patients with bulimia nervosa, binge eating disorder and eating disorders not otherwise specified: Study protocol of a randomized controlled trial. *BMC Psychiatry, 13*, 310.

Theander, S. (1970). Anorexia nervosa. A psychiatric investigation of 94 female patients. *Acta Psychiatrica Scandinavica Supplementum, 214*, 1–194.

Thomas, J. J., Vartanian, L. R., & Brownell, K. D. (2009). The relationship between eating disorder not otherwise specified (EDNOS) and officially recognized eating disorders: Meta-analysis and implications for *DSM*. *Psychological Bulletin, 135*, 407–433.

Tiggemann, M., & Pickering, A. S. (1996). Role of television in adolescent women's body dissatisfaction and drive for thinness. *International Journal of Eating Disorders, 20*, 199–203.

Tiggemann, M., & Rothblum, E. D. (1988). Gender differences in social consequences of perceived overweight in the United States and Australia. *Sex Roles, 18*, 75 86.

Tiggemann, M., & Rothblum, E. D. (1997). Gender differences in internal beliefs about weight and negative attitudes towards self and others. *Psychology of Women Quarterly, 21*, 581–593.

Tiihonen, J., Keski-Rahkonen, A., Löppönen, M., Muhonen, M., Kajander, J., Allonen, T., *et al.* (2004). Brain serotonin 1A receptor binding in bulimia nervosa. *Biological Psychiatry, 55*, 871–873.

Tolle, V., Kadem, M., Bluet-Pajot, M. T., Frere, D., Foulon, C., Bossu, C., *et al.* (2003). Balance in ghrelin and leptin plasma levels in anorexia nervosa patients and constitutionally thin women. *Journal of Clinical Endocrinology and Metabolism, 88*, 109–116.

Toman, E. (2002). Body mass index and its impact on the therapeutic alliance in the work with eating disorder patients. *European Eating Disorders Review, 10*, 168–178.

Tomasik, P. J., Sztefko, K., & Starzyk, J. (2004). Cholecystokinin, glucose dependent insulinotropic peptide and glucagon-like peptide 1 secretion in children with anorexia nervosa and simple obesity. *Journal of Pediatric Endocrinology and Metabolism, 17*, 1623–1631.

Tong, J., & D'Alessio, D. (2011). Eating Disorders and gastrointestinal peptides. *Current Opinion in Endocrinology, Diabetes, and Obesity, 18*, 42–49.

Tong, J., Miao, S., Wang, J., Yang, F., Lai, H., Zhang, C., *et al.* (2014). A two-stage epidemiologic study on prevalence of eating disorders in female university students in Wuhan, China. *Social Psychiatry and Psychiatric Epidemiology, 49*, 499–505.

Tsai, G. (2000). Eating Disorders in the Far East. *Eating and Weight Disorders, 5*, 183–197.

Tucker, K. L., Martz, D. M., Curtin, L. A., & Bazzini, D. G. (2007). Examining "fat talk" experimentally in a female dyad: How are women influenced by another woman's body presentation style? *Body Image, 4*, 157–164.

Tylka, T. L. (2011). Refinement of the tripartite influence model for men: Dual body image pathways to body change behaviors. *Body Image, 8*, 199–207.

Tyrka, A. R., Waldron, I., Graber, J. A., & Brooks-Gunn, J. (2002). Prospective predictors of the onset of anorexic and bulimic syndromes. *International Journal of Eating Disorders, 32*, 282–290.

U.S. Department of Agriculture. (2009). *What we eat in America, NHANES 2005–2006: Usual nutrient intakes from food and water compared to 1997 dietary reference intakes for vitamin D, calcium, phosphorus, and magnesium.* Beltsville, MD: Agricultural Research Service, Beltsville Human Nutrition Research Center, Food Surveys Research Group. Recupeado de http://www.ars.usda.gov/SP2UserFiles/Place/80400530/pdf/0506/usual_ nutrient_ intake_ vitD_ ca_ phos_ mg_ 2005-06.pdf

Van den Berg, P., Neumark-Sztainer, D., Cafri, G., & Wall, M. (2007). Steroid use among adolescents: Longitudinal findings from Project EAT. *Pediatrics, 119*, 476–86.

Van den Eynde, F., Guillaume, S., Broadbent, H., Stahl, D., Campbell, I. C., Schmidt, U., & Tchanturia, K. (2011). Neurocognition in bulimic eating disorders: A systematic review. *Acta Psychiatrica Scandinavica, 124*, 120–140.

Vandereycken, W., & Beaumont, P. J. (1990). The first Australian case description of anorexia nervosa. *Australian and New Zealand Journal of Psychiatry, 24*, 109–112.

Vandereycken, W., & Lowenkopf, E. L. (1990). Anorexia nervosa in 19th century America. *Journal of Nervous and Mental Disease, 178*, 531–535.

Vandereycken, W., & van Deth, R. (1994). *From fasting saints to anorexic girls: The history of self-starvation*. Nova York: New York University Press.

Vandereycken, W., Habermas, T., van Deth, R., & Meermann, R. (1991). German publications on anorexia nervosa in the nineteenth century. *International Journal of Eating Disorders, 10*, 473–490.

van der Ham, T., van Strien, D. C., & van Engeland, H. (1998). Personality characteristics predict outcome of eating disorders in adolescents: A 4-year prospective study. *European Child and Adolescent Psychiatry, 7*, 79–84.

van Deth, R., & Vandereycken, W. (1995). Was late-nineteenth-century nervous vomiting an early variation of bulimia nervosa? *History of Psychiatry, 6*, 333–347.

van Elburg, A. A., Kas, M. J., Hillebrand, J. J., Eijkemans, R. J., & van Engeland, H. (2007). The impact of hyperactivity and leptin on recovery from anorexia nervosa. *Journal of Neural Transmission, 114*, 1233–1237.

Van Orden, K. A., Witte, T. K., Cukrowicz, K. C., Braithwaite, S. R., Selby, E. A., & Joiner, T. E., Jr. (2010). The interpersonal theory of suicide. *Psychological Review, 117*, 575–600.

van Son, G. E., van Hoeken, D., Bartelds, A. I., van Furth, E. F., & Hoek, H. W. (2006). Urbanisation and the incidence of eating disorders. *British Journal of Psychiatry, 189*, 562–563.

van Wezel-Meijler, G., & Wit, J. M. (1989). The offspring of mothers with anorexia nervosa: A high-risk group for undernutrition and stunting? *European Journal of Pediatrics, 149*, 130–135.

Varnado-Sullivan, P. J., Zucker, N., Williamson, D. A., Reas, D., Thaw, J., & Netemeyer, S. B. (2001). Development and implementation of the Body Logic Program for adolescents: A two-stage prevention program for eating disorders. *Cognitive and Behavioral Practice, 8*, 248–259.

Vedhara, K., Hyde, J., Gilchrist, I. D., Tytherleigh, M., & Plummer, S. (2000). Acute stress, memory, attention and cortisol. *Psychoneuroendocrinology, 25*, 535–549.

Veilleux, J. C., & Skinner, K. D. (2015). Smoking, food, and alcohol cues on subsequent behavior: A qualitative systematic review. *Clinical Psychology Review, 36*C, 13–27.

Vitousek, K., & Manke, F. (1994). Personality variables and disorders in anorexia nervosa and bulimia nervosa. *Journal of Abnormal Psychology, 103*, 137–147.

Vohs, K. D., Bardone, A. M., Joiner, T. E., Jr., Abramson, L. Y., & Heatherton, T. F. (1999). Perfectionism, perceived weight status, and self-esteem interact to predict bulimic symptoms: A model of bulimic symptom development. *Journal of Abnormal Psychology, 108*, 695–700.

Volkow, N. D., Wang, G. J., Tomasi, D., & Baler, R. D. (2013). The addictive dimensionality of obesity. *Biological Psychiatry, 73*, 811–818.

von Ranson, K. M., Wallace, L. M., & Stevenson, A. (2013). Psychotherapies provided for eating disorders by community clinicians: Infrequent use of evidence-based treatment. *Psychotherapy Research, 23*, 333–343.

Wade, T. D., Bergin, J. L., Tiggemann, M., Bulik, C. M., & Fairburn, C. G. (2006). Prevalence and long-term course of lifetime eating disorders in an adult Australian twin cohort. *Australian and New Zealand Journal of Psychiatry, 40*, 121–128.

Wade, T. D., Davidson, S., & O'Dea, J. A. (2003). A preliminary controlled evaluation of a school-based media literacy program and self-esteem program for reducing eating disorder risk factors. *International Journal of Eating Disorders, 33*, 371–383.

Wade, T. D., Gordon, S., Medland, S., Bulik, C. M., Heath, A. C., Montgomery, G. W., & Martin, N. G. (2013). Genetic variants associated with disordered eating. *International Journal of Eating Disorders, 46*, 594–608.

Walsh, B. T., & Kahn, C. B. (1997). Diagnostic criteria for eating disorders: Current concerns and future directions. *Psychopharmacological Bulletin, 33*, 369–372.

Walsh, B. T., Wilson, G. T., Loeb, K. L., Devlin, M. J., Pike, K. M., Roose, S. P., *et al.*, (1997). Medication and psychotherapy in the treatment of bulimia nervosa. *American Journal of Psychiatry, 154*, 523–531.

Walsh, J. M., Wheat, M. E., & Freund, K. (2000). Detection, evaluation, and treatment of eating disorders: The role of the primary care physician. *Journal of General Internal Medicine, 15*, 577–590.

Wang, K., Zhang, H., Bloss, C. S., Duvvuri, V., Kaye, W., Schork, N. J., *et al.* (2011). A genome-wide association study on common SNPs and rare CNVs in anorexia nervosa. *Molecular Psychiatry, 16*, 949–959.

Wardle, J., Waller, J., & Jarvis, M. J. (2002). Sex differences in the association of socioeconomic status with obesity. *American Journal of Public Health, 92*, 1299–1304.

Waugh, E., & Bulik, C. M. (1999). Offspring of women with eating disorders. *International Journal of Eating Disorders, 25*, 123–133.

Weltzin, T. E., Fernstrom, M. H., Fernstrom, J. D., Neuberger, S. K., &

Kaye, W. H. (1995). Acute tryptophan depletion and increased food intake and irritability in bulimia nervosa. *American Journal of Psychiatry, 152*, 1668–1671.

Wentz, E., Gillberg, I. C., Anckarsäter, H., Gillberg, C., & Råstam, M. (2009). Adolescent-onset anorexia nervosa: 18-year outcome. *British Journal of Psychiatry, 194*, 168–174.

Westen, D., & Harnden-Fischer, J. (2001). Personality profiles in eating disorders: Rethinking the distinction between axis I and axis II. *American Journal of Psychiatry, 158*, 547–562.

White, M. A., & Grilo, C. M. (2013). Bupropion for overweight women with binge-eating disorder: A randomized, double-blind, placebo-controlled trial. *Journal of Clinical Psychiatry, 74*, 400–406.

White, W. C., & Boskind-White, M. (1981). An experiential-behavioral approach to the treatment of bulimarexia. *Psychotherapy: Theory, Research and Practice, 18*, 501–507.

Whitehouse, A. M., Cooper, P. J., Vize, C. V., Hill, C., & Vogel, L. (1992). Prevalence of eating disorders in three Cambridge general practices: Hidden and conspicuous morbidity. *British Journal of General Practice, 42*, 57–60.

Whittal, M. L. (1999). Bulimia nervosa: A meta-analysis of psychosocial and pharmacological treatments. *Behavior Therapy, 30*, 117–135.

Wildes, J. E., Forbush, K. T., Markon, K. E. (2013). Characteristics and stability of empirically derived anorexia nervosa subtypes: Towards the identification of homogeneous low-weight eating disorder phenotypes. *Journal of Abnormal Psychology, 122*, 1031–1041.

Wildes, J. E., Marcus, M. D., Cheng, Y., McCabe, E. B., & Gaskill, J. A. (2014). Emotion acceptance behavior therapy for anorexia nervosa: A pilot study. *International Journal of Eating Disorders, 47*, 870–873.

Wildman, R. P., Muntner, P., Reynolds, K., McGinn, A. P., Rajpathak, S., Wylie-Rosett, J., *et al.* (2008). The obese without cardiometabolic risk factor clustering and the normal weight with cardiometabolic risk factor clustering: Prevalence and correlates of 2 phenotypes among the US population (NHANES 1999–2004). *Archives of Internal Medicine, 168*, 1617–1624.

Wilfley, D. E., Welch, R. R., Stein, R. I., Spurrell, E. B., Cohen, L. R., Saelens, B. E., *et al.* (2002). A randomized comparison of group cognitive–behavioral therapy and group interpersonal psychotherapy for the treatment of overweight individuals with binge-eating disorder. *Archives of General Psychiatry, 59*, 713–721.

Willi, J., & Grossmann, S. (1983). Epidemiology of anorexia nervosa in a defined region of Switzerland. *American Journal of Psychiatry, 140*, 564–567.

Williamson, L. (1998). Eating Disorders and the cultural forces behind the drive for thinness: Are African American women really protected? *Social Work in Health Care, 28*, 61–73.

Wilson, G. T., Fairburn, C. C., Agras, W. S., Walsh, B. T., & Kraemer, H. (2007). Cognitive–behavioral therapy for bulimia nervosa: Time course and mechanisms of change. *Journal of Consulting and Clinical Psychology, 70*, 267–274.

Wilson, G. T., Grilo, C. M., & Vitousek, K. M. (2007). Psychological treatment of eating disorders. *American Psychologist, 62*, 199–216.

Wilson, G. T., Loeb, K. L., Walsh, B. T., Labouvie, E., Petkova, E., Liu, X., *et al.* (1999). Psychological versus pharmacological treatments of bulimia nervosa: Predictors and processes of change. *Journal of Consulting and Clinical Psychology, 67*, 451–459.

Wilson, G. T., Wilfley, D. E., Agras, W. S., & Bryson, S. W. (2010). Psychological treatments of binge eating disorder. *Archives of General Psychiatry, 67*, 94–101.

Winzelberg, A. J., Taylor, C. B., Sharpe, T., Eldredge, K. L., Dev, P., and Constantinou, P. S. (1998). Evaluation of a computer-mediated eating disorder intervention program. *International Journal of Eating Disorders, 24*, 339–349.

Wiseman, C. V., Gray, J. J., Mosimann, J. E., & Ahrens, A. H. (1992). Cultural expectations of thinness in women: An update. *International Journal of Eating Disorders, 11*, 85–89.

Wisniewski, L., & Kelly, E. (2003). The application of dialectical behavior therapy to the treatment of eating disorders. *Cognitive and Behavioral Practice, 10*, 131–138.

Withers, G. F., Twigg, K., Wertheim, E. H., & Paxton, S. J. (2002). A controlled evaluation of an eating disorders primary prevention videotape using the Elaboration Likelihood Model of Persuasion. *Journal of Psychosomatic Research, 53*, 1021–1027.

Wnuk, S. M., Greenberg, L., & Dolhanty, J. (2015). Emotion-focused group therapy for women with symptoms of bulimia nervosa. *Eating Disorders, 23*, 253–261.

Wonderlich, S. A., Peterson, C. B., Crosby, R. D., Smith, T. L., Klein, M. H., Mitchell, J. E., & Crow, S. J. (2014). A randomized controlled comparison of integrative cognitive–affective therapy (ICAT) and enhanced cognitive–behavioral therapy (CBT-E) for bulimia nervosa. *Psychological Medicine, 44*, 543–553.

Woodside, D. B., Bulik, C. M., Halmi, K. A., Fichter, M. M., Kaplan, A., Berrettini, W. H., *et al.* (2002). Personality, perfectionism, and attitudes toward eating in parents of individuals with eating disorders. *International Journal of Eating Disorders, 31*, 290–299.

Woodside, D. B., Field, L. L., Garfinkel, P. E., & Heinmaa, M. (1998). Specificity of eating disorders diagnoses in families of probands with anorexia nervosa and bulimia nervosa. *Comprehensive Psychiatry, 39*, 261–264.

Worobey, J., & Worobey, H. S. (2014). Body-size stigmatization by preschool girls: In a doll's world, it is good to be "Barbie." *Body Image, 11*, 171–174.

Wurtman, R. J., & Wurtman, J. J. (1986). Carbohydrate craving, obesity, and brain serotonin. *Appetite, 7(Supl.)*, 99–103.

Yoshimura, K. (1995). Acculturative and sociocultural influences on the development of eating disorders in Asian-American females. *Eating Disorders: The Journal of Treatment and Prevention, 3*, 216–228.

Zabinski, M. F., Pung, M. A., Wilfley, D. E., Eppstein, D. L., Winzelberg, A. J., Celio, A., & Taylor, C. B. (2001). Reducing risk factors for eating disorders: targeting at-risk women with a computerized psychoeducational program. *International Journal of Eating Disorders, 29*, 401–408.

Zalta, A. K., & Keel, P. K. (2006). Peer influence on bulimic symptoms in college students. *Journal of Abnormal Psychology, 115*, 185–189.

ZamZam, R., Thambu, M., Midin, M., Omar, K., & Kaur, P. (2009). Psychiatric morbidity among adult patients in a semi-urban primary care setting in Malaysia. *International Journal of Mental Health Systems, 3*, 13.

Zhang, Q., & Wang, Y. (2004). Trends in the association between obesity and socioeconomic status in U.S. adults: 1971 to 2000. *Obesity Research, 12*, 1622–1632.

Ziegler, A., Hebebrand, J., Gorg, T., Rosenkranz, K., Fichter, M., Herpertz-Dahlmann, B., *et al.* (1999). Further lack of association between the 5-HT_{2A} gene promoter polymorphism and susceptibility to eating disorders and a meta-analysis pertaining to anorexia nervosa. *Molecular Psychiatry, 4*, 410–412.

Ziolko, H. U. (1996). Bulimia: A historical outline. *International Journal of Eating Disorders, 20*, 345–358.

Zipfel, S., Wild, B., Groß, G., Friederich, H. C., Teufel, M., Schellberg, D., *et al.*; ANTOP Study Group. (2014). Focal psychodynamic therapy, cognitive behaviour therapy, and optimised treatment as usual in outpatients with anorexia nervosa (ANTOP study): Randomised controlled trial. *Lancet*, *383*, 127–137.

FONTES ADICIONAIS

LIVROS

Bruch, H. (1978). *The golden cage: The enigma of anorexia nervosa*. Cambridge, MA: Harvard University Press. Brumberg, J. J. (1989). *Fasting girls: The history of anorexia nervosa*. Nova York: Plume.

SITES

Proud2Bme ("uma comunidade online criada por e para adolescentes.... Com a meta de promover imagem corporal positiva e incentivar atitudes saudáveis a respeito de comida e peso"): http://proud2bme.org

ED Bites ("as últimas novidades saborosas na ciência dos transtornos alimentares"): http://edbites.com

Science of Eating Disorders ("entendendo os últimos achados na pesquisa de transtornos alimentares"): http://www. scienceofeds.org

FILME

Culter, R. J. Culter, M. Micheli, Skillman, A. T. (Produtores), & Greenfield, L. (Diretor). (2005). *Thin*. Estados Unidos: Actual Reality Pictures.

SOBRE A AUTORA

Dra. Pamela K. Keel, PhD, é professora no Departamento de Psicologia da Universidade Estadual da Flórida. Keel realiza pesquisa sobre nosologia, biologia, epidemiologia e curso longitudinal de síndromes bulímicas, e é autora de mais de 200 artigos e dois livros, antes deste, sobre transtornos alimentares. Em seu programa de pesquisa financiado pelo National Institute of Health (NIH), Keel definiu e caracterizou o transtorno de purgação como um possível novo transtorno alimentar, o que resultou na inclusão este no *Manual Diagnóstico e Estatístico* da Associação Americana de Psiquiatria [*Diagnostic and Statistical Manual of Mental Disorders, Fifth Edition,* DSM-5]. Keel é membro da Associação Americana de Psicologia, da Associação de Ciência Psicológica e da Academia de Transtornos Alimentares. Também presidiu a Academia de Transtornos Alimentares (2013-2014) e a Sociedade de Pesquisa de Transtornos Alimentares (2009-2010).

ÍNDICE REMISSIVO

Números de página em itálico referem-se a boxes, figuras e quadros.

B

C

D

E

F

G

H

I

J

K

T

V

W

Y

Z

FSC
www.fsc.org
MISTO
Papel | Apoiando uma gestão florestal responsável
FSC® C092828

2023
CARBON NEUTRAL
SAVE cerrado

Este livro foi composto com tipografia Adobe Garamond Pro
e impresso em papel Off-White 70g/m² na Formato Artes Gráficas.